동아시아 국가의

국제정치

송영우 지음

교우미디어

동아시아 국가의 국제정치

초판발행 2018년 11월 30일
초판2쇄발행 2023년 1월 10일

지은이 송영우 / **펴낸이** 오상훈
펴낸곳 교우미디어
주 소 서울시 동대문구 약령시로 8 교우빌딩 1층 교우미디어
전 화 02-925-2861, 02-925-2866 / **팩 스** 02-925-2860, **편집부** 02-925-2825
홈페이지&북스토어 www.kyowoo.co.kr / **이메일** kyowoo@kyowoo.co.kr

등 록 2011년 2월 7일 제305-2011-000007호
ISBN 979-11-85417-28-8 (93340)

Published by Kyowoomedia Printed in Korea

교우미디어는 보다 혁신적이고 참신한 도서를 다양하게 기획하고 있습니다.
책으로 펴내고자 하는 아이디어나 원고는 메일로 보내주세요.
교우미디어는 전과정을 책임지고 최선을 다하겠습니다.

값 27,000원

교우미디어는 (주) 교우의 Imprint 사입니다.
수학정원·과학정원은 (주) 교우의 새로운 브랜드명입니다.

잘못된 책은 구입하신 서점에서 교환해 드립니다.

머리말

우리는 전 세계를 여러 지역으로 나누어 그 지역의 특수성, 중요성 등을 면밀히 검토하고 분석해서 국제정치 및 세계정치를 논의한다. 그런 가운데 동아시아는 한국이 위치하고 있는 지역으로 우리에게는 매우 중요한 지역이다. 특히 이 지역의 안정과 평화는 한반도 및 한국의 안정과 평화에 직접 영향을 미친다. 이 지역을 연구하는 것은 또한 우리의 생존과 번영에 지대한 영향을 미치고 우리의 숙원 사업인 통일과도 무관하지 않다.

또한 동아시아에서 전개되는 국가 간의 정치인 국제정치는 다른 지역 정치 및 세계정치에도 적지 않은 영향을 미칠 수 있다. 동아시아의 국제정치가 이처럼 중요한 이유는 이 지역 국제정치 주체들의 위력 때문이다. 이들의 위력이 정책으로 그리고 행위로 표출되면 많은 국가의 정책 및 행위에도 영향을 끼칠 수 있다. 이 지역 국제정치 주체 중에는 정치, 경제, 조선 등 여러 면에서 최강의 힘을 갖고 있는 미국이 있다. 미국의 강한 국력은 위력으로 발휘되어 여러 국가의 국제정치 및 세계정치에 지대한 영향력 또는 압력으로 작용한다. 또한 동아시아 국제정치 주체 중에는 중국이 있다. 현재 중국은 특히 경제적으로 군사적으로 크게 성장하며 국력을 극대화하는 데에 주력하고 있다. 중국은 약 960만 ㎢의 거대한 영토에 약 14억 명의 인구를 갖고 경제 규모 세계 제2위의 국가가 되었다. 이렇게 거대한 국가가 된 중국은 이러한 외형만으로도 다른 국가에 음으로 양으로 영향을 미칠 수 있다. 현재 크게 성장하고 있고 발전하고 있는 중국은 커다란 국내시장만으로도 대외적으로 그의 위력을 발휘할 수 있는 국가이다.

동아시아 국제정치 주체의 하나인 일본은 경제규모 제3위이고 명실상부 경제 대국이다. 특히 일본은 높은 세계적 수준의 과학 · 기술을 보유하고 있는 국가이고 세계 경제 선진국 모임인 G-7의 구성 국가이다. 이러한 일본은 여러 분야에서 미국과 적극적으로 협조하고 협력하고 있어 일본의 위력은 배가 되고 있다.

동아시아 국제정치 주체중의 하나인 북한정권은 세계가 반대하는 핵무기와 미사일을 개발하며 한반도 및 동아시아의 긴장을 고조시키고 안정을 위협하는 존재이다. 유엔안전보장이사회로부터 제재를 계속 받고 있음에도 불구하고 핵과 미사일 개발을 멈추지 않고 있다. 이러한 북한정권은 외교적으로 고립적인 행보를 걸어왔다. 그리하여 북한정권은 국제정치다운 대외 행위를 하여본 경험이 없다. 그럼에도 불구하고 북한은 이 지역에서 긴장과 불안을 고조시키는 행태를 지속하고 있다.

세계지도를 보면 한반도 북쪽에는 거대 중국이 한반도를 짓누르고 있고 일본은 길게 늘어선 성벽 모습으로 한국의 대양 진출을 가로막고 있는 형국이다. 우리의 과거를 돌아보면 이 두 국가는 한반도에 위치하고 있던 왕조들을 억압하고 농단하여 왔다. 오늘날에는 과거와는 다르지만 이 두 국가는 국제정치적으로 알게 모르게 한국을 불편하게 하고 있다. 그리고 현재는 세계 최강국가인 미국이 동아시아에서 그리고 한국에서 2의 정치적 위력을 발휘하고 있다. 동아시아의 국제정치 주체들은 저마다 고유한 과거, 정치적 특성 등을 갖고 있다. 이 주체들은 모두 상당한 이질적 요소를 갖고 국제정치를 전개하여 오고 있다. 그런 가운데 이 지역의 국제정치 주체들은 두 패로 나뉘어서 집단적으로 갈등, 대립적으로 관계를 유지하고 국제정치를 전개하고 있다. 그러나 각각의 집단을 구성하고 있는 국가들은 여러 면에서 협조적이고 능률적으로 국제정치를 전개하고 있다. 한국-일본-미국 3개국이 형성하고 있는 집단은 외교적으로 돈독한 관계를 갖고 있고 다른 하나의 집단인 중국과 북한 역시 혈맹관계를 갖고 대립 · 갈등 없이 관계를 유지하고 있다. 동아시아에는 양립이 원만하지 않은 두 국가 집단이 공존하고 있기 때문에 불안은 상존하고 있다. 그러나 이념과 생각을 달리하는 두 집단은 상대를 근본적으로 무시하지는 않으나 상대국의 이익을 부분적으로 침해할 수 있는 소지는 적지 않다. 동아시아의 국제정치는 어느 정도는 패거리 국제정치라고도 말할 수 있다.

각 국가는 그의 필요에 의해 외교정책을 결정한다. 각 국가는 외교정책의 기조를 갖고 그에 의거해서 외교정책을 결정한다. 그렇게 해서 국가의 안전을 도모하고 국가 이익을 증진시킨다. 이러한 모습이 각 국가에 의해 외교정책이 결정되는 바람직하고 이상적인 과정이다. 그런데 앞에서 말한 것처럼 동아시아의 국제정치는 패거리 국제정치이기 때문에 각 국가의 특히 한-미-일 3국의 외교정책은 패거리 국제정치 차원에서 결정되고 이 3국가는 패거리 국제정치를 위해서 외교정책을 결정한다.

이것은 다른 말로 정책공조이다. 한-미-일 3국은 정책공조 즉 정책을 조정하고 조율해서 3국이 동의하는 외교정책을 만들고 있다. 이러한 정책공조는 주로 미국의 정책노선과 정책기조의 바탕위에서 이루어진다. 한국과 일본은 주권국가이지만 미국과의 정책공조는 필수요건이다.

다른 한편 중국과 북한도 동맹관계를 갖고 있기 때문에 특히 중국에 안보, 경제 등을 크게 의존하고 있는 북한은 중국의 외교정책 노선 및 기조를 따르지 않을 수 없다. 그러나 중국은 독자적인 외교정책을 결정한다. 특히 과거 북한 정권은 중국과 소련 및 러시아 두 국가의 관계에 따라 시계추의 외교관계를 가져왔다. 이러한 외교관계가 북한의 안전과 이익을 도모할 수 있기 때문이다. 동아시아에 존재하는 두 개의 국제정치집단은 이념과 노선은 달리하고 있지만 모두는 동아시아의 현상(status quo)을 존중하고 있다. 현재까지는 동아시아에서 어느 국가도 이 지역의 현상을 부정하거나 또는 뒤엎으려는 생각은 갖고 있지 않다. 그 뿐만 아니라 어느 국가도 또 어느 집단도 현상을 바꿀 수 있는 능력을 갖고 있지 않다. 그리고 북한정권을 제외하고 다른 국가의 안전을 우협하거나 중대한 국가이익을 침해하는 정책이나 행위를 감행하지 않는다. 어느 한 국가의 안전 및 중대한 이익을 침해하는 일이 발생한다면 이 지역의 현상 유지에도 위협이 가해질 수 있다. 이 지역의 국가는 감히 이러한 일을 자행하지 않을 것이다. 특히 동아시아의 2개의 국제정치 블록이 바람직하다고 말할 수 없지만 블록의 존재 그 자체인 이 지역의 안전 및 안정에 크게 방해되지 않고 있기 때문에 각 국가는 동아시아 지역의 현상 유지를 지지하고 있다. 특히 경제 발전에 몰두하고 있는 중국은 이 지역의 안정을 그의 외교정책 목표 중의 하나로 여기고 있다. 중국이 그의 블록에 속해있는 북한의 핵무기 개발을 막지는 못하고 있지만 그러나 북한 정권의 경거망동(輕擧妄動)은 자세시킬 것으로 생각한다. 특히 한반도에서의 무력충돌 등의 사태는 중국에게는 정치적으로, 조신적으로 또 경제적으로 커다란 어려움을 가져다줄 것이기 때문에 중국은 북한 정권에 깊은 주의를 경주하고 있다. 중국이 북한에 대한 유엔 안전보장이사회의 제재 결의를 소극적으로 이행하는 것도 북한 정권의 과격한 정책 및 행위를 제어하기 위한 조치이다.

동아시아 국제정치 주체들은 이질적 요소도 많이 갖고 있고 이념과 체제도 다르게 또 주체들 간의 국력의 편차도 매우 크다. 그렇기 때문에 이 지역에 긴장도 감돌고 불안도 감지되고 있지만 이 지역의 국제정치 주체들은 기본적으로 이 지역의 현상 유지를 위해 국제정치를 전개하여왔다. 북한 정권도 핵과 미사일을 개발하고 있지만 그것으로 이 지역의 현상을 바꿀 수 없다는 것을 잘 알고 있을 것이다.

근본적으로 또 기본적으로 동아시아의 국제정치는 현상 유지의 바탕위에서 전개될 것이다. 또한 동아시아에서 미국 및 중국이 이 지역의 현상 유지를 바람직한 것으로 생각하고 외교 정책을 결정하고 유지할 것이며 따라서 다른 국제정치의 주체들도 미국과 중국의 정책에 반하는 정책을 결정하지는 않을 것이다. 동아시아에는 안정과 평화를 위협하는 요소들이 있지만 현상 유지가 이 요소들을 압도하고 있다.

동아시아 국가들의 국제정치를 보다 심층적으로 그리고 체계적으로 설명하기 위해 동아시아라는 지역의 여러 특성들을 살펴보았고 그것을 정리하였다. 그리고 실질적으로 국제정치 전개의 핵심 요소와 각 국가의 외교관계, 그리고 개별국가의 외교 정책 및 외교를 정리해 보았다. 또한 국가 간의 구체적인 국제정치의 전개 과정인 국가 간의 상호 작용의 행태 및 그것들을 분석하였다. 그리고 동아시아 국제정치의 장래도 가늠해 보았다.

나의 글이 이처럼 책으로 출간되는데 여러 사람의 도움을 받았다. 내가 쓴 원고를 컴퓨터 작업을 통해 책으로 출간될 수 있는 원고로 정리해준 고려대학교 대학원 이선영 선생의 도움에 감사한다. 또 내가 탈고를 하고 출간을 걱정하고 있을 때 국방연구원 전문 연구위원 이창형 박사께서 책을 교우사에서 책을 출간할 수 있게 나를 도와주었다. 이 또한 고마운 일이다. 특히. 이 졸고를 책으로 출간할 수 있도록 흔쾌히 허락해 주신 교우사 오판근 사장님께 감사한다. 그리고 이 원고의 출간을 위해 애써주신 교우사 여러 직원분들께도 감사의 말씀을 전한다.

저자 송 영 우

차례

제 1 부

동아시아 국제정치의 기초

1. 동아시아 국제정치의 범위 및 시작

지리적으로 동아시아는 아시아 대륙의 동쪽 끝에 위치하고 있는 지역을 말하는 것이다. 한 때는 이 동아시아를 극동이라고 칭하기도 하였다. 역사적으로 이 지역에는 중국 대륙에 국가가 있었고 한반도에 국가가 있었고 그리고 일본이 위치하고 있었다. 이렇게 3개국이 동아시아 지역 국가였다.

제2차 대전 이후 한반도가 38도선을 기준으로 둘로 나뉘어져 남과 북에 각각 정권이 수립되었다. 그리하여 동아시의 국제정치의 주체는 4개가 되었다. 전쟁 후 여기에 미국이 참여하게 되어 국제정치의 주체는 하나가 더 추가되어 5개가 되었다.

일찍이 미국은 1897년 하와이를 그의 영토로 편입하면서 미국의 태평양 진출의 교두보를 마련하였고 또 1898년 스페인과의 전쟁('splendid little war')에서 승리하며 필리핀을 장악하게 되었다. 이리하여 미국의 동아시아 진출은 시작되었다. 그 뿐만 아니라 미국은 푸에르토리코, 괌 등을 미국의 영토로 편입시키며 미국은 제2차 대전 이후 명실 공히 동아시아 지역 국제정치에 참여하게 되었다. 그러면서 미국은 태평양 및 동아시아를 그의 정치적 및 전략적 영토로 간주하게 되었다. 그렇기 때문에 미국은 태평양을 수호하기 위해 지구의 동쪽 끝에 위치하고 있는 동아시아를 중요한 정치적 및 전략적 영토로 생각하고 있다. 그리하여 미국은 태평양을 수호하기 위해 하와이에 태평양 사령부를 두고 있다. 태평양 사령부는 북서태평양과 동아시아를 작전 범위로 하고 있다. 북서태평양은 미국의 앞마당이다.

미국의 존슨(Lyndon B. Johnson) 대통령은 1968년 4월 하와이 호놀룰루에서 미국은 아시아-태평양 국가라고 천명하였다.

" … 내가 우리라고 말할 때 우리는 독립된 국가에서 그리고 사람으로 살 수 있도록 만들어진 태평양에 위치하고 있는 여러 국가의 국민들을 지칭하는 것이다. 미국은 지금으로부터 125년 전에 태평양을 건너 중국과 깊은 유대 관계를 가졌었고 그리고 조금 뒤 일본과도 긴밀한 관계를 갖기 시작하였다. 그러나 미국은 지금으로부터 27년 전(1941년)부터 아시아 및 태평양 지역의 국민들과 운명을 같이 하여야 한다는 것을 알게 되었다…미국은 대서양 국가인 동시에 태평양 국가라고 믿는다."[1)]

또한 미국의 클린턴(Bill Clinton) 대통령도 1993년 7월 한국 국회에서 행한 연설에서 "미국은 태평양 국가이다"라고 하였다.[2)] 오바마 대통령도 2011년 11월 하와이 호놀룰루에서 개최된 아시아-경제협력체(APEC) 정상 회의에서 "미국은 태평양 국가이며 앞으로도 태평양 국가로 남을 것이다. 그리고 미국의 대외 정책은 동아시아를 축으로 해서 결정될 것"이라고 언급하였다. 또 오바마 대통령은 2012년 1월 5일 미국의 새로운 국방 전략 가이드인 "미국 글로벌 리더십의 지속: 21세기를 위한 우선순위(Sustaining US Global Leadership: Priorities for 21st Century)" 보고서에서 "아시아 · 태평양지역을 가장 중요한 지역으로 규정하며 미국의 기존 군사 역량을 아시아 지역에 집중할 것을 천명하였다.[3)]" 나이(Joseph S. Nye)교수와 국무부 부장관을 역임했던 아미티지 두 사람은 2010년 12월에 출판한 책 '미일 동맹vs중국과 북한'이라는 책에서 "미국은 태평양 국가이고 태평양은 미국과 아시아를 분리하는 것이 아니라 연결하고 있다"고 말했다.[4)]

공산 혁명 이전 러시아도 동아시아지역에 관심이 많았고 이 지역에 진출하기 위해 1905년 일본과 전쟁을 하기도 하였다. 러시아는 중국 및 한반도에 진출을 희망하였다. 이 희망은 일본의 이익과 정면으로 충돌하게 되었다. 이 전쟁에서 일본이 승리하였다. 이 때 미국이 중재자가 되어 1905년 9월 미국의 뉴햄프셔(New Hampshire)에서 일본과 러시아간 '포츠마우스 조약(Treaty of Portsmouth)을 체결하며 일본과 러시아의 전쟁을 마무리하였다. 일본은 이

---

1) "Remarks by President Johnson at the Korean Consulate General in Honolulu, April 17, 1968," in Se-Jin Kim(ed.), Documents on Korea-American Relations, 1943-1976(Seoul: Research Center for Peace and Unification, 1976), pp. 353-354.

2) Amos A. Jordan, "American Security and East Asia," in Dalchoong Kim, Soo-eon Moon and Chung Min Lee(eds.), The New World Order and Korea(Seoul: The Korean Association of International Studies, 1993, p. 126.

3) 김관옥, 동아시아 '불일치 딜레마'외교 (서울: 리북, 2013), p. 56에서 인용.

4) 양기호(옮김), 미국은 동아시아를 어떻게 지배했나 (서울: 메디치미디어, 2013), p. 357에서 인용.

전쟁에서 승리하며 그의 강한 국력을 과시하였고 의심의 여지없이 세계적인 강대국의 반열에 오르게 되었다. 이제 아시아 국가로서는 처음으로 일본은 유럽 강대국과 어깨를 나란히 하게 되었다. 러시아는 일본과의 전쟁에서 패하게 되어 특히 동아시아에서 설 자리를 잃게 되었다. 러시아는 사할린 섬의 남쪽의 절반을 일본에 넘겨 주었고 요동 반도의 사용권도 일본에 넘겨 주었다. 그리고 일본의 한반도 진출을 반대하지 않기로 하였고 만주 지역에서 철수하고 만주를 중국 측에 돌려주기로 하였다.[5] 러시아는 일본과의 전쟁에서 패배하여 일단 중국 등 동아시아와는 거리를 두게 되었다. 그 후 내전 등으로 제정 러시아는 붕괴되고 공산주의혁명으로 소비에트연방공화국이 탄생하는 등 러시아는 국내 문제에 몰두하게 되었다. 그리고 유럽에서 제1차 세계 대전이 전개되어 소련은 이 세계적 전쟁에 몰두하며 극동에 대해서는 무관심하였다. 그러나 일본이 항복하기 직전인 1945년 8월 6일, 소련은 일본에 선전 포고를 하였고 그로부터 7일 후 일본은 항복을 선언하였다. 그 결과 소련은 일본으로부터 전리품으로 사할린 일대를 소련의 영토로 다시 편입시켰다. 그리고 소련은 제2차 세계 대전이 끝난 직후 한반도 38선 북쪽을 점령하고 김일성을 내세워 북한에 공산 정권을 수립하였다. 그로부터 소련은 북한을 위성 국가로 만들고 그의 통제 하에 두었다. 그리하여 그 때부터 소련은 또 다시 동아시아에 진출하고 이 지역에 관심을 갖게 되었다. 그와 함께 1949년 중국 대륙에 공산 정권이 수립되었고 1950년 2월 중국과 소련은 군사 동맹 조약을 체결하였다. 또한 1940년대 후반 미국과 소련은 냉전 상태에 돌입하고 양극 체제를 형성하였다. 이러한 국제정치적 상황은 소련으로 하여금 동아시아에 상당한 이해(利害)관계를 갖게 하였다. 1960년부터 시작된 중 · 소 분쟁은 소련으로 하여금 동아시아에 대한 이해를 크게 축소시켰다. 이후 소련은 유럽 특히 동유럽에 모든 것을 집중하였다. 1960년 중 · 소 분쟁 이후 소련은 동아시아와는 일정 거리를 두고 이 지역에 관심을 갖지 않았고 동아시아에 대해 주체적인 외교 정책도 갖지 않았다.

---

5) Rene Albrecht-Carrie, A Diplomatic History of Europe(New York: Harper & Row, Publishers, 1973), p. 245.

동아시아의 주요 국가인 일본은 미국과 동맹 관계를 갖게 되어 소련과 매우 소원(疎遠)한 관계를 유지하였다. 1990년까지 소련은 한국과 외교 관계를 정상화하지 않고 있었다. 물론 한국도 미국과 동맹 관계를 갖고 있었다. 그 결과 한 · 소 관계도 긴밀한 관계를 가질 수 없었다.

냉전 시기 소련은 일본 및 한국과 어떠한 긴밀한 관계도 갖고 있지 않았고 1950년대 후반부터 중국과도 갈등 관계를 유지하며 1980년대 초까지 중국과도 매우 불편한 관계를 갖고 있었다. 그리하여 소련은 동아시아 정책도 구체적으로 갖지 않았고 동아시아 문제에 관여하지도 않았다. 그러므로 냉전 시기에 소련을 동아시아지역 국가로 취급하는 것은 적절하지 않다고 생각한다. 1991년 소련이 분해되고 냉전적 상황도 사라진 1990년대 러시아는 대체로 동아시아 국가들과 정상적이고 일반적인 외교 관계를 갖고 있다고 말할 수 있다. 그러나 새로운 국가로 태어난 러시아는 동아시아에 특별한 이해 관계를 갖고 있지 않아 동아시아 국가로 평가받을 수 있는 정책이나 행위는 찾아볼 수 없다.

국제정치(Inter-national politics)는 문자 그대로 국가 간의 정치이다. 그러므로 동아시아 국제정치는 동아시아 지역에 대외적으로 주권을 행사할 수 있는 독립 국가들 및 정권이 이 지역 구성원으로 등장하여 이들 국가 간의 상호 작용이 전개되면서 시작되었다. 동아시아에서의 국제정치는 제2차 대전이 끝나면서 시작되었다.

먼저 제2차 세계대전이 끝나면서 미국은 아시아-태평양 국가임을 자처하며 동아시아 국제정치에 참여하였다. 이 전쟁에서 승전국이 된 미국은 세계 최강대국이 되었다. 미국의 참여로 동아시아의 국제정치는 활발하게 전개될 수 있는 바탕을 마련하였다. 19세기 중반부터 서양 제국주의 국가들이 중국에 진출하게 되어 중국은 반식민지 상태에 놓이게 되었다. 20세기에는 일본도 중국에 진출하여 만주지역 등 중국의 많은 지역을 점유하고 있었다. 그렇기 때문에 중국은 제2차 대전이 끝날 때까지 국내외적으로 완전한 주권의 행사가 불가능하였다. 중국 대륙에는 오랜 내전 끝에 공산 혁명이 성공하여

1949년 10월 중화인민공화국(이하 중국으로 함)이 탄생되면서 외세의 간섭 없이 주권을 행사할 수 있는 국가가 되었다. 이로부터 중국이 동아시아 국제정치의 하나의 주체가 되었다.

한반도에 위치하던 조선 왕조는 1910년 일본의 침략으로 일본의 식민지로 전락하여 주권 국가로서의 대내외 활동을 할 수 없게 되었다. 그러나 제2차 대전에서 일본이 패배하여 한반도에 주권 국가가 탄생할 수 있게 되었다. 그런데 불행하게도 미국과 소련의 냉전으로 한반도에는 대한민국과 북한에 공산정권이 탄생되었다. 그로부터 한국과 북한은 대내외적으로 각기 주권을 행사할 수 있는 국제정치의 주체가 되어 동아시아 국제정치의 구성원이 되었다.

동아시아지역에 위치하고 있던 국가 가운데 일본만이 제2차 세계대전이 끝날 때까지 주권국가로 독립적인 대내외 정책을 구사할 수 있었다. 그러한 일본이 제2차 세계대전에서 패배한 다음 형식에 있어서나 내용에 있어서나 명실공히 새로운 국가로 거듭 태어났다. 제2차 대전에서 패망할 때까지 일본은 절대 군주제 국가였다. 그러나 전쟁에서 패한 다음 6년 반 동안 미군정의 통치 하에서 과거와 다른 새로운 국가로 등장하였다. 미군정 하에서는 일본은 절대 군주제를 버리고 입헌 군주제를 수용하고 정치 체제로는 내각 책임제를 채택하였다. 그리고 1951년 9월 8일 일본은 샌프란시스코에서 전쟁 상태를 종결짓는 미-일 강화 조약(평화조약)과 미-일 안보 조약을 각각 체결하였다. 이제 일본은 대내외적으로 주권을 행사할 수 있는 완전한 주권 독립국가가 되었고 미국의 동맹국이 되었다.

동아시아에서 현대적 의미의 국제정치는 제2차 세계대전이 끝난 다음 동서 냉전이 고조되고, 양극체제가 형성되고, 미국이 동아시아 국제정치의 주체가 되고 그리고 동아시아에 새로운 주권 국가가 탄생되면서 시작되었다. 제2차 세계대전이 끝난 다음 대한민국 그리고 중화인민공화국이 탄생되었고 한반도 38도선 이북에 북한 공산 정권이 등장하였다. 그리고 2차 대전에서 패전국이 된 일본이 새롭게 탄생하여 동아시아에 국제정치의 주체들이 국제정치 무대에 등장하여 동아시아에서 이 국가들 간의 국제정치가 시작되었다.

2. 동아시아지역의 역사성

국제정치적 측면에서 보면 동아시아는 다른 지역과는 다른 특이한 과거를 갖고 있다. 1945년 8월 15일 제2차 세계 대전이 끝날 때까지 동아시아에는 국제정치 과정을 전개할 수 있는 국제정치의 주체인 완전한 주권 독립 국가는 일본이 유일한 국가였다. 다른 말로 말하면 동아시아에 위치하고 있던 국가는 식민지 또는 반식민지 상태였다는 것을 지칭하는 것이다.

동아시아의 역사적 특성은 19세기 중국 대륙에서부터 시작되었다. 중국 대륙은 매우 크고 인구도 많고, 다양한 자원이 풍부하여 서양 제국 주의 국가들은 중국 대륙으로 진출하였다.

먼저 중국의 반식민지화는 영국과의 제1차 아편전쟁(1839-1942)으로부터 시작되었다. 19세기 후반 및 20세기 초에 걸쳐 중국 대륙에 진출한 제국주의 국가들은 중국과의 (정확히 말하면 청나라) 불평등 조약을 통해서 치외법권 등 특수한 지위를 누리게 되었고 동시에 조계(租界) 또는 조차지(租借地)를 비롯하여 제국주의 국가들에게는 다양한 특권이 부여되었다. 구체적으로 영국은 양자강(揚子江)유역, 위해위(威海衛), 구룡반도(九龍半島)를 차지하였고, 프랑스는 운남(雲南) 지방, 및 광주(廣州)지역을, 독일은 산동(山東)반도, 여순(旅順)을, 러시아는 만주 일대 지역을, 그리고 일본은 만주지역 및 복건성(福建省) 일대를 차지하였다. 이처럼 제국 주의 국가들이 중국 대륙의 여러 지역을 독점적으로 장악하게 되어 중국은 국가로서 기능하지 못했고 반(半)식민지 국가로 전락하였다. 이러한 조치들은 중국과 제국 주의 국가들과의 불평등 조약에 의해서 이루어졌다. 중국이 제국주의 국가들과 체결한 불평등 조약은 다음과 같다.[6)]

중국에 강요된 주요 불평등 조약들

영국과 체결한 남경조약–1842
영국과 체결한 보구(Gogue)–1843
미국과 체결한 왕히아(Wanghia)조약–1844

---

6) Martin Jacques, When China Rules The World, 2nd ed.(London: Penguin Book, 2012), p. 103.

프랑스와 체결한 황포아(Whampoa)조약-1844
러시아와 체결한 아이군(Aigun)조약-1858
프랑스, 영국, 러시아 그리고 미국과 체결한 천진(天津)조약-1858
영국, 프랑스 그리고 러시아와 체결한 북경조약-1860
러시아 및 독일과 체결한 천진 관세 동맹 조약-1861
영국과 체결한 체후(Chefoo)협정-1876
북경 중국-포르투갈 조약-1887
일본과 체결한 시모노세키조약-1895
러시아와 체결한 리-로바노프(Li-Lobanov)조약-1896
영국과 체결한 홍콩 영토 연장 협정-1898
영국 등 11개국과 체결한 복서(Boxer)의정서-1901
일본과 약속한 21개 요구

청나라는 영국과 프랑스와의 제2차 아편전쟁(1857-1860)에서도 패배하여 영국과 프랑스 군대에게 자유롭게 행동할 수 있는 특권을 부여하여 이 두 국가의 군대는 중국을 철저하게 유린하였다. 이 전쟁에서 청나라가 패배하면서 중국은 1858년 6월 영국 및 프랑스와 천진(天津) 조약을 체결하였고 또 1860년 10월 북경조약을 체결하여 청나라는 모든 서양인에게 치외 법권이 인정되었고 외국군의 군사 기지 설치가 허용되었고 서양 종교인들에게 중국 내 여행의 자유가 보장되었으며 더 나아가 청나라로 하여금 영국과 프랑스에 전쟁에서 발생한 손해를 보상하도록 강제되었다. 이제 중국 대륙은 제국주의 국가에 의해 여러 갈래로 찢어졌고 모든 분야에서 혼란이 극심하였다. 특히 이 어려운 시기에 청조(清朝)는 제국 주의 국가들의 철도 부설권 요구에 굴복하여 철도 국유화를 단행하였다. 이러한 청조의 조치에 반대하는 지식인들은 철도 보호 운동을 전개하고 개혁을 주장하던 개혁 세력은 혁명 세력으로 돌변하였다. 특히 이 혁명 세력은 철도 보호 운동을 전국적으로 확대하였고 특히 무창(武昌)지역에서는 신식군대의 자원을 받아 철도 보호 운동을 진압하고 있는 틈을 이용하여 손문은 1911년 신해혁명(辛亥革命)을 성공시켰다. 신해혁명의 성공으로 손문의 영도 아래 중화민국이 출범하였다. 그러나 중국 각 지에서는 군벌(軍閥)이 그 위세를 이용하여 전국적으로 세력을 확장하는 등 국내 상황은 매우 혼란스러웠다. 그러나 손문은 이 혼란스러운 상태를 수습하기 위해 청조의 실력자였던 대군벌 원세개(袁世凱)에게 대통력직을 물려주고 중국 내의 혼란스러운 상황을 수습하여 줄 것을 요청하였다. 그러나 원세개는 군벌들에 의해 야기되는 혼란 상태를 수습하지는 않고 물려받은 대통령직을 이용하여 왕조(王朝)를 건설하고 황제가 되기 위한 정변(政變)을 도모하였다. 이렇게 정변을 획책하던 원세개는 1916년 갑자기 사망하였다.

국민당 정부를 이끌고 있던 손문도 1925년 3월 사망하였다. 그리고 당시 국민당의 실력자였던 장개석(蔣介石)이 국민당 정부의 총수로 등극하였다. 그리고 장개석은 1927년 9월 남경정부와 무한(武漢) 정부를 통합하고 국민당의 통일 정부를 수립하고 장개석은 중국을 통치할 수 있는 주도권을 장악하게 되었다. 그리고 그는 1928년 2월부터 북벌(北伐)을 재개하려 4개월만인 6월에 북경에 있던 만주 군벌 장작림(張作霖)을 축출하여 그를 그의 본거지인 만주로 돌려보내고 산해관(山海關) 이남 지역을 장악하여 중화민국 정부를 수립하여 제한적 지역이기는 하지만 중국을 통일하는데 성공하였다. 그리고 장개석은 성공적으로 중국을 통치할 수 있었다.[7)]

이렇게 국내적으로 혼란스러운 와중에 1921년 7월 1일 중국공산당이 창당되었다. 중국공산당은 1921년 7월 상해에 있는 프랑스조계(上海聖志路 106호)에서 비밀리에 중국공산당 제 1차 전국대표대회를 개최하였다. 이 대회에는 당원이 50여명이었으며 이들을 대표하여 모택동 등 12명의 대표가 참여하여 제1차 대회를 치르고 중국공산당을 탄생시켰다.[8)]

창당 이후 중국공산당은 공산 주의 혁명을 성공시키기 위해 전국 각 지역에서 폭동을 일으켰다. 장개석 정부는 공산 세력을 제압하기 위해 공산 세력 소탕 작전을 전개하였다. 장개석 정부의 소탕 작전이 강력하게 전개되자 공산세력은 이 소탕 작전에서 살아남기 위해 1935년 소위 '장정(長征)'을 감행하기도 하였다. 그리고 모택동은 절체 절명의 위기에서 살아남기 위해 항일투쟁을 위해 휴전할 것을 장개석 정부에게 제의하였다. 당시 일본은 중국 대륙

7) 金河龍, 中國政治論 (서울: 博英社, 1984), pp. 16ff.

8) 高凱 · 干玲(編), 中共七十年(北京: 中國國際廣播出版社, 1991), p. 1.

을 완전 식민 상태로 만들기 위해 그의 세력을 강화하고 확장하고 있었다. 이 때 공산 세력은 '항일민족통일전선'을 형성해야한다고 강조하였다. 특히 1937년 7월 7일 중일 전쟁이 발발하였다. 그리하여 국민당과 공산당의 대일 공동 전선은 더욱 절실하게 요구되었다. 마침내 1937년 9월 22일 국공합작의 최종 협정안이 만들어졌다. 그 후 표면적으로 이 국공 합작은 크게 무리 없이 전개되는 것으로 보였다.

한편 1930년대 초 독일에 히틀러가 등장하며 유럽에는 긴장감이 감돌고 있었다. 히틀러의 제국 주의 정책은 유럽국가들로 하여금 경쟁 · 대립으로 치닫고 있었다. 이러한 상황이 전개되면서 유럽 강대국들은 유럽 문제에 몰두하게 되어 동아시아에 적극적으로 참여할 수 없게 되었다. 이 때 일본은 상대적으로 더욱 동아시아 뿐만 아니라 동남아시아에 그의 세력 범위를 넓히고 있었다. 미국은 일본의 아시아 지역에서의 세력 확장을 적극적으로 저지하였다. 일본은 미국의 경고에도 불구하고 세력 확장은 계속되었다. 이에 대해 미국은 주체적인 행동으로 일본에 대한 경제 제재를 가하였다. 미국은 1940년 7월 해군력을 증강시키는 법률을 제정하였고 일본에 대한 석유 수출 금수 조치를 단행하였다. 또한 9월에는 의무병제 법안을 제정하였고 10월에는 강철 수출 금지, 그리고 1941년 5월에는 고무 수출을 금지시키고, 7월에는 미국 내 일본의 재산을 동결하는 조치를 단행하였다. 이런 미국의 대일 경제 제재에 대한 저항으로 1941년 12월 일본은 미국 하와이에 있는 해군기지 진주만을 공격하였다. 그리하여 미-일 전쟁이 발발하였다.

미국과 일본의 태평양 전쟁이 발발하자 미국이 중국 문제에 관여하게 되었다. 미국은 장개석 정부에 5억 달러의 군사 원조를 제공하기로 결정하였다. 그리고 1942년 1월 미국과 장개석 정부는 중국이 다른 국가와 체결한 모든 불평등 조약을 포기한다는 조약문을 발표하였다. 특히 미국은 중국 내에서 국공 내전이 재발해서 일본에 대항하는 중국의 역량이 약화되는 것을 두려워하였고 미국은 국공 내전의 재발을 방지하는데 전력을 다하였다. 결국 장개석으로부터 공산세력 소탕 작전을 전개하지 않겠다는 약속을 받아냈다. 그 후 국민당 및 공산당의 국공 합작 작업을 계속되었으나 제2차 대전이 끝날 때까지 이 작업은 아무런 성과를 거두지 못했다. 이러한 국공 합작 작업이 계속되고 있는 중에도 국민 및 공산 양측은 비밀리에 군사적 활동을 계속하고 있었으며 제2차 세계 대전이 끝난 다음인 1947년 1월 이 양측은 휴전협정을 무시하고 교전상태에 돌입하였다. 이로써 국공 내전은 전국적으로 확대되었다. 특히 1948년 9월부터 10월 사이 만주에서 전개된 전투에서 50만 명의 장개석 정부군이 중공군에 의해 괴멸되었다. 이 결과는 국공 내전에서 공산당 쪽이 승리를 가져갈 수 있는 중요한 전환점이 되었다. 그 후 국민당 정부군은 공산군과의 전투에서 계속해서 패하여 중국의 주요 거점을 상실하면서 결국 국공내전은 모택동이 이끄는 공산군의 승리로 끝났다. 그리고 장개석은 1949년 8월 그를 추종하는 군대와 피난민 200만을 이끌고 대만으로 망명하게 되었다.[9)]

1921년에 창당된 중국공산당은 모택동의 영도 하에 길고 험한 역경(逆境)을 거쳐 1949년 10월 1일 중화인민공화국을 건국하고 거대한 중국 대륙을 통치할 수 있게 되었다.

일본도 어느 국가 못지않게 긴 역사를 갖고 있는 국가이다. 일본은 19세기 중반까지도 문호를 개방하지 않고 폐쇄적인 국가로 이 시기까지 안정적으로 그리고 평화적으로 지내왔다. 이런 가운데 처음으로 1853년 미국 해군 함정이 도쿄만에 들어와 미국과의 무역을 요구하였다. 일본은 미국의 이러한 요구를 수용하여 1858년 미국과 불평등 조약을 체결하였다. 이 불평등 조약에는 일본 주요 항구에서 서양인의 치외 법권을 인정하고 또 일본에게 매우 불리한 조건이 담겨져 있다. 이후 유럽의 영국, 프랑스 그리고 네덜란드 함대들이 일본에 진출하여 일본은 서양 국가들로부터 위협을 느끼게 되어 반 서양적 정서가 일본에 만연하게 되었다.[10)] 일본은 19세기 후반 서양 국가들의 팽창 정책을 간파하고 새로운 진로를 모색하기 시작하였다. 일본은 오랫동안 유지해오던 쇄국정책을 버리고 '개국(開國)'으로 새로운 국가의

9) 金河龍, 中國政治論, pp. 64ff.

10) Martin Jacques, op. cit., pp. 61-62.

진로를 바꾸고 위로부터 체제 개혁을 단행하였다. 이러한 개혁이 진행되면서 1868년 270년간 일본을 통치했던 도쿠가와(德川) 정권이 붕괴되고 천황 절대 권력에 의해 통치되는 중앙 집권 체제인 메이지(明治) 체제를 수립하였다. 일본은 1868년 명치유신(明治維新)이라는 이름 하에 개혁정치를 실시하여 서양의 선진 문물을 받아들여 국가를 발전시키고 국력을 신장시켰다. 일본은 또 아시아에서 유일한 강대국으로 부상하여 제국주의적 식민 정책을 추진하기 시작하였다. 일본의 첫 번째 제국주의 정책은 청일전쟁(1894-1895)이었다. 일본은 이 전쟁에서 승리하여 청나라와 시모노세키(下関)조약을 체결하였다. 이 조약을 통해 일본은 청나라에게 1년 수입(收入)의 3배에 이르는 배상금을 청구하였고 대만과 요동반도를 얻었으며 중국의 여러 항구에 공장과 기업을 설립할 수 있는 권리를 획득하였다. 그런데 시모노세키조약 체결 직후 러시아는 프랑스 및 독일의 협력 하에 일본에 대해 요동반도의 반환을 요구하였다. 이른바 '3국 간섭'이 이루어졌던 것이다. 일본이 3국의 요구에 굴복한 것이다. 소위 '삼국 간섭'을 경험한 일본은 이러한 뼈아픈 경험을 되풀이하지 않기 위한 방안을 모색하였다. 동시에 일본은 제국주의 정책을 추진하는데 전략적으로 조선 반도가 매우 중요하다고 인식하고 있었다. 그런데 조선 반도 진출에는 러시아라는 장애물이 가로놓여 있음도 잘 알고 있었다. 일본은 이러한 문제들의 해결을 위해 1902년 영일 동맹을 체결하였다. 그리고 드디어 1904년 일본은 러시아와 전쟁을 하였다. 러-일전쟁이 발발하였을 때 프랑스, 독일 등 유럽 강대국들은 이 전쟁에 개입하지 않았다. 그것은 영일 동맹의 결과라고 생각된다. 일본은 마침내 1905년 5월 '스시만 해역'에서 러시아군과의 전투에서 승리하였다. 그리고 미국의 중재로 1905년 9월 5일 미국 뉴햄프셔의 포츠마스에서 '포츠마스 조약(Treaty of Portsmouth)'을 체결하여 러-일전쟁을 마무리하였다. 이 전쟁에서 패한 러시아는 사할린 섬의 남쪽 부분의 반을 일본에 양도하였고 중국 요령 반도를 일본에 임대하였다. 그리고 러시아는 만주에서 철수하고 중국에게 만주를 반환하기로 하였으며 동시에 한반도에 대한 일본의 일체에 행위에 러시아는 반대하지 않는다는 데에 동의하였다. 일본은 러시아와의 전쟁에서 승리하여 세계적인 강대국의 반열에 오르게 되었다.

이후 일본은 다이쇼(大正) 시대로 구분되는 1910년대 및 1920년대 정당을 근거로 하는 의회 민주주의 꽃을 피웠고 다른 한편으로는 제1차 세계 대전을 계기로 경이로운 경제 발전을 이룩하였다. 다이쇼 시기에 이르러 일본은 정치적으로 의회 민주주의, 경제적으로 자본주의 그리고 사회적으로 산업 사회를 실현하였다. 강한 국력을 갖게 된 일본은 소위 '15년 전쟁'이라는 중국을 향한 제국주의적 팽창 정책을 시작하면서 동아시아 협동체 구축을 모색하기 시작하였다. 동아시아 협동체론은 일본의 중국 침략을 정당화하고 합리화하기 위한 수단이었을 뿐이다.[11)]

일본은 중국 대륙에 진출하기 전에 그의 길목에 위치하고 있는 한반도를 1910년 강제로 병합하고 중국 진출에 교두보를 마련하였다. 그리고 1931년 9월 일본은 만주를 점령하고 1932년 2월 '만주국'을 수립하고 만주일대를 장악하였다. 일본은 1937년 중국 남쪽으로 진출하였고 그리고 동북지역도 장악하였다. 특히 이 지역은 공업 지대로 중국에게는 매우 중요한 지역이었다. 일본은 1937년 12월 일본 식민 정책의 잔악성을 나타내는 소위 '남경 대학살'을 감행하였다. 일본군은 수 많은 중국 군인 및 민간인을 무참히 학살하였다(이 때 희생된 중국인은 30만명이 넘을 것이다.).[12)]

일본은 19세기 말부터 동아시아에서 제국주의적 침략을 감행하였다. 1895년 청일 전쟁에서 승리하여 대만을 획득하였고 1910년에는 한반도를 강제로 합병하였으며 1931년에는 중국의 동북지역을 장악하였고, 1936년부터는 중국 중부지역을 점령하였으며 1941년부터 1945년 사이에 아시아의 동남지역 대부분을 장악하였다. 일본은 1868년부터 1945년까지 77년동안 10차례 대규모 전쟁을 하였으며 일본은 많은 아시아 국가들을 희생시켰다.[13)] 더 나아가 일본은 1930년대 서양을 희생시켜 아시아의 이익을 증진시

---

11) 한상일, "동아시아 공동체의 역사적 재조명," 한상일 · 이숙종(공편), 일본과 동아시아(서울: 동아시아연구원, 2011), pp. 18ff.

12) Iris Chang, The Rape of Nanking(London: Penguin, 1998), pp. 215-225. 참고.

13) Michio Morishima, Why Has Japan 'Succeeded': Western Technology and Japanese Ethos (Cambridge University Press, 1984, p. 96.

키는 방안으로 대동아시아 공영권의 창설을 주장하였다. 그러나 실제로는 일본 제국주의의 이익을 위해 아시아를 정복하는 것이 주된 목적이었다.[14]

1937년 7월 7일 저녁 일본군 훈련 중 일본 장교 한 사람이 잠시 실종된 사건이 발생하였다. 실종된 일본군 장교를 수색하는 과정에서 북경(당시는 北平이라고 했음) 근처의 노구교(蘆溝橋)에서 중국 군과의 무력 충돌이 발생하였다. 이 사건을 계기로 일본 군과 중국 군과의 대규모 군사적 충돌이 발생하였다. 이것이 중 · 일 전쟁 시작이다. 이 사건을 기화(奇貨)로 일본은 중국 대륙 내 점령 지역을 확대하기 시작하였다. 일본은 소위 '15년 전쟁'이라는 중국을 향한 제국주의적 팽창 정책을 시작하면서 동아시아 협동체 구축을 모색하였다. 동아시아 협동체론은 일본의 중국 침략을 정당화하고 합리화하기 위한 수단이었을 뿐이다. 1938년 11월 일본군이 중국의 광동성 및 무한(武漢) 지역 점령을 계기로 일본 정부는 중일 전쟁을 '성전(聖戰)'이라고 선언하고 이는 동아시아의 영원한 안정을 확보하고 번영을 위해 반드시 필요한 '신질서 건걸' 이라는 성명을 발표하였다. 그리고 일본은 1943년 11월 동경(東京)에서 대동인 회의를 개최하고 '남양(南洋)을 포함한 동아 신질서 건설에 매진'하라는 소위 '대동아 경영권' 구상을 발표하였다.[15]

1939년 9월 유럽에서 전쟁이 발발하여 유럽 국가들이 이 지역 전쟁에 몰두하면서 다른 지역 문제에는 간여하지 않게 되었다. 이 때에 일본은 드디어 남태평양과 인도차인아 반도에 진출하기 시작하였다. 상황이 이에 이르자 미국이 적극적으로 대응하지 않을 수 없게 되었다. 그리하여 미국은 이러한 일본의 확장 행태를 저지하기 위해 각종 경제제재를 가하기 시작하였다. 미국은 일본에 대한 경제 제재로 1940년 7월 해조력 증강 법률을 통과시키고, 일본에 대한 석유금수 조치를 결정했고, 9월에는 의무 병제 법률을 통과시키고, 10월에는 일본에 강철 수출 금지, 1941년 5월 고무수출 금지 그리고 7월에는 미국 내 일본 재산을 동결시키는 결정을 하였다.[16] 이런 상황 하에서

---

14) Christopher Bayly and Tim Harper, Forgotten Armies: The Fall of British Asia, 1941-1945(London: Allen Lane, 2004), p. 3.

15) 한상일, 동아시아 공동체의 역사적 재조명, pp. 20ff.

1940년 여름과 가을에 걸쳐 미국과 일본은 협상을 계속하였다. 이러한 가운데 미국의 루즈벨트(Franklin D. Roosevelt) 대통령은 "일본이 무력으로 더 이상 팽창을 추구한다면 미국의 이익을 수호하기 위해 모든 필요한 조치를 강구할 것이다"라고 선언하였다. 한편 미국과 일본은 협상을 계속하였으나 결국 실패하고 말았다. 실제로 1941년 11월 26일 미국과 일본은 상대방의 제안을 거부하였다. 일본은 이미 1941년 11월 22일 그의 함대를 하와이로 향하도록 준비시켰다. 그리고 일본은 12월 1일 미국과의 전쟁을 결정하였고 일본군은 12월 7일 진주만을 공격하였다. 미국은 아무런 준비없이 일본의 공격을 받았고 일본의 공격은 완벽하게 성공하였다.[17] 미국과 일본과의 전쟁은 약 3년 반 동안 계속되었다. 전쟁이 계속되는 동안 미국은 원자폭탄 제조에 성공하였다. 그리고 미국은 드디어 1945년 8월 6일 히로시마(廣島)에 원자폭탄을 투하하였다. 이 한 개의 폭탄으로 히로시마시의 약 절반이 파괴되었고 10만 여명의 희생자가 발생하였다. 미국은 이에 그치지 않고 8월 9일 나가사키(長崎)에 또 하나의 원자 폭탄을 투하하였다. 그러자 일본 천왕은 1945년 8월 15일 정오 항복을 선언하였고 미국과 일본과의 전쟁은 종결되었다. 이날 천황이 그의 육성을 통해 NHK라디오를 통해 발표한 성명은 다음과 같다.

"본인은 세계의 대세와 대 일본 제국의 현상에 비추어 비상 조치로 시국을 수습하고자 한다. 충실하고 선량한 국민 여러분께 고한다. 본인은 제국(일본) 정부가 미국, 영국, 중화민국, 소련 4개국에게 그들이 제시한 공동 성명을 수용하겠다고 통보하였다." 여기서 말하는 공동성명은 1945년 7월 26일 베를린 교외에 있는 포츠담에서 발표된 '포츠담선언'을 지칭하는 것이며 이 선언은 4개국 명의로 발표된 일본에 대한 항복권고 선언이다.[18]

일본은 1945년 9월 2일 도쿄만에 정박해있던 미국 전함 미주리호에서 항복 문서에 서명하였다. 항복 문서에 담고 있는 내용은 다음과 같다. "일본군

16) 이기수, 동아시아 역학구도(서울: 한울아카데미, 2006), p. 59.

17) Rene Alfrecht-Carrie, A Diplomatic History of Europe Since the Congress of Vienna(New York: Harper & Row, Publishers, (1973), pp. 567-568.

18) 양기호(옮김), 미국은 동아시아를 어떻게 지배했나, pp. 43-44.

전원이 무조건 항복하고 포츠담 선언을 성실히 이행한다 … 일본의 모든 관청과 군부는 항복 후 연합국 최고사령관이 발표한 포고문과 명령 및 지시를 그대로 따른다 … 일본은 포츠담 선언을 준수하기 위해 연합국 최고사령관이 요구하는 모든 명령에 따라 행동한다."[19] 일본이 항복 문서에 서명한 다음인 1945년 9월 6일 트루먼 대통령은 연합국 총사령관에 임명된 맥아더(Douglas MacArthur) 장군에게 통합 참모 본부를 통해 권한 범위에 관한 지시를 내렸다. 이 권한에 관한 지시서 제1항은 천황과 일본 정부를 통치할 권한이 연합국 총사령관인 맥아더에 속한다고 규정하고 있다. 맥아더는 그의 회상록에서 "나는 일본 국민에 대하여 사실상 무제한의 권력을 가지고 있었다. 역사상 어떤 식민지 총독이나 정복자도 내가 일본 국민에게 행사했던 권력을 휘둘렀던 사례가 없을 정도였다. 군사 점령이라는 것은 결국 한 쪽은 노예가 되고 다른 한 쪽은 주인 역할을 하는 것이다."라고 기록하고 있다.[20]

일본은 1951년 9월 8일 샌프란시스코 오페라 하우스에서 48개국 대표와 전쟁 상태를 종결짓는 강화조약(평화조약)을 체결하였다. 이 강화조약을 체결하면서 6년 반 동안의 미 군정 통치를 끝내고 완전한 주권을 회복하고 독립 국가가 되었다. 일본은 이제야 비로소 독립 국가가 되어 국제정치의 주체가 되었고 독립적으로 외교 정책을 결정하고 외교 행위를 할 수 있는 국가로 거듭 태어났다. 일본은 항복 문서에 서명한 다음 미 군정이 실시되었다. 이 미 군정 6년 동안에는 천황도 있었고, 정부도 그리고 수상도 있었다. 그러나 종전 후 6년 동안 천황 및 수상은 어떠한 정책도 결정할 수 없었다.

한반도에 자리 잡고 있던 조선 왕조는 20세기에 접어들면서 어려운 환경에 놓이게 되었다. 이미 일본은 1895년 청나라와의 전쟁에서 승리하여 한반도에 진출할 수 있는 첫 번째 작업을 성공적으로 마쳤다. 그리고 또한 일본은 1905년 러-일전쟁에서 승리하며 영국과 미국으로부터 한반도에 진출을 승인받았다. 1905년 11월 17일 일본은 전 총리 이토(伊藤博文)를 한반도에 보내어 고종 황제와 대신들을 협박하여 보호 조약에 서명할 것을 강요하였다.

---

19) 위의 책, pp. 50-51.

20) 위의 책, p. 78.

그럼에도 불구하고 고종도 어떤 대신들도 이 조약에 서명하지 않았다. 그러자 이토는 주한 일본 공사와 군대를 거느리고 고종 황제를 협박하고 대신들을 위협하여 보호 조약에 서명할 것을 강요하였다. 그리고 이토는 외부 대신 박제순(朴齊純)의 직인을 가져와 조약문에 날인해버렸다. 이 조약은 '한일협약' 또는 '을사조약'이라고 한다.[21] 일본은 강제로 불법적으로 조선 왕조를 보호국으로 만들었다. 그리고 일본은 1910년 8월 29일 순종으로 하여금 황제권을 일본 천왕에게 양도하는 조서(詔書)를 내리게 하였다. 한일 합방 조약에는 "두 나라의 상호 행복을 증진하고 동양 평화를 영구히 확보하기 위해 일본이 한국을 병합하다"고 표현하고 있다.[22] 이로써 조선 왕조는 몰락하고 한반도는 일본의 식민지가 되었다. 한반도에 살고있는 사람들은 1945년 8월 15일 일본이 항복할 때까지 36여년간 일본의 식민 통치하에 살았다.

일본이 미국과의 전쟁에서 패배하여 한반도는 일본 식민통치로부터 해방되었다. 그러나 이 해방이 우리의 힘에 의해서 그리고 우리의 손으로 이루어진 것이 아니라 제2차 세계 대전에서 연합국의 승리로 그리고 미국이 일본과의 전쟁에서 승리하였기 때문에 일본 식민통치로부터 해방이 되었어도 우리의 운명은 우리의 손으로 결정할 수 없었다. 우리는 일본의 식민 지배로부터 해방과 동시에 또 다른 외세에 의해 우리의 뜻과는 다르게 분담 점령이 강요되었다. 즉 한반도는 북위 38도선을 기준으로 미군과 소련군에 의해 분할(分轄) 점령되었다. 일본이 항복한 다음인 1945년 9월 7일 미군은 인천에 상륙하였고 소련군은 원산, 함흥 등을 경유하여 1945년 8월 26일 평양에 입성하였다.

먼저 미국은 38도선 이남에 군정을 실시하였다. 1945년 9월 20일 하지(John R. Hodge) 장군의 발표에 의하면 "미 군정청은 인민의 인민에 의한 인민을 위한 민주 정부를 수립하기까지 38도선 이남의 조선 지역을 통치 · 지도 · 지배하는 연합군 지휘하의 미군에 의하여 수립된 임시정부임을 선언하고 미 군정이 38도선 이남의 한국에서 '유일한 정부'임을 천명하여 남한 내의 어떠한 정치 세력도 정통 정부 또는 과도 정부로서 인정하지 않았으며 미군정이

21) 한영우, 간추린 한국사(서울: 일지사, 2011), p. 230.
22) 위의 책, pp. 228-233.

입법 · 사법 · 행정의 전권을 장악하고 있다."고 밝혔다.[23] 1945년 9월 9일 서울에 진주한 하지 중장은 '미군정시정사(美軍政施政辞)'를 통하여 "나는 주한 미군 사령관의 자격으로 법률과 질서를 유지하는 동시에 한국의 경제 상태를 앙양시키며 … 항복장에 조인된 조건을 이행함에 있어서 먼저 현 행정 기구를 필요로 할 것이며 … 한국민을 위하여 군정의 시책은 장차 필요에 따라 개혁될 것이다."라고 말했다.[24]

이로부터 1945년 8월부터 1948년 8월까지 3년간 미군정이 실시되었다. 3년간 한국에서 미군정이 실시되는 동안 한국 사회의 반 봉건적 제도를 철폐하고 자본주의적 질서가 확립되도록 하였고 일본의 천황제 파시즘을 불식하고 미국식 민주주의 제도를 도입시키며 나아가서 일본 종속적 식민지 · 반봉건적 체제로부터 새로운 미국적 관료 자본주의 체제로 이행하도록 하는데 미군정이 핵심적인 역할을 수행하였다.[25] 한국은 역사적으로 민주주의 및 자본주의를 한 번도 실시한 경험이 없었고 그렇다고 이제 또 다시 봉건적 정치 및 경제 제도를 실시할 수도 없었다. 그리하여 미 군정은 한국에 정치, 경제, 교육, 법률 등 각 종 분야에 미국적인 제도를 이식하였다.

미 군정하에서 제1차 및 제2차 미 · 소 공동 위원회가 개최되었으나 최종적으로 1947년 7월 2일 제2차 미 · 소 공동 위원회가 교착 상태에 빠지자 미국은 한국 문제를 유엔에 이관하기로 결정하였다. 그리고 미국 국무장관 마샬(George Marshall)은 1947년 9월 21일 유엔 총회 운영위원회에서 한국 문제를 유엔 총회에 토의 사항으로 할 것을 제의하였고 운영위원회에서 12대 2로 한국 문제를 총회 토의 사항으로 결의하였다. 이어서 운영위원회에서 한국 대표를 유엔에 초청하는 안건 그리고 한국에 파견할 유엔 임시 위원단 설치안이 가결되었고 11월 14일에는 미국의 제안에 따라 신탁 통치를 거치지 않고 유엔 감시하에 남북 총 선거를 통한 한국 통일안이 43대 0으로 가결되었다. 그리하여 유엔 한국 임시 위원단은 1948년 1월 한국에 입국하여 본격

---

23) 金雲泰, 美軍政의 韓國統治(서울: 博英社, 1992), pp. 75-76.

24) 위의 책, pp. 179-180.

25) 위의 책, p. 174.

적인 활동을 시작하였다. 그러나 북한은 유엔 한국 임시 위원단의 입국을 거부하였다. 그리하여 1948년 3월 21일 이 위원단은 유엔 소총회의 가능 지역 총 선거 실시안을 가결하였다. 1948년 5월 10일 유엔감시하에 총선거를 실시하여 제헌 의회를 구성하기 위한 총선거가 미 군정 법령 제175호로 공포된 선거법에 의해 남한에서만 총 선거가 실시되었다. 그 결과 5월 31일 제헌 국회가 개최되었고 여기서 제정된 헌법을 7월 17일 공포하였다. 이 헌법 절차에 따라 국회에서 대통령 선거가 실시되었고 이승만이 당선되었다. 이어 이승만은 8월 초까지 조각을 완료하자 8월 12일 미국 정부는 한국의 새로운 정부가 "1947년 11월 14일 유엔총회 결의에 의해 구성된 한국의 정부로 간주된다"는 공식 성명을 발표하고 이 정부를 한국 정부로 승인하였다.[26] 그리하여 1948년 8월 15일 이 한반도에 대한민국이 탄생되었다. 이로써 대한민국은 한반도의 유일한 합법정부로 태어났다.

북한은 유엔 한국 임시 위원단의 입북을 거부하여 유엔 감사하의 총선거를 실시하지 못했다. 북한은 소련군에 의해 공산 정권을 창출하였다.

소련은 일본 나가사키에 원자탄이 투하된 다음인 1945년 8월 9일 0시 일본에 선전 포고를 하였고 참전 당일 소련군은 동서북 3방면에서 만주를 향하여 진격하였다. 소련은 8월 15일 이후에도 전투를 계속하여 8월 22일 원산에 상륙하고 8월 24일 함흥을 경유하여 26일 평양에 입성하였고 8월 말경에는 38도선까지 내려와 북한 전역에 소련에 우호적인 공산 정권을 수립할 준비를 하였다. 그리고 소련 점령 당국은 1945년 10월에 소련이 관할하는 민간 정부를 설치하였고 이는 실질적인 정치 사령부로 모든 공작을 강행하여 북한 내에서의 정치를 조정하였다. 소련 점령군 당국은 공산주의자가 지배하는 친소련적인 인민 공화국 인민위원회를 구성하였다. 실제로 소련 점령군 당국은 이 친소련적인 인민 위원회를 구성하고 10월 28일에는 임시 인민 위원회를 북조선 5도 행정국으로 개편하고 5도 임시 인민 위원회 위원장을 임명하였다. 이 5도 행정국은 사실상 북한에 친소련적인 단독 정권 수

26) 위의 책, pp. 158-168.

립을 위한 첫 걸음이었으며 또한 북한에 소비에트를 추진하는 첫 번째 작업이었다.[27)]

당시 33세의 김일성은 1945년 9월 소련군의 후원 하에 평양에 도착하였고, 10월 14일 김일성의 귀국을 환영하는 평양시 군중 대회가 열렸고 김일성이 이 군중 대회에 참석하면서 처음으로 공개 석상에 등장하였다. 그리고 김일성은 소련 점령군의 전폭적인 지원을 받아 공산당과 행정부에서 그의 정치적 기반을 다져나갔다. 1945년 12월 7일에 열린 조선 공산당 북조선 분국 제3차 확대 위원회에서 김일성을 위원장으로 임명하였다.(1946년 4월 제6차 위원회에서 당 명칭을 북조선분국에서 북조선공산당으로 개명하였다.) 1946년 2월에는 김일성을 위원장으로 하는 '북조선 임시 인민 위원회'가 조직됨에 따라 북한에 단독 정부를 수립할 수 있는 기초가 구축되었다. 그리고 1946년 8월 북조선 노동당이 창립되어 제1차 북조선 노동당 대회가 열렸고 독자적인 정권 수립을 위한 작업을 수행할 수 있게 되었다. 그리고 1947년 2월 북조선 인민 위원회가 조직되었고 김일성이 위원장이 되었다. 이어서 1948년 8월 제2차 북조선 노동당 대회를 개최하고 스탈린을 명예의장으로 선출하였다. 북한의 헌법 및 여러 기본법들은 먼저 러시아어로 쓰여진 다음 한국어로 번역되었다. 정권 수립 과정에서 북한 노동당 대표들의 회의 의제는 소련에 의해 심사되고 결정되었으며 정치, 경제 등의 모든 제도는 소련의 규범에 따라 만들어졌다.[28)] 북한은 1948년 9월 8일 최고 인민회의 제1차 회의를 개최하고 헌법을 승인하는 절차를 거쳤다. 그리고 그 다음 날인 9월 9일 조선민주주의인민공화국 수립을 선포하였다. 1945년 8월 북한 땅에 진주한 소련군에 의한 3년간의 통치하에서 정권을 탄생시켰고 이 정권을 김일성이가 담당하였다. 소련 주도하에 탄생된 북한 정권은 사회주의 노선을 표방하고 '로동당'일당 독재 정권으로서 소련식 정치, 경제, 사회 체제를 유지하게 되었다.

제2차 세계 대전이 끝난 다음 한반도는 미국과 소련 두 강대국에 의해 분

27) 위의 책, pp. 30ff.

28) Adrian Buzo, The Guerilla Dynasty(St. Leonardo, Australia: Allen & Unwin, 1999), p. 44.

단되었고 그로부터 오늘날까지 남북한은 적대적 관계를 유지하며 한반도를 항상 전쟁의 공포 속에 몰아넣고 있었다.

미국은 태평양 건너 아메리카 대륙에 위치하고 있는 서양 국가이다. 그러나 오늘날 미국은 국제정치적으로 자타가 공인하는 동아시아 국가로 인정받고 있다. 미국은 1776년 건국 후 19세기 말까지 외교적으로 고립주의 노선을 걸어왔다. 미국은 19세기가 끝나갈 때까지 대서양 건너 태평양 건너에 있는 국가들에 크게 관심을 갖지 않았고 또 유럽 및 아시아 지역 문제에 관여하지 않았다. 미국은 1897년 하와이를 합병하면서 미국이 태평양 진출을 계기를 마련했고 그리고 1989년 스페인에 선전 포고를 하였고 이 전쟁에서 승리하였다. 이 전쟁의 승리로 미국은 필리핀을 영토로 편입하였고, 그리고 푸에르토리코 및 괌도 미국 영토에 편입시켰다. 이제 미국도 국제정치적으로 제국주의 국가로 변신되었다. 이로서 미국은 고립 주의 외교 정책 노선에서 벗어나 새로운 정책 노선을 갖는 계기를 맞이하게 되었다. 그리고 미국은 1917년 제1차 세계 대전에도 참여하여 전승국이 되었다. 1919년 제1차 세계 대전이 끝난 다음 미국의 윌슨(Woodrow Wilson)대통령은 세계 평화와 민주주의를 위해 국제연맹(League of Nations)을 창설하였다. 그러나 미국은 국제연맹의 참여를 거부하고 다시 고립주의로 회귀하였다.

세계적인 규모의 전쟁은 최대의 강대국을 탄생시킨다. 제2차 세계대전은 미국을 초강대국으로 만들었다. 제2차 세계대전이 끝났을 때 미국의 국민총생산(GNP)은 전 세계 총생산(Gross World Politics)의 52%를 차지하고 있었다. 한편 소련의 국민총생산은 미국의 그것의 1/3에도 미치지 못했다. 그 뿐만 아니라 전후 미국은 10여개의 원자탄을 독점하고 있었다.[29] 이처럼 미국은 다른 국가와는 비교할 수 없을 정도로 월등한 국력을 가진 초강대국이 되었다. 언제 그리고 어디서나 힘 있는 행위자는 그의 힘을 이용하여 자신의 이익을 극대화할 수 있는 사회적 및 정치적 체제를 구축한다.[30] 미국의 새로운 외교 정책 노선이 이러한 주장을 뒷받침하여 주었다.

---

29) Zbrigniew Brzezinski, "How the Cold War Played," Foreign Affairs, Vol.51, no.1(October 1972), p. 182.

제2차 세계 대전이 끝나기 전인 미국, 영국, 소련, 중국(중화민국)의 국가 원수는 유엔을 창설하여 세계 평화와 안정을 도모하려하였다. 이 전쟁이 끝나기 직전인 1945년 4월 루즈벨트(Franklin D. Roosevelt)대통령이 사망하였고 또 미국이 세계 최강대국이 되면서 전쟁 중에 마련되었던 유엔을 통한 세계 평화 유지 계획은 실행할 수 없게 되었다. 초강대국이 된 미국은 독자적인 능력으로 그의 국가 이익을 극대화할 수 있는 체제의 구축을 모색하였다. 미국은 소위 '트루만 독트린'을 선언하고 또 소위 '마샬계획'을(공식적으로는 European Recovery Program) 발표하여 서 유럽 국가들에게 경제 원조를 제공하고 더 나아가 소련 봉쇄 정책을 추진하였다. 이렇게 하여 미국은 소련과의 대결 구도를 구축하고 세계 정치의 패권국가[31]로 등극하였다. 미국은 구체적으로 미국과 소련간의 냉전적 분위기를 조성하고 미국과 소련이 축을 이루는 양극체제를 형성하였다. 제 2차 대전 후의 이러한 세계 정치의 분위기와 국제정치체제는 미국의 국가 이익을 극대화할 수 있는 최적의 구도로 간주되었다.

이제 패권 국가가 된 미국의 국가 이익 및 안전은 그 범위가 크게 확대되었다. 제2차 대전 후 서 유럽뿐만 아니라 태평양 및 동아시아의 안전이 미국의 중요한 국가 이익이 되었고 이 지역은 미국이 수호해야할 절대적인 지역이 되었다. 그렇기 때문에 미국은 동아시아 국가로 활동하게 되었다. 키신저 전 미 국무 장관은 미국이 아시아의 정치에 참여하는 이유를 다음과 같이 설명하고 있다. "미국의 지정학적 목표는 아시아에서 어떤 한 국가에 의해서 미국에 비우호적인 세력을 만드는 것을 예방하는 것이다."라고 말했다.[32]

미국이 북서 태평양 지역을 정치적 및 전략적 영토로 간주하면서 동아시

---

30) Robert Gilpin, War & Change in World Politics(Cambridge: University Press, 1981), p. Preface Xi.

31) 패권국가란 현존하는 세계 질서를 유지하고 그리고 그 질서 속에서 자신의 지위를 강화하기 위해 규칙을 만들고 그것을 다른 국가에 강요하려는 목적으로 자신의 막강한 군사력과 경제력을 사용할 수 있는 유일한 국가. Charles W. Kegley, JR. and Eugene R. Wittkopf, World Politics, 8th ed. (Boston: Bedford 1st. Martin's, 2001), p. 432.

32) Henry Kissinger, Does America Need a Foreign Policy(New York: Simon & Schusdter, 2001), p. 112.

아지역 국제정치에 적극적으로 그리고 깊숙이 간여하게 되었다. 제2차 대전을 통해 세계 최강대국이 된 미국은 이 동아시아 지역 국제정치의 핵심적이고 주도 국가가 되었다.

3. 동아시아 국제정치의 지역적 실체

제2차 세계 대전 이후 세계 속의 국제정치의 하나의 마당으로 탄생한 동아시아는 다른 지역과는 비교되는 독특한 국제적 상황 하에서 국제정치가 전개되는 지역이다. 동아시아에 이러한 국제정치적 상황이 형성된 배경은 이 지역 국제정치의 주체들이 독특한 특성을 갖고 있었기 때문이다. 이러한 특성은 동아시아의 국제정치적 지형을 독특하게 만들었다. 특히 동아시아에는 세계적 강대국인 미국이 이 지역 문제에 깊숙이 간여하였고 또 다른 하나의 대국인 중국도 사회주의 국가로서 그만의 특성을 갖고 있다. 일본은 경제대국으로 G7의 회원국이며 동아시아에서도 적지 않은 목소리를 내고 있고 그리고 한반도의 분단은 동아시아의 또 다른 특이 상황을 제공하고 있다. 특히 한반도에 그어진 휴전선 북쪽에 위치하고 있는 북한은 1950년 6.25 전쟁을 일으켰고 계속해서 군사적 도발 행위를 일삼고 있다. 2010년 3월에는 우리 해군 함정을 격침시켜 40여 명의 우리해군 장병을 희생시켰다. 그 뿐만 아니라 북한은 핵무기 및 미사일을 개발하여 한반도 및 동아시아의 안전과 평화를 위협하고 있다. 이러한 오늘날 동아시아의 국제정치 상황은 다른 지역과는 차별적인 것으로 우리들로 하여금 보다 깊은 통찰의 필요성을 갖게 한다.

동아시아 국제정치의 주체

제2차 세계대전 이후 동아시아 국제정치의 주요한 지역적 특징 중의 하나는 세계 주요 강대국들이 이 지역 국제정치의 주요 주체라는 것이다. 그것은 미국과 중국을 말하는 것이다. 동아시아의 국제정치의 주체는 모두 5개이다. 그 중 3개의 주체가 정치, 경제 그리고 군사적으로 강대국이라는 것이다. 강대국은 객관적인 국력도 막강하지만 다른 국가에 지대한 영향력을 행사할 수 있는 국가이다. 영향력이란 한 행위자가 자신의 목적을 위해 다른 행위자로 하여금 전자가 원하는 것을 하게 하거나 전자가 원하지 않는 것을 하지 못하게 할 수 있는 능력을 의미하는 것이다.[33] 미국과 중국 두 국가는 정도의 차이는 있지만 다른 국가에 영향력을 행사할 수 있는 국가들이다. 이 두 국가는 이들이 갖고 있는 객관적인 국력만으로도 다른 국가에 위협이 될 만한 정도의 국력을 갖고 있다. 특히 이 두 국가는 방대한 시장, 막강한 군사력을 보유하고 있기 때문에 이 시장과 군사력은 상당한 잠재적 영향력으로 작용하고 있다.

미국은 제2차 세계대전에서 승리하며 세계 최강의 국력을 보유하게 되었고 세계정치의 중심 국가가 되었다. 1947년 영국의 정치학자 라스키(Harold Laski)는 당시 미국을 다음과 같이 언급하였다.

"미국은 세계의 거인이 되었다. 이제 미국은 과거 강한 힘을 가졌던 로마보다 더 큰 힘을 갖게 되었고 또 세계적으로 상당한 영향력을 행사했던 경제대국 영국보다 더 큰 영향력을 행사하게 되었다. 이제 미국은 세계 부(富)의 반을 갖게 되었고 세계 생산력의 반 이상을 갖고 있으며 수출은 수입의 2배 이상이 되었다. 이제 유럽인 및 아시아인의 생활의 질과 양은 워싱턴에서 이루어지는 결정에 달려있다. 미국의 정책 결정은 다음 세대의 운명을 좌우하게 되었다."[34] 실제로 제2차 세계 대전은 미국을 초강대국으로 만들었고 미국은 각 국가로 하여금 전후 세계 문제에 대응하는 태도 및 방법을 바꾸어 놓았다.[35] 역사적으로 볼 때 세계적인 규모의 큰 전쟁은 강력한 국력은 가진 초강대국을 창출하였다. 이 초강대국은 그의 가치를 극대화할 수 있는 국제정치 체제를 형성한다. 각 국가는 이 강대국에 의해 만들어진 국제정치 체제

---

33) Bruce Russett and Harvey Starr, World Politics: The Menu For Choice(San Francisco: W.H. Freeman and Company, 1981), pp. 127-128.

34) Charles W. Kegley, JR. and Eugene R. Wittkopf, American Foreign Policy, 5th ed. (New York: St. Martin's Press, 1996), p. 2에서 인용.

35) 위의 책, p. 2.

안에서 외교 정책을 결정하고 상호 작용한다. 17세기에는 프랑스가 강대국으로 등극하여 새로운 국제관계의 틀을 제공하였고 18세기에는 영국이 강대국이 되어 200여 년 동안 유럽의 외교를 지배하는 세력 균형의 개념을 정립하였고 19세기에는 메테르니히(Klemens Methernich)에 의해 '유럽 협조 체제(Concert of Europe)'가 재구성되었다. 그리고 비스마르크(Otto von Bismark)는 '유럽 협조 체제'를 붕괴시키고 유럽 외교를 극단적인 권력 정치의 게임의 장으로 만들었다. 20세기에는 제1차 세계 대전이 끝난 다음 세계 정치에 결정적으로 영향력을 행사할 수 있는 국가는 등장하지 않았다. 미국이 이 전쟁에서 승전국이 되었지만 세계정치에 참여하지 않고 고립노선을 택했기 때문에 미국이 세계 정치에서 강대국으로 활동하지 않았다. 그리고 1945년 제2차 세계 대전에서 승전국이 된 미국은 초강대국으로 등극하였고 미국은 그의 가치에 따라 세계를 만드는 국가가 되었다.[36)]

1945년 이래 미국은 세계적인 강대국으로 군림(君臨)해오고 있다. 동서 냉전 시기에도 미국의 경제는 그의 경쟁국가인 소련 경제의 2배 이상이었다. 그 뿐만 아니라 미국의 군사력과 기술 수준도 타의 추종을 불허하였다. 제2차 세계 대전 이후 미국은 유엔, 국제통화기금(IMF), 북대서양 조약기구(NATO) 같은 다국적 및 세계적 기구를 만들어내는 세계적인 국가였다. 이런 미국의 일련의 행위들은 미국의 국력과 권위를 인정받고 있는 것이다. 1991년 소련의 붕괴는 미국의 지위를 더욱 크게 높여주었다. 그리고 미국의 주된 적국은 세계 정치에서 제거되어 과거 소련의 위성국가들은 그들의 시장을 개방하게 되었고 이 국가들은 미국의 원조와 지원을 받게 되었다. 과거 영국이 강대국으로 군림하였을 때에도 미국과 같은 위치에 오른 적이 없었다. 미국의 달러화는 세계인이 가장 선호하는 화폐이고 대부분의 무역 거래는 미국 달러화로 결제되며 많은 국가들이 가장 많이 보유하고 있는 외국 화폐이다. 그 뿐만 아니라 미국은 세계 도처에 미군을 주둔시키고 있다. 미국의 세계적 지위는 어떤 경우에도 누구로부터도 공격받지 않고 있다. 오늘날 미국

36) Charles W. Kegley, JR. and Eugene R. Wittkopf, American Foreign Policy, pp. 1ff; Henry Kissinger, Diplomacy(New York: Simon & Schuster, 1994), pp. 17ff.

은 다른 국가와 비교할 수 없을 정도의 큰 힘을 갖고 단극 체제를 꾸밀 수 있는 새롭고 유일한 강대국이다.37)

새로운 세기인 21세기에도 미국은 어떠한 국가와도 비교할 수 없을 정도로 여러 면에서 절대적 지위를 누리고 있다. 군사 무기로부터 기업, 과학 기술, 교육, 대중 문화에 이르기까지 미국은 지구상에서 절대적인 힘을 갖고 있다. 미국은 세계 주요 분쟁 지역 예를 들면 중동과 같은 지역에서 분쟁을 중재하기도 한다. 미국의 이러한 행위는 세계 평화 유지의 한 과정이 되었다. 이러한 일들을 위해서 미국은 북유럽으로부터 군사적 대치 상태에 놓여있는 동아시아에 이르기까지 세계 여러 곳에 미국 군대를 주둔시켜 놓고 있다. 그 뿐만 아니라 미국은 세계에서 유일하고 가장 큰 규모의 국제 투자처 및 가장 큰 수출 시장을 제공함으로써 국제 금융 체제를 지배하고 있다. 또한 미국의 대중 문화는 세계적인 대중 문화의 기준이 되기도 한다. 21세기에도 미국은 다른 국가로 하여금 미국의 견해를 수용하도록 강요할 수 있을만한 능력을 갖고 있었고 미국은 패권을 과시할 수 있을 정도의 능력도 갖고 있었다.38)

21세기인 오늘날에도 미국은 세계 정치의 중심 국가이다. 미국은 자국의 중대한 이익이 직접 위협받지 않아도 인류의 보편적 가치를 수호하고 국제 사회의 평화 및 안정을 위해 세계적 문제 해결에 직접 개입하고 있다. 예를 들면 '이슬람 국가(IS)'세력은 이라크 북서부 신자르산(山) 일대에 살고 있는 '야디지족'을 몰살하겠다고 위협하고 있다. 그러자 미국은 이 '야디지족'을 보호하기 위해 2014년 8월 이슬람 극단주의 무장 세력에 공중 폭격을 감행하였다. 미국의 이러한 행위는 인간의 생명을 구하고 국제 사회의 평화와 안정을 도모하려는 행위이다. 이와 같은 미국의 결정과 행위는 미국이 진정한 세계적 강대국임을 보여주고 있는 것이다. 이러한 미국이 동아시아 국가이다. 오늘날에도 미국은 세계적으로 패권 국가의 지위를 누리고 있다. 패권국가(hegemon)는 현존 세계 질서를 유지하기 위해 그리고 그 질서 속에서 자신

---

37) Martin Jacques, When China Rules The World(New York: Penguin Books, 2012), p. 1.

38) Henry Kissinger, Does America Need a Foreign Policy?, pp. 17-18.

의 지위를 유지하기 위해 규칙(rules)을 만들고 그것을 강제하기 위해 그의 막강한 힘을 사용할 수 있는 군사적 및 경제적 강대국을 의미한다.[39] 미국은 동아시아에서도 패권 국가의 지위를 유지하고 있는 유일한 국가이다.

모택동이 이끄는 중국공산당은 국공내전에서 승리하여 1949년 10월 1일 중화인민공화국(이하 중국)의 수립을 선포하였다. 이즈음 중국을 둘러싸고 있는 국내외적 상황은 신생국 중국을 매우 어렵게 만들었다. 먼저 중국은 국내적으로 1세기 가까이 동서양 제국주의에 의해 반식민지 상태에 놓여 있었다. 또 제2차 대전이 끝난 다음에도 4년여에 걸쳐 국공내전을 전개하였다. 이와 같은 과거는 신생국 중국의 존립을 극도로 어렵게 하였다. 국제적으로 미국의 공산국가 봉쇄정책, 미국과 소련의 냉전 그리고 동서진영의 대립 · 갈등으로 세계는 매우 불안정하였다. 특히 미국은 공산 국가를 적대시하는 정책으로 일관하여 중국에게는 매우 어려운 상황이었다. 이러한 와중에 모택동은 새로운 국가를 건설하였으니 중국의 앞날은 매우 위태로웠다. 이 때 모택동은 그의 살 길을 소련에서 찾으려 하였다. 모택동은 건국 선포 3개월 전인 1949년 6월 30일 중국공산당 창립 28주년을 기념하여 "논인민민주전정(論人民民主專政)"이라는 글을 발표하였다(중국공산당은 7월 1일을 당 창건일로 정하였다.). 이 발표문의 주요 내용은 다음과 같다.

"우리는 소련인의 길을 가야한다. 이것이 나의 결론이다 … 중국인은 제국주의를 향한 일변도가 아니라 사회주의를 향한 일변도의 길을 걸어야 한다 … "[40]

건국 후 모택동은 소련 일변도의 길을 걷기 위해 그리고 국가 존립이 위태로운 상황에서 살아남기 위해 건국을 선포한지 2개월만인 1949년 12월 소련으로 스탈린을 찾아갔다. 모택동, 주은래 등은 스탈린을 설득하여 결국 1950년 2월 14일 '중 · 소 우호 동맹 원조 조약'을 체결하였다. 이로써 중국

---

39) Charles W. Kegley, JR. and Eugene R. Wittkopf, World Politics, 8th ed. (Boston: Bedford/ST.Martin's 2001), p. 432.

40) 毛澤東, "論人民民主專政-紀念 中國共産黨 二十八週年," 毛澤東選集, 第四卷(北京: 人民出版社, 1964), pp. 1476-1478.

과 소련은 동맹국이 되었고 모택동은 소련 일변도 길을 걷게 되었다. 그리고 중국은 정치적, 경제적, 사회적 등으로 매우 어려운 시기인데도 불구하고 정확히 건국한지 1년 뒤인 1950년 10월 한반도에서 발생한 '6.25 전쟁'에 참전하여 냉전 시기 공산 국가임을 만천하에 공개하였다.

그리고 소련은 1950년대 중국에 많은 경제 원조를 제공하였다. 1950년대에 접어들면서 소련은 중국에 166개의 공장을 건설하였고, 24,000여 건의 기술을 제공하였으며, 10,000명의 중국인 기술자를 소련에서 기술 훈련을 받게 하였고 또 소련의 11,000여 명의 과학자 및 기술자가 중국에 파견되어 중국의 경제 발전을 지원하였다. 중국의 경제 발전을 위해 소련은 중국에 약 22억 달러 상당의 차관을 제공하였다.[41]

1949년 모택동은 소련 일변도의 길을 걷겠다고 선언하였으나 1953년 스탈린이 사망한 다음 중국은 외교적으로 독자 노선을 걷기 시작하였다. 1954년 6월 중국의 총리 주은래(周恩來)는 인도, 및 버마(지금의 미얀마)를 방문하였고, 1955년 4월에는 인도네시아 반둥(Bandung)에서 아시아 및 아프리카 29개국이 참여하는 '반둥회의'를 개최하고 '평화공존5원칙' 즉 상호 영토 및 주권 존중, 상호 불가침, 상호 내정 불간섭, 평등, 평화 공존을 강조하고 이 원칙을 '반둥회의'에 참여한 모든 국가 간의 기본 관계 설정의 지침으로 채택하였다. 중국의 아시아 및 아프리카 국가들에 대한 접근 행보는 독자적인 외교를 전개하겠다는 의지의 표현이었다.

그 뿐만 아니라 주은래 총리는 "중화인민공화국 인민은 미국 인민과는 우호적인 관계를 갖고 있으며 우리는 미국과 전쟁을 원치 않는다. 우리는 미국 정부와 자리를 함께하여 극동과 대만 지구의 긴장 완화 문제를 논의하기 위한 회담의 개최를 희망한다."고 말했다.[42] 그 후 미국은 중국의 이러한 의사를 수용하여 1955년 8월 1일부터 제네바에서 대사급 회담을 개최하였고 이 회담은 미국과 중국 간 관계개선(rapprochment)이 이루어지기 직전인 1970년

---

41) Jürgen Domes, The Government and Politics of the PRC(Boulder, Colorado: Westview Press, 1985), pp. 38-39.

42) 人民日報, 1955年4月24日 및 25日.

까지 계속되었다.

한편 소련공산당 서기장 후르시쵸프(Nikita Khrushchev)는 1956년 2월 개최된 소련공산당 제20차 당 대회에서 정치 체제 및 사회 체제를 달리하는 국가와의 공존을 주장하고 미국 및 소련과 우호관계 수립은 세계 평화를 증진하는데 크게 기여하게 될 것이며 미국과의 우호 관계를 바탕으로 세계의 평화, 안전 그리고 경제 및 문화 부분에 있어서도 협조할 것이다라고 언급하였다. 후르시초프의 이러한 주장 즉 자본주의와의 평화 공존은 마르크스-레닌의 자본주의와의 전쟁 불가피론을 부정하는 것이며 이것은 수정주의적인 노선을 천명하는 것이다. 이 수정주의는 모택동으로서는 수용할 수 없는 것이었으나 여러 면에서 소련에 크게 의존하고 있는 중국으로서는 소련의 수정 주의에 공개적으로 반기를 들 수 없었다. 그러나 중국과 소련의 외교 정책의 노선 차이는 양국간 더 이상의 공조를 기대할 수 없게 되었다. 실제로 중국은 1958년 5월 소련에게 경제 원조를 요청했으나 거절당했다. 또한 소련은 1957년 10월 중국에 제공하기로 약속한 원자탄 제조 기술을 제공하기로 했던 협정을 1959년 6월 일방적으로 파기하였고 1960년 7월 중국에 파견되었던 소련 기술자 1,390명을 철수시키고 257건의 과학기술 협정도 폐기하였으며, 중국과 체결한 경제 원조 협정도 모두 취소하였다.[43] 이로써 중국의 소련 일변도 외교 정책 노선은 끝을 맺었고 중 · 소 분쟁은 시작되었으며 중국은 1960년대에 접어들면서 외교적으로 독자 노선을 걷게 되었다. 실제로 중국은 독자적으로 폭력 외교, 혁명 외교의 길을 걸었으며 1960년대 중반부터는 중간 지대론을 주장하며 비동맹 외교에 치중하였다.[44]

한편 국내적으로 1960년대 중반부터 문화 혁명이 전개되어 국내외적으로 국가의 거의 모든 기능이 마비되었다. 중국과 소련과의 갈등은 1969년 3월 중 · 소 접경지역인 진보도(珍宝島)에서 중 · 소간 무력 충돌이 발생하기도 하였다.

1972년 2월 중국은 미국과 관계 개선에 합의하였고, 또 1972년 9월에 중국은 일본과 외교관계를 정상화하였다. 그리고 1979년 1월 1일 중국은 미국

---

43) 人民日報, 1964年5月9日.

44) 송영우 · 소치형, 中國의 외교정책과 외교 5th ed. (서울: 지영사, 2001), pp. 206ff.

과 외교 관계를 정상화하였다. 미국과의 수교로 중국은 서방 자본주의 국가들과 정상적인 외교, 경제 등의 관계를 가질 수 있게 되었고 따라서 중국의 개혁 · 개방 정책에 활력을 불어넣게 되었다.

그리고 중국은 그동안 갈등적이고 불편한 관계를 유지해오던 소련과도 외교 관계를 크게 개선하였다. 1982년 3월 24일 소련공산당 서기장 브레즈네프(Leonid Brezhnev)는 '타쉬켄트 선언'을 발표하였다. 이 선언에는 첫째, 중국은 사회주의 국가이며 소련은 중국의 국내 문제에 간섭하지 않는다. 둘째 두 개의 중국을 지지하지 않는다. 셋째, 국경 문제에 대해 계속 협의할 용의가 있다. 넷째, 중 · 소 관계 개선에 대해 협의할 용의가 있다. 중국은 소련의 이러한 선언에 공감하고 양국은 관계 증진을 모색하기 위해 1982년 11월부터 외부 차관 회담을 시작하였고 1984년에는 '무역 · 과학 기술 교류 및 공동 경제위원회'의 설치에 합의하면서 양국은 정상적인 수준의 관계를 갖기 시작하였다. 이제 중국은 1949년 건국 후 처음으로 세계적 강대국인 미국 및 소련과 정상적인 외교 관계를 갖게 되었다. 1991년 소련이 해체되고 1992년 신생국 러시아가 탄생하면서 중국과 러시아의 외교 관계는 크게 증진되었다. 1992년 12월부터 1998년 11월까지 6년 동안 중국과 소련 양국 국가 원수는 상호 교환 방문하며 6차례 정상회담을 개최하였다. 그리하여 양국의 관계가 매두 돈독한 것으로 보였다. 그러나 러시아의 푸틴이 대통령이 되고 중국의 호금도(胡錦濤)가 국가 주석이 되면서 양국의 외교 관계는 소강상태로 돌아왔다.

중국은 1978년 개혁 · 개방 정책을 추진하면서 그의 경제를 크게 성장시키고 발전시켜 경제적으로 대국의 경지에 이르게 되었다. 2011년 기준 중국 경제의 현황을 보면 다음과 같다.[45)]

세계 2위의 경제규모(5조 8,700억 달러의 국내총생산)
지난 20년간 세계 최고의 연평균 성장률 기록(불변가격기준 10.2%)
세계 최대 에너지 소비국
세계 최대의 상품 수출국이고 세계2위의 수입국, 세계3위의 서비스 무역국,

45) 박영준 · 홍승현(옮김), 중국, 세계로 가다(서울: 아산정책연구원, 2014), p. 250.

전체적으로 세계2위의 무역국
세계 2위의 FDI수령국(1,057억 달러), 세계5위의 ODI기여국
자본총액으로 세계10대 은행 중 4개 보유
세계 최대 외환 준비 액 보유국(3조 2,000억 달러)
미국 국가 채무의 최대 채권국(1조 6,000억 달러)

이러한 실상을 자세히 들여다보면 중국의 글로벌 위상은 겉보기만큼 강하지 않다. 중국은 무역 강대국이지만 수출품의 대부분은 값싼 소비재가 주류를 이룬다. 세계무역기구(WTO)에 따르면 2009년 중국의 수출품 가운데 최소 93.6%가 제조품이다(연료 및 광산 제품은 2.9%를 차지하고 농업제품은 3.4%를 차지한다.). 금융 서비스 분야와 지식 집약형 산업은 여전히 서구 및 다른 동아시아 국가들보다 뒤떨어져있다. 선도적인 다국적 기업이 드물고 국제 시장에서의 브랜드 입지는 빈약하다. ODI 및 ODA는 증가 추세에 있지만 주요 강대국에 비하면 아직 많이 부족하다. 중국은 세계 5위의 해외 투자국이며(2011년에 605억 달러) ODA는 25억 달러로 세계 10대 기부국(寄附國) 안에도 들지 못한다. 이런 기준들로 볼 때 중국은 아직 불완전한 경제 강국이다.[46] 또한 국민의 실질적 삶의 질을 나타내는 국민 일인당 개인소득(per capita GDP)은 4,282(시장환율기준) 달러에 불과하다.[47] 그럼에도 불구하고 중국은 경제 규모면에서 미국에 이어 2위 국가이다. 이것은 인구가 많고 국토가 크기 때문에 외형적 규모가 크게 나타나는 것이다(2011년 IMF 경제 전망 보고서에 의하면 미국의 명목 GDP는 14조 6,578억 달러이고 중국의 명목 GDP는 5조 8,783억 달러이다.). 그렇기 때문에 일반적으로 중국을 경제 강대국이라 하고 있다.

국가 중에는 여러 형태의 강대국이 있다. 군사 강대국, 경제 강대국, 문화 강대국, 정치적 강대국 등이 있다. 진정한 강대국은 정치적 강대국이라고 생각한다. 왜냐하면 정치적 강대국은 국가를 부강하게 할 수 있다. 오늘날의 정치적 강대국은 다른 국가의 영토를 빼앗지 않고 또 다른 국가를 식민지화하지도 않는다. 그러나 정치적 강대국은 국가를 부강하게 한다. 오늘날의 정

---

46) 위의 책, pp. 250-251.

47) Martin Jacques, When China Rules the World, pp. 232-233.

치적 강대국은 눈에 보이지 않는 힘을 이용하여 국가를 부강하게 한다. 눈에 보이지 않는 힘이란 곧 영향력이다. 정치적 강대국은 다른 국가에 영향력을 행사하여 자신이 원하는 결과를 도출해내는 힘을 갖고 있다. 이러한 힘이 곧 영향력이다. 한 국가의 영향력은 자연스럽게 만들어지는 것이 아니라 그것을 필요로 하는 국가에 의해 만들어지는 것이다. 이러한 영향력은 국가 간의 불평등한 상호 의존 관계에서 비롯된다. 상호 의존하고 있는 국가 중 어느 한 국가가 다른 한편의 국가에 더 많이 의존하게 되면 여기에는 불평등한 의존 관계가 형성된다. 한 국가에 보다 많이 의존하고 있는 국가는 그의 상대 국가로부터 자유를 제한받게 된다. 예를 들면 전자 국가는 후자 국가의 의지 또는 정책에 반하는 행동이나 결정을 하기 어려울 것이다. 전자 국가가 후자 국가에 반하는 행동이나 결정을 하게 된다는 전자 국가는 후자 국가로부터 어떠한 형태이든 불이익을 받게 될 것이다. 다른 국가에 상대적으로 덜 의존하고 있는 국가는 많이 의존하고 있는 국가에 대해 어떤 것은 하고 어떤 것은 하지 않도록 요구할 수 있을 것이다. 이 때 행사되는 힘이 곧 영향력이다. 이러한 영향력의 근원인 불평등한 상호 의존 관계는 국가 간 정신적 및 물질적 가치를 주고 받으면서 형성된다. 한 국가가 상대 국가에 더 많은 가치를 제공하게 되면 이 국가 간에는 불평등한 상호 의존 관계가 형성되고 이 가운데 더 많은 가치를 제공한 국가는 이것을 많이 받은 국가에 대해 영향력을 행사할 수 있는 근거를 갖게 된다. 이처럼 한 국가가 많은 가치를 다른 국가에 제공하는 것을 '힘의 전환(power conversion)'이라고 한다.[48]

이러한 '권력 전환'의 측면에서 볼 때 중국을 정치적 강대국 범주에 넣기는 어렵다고 생각된다. 중국의 경제 규모는 크다. 2010년 기준 중국의 경제 규모는 세계 2위이다. 그 내용을 보면 명목상 GDP는 2010년 기준으로 미국이 14조 5,265억 달러이고 이것은 세계 GDP의 26%를 차지하고 있고 중국

48) Bruce Russett and Harvey Starr, World Politics: The Menu For Choice, pp. 134ff; Robert O.Keohane and Joseph S> Nye, Power and Interdependence, 2nd ed.(Glenview, Illinois: Scott, Foresman and Company, 1989), pp. 6ff; Joseph S. Nye, Jr, "The Changing Nature of World Power," Political Science Quarterly, vol.105 no.2(Summer 1990), pp. 177ff.

의 GDP는 5조 8,782억 달러로 세계 GDP의 9%를 차지하고 있다. 미국의 GDP는 중국 GDP의 약 2.5배이고 미국 인구는 3억여 명이고 중국 인구는 14억 명으로 중국 경제의 객관적 규모는 크지만 그 내용은 미국과는 비교할 수 없을 정도로 빈약하다.

2010년 기준 미국과 중국의 군사력을 비교하면 다음과 같다.[49]

	군사비	병력	전투기	항공 모함	핵탄두	스텔스 전투기
미국	6,632억 달러	150만	2300대 이상	11척	7,900개	200대
중국	988억 달러	230만	2000대 이상	0	400개	0

우선 국방비에서 많은 차이를 보이고 있다. 국방비는 곧 군사력의 척도라고 말할 수 있다. 미국의 국방비는 중국 국방비의 6.5배가 넘는다. 이 크기는 군사력의 질과 양을 보다 강화할 수 있다는 것을 의미한다. 중국이 경제 규모에서 미국에 이어 세계 2위이지만 중국의 경제 구조는 매우 취약하다. 2010년 기준 미국의 GDP에서 무역이 차지하는 비율은 23%인데 중국의 GDP에서 무역 의존도는 75%이다. 이것은 중국 경제의 외국 의존도가 매우 높고 이는 중국 경제의 취약성으로 작용하게 될 것이다. 2010년 현재 중국의 지역별 무역 파트너 구성비를 보면 다음과 같다.[50]

국가	미국	일본	홍콩	한국	대만
구성비	23%	17%	17%	12%	9%

이들 5개 대상과의 무역 구성비는 78%이다. 이 구성비 역시 동아시아 국가에 편중되어 있다. 해외 시장이 이렇게 몇몇 국가에 편중되어 있는 것도 중국에게는 역시 취약성으로 작용될 수 있다. 이제 중국의 '힘의 전환' 능력을 살펴보면 높은 점수를 주기 어렵다.

중국과 북한은 혈맹 관계라고 한다. 북한은 특히 21세기에 접어들면서 핵실험을 하고 핵 프로그램을 추진하고 있다. 중국은 북한의 핵무기 개발을 반

49) 스톡홀름 국제평화연구소, 2010년 백서.
50) 박영준 · 홍승현(옮김), 앞의 책, p. 253.

대하지만 북한으로 하여금 핵무기 개발을 저지시키지 못하고 있다. 이러한 결과는 중국이 북한으로 하여금 핵 무기 개발을 저지시킬 수 있는 능력 즉 영향력이 없다는 것을 의미하는 것이다. 중국이 북한에 영향력을 행사할 수 없다는 것은 중국과 북한 간 불평등한 상호 의존 관계가 형성되어 있지 않다는 것을 보여주는 것이다. 중국은 북한에 대한 영향력을 행사할 수 있는 근거를 갖고 있지 않다는 것을 입증하는 것이다. 이러한 현상에서 중국은 북한에 대한 '힘의 전환'이 이루어지지 않았다고 말할 수 있다. 이런 것들이 중국을 정치적 강대국의 범주에 포함시킬 수 없게 한다. 샴보(David Shambaugh) 교수는 중국을 다음과 같이 평가하고 있다. "중국은 세계 곳곳에서 점점 더 광범위한 입지를 확보하고 있지만 그 영향력은 그렇게 크지 않다. 심지어 그 영향력은 분야나 지역별로도 많은 차이가 있다. 더욱이 중국의 국제적 위상은 여러 가지 약점들(가장 치명적인 국내문제를 포함해서)로 인해 빛이 바래고 있으며 실질적인 국가 역량은 보이는 것처럼 그렇게 크지 않다. 중국은 외교에 있어서도 우유부단하고 위험을 회피하며 편협한 자국 이익의 추구로 일관하고 있다. 중국은 무엇인가를 반대한다는 입장을 자주 발표하지만 무엇인가를 지지한다는 입장을 밝히는 경우는 거의 없다. 중국은 외형적으로 세계 최다 인구, 거대한 국토, 유인 우주선 발사, 항공모함 보유, 세계 2위의 경제규모, 세계 2위의 국방 예산, 지난 30여년간 지속된 세계최고의 경제성장률, 세계 최고의 수출액, 세계 최고의 외환 보유고, 세계에서 두 번째로 많은 외국인 직접투자(FDI), 세계에서 가장 많은 수의 억만장자 등 세계적인 강국으로 불리기에 손색이 없는 많은 조건을 보유하고 있다. 그럼에도 불구하고 중국은 진정한 강대국으로서의 역량이 부족하다. 중국은 국제 사회의 활동가에 불과할 뿐 국제적 강대국은 아니다. 진정한 강대국은 아니다. 진정한 강대국으로서의 권력은 다른 국가나 특정한 사안에 대해서 영향력을 행사할 수 있는 능력이라고 생각한다. 만일 다른 특정한 국가나 지역에 영향을 주지 못한다면 어떤 국가가 단순히 세계 무대에 모습을 드러낸다고 해서 세계적인 권력을 갖추었다고 말할 수 없다. 어떤 상황에서도 자국이 원하는 결과를 도출할 수 있어야 진정한 의미에서 이것을 권력 행사이자 영향력의 본질이라고 부를 수 이따. 중국은 무역 거래 형태, 에너지 및 소비재 시장, 관광산업, 사치품 판매, 부동산 구입, 사이버해킹 같은 오직 일부분야에서만 국제적 영향력을 주도하는 영향력을 발휘하고 있지만, 이것을 제외한 다른 영역에서 중국의 국제적 영향력은 그렇게 크지 않다. 중국이 세계 여러 지역 및 많은 분야에 활발히 진출해있지만 다른 국가나 국제적 사안에 대해 주도적인 영향력을 행사하고 있지 못하다."[51]

대동아공영권을 부르짖던 일본은 1945년 8월 15일 정오 쇼와천황(昭和天皇)은 NHK라디오를 통해 육성으로 다음과 같이 선언하였다.[52]

"본인은 세계의 대세와 대 일본 제국의 현상에 비추어 비상조치로 시국을 수습하고자 한다. 충실하고 선량한 국민여러분께 고한다. 본인은 미국, 영국, 중화민국, 소련 4개국에게 그들이 제시한 공동성명을 수용하겠다고 통보하였다." 그리고 일본은 1945년 9월 2일 도쿄만에 정박해있던 미국 전함 미주리호에서 항복문서에 서명하였다.

한 국가의 기본 틀을 구성하는 헌법은 국가의 백년 대계이다. 전후 일본의 헌법을 제정할 때에도 미국 점령군에 의해 일방적으로 진행되었다. 맥아더 사령관은 일본국 헌법 초안을 작성한 다음 일본으로 하여금 그것을 수용하도록 강요하였다. 결국 일본은 미군정 측에 의해 만들어진 헌법을 수용하고 1946년 11월 3일 공포하였다.[53] 이렇게 하여 일본은 입헌 군주국으로 다시 태어났다. 일본은 1951년 9월 8일 샌프란시스코에서 미국과 강화조약을 체결하여 독립한 완전 주권국가로 살아가게 되었다. 일본은 1951년 9월 8일 미 · 일 안보 조약을 체결하면서 일본과 미국은 동맹 관계를 갖게 되었다. 제2차 세계 대전으로 일본은 경제적으로 상당한 타격을 입었다. 특히 도쿄, 오사카 등 많은 대도시가 공습으로 파괴되었다. 이러한 일본에게 경제적으로 크게 도약할 수 있는 계기가 마련되었다. 1950년 6월에 발발한 '6 · 25전쟁'은 일본 경제발전의 발판이 되었다. 예를 들면 1950년부터 1953년까지 한국

---

51) 박영준 · 홍승현(옮김), 중국, 세계로 나아가다, pp. 33-35.

52) 양기호(옮김), 미국은 동아시아를 어떻게 지배했나, pp. 43ff.

53) 위의 책, pp. 92-95.

에서 전쟁이 계속되는 동안 일본은 상당한 외화 수입을 얻었다.[54]

	수입(단위: 100만 달러)	외화수입 중 한국전쟁 특수비율
1950	148	14.8%
1951	591	26.4%
1952	824	36.8%
1953	809	38.1%

일본은 제2차 대전 후 정부를 수립하면서 일본 정부 내에서는 외교 정책 및 외교 측면에서 자주 노선 또는 추종 노선에 대한 논쟁이 계속해서 전개되었다.[55]

제2차 세계 대전이 끝난 다음 미국이 일본에 군정을 실시할 때 다시는 일본이 미국을 위협하지 못하도록 해야 한다는 것이 미국의 생각이었다. 미국은 전쟁 끝난 후 일본에 매우 엄격한 경제 제재를 취했다. 일본이 다시는 군사대국이 될 수 없도록 하여야 한다고 미국은 생각하였다. 일본에 대한 미국의 생각을 단적으로 보여주고 있는 것은 '일본 군사력을 지탱하는 경제적 기초인 공업 시설을 파괴하고 재건을 불허한다. 일본인의 생활 수준은 일본이 침략한 아시아 각 국의 생활수준보다 높지 않도록 한다.'는 것이었다. 1946년 당시 일본의 경제는 1930~1934년의 18%수준이었고, 1947년의 경제는 40%정도였다.

그러나 미국 정부는 기존의 입장을 바꾸어 일본의 경제를 재건하기로 결정하였다. 1946년 10월 미국의 국가 안보 회의가 만든 미국의 '대일 정책에 관한 권고 NSC13-2'라는 정책 문서를 승인하면서 일본 경제 부흥을 위한 과정을 시작하였다. 미국이 기존의 입장을 바꾸어 일본 경제를 부흥시키기로 한 배경에는 미국과 소련의 냉전이 있었다. 미국은 동아시아에서 소련에 대항하는데 일본이 필요하였다. 일본을 경제적으로 부흥시켜 일본을 이용하는 것이 미국에게 유익하다고 생각했기 때문에 미국은 일본에 대한 경제정책을 바꾸었다.[56]

54) 위의 책, p. 129.
55) 위의 책, pp. 99ff.
56) 위의 책, pp. 114ff.

미국이 일본 경제를 부흥시키기로 한 다음 1950년 6월 한반도에서 '6.25전쟁'이 발발하였다. 이 때 미국은 한반도에서 사용할 미군 등의 전시 물자를 일본에서 조달하기로 하였고 이는 일본 경제 부흥의 발판이 되었다. 이로부터 일본 경제는 미국의 자원 및 일본이 갖고 있는 수준 높은 기술로 크게 발달하였고 오늘날 경제 대국의 반열에 오르게 되었다. 2011년 기준으로 일본의 경제규모는 5조 4,589억 달러로 미국과 중국에 이어 세계 3위를 차지하고 있다(2위인 중국은 5조 8,783억 달러). 그리고 2011년 일본의 일인당 GDP는 42,820달러이다.[57] 일본은 오늘날 경제 강대국들의 모임인 G-7의 회원국으로 세계경제에서 그의 경제력을 과시하고 있다.

동아시아 국제정치에서 중요하게 다루어야 할 독립 변수 중의 하나는 한반도에 그어져있는 휴전선 북쪽에 자리 잡고 있는 북한 정권이다. 동아시아 국제정치에서 북한 정권이 부각되고 있는 이유는 그 정권의 긍정적인 측면보다는 부정적인 측면에서의 행태 때문이다. 북한 정권이 동아시아 국제정치에서 긍정적인 영향력을 행사하기 때문이 아니라 동아시아의 안정을 해치고 한반도의 긴장을 고조시키는 존재이기 때문이다.

북한은 소련의 주도하에 탄생되었고 사회주의 국가로 '로동당' 일당이 지배하는 독재 정권이며 소련에 의해 만들어진 소련식 정치, 경제, 사회체제를 유지하고 있다. 대외적으로는 1991년 소련이 붕괴되기까지 친소련 또는 친중국 노선을 오가는 불안정한 정책 노선을 추진해왔다.

1948년 8월 15일 탄생한 한국은 절대군주제 및 봉건사회의 틀 속에서 살았고 또 20세기에는 일본 식민 지배를 경험하면서 한국의 모든 분야는 국가 존립과 국민의 기본생활을 위협하였다. 한국이 정치적으로는 독립하였으나 특히 경제적으로는 국가 경제를 지탱하기 어려웠다. 이런 와중에 1949년 6월 29일 한국에서 미군 전투 부대가 철수하였다. 그리고 1949년 6월 7일 트루만 대통령은 1억 5천만 달러의 한국 원조 법안을 의회에 제출하였다. 그러나 1950년 1월 미하원은 이 원조안을 부결시켰다. 그 후 중국 국민당에 대한 원

57) 2011.4. IMF 경제전망보고서.

조를 한국 원조안과 합해서 '극동 원조법'으로 제출하였다. 그 결과 1950년 2월 미하원 그리고 3월에 미상원에서 통과되었다. 이 '극동 원조법'안에 의해 처음으로 6천만 달러의 미국 원조가 제공되었다. 1940년대 말 미국 내에서 전개되었던 일련의 정책 결정 과정을 보면 미국과 소련간 냉전의 초기 단계에 미국은 한국을 정치적, 전략적 등 여러 면에서 중요한 지역으로 생각하지 않았던 것으로 판단된다.[58] 그 후 미국의 한국에 대한 원조는 1970년대까지 계속 제공되었다. 대한민국이 건국된지 2년이 채 안된 1950년 6월 25일 북한은 무력 남침을 하였다. 이로부터 한반도에서는 외국 군이 참전한 가운데 3년간 전쟁이 계속되었다. 이 전쟁은 한반도 전체를 오르내리며 3년간 계속되었다. 이 전쟁으로 한반도는 철저하게 폐허가 되었음은 말 할 나위가 없다. 지루하게 3년간 지속되었던 전쟁은 남측과 북측의 합의로 1953년 7월 27일 양측은 휴전 협정에 서명하고 한반도에서 전쟁 상태는 잠정 중단되었다.

동아시아 국제정치의 기초

각기 독특한 특성을 갖고 있는 5개 국제정치 주체가 활동하고 있는 동아시아의 국제정치는 역시 다른 지역의 국제정치와는 상이한 기본바탕을 갖고 있다. 21세기인 오늘날은 세계화 및 지역화가 증가하고 있는 추세이다. 교통 · 통신의 발달, 경제의 세계화 및 지역화 그리고 세계를 하나의 인터넷망으로 그리고 교통 및 통신망으로 연결하면서 각 국가는 접촉 · 교류가 활발히 전개되어 국가간 상호작용, 상호의존이 확대되고 있다. 각 국가는 이러한 현상을 더욱 촉진시키고 공고화하기 위해 조직화를 도모하고 있다. 많은 국가들은 세계 무역을 활성화하기 위해 세계무역기구(WTO)를 설립하였고 또 지역적으로는 유럽 연합(EU)을 결성하여 회원국들의 협력을 도모하여 회원국 모두의 경제발전 및 국민생활의 향상을 위해 상호교류하고 상호작용을 활발하게 전개하여 왔다.

한편 동아시아는 현재까지 이러한 세계적 추세에 동참하지 못하고 있다. 왜냐하면 5개의 국제정치 주체들이 이념적으로 그리고 정치적으로 2개의 집

58) 김기수, 동아시아 역학구도(서울: 도서출판한울, 2006), pp. 407ff.

단으로 나뉘어져있고 이 집단들이 대립적이고 갈등적이기 때문이다.

먼저 동아시아에는 2개의 군사동맹체가 있다. 하나는 미국 중심의 동맹체 즉 한국과 미국의 동맹 및 미국과 일본의 동맹이 형성되어 하나의 동맹체를 이루고 있고, 다른 하나는 북한과 중국의 동맹체가 있다. 한국과 미국은 1953년 10월 1일 '한미상호조약'을 체결하였고 이 조약은 양국의회의 비준을 받아 1954년 11월 17일 발효되었다. 일본은 미국과 1951년 9월 8일 '미 · 일 안보조약'을 체결하였고 1952년 4월 28일 발효되었다. 중국과 북한도 1961년 7월 '북 · 중우호협력상호원조조약'을 체결하였다. 이 조약 제2조는 체약 일방이 어떠한 한 개의 국가 또는 몇 개 국가들의 연합으로부터 무력침공을 당함으로써 전쟁상태에 처하게 되는 경우에 체약 상대방은 모든 힘을 다해 지체 없이 군사적 및 기타 원조를 제공한다고 규정하고 있다.

평시에 동맹국은 군사력이 아니라 외교 정책을 통해 동맹국의 국가 이익과 안전을 도모하는데 공동 보조를 취하게 된다. 그러므로 한국, 미국, 그리고 일본 3개국은 평시에 서로의 안전과 국가 이익의 증진에 동참하게 될 것이다. 다른 한편 중국과 북한도 동맹 관계를 갖고 있으므로 평시에는 서로의 안전과 국가 이익을 증진시키는데 동일 보조를 취하게 될 것이다.

미국과 동맹 관계를 갖고 있는 한국 및 일본 3개국은 민주주의 정치 체제 및 자본주의 시장경제 체제를 갖고 있고 북한과 중국은 사회주의 체제 및 공산당 일당 체제를 갖고 있다. 이 두 진영은 이념을 달리 갖고 있고 두 진영은 정치적 및 군사적으로 대립적이다 미국과 한국은 중국 및 북한과 1950년 6월 25일에 시작된 전쟁에서 서로 총부리를 마주하며 싸웠던 과거를 갖고 있다. 한국군은 그의 '국방백서'에서 북한을 주적(主敵)으로 간주하고 있다.

중국은 북한의 한반도 및 동아시아의 안전을 위협하는 행위에 대해 소극적으로 대응하고 있다. 중국의 이러한 행태는 상호의존관계보다 동맹관계를 더 중요시하기 때문이다. 그 뿐만 아니라 중국은 북한 인권 문제에 대해서도 항상 북한 편에 서고 또 북한의 불법 무기 거래 등 여러 가지 국제법을 위반한 행위에 대해 유엔이 결정한 제재에도 중국은 소극적으로 대응하고 있다. 북한은 유엔 회원국이다. 그럼에도 불구하고 미국 및 일본과 외교 관계 정상화도 이루어져있지 않다. 오늘날 공식적 외교 관계가 없다는 것은 원칙적으로 국가 간의 공식적인 접촉 및 교류가 이루어질 수 없다는 것을 의미한다. 그러므로 국가 간 이러한 관계는 적대 관계라고 말할 수 있다. 21세기인 오늘날 동아시아에는 공식적 외교 관계를 갖지 않은 국가들이 있다는 것은 실제로 국가 간 대립 갈등이 심각하게 존재하고 있다고 말할 수 있다.

동아시아의 주요 국제정치의 주체인 미국과 중국은 존립의 바탕이 되는 이념을 달리갖고 있고 정치 체제 및 경제 · 사회 체제를 다르게 갖고 있기 때문에 정책 노선이 다르고 정치적 지향점이 다르다. 그렇기 때문에 양국은 정책적인 면에서 협조는 기대하기 어렵다 실제로 유엔 결의에 의해 결정된 북한 제재에 미국과는 달리 중국은 매우 소극적으로 임하고 있다. 중국은 대만을 중국의 일부로 생각하고 있다. 미국은 중국의 의사와는 달리 대만 방위 의무를 천명하였고 대만에 프리킷르형 구축함, 대잠초계기 P3C, 디젤엔진 잠수함 등 신병기 40억 달러 상당의 무기를 대만에 판매하였다.[59] 이러한 미국의 처사에 대해 2001년 중국의 국방장관 지호전(遲浩田)은 "군사 간섭주의가 한 층 대두되고 아시아 · 태평양 지역의 안전에 나쁜 영향을 미치는 불확실한 요인을 경시하여서는 안 된다. 아시아 · 태평양 지역에서 국제적 균형은 무너지고 세계는 아직 평화로운 시대가 아니다. 그러므로 중국은 미국에 대한 경계심을 늦추어서는 안 된다."라고 말했다. 한편 부시 대통령은 중국은 잠재적 경쟁자의 위치에 있다고 말했다.[60]

오늘날 세계에는 냉전적 상황도 존재하지 않고 양극체제도 작동되지 않고 있다. 그렇기 때문에 세계는 다른 국가들과 평화적으로 더불어 살기 위해 국가 간의 정치, 경제, 문화 등 여러 분야에서 협조적 관계를 유지하기 위해 지역적 관리 체계를 수립하였다. 그것은 글로벌 거버넌스(global governance)이다. 글로벌 거버넌스란 각 국의 공통 문제를 국제적인 차원에서 집단적으로 관리하는 것을 의미한다. 1995년 글로벌 거버넌스 위원회는 글로벌 거버넌스를 다음과 같이 정의하였다. "글로벌 거버넌스는 개인, 기관, 공공 및 민

59) 三菱銃合硏究所(編), 中國情報 Hand Book 2001年版(東京:蒼蒼社, 2002), pp. 60-61.
60) 위의 책, pp. 60-61.

간들이 다양한 형태로 그들의 공통 문제를 관리해나가는 것이다. 거버넌스는 공식 또는 비공식 또는 민간을 막론하고 오늘날 세계에 존재하는 모든 거버넌스와 관련된 규칙, 도구 등을 통칭한다. 글로벌 거버넌스는 세계에서 다양한 분야의 현안들을 집단적으로 관리하고 통치하는 과정이다. 글로벌 거버넌스는 지구적 공통의 문제들을 국제적 차원에서 집단적으로 관리하는 과정, 방법, 구조 그리고 행위자간의 상호 작용 등이 글로벌 거버넌스이다. 이는 '정부 없는 통치'를 의미한다."[61] 유엔은 설립 초기부터 수행해온 여러 영역에 대한 상호 작용과 인도주의적 환경을 지향하는 다양한 역할에도 불구하고 글로벌 거버넌스의 개념은 1990년대가 되어서야 활발하게 논의되기 시작하였다. 세계적으로 냉전적 상황이 사라지고 양극 체제가 해체되면서 예측 불가능해지고 무정부적이면서도 상호의존적인 상황이 크게 대두되면서 글로벌 거버넌스의 필요성이 부각되었고 그것이 현실화되기 시작하였다.[62] 그리하여 세계는 글로벌 거버넌스를 구체적으로 실현하기 위해 모든 국가는 지혜를 모으고 있다.

동아시아에서도 국가 간 접촉하고 교류하며 상호작용이 전개되고 있다. 그러나 동아시아에는 글로벌 거버넌스가 존재하지 않고 있고 작동되지도 않고 있다. 이처럼 동아시아에는 글로벌 거버넌스 대신 국제정치만이 작동되고 있다.

동아시아에 글로벌 거버넌스[63]가 존재하지 않는 이유는 아직도 이 지역에는 냉전적 분위기가 잔존해있고 양극 체적인 분위기가 존재하고 있기 때문이다. 동아시아에는 자유 민주주의와 자본주의 시장 경제 체제를 갖고 있는 국가군(群)과 사회주의 및 공산당 일당 지배체제를 고수하고 있는 국가군이 공존하며 이 두 국가군 간 대립과 갈등이 상존하고 있기 때문이다. 이와 같은 이유와 함께 동아시아에 글로벌 거버넌스가 작동되지 않는 이유는 동아시아 국제정치의 주요한 주체중의 하나인 중국의 소극적이고 자기 중심적인

61) 박영준 · 홍승현(옮김), 중국, 세계로 가다, pp. 199ff.

62) 위의 책, pp. 201ff.

63) 1996년 OECD보고서에서 밝힌 global governance의 정의는 다음과 같다. "글로벌 이웃이 되고 있는 세계에서, 자원, 현안, 갈등 및 여러 가치를 집단적으로 관리하고 통치하는 과정."

자세 때문이다. 21세기인 오늘날에도 세계의 집단적 공익(公益)에 기여하기보다는 자국의 비용과 혜택에 더 큰 비중을 두는 '거래적' 개념에 입각한 외교적 접근방식을 취하고 있다. 또한 중국은 아직도 여러 국제 문제에 연관되기를 꺼리고 있는 '선택적 다자주의자'의 성향을 뚜렷이 나타내고 있다. 중국은 2009년 이전에는 글로벌 거버넌스(全球治理)라는 단어를 중국 정부의 공식 용어집에 포함시키지 않고 있었다.[64] 중국이 이처럼 국제문제에 대해 소극적인 태도와 정책을 갖고 있기 때문에 동아시아에는 글로벌 거버넌스가 존재할 수 없다. 더욱이 북한의 극단적인 고립주의 또 배타주의는 동아시아에 지역협력체 같은 기구를 만들어 낼 수 없다. 그 뿐만 아니라 자유민주주의 및 자본주의 시장경제체제를 갖고 있는 한국 · 미국 · 일본 3개국은 이념적으로 또 정책적으로 사회주의 및 공산당 일당체제를 갖고 있는 국가들과 가치의 공유가 이루어질 수 없기 때문에 동아시아의 국제정치적 구도는 지금보다 더 좋은 미래를 보장하기 어렵다.

동아시아 지역의 국제정치적 중요성

세계 속에서 국제정치 및 전략적 측면에서 볼 때 동아시아 지역은 이미 역사적으로 많은 국가의 관심을 집중시켰던 지역이다. 이 지역이 과거부터 오늘에 이르기까지 많은 강대국이 이 지역에 관심을 갖고 진출하였던 사실 그 자체가 이 지역의 중요성을 증명해주고 있다. 무엇보다도 이 지역이 중요하게 여겨지는 이유는 중국, 일본 등 강대국이 위치해있고 또 이 지역의 국가들은 거대한 영토를 갖고 있어 자원도 풍부했고 오늘날에는 거대한 시장을 갖고 있다. 그리하여 19세기 중엽부터 100여 년 간 당대의 강대국들이 보다 많고 좋은 지역을 차지하려고 각축전을 벌여왔다. 제2차 세계 대전 이후에도 국제정치적으로 동아시아 지역이 중요한 지역이라는 것을 보여주고 있는 것은 그다지 크지도 않은 한반도를 미국과 소련이 나누어가졌다는 사실이다. 동아시아가 국제정치적으로 중요했고 또한 한반도가 중요하다고 미국과 소련이 판단했기 때문에 두 강대국이 나누어 가진 것이다.

---

64) 위의 책, pp. 204ff.

제2차 대전이 끝난 다음에는 동서간 냉전 분위기가 조성되고 미국과 소련이 각각 중심이 되어 양극체제가 형성되면서 동아시아 지역은 세계최대의 강대국인 미국과 소련의 각축장이 되었다. 1949년 중화인민공화국(이하 중국)이 탄생하여 소련과 중국이 군사 동맹 관계를 갖게 되었고 그리고 한반도의 38선 이북에 북한에 공산 정권이 등장하여 소련, 중국, 그리고 북한 정권이 블록을 형성하였다. 그리고 이에 질세라 미국도 일본 및 한국과 역시 군사 동맹 관계를 갖게 되었다. 이로써 1950년대 동아시아 지역에 미국과 소련이 중심이 된 두 개의 군사 동맹체가 공존하게 되어 동서 냉전의 극치를 연출하였다. 이제 이 동아시아에서 두 군사동맹체는 한 치의 양보도 없는 극단적인 경쟁 및 대립이 전개되었다. 1950년 6월 한반도에서 발발했던 '6 · 25전쟁'은 이러한 동서 냉전하에서 미국과 소련 두 강대국의 극단적인 경쟁 및 대립을 실체적으로 보여주는 사건이었다. 한반도에서 당대의 강대국들간에 국가 차원의 전면적인 전쟁이 발생했다는 사실은 이 동아시아지역의 국제정치적 및 전략적으로 중요하다는 것을 구체적으로 입증한 것이다.

1960년부터 중국과 소련 간에는 갈등이 심화되면서 중소 관계는 서로 상대국을 적대시하며 국경 지대에서 군사적 충돌도 불사할 정도로 중소양국의 모든 관계는 실질적으로 단절되었다. 더욱이 1960년대 중국의 문화 혁명은 중국을 외교적으로 완전 고립시키며 중 · 소 동맹 관계는 존재하지 않게 되었다. 그리하여 소련은 동아시아 국제정치에서 멀어지기 시작하였다. 중국이 1972년 2월 미국과 '관계개선(rapprochement)'을 이루게 되면서 중국과 미국이 동아시아 지역에서 정상적인 관계를 유지하게 되었다. 이로부터 소련은 이 지역으로부터 많이 소원해졌고, 특히 1970년대 접어들면서 냉전 분위기가 사라지고 동서 데탕트 분위기가 고조되면서 소련은 이 지역에 적극적으로 참여하지 않았다. 특히 1991년 소련이 해체되면서 소련은 이 지구상에서 자취를 감추게 되었다. 그리하여 소련을 대신해 중국이 동아시아 국제정치의 중요한 국가 중의 하나로 등장하였다. 1991년 소련이 해체된 다음 동아시아에서 미국의 위상이 크게 향상되었고 동시에 미국은 이 지역에서 유일한 강대국으로 등극하였다. 이제 동아시아에서 미국에 직접적으로 대항할 수 있는 국가는 존재하지 않게 되었다.

소련이 해체되면서 중국이 동아시아의 주요한 국제정치의 주체가 되었다. 그러나 중국은 거대한 국가이기는 하지만 정치적 강대국의 반열에 오르는 데에는 많은 시간이 필요하다. 먼저 중국 국가 통계국이 2013년 1월 18일 발표에 의하면 2012년 12월 31일 현재 13억 5,404만으로 세계에서 가장 많은 인구를 갖고 있고 영토는 9,596,960㎢로 세계 제3위의 거대 국가이다. 경제 규모도 2015년 국내 총생산은 11조 2,000억 달러로 세계 제2위의 경제 규모를 갖고 있다(2015년 IMF자료). 그러나 2011년 중국인의 1인당 개인소득(GDP)은 5,184달러에 불과하다.[65]

이상에서 제시한 간단한 수치에 의하면 중국을 사람에 비하면 체격은 크지만 골격, 근육 등이 빈약하여 매우 허약한 사람과 같다고 할 수 있다. 이러한 사람은 필요한 경우에 힘을 사용할 수 없는 것처럼, 중국은 허약한 체질 가진 국가이다. 그렇기 때문에 국가로써 대외적으로 힘을 즉 영향력을 행사할 수 있는 강대국이라고 말하기는 어렵다. 2009년 5월 체코의 수도 프라하에서 열린 제11회 중국-유럽 정상회담 자리에서 중국의 국무총리 온가보(溫家宝)는 "미국과 중국이 세계를 함께 이끈다는 발상 즉 G-2에 대해 근본적으로 반대한다. 중국은 아직 개발 도상 국가에 불과한 가난한 국가이다."라고 말했다. 실제로도 중국은 몸집이 큰 거대한 국가이지만 아직은 세계적으로 또 지역에서 정치적 영향력을 발휘할 수 있는 국가는 아니다.

이제 두 말할 나위도 없이 동아시아에 영향력을 행사할 수 있는 국가는 유일한 강대국인 미국뿐이다. 양극 체제가 사라진 다음 세계에는 단극 체제(unipolarity)가 등장하였다. 이 체제는 '세계 유일의 초강대국(sole remaining superpower)'인 미국에 의해 유지된다는 것이 일반적으로 인정되고 있다.[66] 미국은 세계적 강대국으로 동아시아에서도 미국은 독점적으로 강대국의 지위를 누리고 있다. 이러한 사실을 뒷받침하고 있는 사실은 동아시아에 거대한 육·해·공군의 미군 기지를 갖고 있다. 한국, 일본 본토 및 오키나와에 미군

65) 서진근(편저), 193개국 UN회원국 다이제스트(서울: 하늘교육, 2013), p. 55.

66) Charles W. Kegley, JR. and Eugene R. Wittkopf, American Foreign Policy, p. 167.

은 핵 추진 항공모함을 포함해서 수많은 미군을 주둔시키고 있다. 이러한 상황은 동아시아에 대한 미국의 의지를 잘 보여주고 있다. 즉 미국은 동아시아 지역을 유럽 못지않게 중요시하고 있다는 것을 알 수 있다.

미국이 동아시아를 중요시하는 이유는 다음과 같다. 미국은 태평양 지역의 수호를 미국의 중대한 국가 이익으로 간주하고 있다. 미국은 이 지역에 하와이를 비롯해서 괌, 푸에르토리코 등 전략적으로 중요한 섬들이 위치하고 있고 또 서태평양은 미국의 주요한 해상 통로이다. 미국에게 매우 중요한 태평양 지역의 안전을 보장하기 위해서 동아시아 지역은 미국에 절대적으로 중요한 지역이다. 또한 일본은 태평양 지역으로 통하는 길목을 지키고 있다. 미국이 일본의 안전을 보장하지 못한다면 미국은 태평양의 안전을 담보할 수 없다.

동아시아가 미국에게 중요하게 여겨지는 또 다른 하나의 이유는 강대국으로 발돋움할 수 있는 잠재력을 갖고 있는 중국이 이 지역에 위치하고 있기 때문이다. 중국의 국력이 강화되면 강화될수록 미국은 동아시아에서 중국의 행위 및 정책에 지대한 관심을 갖게 될 것이다. 중국의 국력이 신장되면 동아시아에서 미국의 패권에 도전할 수 있다고 미국은 생각하고 있다. 미국은 아시아를 지배하려는 세력에 저항하는 것은 미국의 국가 이익이다. 그러나 미국은 아시아를 지배하려는 세력이 등장하지 않도록 동맹국의 지원 없이 단독으로 준비할 것이다. 미국이 아시아에서 미국의 패군이 위협에 직면하게 된다며 어떤 정권을 불문하고 제2차 세계 대전에서 일본에 대해 행했던 것처럼 그리고 냉전시기 소련에 대해 대항하였던 것처럼 미국은 미국의 패권을 위협하는 세력에는 적극적으로 대항할 것이다. 이러한 측면에서 볼 때 미국이 중국에 대항하는 것은 전략적 선택이 아니라 궁극적인 선택이 될 것이다.[67]

이와 같은 미국의 입장은 동아시아 지역에서 미국의 패권 유지 및 동아시아의 독점적 지위의 유지를 분명히 천명한 것이다. 이 같은 미국의 의지는 미국이 이 지역을 대단히 중요하게 생각하고 있다는 것을 보여주고 있는 것이다. 실제로 미국의 동아시아 지역에 1990년까지 10만 명 이상의 미군을 주둔시키고 있었다.[68] 2017년 1월 미국대통령에 취임한 트럼프(Donald Trump)

67) Henry Kissinger, Does America Need a Foreign Policy?, pp. 134-137.

는 취임한 지 60일 이전에 국무장관과 국방장관을 한국과 일본에 보내어 양국 고위인사들과 여러 현안들을 논의하게 하였다. 이러한 사실 역시 트럼프 대통령이 이 동아시아 지역을 얼마나 중요하게 생각하고 있는가를 실증적으로 보여주고 있다.

이와 같은 미국의 동아시아에 대한 명백한 의지를 중국은 잘 알고 있다. 중국은 언제나 미국과의 충돌, 갈등을 피하려 한다. 중국이 세계 유일의 초강대국인 미국과 충돌은 중국에게 득보다 실(失)이 많을 것이다. 중국은 그 자신들이 말했듯이 아직은 개발 도상국가이다. 중국은 특히 경제적으로 더 성장하고 발전해야 할 국가이다. 그러므로 미국과의 충돌은 회피하는 것이 중국에게는 더 유익할 것이다. 그러므로 중국이 동아시아에서 미국의 패권에 도전하는 일은 현재로써는 생각하지 못할 것이다.

4. 동아시아 국가들의 국민적 성향(性向)

국민 정서

한 국가의 외교 정책 및 외교는 그 국가의 사회적 성향(性向)과 밀접한 연관성을 갖고 있고 또 이 사회적 성향은 외교 정책 및 외교에 지대한 영향을 미친다. 각 사회의 구성원은 그들 사회에서 만들어지고 적용되는 공통된 특성을 갖고 있다. 이 특성은 다른 사회와는 차별화되어 있다. 이러한 특성은 그 사회 구성원의 생활양식, 의식, 구성원의 교류 등을 틀지어주고 이러한 특성은 국가의 정책 및 행위에 영향을 미치고 그리고 정책 및 행위는 그 특성에 의해서 만들어진 틀 속에서 만들어지고 행해진다. 예를 들면 A라는 국가는 X라는 특성이 작동하는 사회를 형성하고 있고, B라는 국가는 Y라는 특성이 작동하는 사회를 형성한다. 동시에 이러한 사회를 구성하고 있는 사회 구성원들은 그 사회에서 작동하는 특성으로 무장되어 있고 그 구성원은 이 특성을 바탕으로 하여 사회생활을 한다. 그러므로 이 구성원들의 특성은 그

68) Yoichi Funabashi, Alliance Adrift(New York: Council on Foreign Relations Press, 1999), pp. 248-254.

국가의 정책 및 행위에 영향을 미치고 정부에 의해 결정되는 정책과 그의 실천을 위한 행위는 이 특성에 의해 만들어진 틀 속에서 이루어진다.

한 사회의 특성에 의해 만들어진 틀은 시간이 흐르면서 그 사회 내에서 사회적 및 시대적 흐름을 만들어내고 이 흐름의 계속은 그 사회에 하나의 성향을 구축하게 된다. 이렇게 형성된 흐름은 그 사회 내 여러 분야에서 계속적으로 작용하고 사회 전반에 걸쳐 영향을 주고 받는다. 이러한 흐름 즉 사회적 성향은 각 사회가 갖고 있는 독특한 성격 그리고 구성원들의 의식에 따라 형성된다.

지금까지 국제정치 연구에서 대체로 국내 사회의 성향 및 그 사회 구성원에 대한 연구가 소홀히 다루어져 왔다. 한 국가의 대외 정책 및 대외 행위가 그 사회의 성향과 그 사회 구성원의 특성과 무관하게 전개되지 않는다. 이러한 일은 있을 수 없는 일이다. 한 국가의 대외 정책 및 대외 행위는 사회적 성향에 의거해서 전개된다. 국가에 따라 사회적 성향이 외교 정책 및 외교 행위에 미치는 영향의 정도는 차이가 있지만 그 사회적 성향을 전혀 무시하고 외교 정책 및 외교행위가 전개되지 않는다.

사회적 성향을 구성하는 요소는 첫째 국민 정서(情緖)이고 둘째는 이념 성향 및 좌우 편향성을 내포하고 있다. 국민이 갖고 있는 정서는 어떠한 현상 또는 사물에 직면하거나 또는 사물을 직시하였을 때 국민들이 갖게 되는 모든 감정을 의미한다. 정서란 본능을 기초로 하여 생겨나는 희로애락(喜怒哀樂) 등의 감정 또는 그 때의 정신 상태를 의미한다. 국가 간에 관계에서도 국민 정서는 작동하는데 이러한 국민 정서는 국가 간의 관계에 따라 형성되는 것이 일반적인 현상이다. 일반 국민들은 국가 간의 관계가 돈독하고 우호적이면 이 국가에 대한 정서는 매우 호의적으로 갖게 되고, 국가 간의 관계가 적대적이거나 심히 갈등적이라면 그 국가에 대한 국민 정서는 매우 나쁘게 나타나게 될 것이다. 그러므로 한 국가의 다른 국가에 대한 국민 정서는 국가 간 관계의 호불호(好不好)와 밀접한 관련성이 있다.

둘째 국민의 이념 성향 및 좌우 편향성은 그 국가의 역사, 전통, 정치적 상황 등과 연결된다. 이러한 것들이 한 국가 국민들의 이념 성향 및 좌우 편향성에 지대한 영향을 미치고 이러한 역사, 전통, 정치적 상황의 차이가 각 국가로 하여금 상이한 이념 성향 및 좌우 편향성을 다르게 갖게 한다.

첫째 국민 정서 및 국민 감정은 민감하게 국가의 외교 정책 및 외교 행위에 작용한다. 국민들이 특정 국가에 대해 좋아하고 싫어하는 감정은 외교 정책 및 외교 행위에 지대한 영향을 미친다. 이러한 국민 정서 및 감정을 무시한 정책이나 행위는 강한 국민적 저항을 불러일으킨다. 이러한 국민 정서 및 감정은 하루 아침에 형성되는 것이 아니라 오랜 시간을 거쳐 국민의 생활 속에서 서서히 뿌리내리고 이러한 생활 가운데 국민의 정서 및 감정이 국민의 의식이 된다. 이렇게 국민의 의식 속에 형성된 국민 정서 및 감정은 쉽게 허물어지지 않는다. 한 국가 사회를 구성하고 있는 구성원의 대부분의 의식 속에 자리잡게 되는 국민 정서 및 의식은 그 사회 구성원의 생활 뿐만 아니라 국가 정책에 영향을 미친다. 각 국가의 정부는 국민의 정서 및 감정에 기초해서 정책을 결정하게 된다. 먼저 일본에 대한 한국 국민의 정서 및 감정은 절대적으로 비우호적이고 비판적이라고 말할 수 있을 정도로 매우 좋지 않다. 1964년 한일 외교관계 정상화가 막바지에 이르게 되자 이를 '굴욕 외교'라며 크게 저항하며 총체적 반대 투쟁으로 비화되었다. 그러자 박정희 정권은 계엄령을 선포하고 반대 시위를 진압하였다.

2013년 12월 아베 신조(安倍 晋三)가 수상에 취임하면서 일본의 역사 인식은 후퇴되고 있었다. 일본은 제2차 대전 동안 그들이 저지른 만행중의 하나인 '위안부'문제에 대해 일본 정부는 전혀 책임이 없다고 강변하고 있고 그에 대해 어떠한 사과도 할 수 없다고 주장하고 있다. 심지어 1993년 '위안부' 문제에 대한 사과문을 담고 있는 '고노담화', 그리고 1995년에 발표된 무라야마 담화를 수정하려는 움직임을 보이고 있다. 일본의 이러한 잘못된 역사 인식으로 인해 양국 관계는 다소 악화되어 있다. 한국과 일본은 지리적으로 매우 가깝고 경제적으로 밀접한 관계를 갖고 있을 뿐만 아니라 한국과 일본은 각기 미국과 군사동맹 조약을 체결하고 있어 군사 · 안보 측면에서도 경우에 따라서는 공조해야 할 경우도 있다. 그러나 일본은 21세기 들어 점진적으로 강한 우경화 노선을 걷고 있어 한 · 일 양국 관계는 쉽게 개선될 기미가 보이지 않는다.

주지하는 바와 같이 한국인의 일본에 대한 국민 정서는 1905년 11월에 고종 황제를 협박하여 강제로 체결토록 하였던 을사늑약으로부터 1945년 8월 15일까지 일본의 한국과 한국인에 대한 무자비한 식민통치 행위에서 비롯된 것이다. 36년에 걸친 일본의 잔악한 식민 통치 행위는 한국인들로 하여금 일본에 대한 적개심을 갖게 하였고 이 적개심이 한국인의 정서 및 감정에 스며들어 한국인의 정서에는 일본에 대해 혐오감을 자리 잡게 하였다. 이렇게 형성된 일본에 대한 한국인의 정서는 쉽게 잠재워지지 않을 것이다. 일본에 대한 한국인의 적개심은 우리의 선대(先代)들이 실제로 체험하였던 경험에 근거한 것이기 때문에 한국인 마음 속에서 이러한 정서 및 감정은 지워지지 않을 것이다. 그리하여 오늘날 한국 사회에서 보수 세력 그리고 진보 세력이 대립하고 갈등을 겪고 있지만 일본에 대한 적개심은 보수 및 진보 세력 모두에게 강하게 작동하고 있다. 그렇기 때문에 일본의 전향적이고 진정성 있는 과거사에 대한 반성과 역사 바로 세우기가 없다면 건전한 외교 관계 회복도 기대하기 어렵다. 근본적으로 한국과 일본과의 외교 관계는 매우 돈독하고 우호적일 수 없기 때문에 한국인의 일본에 대한 정서는 좋을 수가 없다. 한국과 일본은 특수한 과거를 갖고 있기 때문에 만약 한-일 관계가 좋아진다고 하더라도 일본이 과거사에 대한 진정성 있는 사과 및 반성이 없다면 한국인의 일본에 대한 정서 및 감정은 변하지 않을 것이다.

한국인의 일본에 대한 인식은 기본적으로 '일본 혐오감'에 기초하고 있다. 이러한 한국인의 일본에 대한 정서는 일본의 불법적인 한일 합방과 식민지 지배, 황민화 정책, 전시 징용과 징병, 종군 위안부 등 역사적인 사실에 토대를 두고 있다.[69] 2015년 2월 24~26일 3 · 1절을 앞두고 실시한 여론조사에서 '일본에 대해 호감이 간다.'는 응답은 17%였고, '호감이 가지 않는다.'는 응답은 74%로 조사됐다.[70] 그로부터 6개월 뒤에 조선일보와 서울대학교 아시아연구소가 공동으로 조사한 '광복 70년 국민의식조사'에 의하면 한국인의 일본에 대한 호감도는 2005년 26.8%에서 2015년 13.0%로 크게 낮아졌다.[71]

---

69) 이기완, 일본외교와 동아시아(서울: 매봉, 2009), p. 82.

70) 朝鮮日報, 2015.2.28.

1945년 이래 한국에 대해 종주국 의식과 우월의식을 가지고 멸시적인 태도를 보였던 일본인의 한국관은 1988년 서울 올림픽을 전후하여 일시적으로 호전되었고 1998년 김대중 대통령과 오부치 게이조(小渕 恵三) 총리의 공동선언을 계기로 우호적으로 변하기 시작하였다. 이러한 사실은 일본 총리부 여론조사 보고서에 명확히 나타나 있다. 일본 총리부 여론조사 보고서에 따르면 "한국에 대해 친근감을 느낀다."고 응답한 사람의 비율이 1998년 42.6%에서 2007년 54.8%로 증가했고, 반대로 "한국에 대해 친근감을 느끼지 않는다."고 회답한 사람의 비율은 1998년 49.9%에서 2007년 42.8%로 줄어들었다.[72]

일반적인 일본인의 한국에 대한 대체적 인식을 대표하는 예는 1953년 10월 15일 국교 정상화를 위한 제3차 회담에서 일본측 수석 대표였던 구보타 간이치로(久保田 貫一郎)의 소위 '구보타 망언'에서 찾아볼 수 있다. "36년간 일본의 식민지 지배는 조선 민중에게 유익했다."는 그의 발언 속에서 일본인의 한국에 대한 인식을 찾아 볼 수 있다. 그런데 이러한 구보타의 망언 속에 담겨 있는 한국을 폄훼하는 내용은 다른 일본인들의 마음 속에도 자리 잡고 있을 것이다.

지금까지 살펴본 바와 같이 한국인 그리고 일본인은 상대 국가에 대해 매우 나쁜 감정을 갖고 있고 서로를 증오하는 정서를 갖고 있다. 이러한 양국 국민의 의식이 뇌리에 잠재해있고 이 의식이 필요에 따라 표출되고 있는 상황에서 한국과 일본 양국은 상대국가에 대한 정책을 호의적으로 그리고 발전적으로 바꾸어 갖는 일은 쉬운 일이 아니다.

1951년 "일본인의 타국에 대한 호감-비호감"을 묻는 조사에서 한국에 대한 호감 2%-비호감 44%로 16개국 중에서 15위를 차지하였다. 대다수 일본인들은 제2차 대전 전의 군국주의적, 파행적 민족주의 팽창 속에서 형성된 멸시적인 한국에 대한 인식에 기초하여 한국과 한국인을 바라보고 있었다.[73] 1974년 1월 다나카(田中角榮)총리는 중의원 본회의에서 "일본의 한국 지

71) 朝鮮日報, 2015.8.10.

72) 이기완, 일본 외교와 동아시아, p. 47에서 인용.

73) 위의 책, p. 57에서 인용.

배가 한국의 정신적 발전에 도움이 되었다."[74]고 언급하였다. 일본 총리의 이러한 발언은 총리 한 사람의 생각이라기보다 다수 일본인의 생각을 말한 것으로 생각된다. 총리가 중의원에서 행하는 발언은 국민 다수의 생각과 일치할 것이라고 생각된다. 이것을 뒷받침하는 근거로 2000년 5월 6일 일본인이 인터넷상에서 한국인을 멸시하는 내용의 글과 함께 자국민의 반응을 묻는 설문 조사에서 명확히 드러났다. 여기서 일본의 네티즌들은 "일본이 조선의 신분 제도를 철폐해주고, 길을 넓혀 주었는데 한국은 왜 이러한 은혜를 모르느냐, 일본의 한참 아래에 있는 한국과 상대하는 것은 의미가 없다." 등의 한국 비하 발언을 서슴지 않았다.[75] 지금까지의 지적이 일반적인 일본인들의 한국에 대한 공통적 인식이고 국민 정서라고 생각된다.

일본인의 북한에 대한 정서는 좋다고 말할 수 있는 근거는 없다. 먼저 양측은 외교 관계도 정상화되어 있지 않고 따라서 인적교류도 거의 없고 문화교류도 없다. 그러므로 일본 국민들이 북한이나 북한 주민을 접한 기회가 없다. 이러한 상황에서 일본인들이 북한에 대해 좋은 감정을 가질 수 없고 동시에 일본 국민의 북한에 대한 정서가 형성될 수 없을 것이다. 한때 북한이 일본 국민을 납치하였다는 사실이 알려지고 더욱이 납치된 일본인 13명 중 5명이 생존해 있고 8명이 사망했다는 충격적인 소식이 일본 국내에 전해지면서 북한 체제의 비도덕성을 비판하는 여론이 비등했고 언론 매체를 통해 북한을 비난하는 일이 연일 계속되었다.[76] 이러한 현상이 일본의 북한에 대하 단면이다. 이러한 단면을 보아도 일본국민들의 대북한 저서는 매우 나쁠 것이다.

북한 주민 역시 한국과 같이 일본 식민 통치의 역사를 갖고 있다. 그렇기 때문에 북한도 일본에 대해 호의적인 정책을 결정하는 일은 없을 것이다.

일본 국민의 중국에 대한 정서를 보면 점차 나빠지는 것으로 나타났다. 일본 총리부의 여론 조사에 의하면 1980년대 '중국에 대해 친근감을 가지고 있다.'고 응답한 일본인은 70% 전후였지만, 2007년에는 '중국에 대해 친근감

---

74) 위의 책, p. 59에서 인용.

75) 위의 책, pp. 65-66.

76) 위의 책, p. 101.

을 가지고 있지 않다.'는 일본 국민이 63.5%로 친근감을 가지고 있다고 응답한 34.0%보다 압도적으로 많았다. 일본 국민들의 이러한 대중국 정서의 변화는 1990년대 중-일 양국 간 있었던 역사 인식 문제, 센카쿠열도(尖閣列島) 영유권 문제 등으로 양국이 외교적으로 갈등양상을 보이는 현상에 크게 기인한 것으로 보여진다.[77] 2014년 11월 중국 신화사 통신이 조사한 바에 의하면 중국의 대일본 호감도는 3%에 불과하다. 중국인의 83%는 '일본이 매우 싫다.'고 답하였다. 한편 일본인의 대중국 감정 역시 나쁘다. 2014년 4월 미국 프린스턴 대학의 여론 조사 기관 PEW에 의하며 일본인 가운데 중국을 좋다고 생각하는 사람은 7%에 불과한 것으로 나타났다.[78] 근본적으로 일본은 자유 민주주의 체제와 자본주의 시장 경제 체제를 갖고 있고 중국은 사회주의 일당 독재 국가이기 때문에 양국 국민의 정서적으로 긍정적이고 호의적인 의식을 갖지 못하는 것은 당연한 일이다. 국가 간의 정치적 및 경제적 체제가 다르면 국민 정서 형성에 다르게 영향을 미치게 될 것이다. 이렇게 되면 국가 체제를 달리하고 있는 경우, 국민의 정서가 크게 다르게 형성되므로 국민 정서적으로 상대국가에 대한 이해의 정도는 그 수준이 매우 낮을 것이다.

1950년대 한반도에서 발발한 '6 · 25전쟁'에 인민 해방군을 파견하여 북한을 도와 참전하였고 우리의 통일을 방해하며 총부리를 마주하면서 우리와 싸웠던 경험을 갖고 있는 적성(敵性)국가였다. 그러나 1990년대 동서냉전이 해체되었고 중국도 1978년 이후 개혁, 개방을 추진하며 중국은 1993년 공식으로 소위 중국식 사회주의 시장 경제 체제를 갖추며 중국은 시장을 개방하기 시작하였다. 한편 1988년에 출범한 노태우 정부는 북방 외교를 전개하며 한국은 1992년 8월 중국과 외교 관계를 정상화하였다. 과거 중국이 한국의 적성 국가였음에도 불구하고 양국 수교(修交) 이후 현재까지 중국에 대해 한국인이 갖고 있는 정서 및 감정은 적대적이지는 않다.

한편 한국은 우리의 동맹국이고 한국 영토에 수 만명의 미군을 주둔시켜 한국의 안전보장을 뒷받침하고 있는 미국과 자유 무역 협정을 체결하고 비

77) 위의 책, pp. 188-189 참고.

78) 유민호, "물 밑에서 급진전되는 中 · 日관계 개선," 月刊朝鮮, 2015. 5, p. 26에서 인용.

준 동의를 얻는 과정을 보면 중국의 경우와는 많이 다르다. 한·미 자유 무역 협정은 노무현-이명박-박근혜 세 개의 정권에 걸쳐 수 년간 진행되며 마침내 국회의 비준 동의를 얻게 되었다. 이렇게 시간이 오래 걸리고 또 어려운 과정을 걸쳐 한·미 자유 무역 협정이 마무리되게 되었던 이유는 국민적 저항이 강하였고 따라서 국회 내에서도 반대하는 기류가 강했기 때문에 그 과정이 길었고 험난하였다. 그러나 한국인에게 적성국가로서의 심상(心象)을 갖고 있는 중국과 자유 무역 협정을 체결하는 과정은 격렬한 반대 없이 상대적으로 조용하게 전개되었다. 이러한 현상은 한국인이 중국에 대해 갖고 있는 감정 및 정서가 비교적 좋다는 것을 보여주고 있는 증거이다.

1992년 한국은 중국과 수교한 이후 양국 간에 심각한 갈등 관계가 노정(露呈)된 일은 없었다. 그리하여 국민들도 상대국에 대해 증오의 감정 및 그러한 정서를 갖고 있지 않다. 외교적 수사의 의미를 갖고 있지만 2008년 5월 한·중 정상 회담에서 양국의 관계를 "전략적 협력 동반자 관계"라는 데에 견해를 같이 하였다.

이렇게 한국과 각각 중국 및 미국과 자유 무역 협정이 체결되고 국회의 비준·동의까지 얻는 과정을 보면 한국인의 중국 및 미국에 대한 반응을 보면 한국은 대체로 중국인에 호의적인 정서를 갖고 있다고 말할 수 있고 미국에 대한 한국인의 그것은 상대적으로 비호의적이고 비우호적이라고 말할 수 있다. 한국이 중국 및 미국과의 자유 무역 협정 체결 과정에서 보여준 한국인의 정서 및 감정은 다른 정책에도 그대로 적용될 것이다.

현재의 시점에서 보면 한국 정부의 대미 정책 결정에는 많은 제약이 따르게 되어 대미 정책 결정에는 한계가 있을 것이다. 그러나 중국에 대한 정책 결정에는 상대적으로 그 제한 폭은 넓지 않다. 같은 맥락에서 한국과 미국은 군사동맹 관계를 갖고 있는 국가이다. 그런데 한국 정부가 미국이 주도적으로 운영하고 있는 '미사일 방위 체제(MD)'에 가입하는 것에 대해 일부 세력은 크게 반대하고 있다. 이들이 반대하는 이유는 한국이 미국 주도의 '미사일 방위 체제'에 가입하면 중국을 자극할 수 있기 때문이라고 한다. 한국이 미국 주도의 '미사일 방위 체제'에 참여하는 것 그 자체가 나쁜 것이어서가 아니라 그 체제의 참여가 중국을 자극하는 것이기 때문에 그 체제에 참여를 반대하는 것이다. 미사일 방위 체제가 중국에 의해 주도되는 체제라면 사정은 달라지게 될 것이다. 그 이유는 한국인들의 중국에 대한 정서는 매우 우호적이고 호의적이기 때문이다. 현재 여기서 한국인의 중국 및 미국에 대한 정서 및 감정에 서술은 우선 한국 사회에서 표면적으로 표출되는 현상 위주로 기술하고 있다. 잠재되어 있는 모든 한국인의 정서 및 감정에 근거해서 그것들을 설명하는 것은 아니다. 한국인의 중국에 대한 호감도는 2005년 39.3%에서 2015년 23.1%로 많이 멀어졌다.79)

그러나 2016년 7월 이후 한국인과 중국인의 상대국가에 대한 정서는 과거와는 크게 다를 것이다. 2016년 7월 한국 정부는 한국 영토 내에 사드(THAAD)를 설치하기로 결정하였다. 중국 정부는 한국의 사드 배치를 공식적으로 반대하며 중국인의 한국 단체 관광을 금지시키고 중국내에서 한국 기업의 활동을 제한하는 조치를 취하고 있다. 한국 정부의 사드배치 결정에 대한 보복을 가하고 있다. 이러한 상황은 한국 국민과 중국 국민의 상대국에 대한 정서는 매우 나쁘게 변질시킬 수 있을 것이다.

한국인의 북한에 대한 정서는 어떠한가? 총체적으로 말해서 한국인의 북한에 대한 그것들은 애증(愛憎)이 교차한다. 우리 국민 중 일부는 북한 주민에게는 사랑을 주고 싶어 하고, 독재 정권에 대해서는 크게 증오한다. 다른 일부 국민은 북한 주민 및 정권에 대해 모두 사랑을 베풀고 싶어 한다. 국민 개개인뿐만 아니라 정권에 따라 그 애증을 다르게 갖는다. 1998년에 집권한 김대중 정부와 2003년에 집권한 노무현 정부는 북한 정권 및 주민 모두에 대해 우호적이고 호의적인 태도 및 정책으로 일관하였다. 하나의 예로 두 정부의 북한에 대한 현금 제공 규모는 다음과 같다. 김대중 정부는 1998년부터 2002년까지 5년간 상업적 교역, 관광대금, 개성공단 그리고 사회 문화 교류로 북한에 제공된 현금은 총 13억 310만 달러이고 노무현 정부는 2003년부터 2007년까지 5년 동안 앞의 정부와 같은 명목으로 총 15억 717만 달러를 제공하였다. 그리고 김대중 대통령과 노무현 대통령은 각각 2000년 및 2007년 평

79) 朝鮮日報, 2015.8.10.

양에 가서 김정일 국방위원장과 회담을 가졌다.

한편 2008년에 집권한 이명박 정부는 2010년 3월 북한에 의해 서해에서 한국 해군 함정이 격침되어 46명의 우리 해군이 희생되었다. 이 만행이 있은 후 이명박 정부는 2010년 5월 '5 · 24조치'로 북한과의 모든 경제 협력 및 경제 교류를 금지시켰고 이 조치는 박근혜 정부까지 효력을 갖고 있다. 또 2010년 12월에는 북한군은 연평도에 포격을 가해 여러 명의 민간인 및 군인 사상자를 냈다. 물론 그 이전에도 북한의 이러한 비인간적이고 도발적인 만행은 여러 차례 있었다.

한국과 적대적으로 대치하고 있는 북한 정권은 2006년 10월 제1차 핵실험을 하였고, 2009년 5월 제2차 핵실험, 그리고 2013년 2월 제3차 핵실험을 하였고 계속해서 실제로 사용하기 위해 핵탄두의 소형화 및 경량화 작업을 하고 있는 것으로 알려지고 있다. 그 후에도 북한은 2016년까지 6차 핵실험을 하였다.

현상이 이러함에도 불구하고 우리 국내에는 반북한적인 세력도 있고 친북적인 세력도 있다. 현재 한국의 정치권에서도 친북 및 반북적으로 나뉘어져 있다. 여러 개의 정치범 수용소를 갖고 있는 북한의 인권 상황이 최악이라는 사실은 세상이 다 아는 사실이다. 일부 시민단체들이 북한의 인권상황 등 북한의 열악한 정치, 경제 등 북한 내부 사정과 김정은의 세습 체제를 비난하는 전단 등을 북한쪽으로 날려 보내고 있다. 이에 대해서도 한국 내에는 찬성 · 반대의 목소리가 크게 들리고 있다. 한국 정부와 북한 당국과의 관계가 대립 갈등으로 치닫고 있는 한, 북한 당국에 대한 한국 국민의 정서는 대체로 호의적이거나 우호적이지 않을 것이다.

2015년 8월 조선일보와 서울대학교 아시아 연구소가 공동으로 조사한 '광복 70년 국민 의식조사'에 의하면 2005년 한국인의 북한 호감도는 21.9%였는데 그로부터 10년 뒤인 2015년 북한에 대한 호감도는 9.3%로 크게 떨어졌다.[80]

한국인의 미국에 대한 정서는 한 마디로 말하면 대체로 또 근본적으로 우호적이고 호의적이다. 1945년 8월 15일 한반도가 해방이 된 다음 1948년 8월

80) 朝鮮日報, 2015.8.10.

14일까지 3년간 군정을 실기하여 유엔감독 하에 한반도 38도선 이남에 선거를 실시하고 대한민국을 건국하는데 미국은 결정적으로 기여하였다. 미군정은 대한민국으로 하여금 정치적으로 자유 민주주의 체제 및 경제적으로 자본주의 시장 경제 체제를 갖는 국가를 탄생시켰다. 그 뿐만 아니라 1950년 6월 25일 북한의 남침으로 전쟁이 발발했을 때 미국은 유엔군의 일원으로 한국에 대규모 미군을 파견하여 북한군 및 중국군을 격퇴시켜 한국을 지켜주었다. '6 · 25전쟁'이 끝난 직후 미국은 한국과 상호 방위조약을 체결하여 양국은 동맹 관계를 갖고 한국의 안전을 보장해주었고 그리고 한국에 경제 원조를 제공하여 한국의 경제 재건에 큰 도움을 주었다.

2008년 2월 이명박 정부 출범 직후 미국 소고기 수입을 반대하며 반미 시위가 수개월 동안 계속되었다. 이 시위는 반미시위와 함께 새로 등장한 이명박 대통령에 대한 반대가 겹쳐져서 전개된 시위였다. 이 시위는 김대중 · 노무현 두 정부의 10년 동안 집권했던 진보 세력의 반발로 비롯되었던 것이다. 그러나 이 시위가 수 개월 동안 지속되고 시위는 더 이상 계속되지 않았다. 그리고 미국산 소고기의 수입도 계속되었다.

1945년 해방 이후 70년 동안 반미정서는 미국 소고기 파동 때의 반미 시위 이후에는 어떠한 세력에 의해서도 조직적으로 반미운동은 거의 전개되지 않았다. 이와 같은 현상은 한국과 미국 간의 정치, 외교, 경제, 군사 등 여러 분야에서의 양국 관계가 비교적 돈독하여 우호적이었기 때문에 우리 한국인의 정서에는 반미 성향이 크게 녹아있지 않고 있기 때문이다.

또한 미국이 한국에 대해 어떠한 경우에도 악의적이고 비우호적인 또 반한국적인 태도를 보인 일이 없고 또 그러한 정책을 한국에 실시하거나 적용한 일도 없었다. 이와 같이 양국의 관계가 우호적이고 돈독하기 때문에 한국 국민의 마음 속에 미국을 증오하거나 혐오하는 정서는 자리 잡을 수 없게 되어 있다.

한국 정부 수립 이래 한국과 미국은 국가 차원의 대립 갈등이 심각한 경우는 없었다. 이승만 대통령은 휴전을 반대하며 1953년 6월 미국과 상의 없이 반공포로를 일방적으로 석방하였다. 이승만 대통령의 이러한 처사는 공동 전선을 형성하며 전쟁을 수행했던 한 당국의 국가 원수로서는 해서는 안될 일이었다. 그럼에도 불구하고 미국은 이승만 대통령의 결정을 존중하고 그가 원하는 한미방위조약의 체결도 약속하였다.

2003년 미군이 훈련 중 실수로 한국 여학생 2명을 희생시킨 일이 있었다. 미군은 훈련 중의 행위는 과실이 있더라도 범죄 행위로 간주하지 않아 실수한 미군의 행위를 무죄로 판정하였다. 미국의 군법이 그러하더라도 한국인은 분노하지 않을 수 없었다. 그러나 일부 국민들이 분노하여 항의 의사 표시도 하였지만 미군 측의 사과 표명으로 이 항의 표시가 커다란 반미시위로 확산되지 않았다. 이런 상황은 한국인의 미국에 대한 성향이 극단적인 혐오감을 갖고 있지 않다는 것을 보여주고 있다.

2015년 8월 조선일보와 서울대학교 아시아연구소가 공동으로 조사한 '광복70년 국민 의식 조사'에 의하면 한국인의 미국에 대한 호감도는 2005년 53.7%였고 2015년에는 54.2%로 크게 변하지 않았다. 이러한 조사 결과는 한국인의 미국에 대한 호감도는 시간이 흘러도 크게 변하지 않고 있다.[81)]

2015년 8월 조선이보와 서울대 아시아연구소가 공동으로 조사한 '광복70년 국민의식조사'에 의하면 한국인의 동아시아 국가들에 대한 호감도는 다음과 같다(단위: %).[82)]

	미국	중국	일본	북한
2005	53.7	39.3	26.8	21.9
2015	54.2	23.1	13.0	9.3

미국은 미국 땅의 원주민을 제외하면 근원적으로 모두가 이민자이다. 모두가 이민자라는 것은 다양한 인종과 종족으로 구성된 국가이다. 미국 내에 살고 있는 이들은 그들의 뿌리가 다르기 때문에 정서 및 감정도 다양하게 갖게 된다. 그러므로 미국 국민들이 갖고 있는 정서 및 감정도 단일 종족인 한국과 달리 미국인들의 절대 다수의 정서 및 감정의 형성은 거의 불가능하다. 그렇기 때문에 미국 국민들의 통합된 국민 정서 및 감정의 도출은 매우 어렵

81) 朝鮮日報, 2015.8.10.

82) 朝鮮日報, 2015.8.10.

다. 그 뿐만 아니라 미국 국민들의 공통된 정서 및 감정이 존재하기 어려울 것이다. 미국 국민들의 공통적인 고정된 그리고 고착화된 정서 및 감정은 없고 다만 시대에 따라 그리고 상황 및 사안에 따라 국민의 정서 및 감정이 형성된다고 말할 수 있다.

대체로 미국 국민들은 정치에 크게 관심을 갖고 있지 않다. 그런 중에도 미국 국민들은 외교정책보다 국내 문제에 더 많은 관심을 갖는다. 미국 국민들의 정서는 사안에 따라 수시로 바뀔 수 있다. 이와 같은 행태는 외교 정책에 대한 미국 국민의 무관심에서 생겨나는 것이다. 그리고 미국 국민들은 외교 정책에 대해 무관심할 뿐만 아니라 잘 알고 있지도 않다.[83] 예를 들면 1985년도에 실시한 조사에 의하면 전체 응답자의 약 28%는 제2차 대전 당시 미국과 소련이 적대국으로서 전쟁을 하였다고 대답하였고 44%는 이 당시 미국과 소련이 동맹국이었다는 사실을 모르고 있었다. 1960년대 베트남 전쟁에서 미군이 58,000여 명이 희생되었는데도 불구하고 1985년에 실시한 조사에 의하면 미국 국민의 63%만이 미국이 베트남을 지원했다는 사실을 알고 있었다. 그리고 한 조사에서도 58%만이 미국이 북대서양조약기구(NATO)의 회원국인 것을 알고 있으며 또한 응답자의 40%는 과거 소련도 북대서양조약국의 회원국인 것으로 알고 있다. 이처럼 미국인들 가운데 2/3내지 3/4은 미국 영토 밖에서 전개되는 상황에 대해서는 관심도 없고 이해도 크게 부족하다.[84]

1988년 미국 내 상위 100개 언론사 언론인들에게 한국과 한국인에 대한 인식을 조사하였다. 이 조사에 응한 사람들 가운데 과반수인 57.8%는 한국과 한국인에 대해 부정적인 생각을 갖고 있었고 31.6%는 긍정적인 생각을 갖고 있었다. 이 조사는 미국인의 한국과 한국인에 대한 인식의 단면을 보여주는 예이다. 그런데 이들이 한국과 한국인에 대한 정보를 81.5%가 대중매

83) Charles W. Kegley, JR. and Eugene R. Wittkopf, American Foreign Policy, pp. 265-267.

84) Howard J. Wianda and Lana I. Wylie, "New Challenges in U.S. Foreign Policy," in Steven W. Hook(ed.), Comparative Foreign Policy(Upper Saddle River, New Jersey: Pearson Education, Inc., 2002), p. 35.

체를 통해서 얻는다고 대답하였다. 그리고 또 다른 조사에 의하면 미국인들이 한국에 대한 정보를 얻는 수단은 잡지가 14.7%, 신문이 13.2%, 매쉬(MASH)가 7.7%, 영화가 4.3%, 라디오가 4% 등이었다. 그리고 그 외의 다른 출처로 학교 수업이 13.9%, 한국을 방문하거나 체류하면서 정보를 얻는 사람이 7.1%, 책이 5.5%, 미국에 거주하는 한국 교민들로부터 정보를 얻는 것이 5.1% 그 외에 다른 수단이 1.8%라고 한다. 미국인들이 한국에 대한 정보를 얻는 수단은 대부분 대중매체이다. 이러한 매체 가운데에는 객관성 및 공공성이 담보되지 않은 것들이 많다.85)

지금까지 살펴 본 내용은 미국인들의 한국과 한국인에 대한 인식은 미국인들이 갖고 있는 사회적 성향의 한 부분이다. 앞에서 설명한 미국인들의 사회적 성향은 공통적이지 않고 통합적이지 않다. 미국인들이 한국에 대하 정보를 얻는 수단에서 볼 수 있는 것은 역시 미국인들의 사회적 성향 및 인식은 체계적이지 않고 또 고정되어 있지 않다는 것을 알 수 있게 하여 준다. 즉 미국인들이 한국에 대해 얻는 정보 수단 및 정보는 매우 다양하고 지엽적이고 또 상식적인 것이다. 그러므로 미국인의 한국 및 한국인에 대한 인식 역시 체계적이지 않고 즉흥적이라고 말할 수 있다.

그러나 앞에서 말한 바와 같이 미국과 한국은 동맹 관계를 갖고 있기 때문에 한-미간의 관계는 외교적으로 크게 악화되는 경우는 없을 것이다. 그러므로 미국 내 인종 분포가 다양하지만 돈독한 한미관계는 이러한 미국인에게 호의적이고 우호적인 정서를 깃들게 할 것이다.

미국의 안보·외교 싱크탱크인 시카고 국제문제협의회(CCGA)는 '한국에 대한 미국인의 인식조사' 보고서를 2015년 10월 13일 발표하였다. 이 협회는 2015년 5월 25일부터 6월 17일까지 미국 성인남녀 2,034명을 대상으로 조사를 실시하였다.

85) Seong Hyong Lee, "Larger U.S. Newspaper Foreign and Managing Editors' Perceptions of South Korea and South Koreans," in Tae-Hwan Kwak and Seong Hyong Lee(eds.), Forty Years of Korea-U.S. Relations, 1948-988(Seoul: Kyung Hee University Press, 1990), pp. 222, 234-236.

한국에 대한 미국인의 인식

한국과 관계중요 - 83%
한국은 믿을만한 동맹 - 66%
한국의 국제문제 리더십 행사지지 - 62%
북한의 핵은 심각한 위협 - 55%
북한의 남침 때 미지상군 투입
반대 - 49%
찬성 - 47%

한반도 통일 이후 한-미 안보

동맹유지 · 미군유지 - 32%
동맹단절 · 미군철수 - 18%
동맹유지 · 미군철수 - 44%[86)]

이 조사 결과는 미국인들의 한국에 대한 인식은 매우 긍정적이라고 말할 수 있다. 우선 미국인들이 한미 관계를 중요하게 생각한다는 것은 다른 분야의 한-미 관계를 긍정적으로 평가할 수 있는 바탕이 되는 것이다. 미국인들이 한국을 미국의 우방으로 생각하기 때문에 다른 분야에서도 한국을 우호적으로 평가하고 따라서 여러 분야에서도 미국이 한국과 좋은 관계를 갖게 할 수 있을 것이다.

미국인의 일본에 대해 갖는 정서 및 감정은 미국이라는 국가가 일본이라는 국가에 대해 갖고 있는 생각에서부터 시작되어야 할 것이다. 미국 정부가 일본에 대해 갖고 있는 중요성, 관심 등은 미국 국민들의 일본에 대한 정서 및 감정에 적지 않은 영향을 미치게 된다. 일본은 과거 제국주의적 정책으로 아시아의 평화를 위협하였고 1941년 하와이에 있는 미해군기지 진주만에 대해 기습공격을 감행하여 일본과 미국은 4여 년 동안 전쟁을 치른 국가이다. 그러나 제2차 대전 후 일본은 경제, 기술 등 여러 면에서 크게 발전하여 경제 대국으로 성장하였다. 2011년 현재 일본은 경제규모는 5조 4,589억 달

86) 朝鮮日報, 2015.10.15.

러로 세계3위이며[87] 일본은 G7국가의 일원으로 미국과 함께 세계경제 운영에 깊숙이 간여하고 있다. 지정학적으로도 미국은 아시아 태평양 국가이다. 그런데 일본은 태평양 연안에 위치해 있고 서쪽으로는 한국, 중국 등 대륙을 향하고 있다. 현재 미국은 일본에 아-태 지역을 담당하는 상당한 수준의 해군 기지 및 공군 기지를 두고 있다. 그리하여 미국은 일본을 세계 정치의 핵심 국가로 인정하고 있고 일본과의 관계를 가장 중요하게 생각하고 있다.[88] 미국 정부는 이러한 일본에 대해 상당한 관심을 갖고 우호적으로 생각하고 있다. 그리하여 미국 정부는 항상 일본을 호의적으로 평가하고 우호적인 정책을 결정하며 상호 돈독한 관계를 과시하고 있다. 미국 정부의 입장과 정책을 미국 국민에게 알리는 미국 언론들도 미국 정부의 호의적이고 우호적인 미국 정부의 입장과 정책을 주로 소개한다. 앞에서 언급한 바와 같이 미국인들은 주로 미국의 언론 매체를 통해 정보를 얻는다. 언론 매체를 통해 일본에 대한 정보를 얻는 미국인들은 일본에 대해 호의적인 정보를 갖고 일본을 바라보게 될 것이다. 이러한 미국 국민들의 일본에 대한 정서 및 감성은 긍정적이고 호의적인 것으로 충만할 것이다.

미국국민의 중국에 대한 정서 및 감정은 일본에 대한 그것과는 사뭇 대조적인 양성을 띠게 될 것이다.

제2차 세계대전 이후 미국은 소련과 냉전시대 각각 하나의 축을 유지하고 있었고 대립하고 갈등적이었다. 그러나 미 · 소 두 국가는 이미 외교 관계를 정상화하고 있었다. 미국과 중국은 1950년 한반도에서 적대국으로 전쟁을 겪었다. 그 뿐만 아니라 1971년 과거 미중은 외교관계를 정상화하지 않고 있었다. 이러한 관계라면 이 시기까지 미-중 관계는 외교적으로 적대적이라고 말 할 수 있다. 특히 냉전 시기인 1950년대부터 1970년대까지 미국과 중국의 관계는 경쟁적이고 갈등적이었다.

미국 국민 및 정부는 민주주의를 최고의 가치로 평가하고 있다. 그리하여

87) 2011.4 IMF경제전망보고서).

88) Robert Scalapino, "Japan's Economic Route to Power," in Steven W. Hook(ed.), Comparative Foreign Policy, p. 111.

미국 국민들은 비민주국가를 가장 혐오하고 있다. 그러므로 중국의 경제가 크게 성장하였지만 비민주적인 정치가 전개되는 국가이기 때문에 미국 국민들이 중국에 우호적이고 호의적이지 않을 것이다. 한때 미국의 클린턴 정부는 중국에 대한 최혜국(MFN) 대우와 중국의 인권문제를 연계시킨 일도 있었다. 이러한 미국의 대중국 태도가 미국 국민에게 알려지게 되면서 미국 국민의 중국에 대한 정서는 우호적이지 않은 것이다.

미국의 부시(George W. Bush) 대통령은 북한을 '악의 축(axis of evil)'이라고 하였다. 그 뿐만 아니라 미국은 북한을 테러 지원국으로 분류하였다. 또한 상당한 수준의 경제 제재를 가하고 있다. 더욱이 2015년 1월 오바마(Barak Obama) 대통령은 한 방송과의 대담에서 북한은 붕괴될 수 있을 것이라고 공개적으로 말하였다. 미국 대통령의 이러한 발언이 미국 국민에게 알려졌다. 이러한 내용들이 미국 국민들에게 전달됨으로써 미국 국민들은 북한에 대한 정서는 최악의 것이 될 것이다. 그렇기 때문에 미국 국민의 북한에 대한 정서를 더 이상 논의하는 것은 아무런 의미가 없다. 북한은 독재국가이고 철저하게 폐쇄된 사회이기 때문에 북한 주민들은 외부 세계를 접할 수 있는 기회가 원천적으로 봉쇄되어 있다. 그렇기 때문에 북한 주민들이 다른 국가에 대한 정서를 갖는 것을 불가능하다. 국가 간의 관계와 국민정서는 밀접한 관계가 있다고 앞에서 언급하였다. 이러한 측면에서 볼 때 북한은 동아시아 국가 가운데 중국과만 외교관계를 정상화하였고 다른 3개국과는 수교가 되어있지 않다. 북한사회가 폐쇄적이지만 그의 동맹국이고 경제적 후원국인 중국에 대해서만은 많은 호의적인 정보가 북한 주민들에게 전달되므로 북한 주민의 중국에 대한 정서는 비교적 우호적이고 호의적일 것이다. 북한 당국은 미국을 제국주의 국가라고 부르며 적대시하고 있고 한국은 미 제국주의자의 앞잡이고 적화 통일의 대상이라고 강조한다. 이러한 상황에서 북한 주민의 미국 및 한국에 대한 국민적 정서는 비우호적이고 비호의적일 것이다.

중국은 북한과는 달리 대외적으로 어느 정도 개방되어 있다. 그러나 중국도 공산당 일당이 지배하는 사회주의 국가로 표현의 자유, 언론의 자유 등이 보장되어 있지 않은 사회주의 국가이다. 중국은 다양한 정보의 유통이 자유

롭지 못해 국민들의 다른 국가에 대한 정보를 갖기 어렵고 더욱이 국민들이 갖고 있는 정서의 표출 역시 제한적이다. 그 뿐만 아니라 중국 당국은 국민들의 정서를 정책 결정에 반영하는 경우는 찾아보기 어렵다. 중국은 당국이 일방적으로 외교 정책을 결정하는 비민주적 국가이다. 그러므로 중국의 경우에 있어서도 정책 결정과 국민을 연계시켜 생각하는 일은 무의미한 일이다. 모든 독재 국가는 국민의 언론, 출판, 집회의 자유가 봉쇄되기 때문에 정치, 사회문제 등에 대한 국민정서는 찾아내기 어렵고 공론화 하기도 어렵다. 그런 가운데 2007년 중국에서 실시한 여론조사에 의하면 중국인의 북한에 대한 호감도는 2001년 39.8%에서 2007년에는 21.8%로 떨어졌다.[89)]

미국의 여론 조사기관인 퓨리서치가 제2차 세계 대전 종전 70주년을 맞아 2015년 4월 미국과 일본의 18세 이상 성인 각 1,000명을 대상으로 미·일 관계에 관한 설문조사를 하였다. 이 조사에서 "일본이 동아시아에서 군사적 역할을 강화해야 한다."는 설문에 대해 미국인은 47%가 찬성하였고, 일본인들은 23%가 찬성했다. 그리고 신뢰도에 대한 조사에서 조사에 답한 미국인 가운데 49%가 한국을 신뢰한다고 응답했고, 일본에 대해 68%가 신뢰한다고 답했고 호주에 대해서는 80%가 신뢰한다고 답했다. 그리고 중국에 대해서는 30%가 신뢰한다고 답했다. 일본인의 78%가 호주를 그리고 75%가 미국을 신뢰한다고 응답했고 한국에 대해서는 21%가 신뢰한다고 답했다.[90)]

결론적으로 말하면 한 국가의 국민이 다른 국가에 대해 갖는 정서는 국가 간의 관계에 크게 영향을 미친다. 국가 간에 대립하고 충돌하면 국가 간의 관계가 악화될 것이고 그렇게 되면 상대 국가에 대한 국민 정서는 좋지 않을 것이다. 다른 국가에 대한 국민적 정서는 고정 불변의 것이라기보다는 국가 간의 관계, 시대적 상황 등에 따라 변화하고 바뀔 수 있는 요소이다.

한편 이 국민적 정서는 정부에 의해서 다른 국가에 대한 외교 정책을 결

---

89) Li Nan, "A Renewal of North Korea-China Relations? Chinese Strategic Thinking on North Korea," 김영재 · 최진욱 · 박인휘(편), 한반도 평화통일, 어떻게 만들 것인가?(서울: 통일연구원, 2014), p. 238에서 인용.

90) 朝鮮日報, 2015.4.9.

정할 때에는 상당한 위력을 발휘한다. 어떤 특정 국가에 대해 다수의 국민들이 나쁜 감정을 갖고 있을 때 그 국가에 대한 외교 정책을 결정할 때 외교 정책을 결정하는 정부의 운신의 폭은 매우 좁게 된다. 2013년에 두 번째로 등장한 아베 정부의 종군 위안부의 강제 동원을 인정하지 않는 등 일본정부의 과거사 왜곡은 한국인의 국민감정을 크게 자극하고 있다. 그렇기 때문에 일본이 그의 역사 인식을 바꾸지 않는 한, 한 · 일 관계의 개선은 매우 어렵다. 왜냐하면 이러한 상황 하에서 한국 정부가 일본에 대해 우호적인 정책을 결정하기는 어려울 것이기 때문이다.

2004년 9월~10월에 걸쳐 중국 사회과학원 일본 연구소가 중국인의 일본에 대한 이미지조사에 의하면 다음과 같다. 중국인의 일본인에 대해 매우 친근감을 느낀다는 사람은 전체 조사 대상자의 0.9%, 친근감을 느낀다는 사람은 5.4%, 보통이라는 사람은 35.5%로 나타났다. 다른 한편 친근감을 느끼지 않는다는 사람은 31.2%, 그리고 거의 친근감을 느끼지 않는다는 사람은 22.4%, 모른다는 사람은 4.6%였다.[91)]

이 조사에서 나타난 현상을 보면 중국인의 일본에 대해 중립적인 자세를 가진 사람이 전체 응답자의 약 1/3이고 일본에 대해 호감을 갖는다는 사람은 6.3%에 불과하다. 그리고 응답자의 반 이상인 53.6%의 중국인인 일본에 대해 좋지 않은 감정을 갖고 있다.

한편 일본의 내각부(內閣府)가 '외교에 관한 세론(世論)조사'에서 보여주고 있는 일본인의 중국에 대한 감정은 다음과 같이 나타났다. 이 조사는 1988~2005 일본의 대중국에 대한 여론의 변화를 조사한 것이다. 이 조사 가운데 2005년 4월 중국에서 반일 시위가 있은 다음 중국에 대해 친근감을 느끼는 일본인은 32.4%, 대중국 관계가 양호하다는 사람은 19.7%로 크게 감소했다.[92)]

---

91) 조진구(옮김), 중일관계(서울: 리북, 2006), p. 205에서 인용.

92) 위의 책, p. 207.

동아 국제정치 주체들의 이념적 경향

하나의 국가 사회가 보수적이다 또는 진보적이다라고 하는 것은 그 사회를 구성하고 있는 구성원의 이념이 보수나 진보냐를 가리키는 말이다. 사회 구성원인 국민의 이념적 성향을 정책결정에 연계시켜 보면 정책 결정의 방향을 가늠할 수 있다. 일반적으로 말해 보수적인 사회는 정책의 변화보다는 연속성이 더 강조될 것이고, 진보적인 사회는 연속성보다는 변화와 개혁을 강조할 것이라고 예측할 수 있다. 한 국가 사회가 보수적이다 진보적이다라고 하는 것은 대체로 그리고 상대적으로 국민 다수의 경향을 말하는 것이다. 한 사회 구성원의 이념적 경향은 계량적으로 측정하고 숫적으로 나타낼 수 있는 것은 아니다. 이념적 경향을 가늠하는 것은 각 개인의 주관적 사고에 의해서 사회에서 일어나는 각 종 사건, 정책, 여론 등을 종합해서 판단하여 이념적 경향을 도출한다. 예를 들면 일본은 1945년부터 2015년까지 정권을 담당한 진보정당의 수상들은 1954년대 하토야마 이치로 수상, 1999년대 호소가와 모리히토, 2008년 하토야마 유키오 그리고 2011년 노다 요시히코로 모두 4명이다. 그 나머지 기간에는 보수진영이 정권을 담당하였다. 이렇게 볼 때 일본 사회는 보수적이라고 말할 수 있다. 왜냐하면 일본의 유권자들이 압도적으로 보수 계열의 정당을 지지했고 그리하여 보수 계열의 정당이 다수당을 차지하여 이 계열의 사람이 정권을 담당하였기 때문이다.

'보수주의'란 용어는 1818년 프랑스의 샤토브리앙(F. de Chateaubriand)이 발간한 '보수주의자(Le Conservateur)'라는 잡지에서 처음 사용하였다. 보수주의자 버크(Edmund Burke)는 다음과 같이 정의하였다. "인간이 이성보다는 오랜 시간에 걸쳐 쌓인 전통, 관습, 경험 등을 더 신뢰한다. 그러나 인간의 이성을 부정하지는 않는다. 보수주의는 유럽의 합리주의, 계몽주의 그리고 프랑스 혁명에 반대하는 이념으로 등장하였다. 정치적 측면에서 본 보수주의는 대체로 '우편향(right)'과 동일시되고 있다. 보수주의는 전통적으로 전해지는 도덕적 행태 및 검증된 기관을 존중하며 새롭고 창의적인 것보다 기존의 것들을 수호하려 한다. 그리고 보수주의는 좌편향(Left)성의 개혁을 반대하고 또한 극단적인 좌편향적이고 혼란스러운 계획도 반대한다. 보수주의는 오직 기존 질서 하에서 기본적인 물질적 및 심리적 입장을 갖고 있는 사람들로부터의 전폭적인 지지를 이끌어내려 한다. 예를 들면, 영국의 토리(Tories)당, 미국의 공화당, 프랑스의 드골 및 몇 유럽 국가들의 기독교 민주당 그리고 일본의 자민당도 보수 성향의 정당이다."[93]

좌편향 그리고 우편향은 1789년 프랑스 대혁명 당시 국민 공회에서 자코방파가 의사당의 좌측 의석에 앉았고 지롱드파가 우측 의석에 앉았다. 좌측 의석에 앉은 자코방파를 좌파라고 불렀고 우측 의석에 앉은 지롱드파를 우파라고 불렀다. 이 때 좌측 의석에 앉았던 자코방파인 좌파는 사회주의 이념을 신봉하였고 우측의석에 앉아있던 지롱드파는 자본주의 그리고 정치적 및 경제적 자유주의를 신봉하였다. 이로부터 좌파 사회주의 그리고 우파 자본주의 이렇게 편의상 구분하기 시작하였다. 동시에 좌파-사회주의 노선을 갖는 사람들을 진보적이라고 하고, 우파-자본주의 노선을 걷는 사람들을 보수적이라고 한다. 하나의 국가 사회를 보수-진보라고 하는 것은 대체로 그 사회 구성원의 다수가 보수적 성향을 갖고 있는 경우에는 보수주의 사회라고 하고 사회 구성원 대부분이 보수와 상대적으로 대립되는 이념적 성향을 갖고 있는 사회를 진보주의 사회라고 한다.

보수주의는 사회의 기존 질서를 옹호하고 변화를 싫어하며 친숙한 환경을 고수하려는 강한 의지를 갖고 있고 진보주의는 기존의 질서를 하나의 억압 체계로 보고 이것의 변화를 모색하고 새로운 질서를 추구하려는 이념을 말한다. 그렇지만 진보 세력도 일단 기득권화되면 보수주의적 입장이 되어 현상을 유지하고자 하므로 진보-보수는 불변의 개념이 아니라 한 사회의 역사적 단계에서만 규정할 수 있는 개념이다. 즉 보수와 진보는 현재의 사회체제와 역사적 상황과의 관계 속에서 규정되는 상대적 개념이다. 보수주의는 기존 체제의 계속성 유지, 사회 전반의 급진적 변화 거부, 전통과 관계 속에서 개량을 추구한다. 한편 진보주의는 변화는 포괄적이고 빠르게 진행하며 변화로 인한 변화의 결과에 낙관적이고 적극적인 입장을 취한다.[94]

---

93) David L. Sills (ed.), International Encyclopedia of. the Social Science, vol.3(Collier and Macmillan, INC., 1979), p. 291.

앞에서 살펴 본 바와 같이 일본은 그 집권 정당의 이념적 성향을 보면 일본 사회는 보수적이라고 말할 수 있다. 일본은 제2차 세계 대전에서 패하고 미군정하에서 입헌 군주국을 확립한 이후 약 70여 년간 진보주의적 성향을 갖고 있는 정당의 집권은 고작 7-8년여에 불과하다. 그 뿐만 아니라 일본에서는 신사(神社) 참배라는 종교적 행사가 있다. 일본에서 신사 참배라는 역사, 전통은 아주 오랫동안 이어져 내려오고 있다. 이러한 역사적이고 전통적인 신사 참배를 대다수 국민이 꾸준히 계속하고 있다는 것도 일본 사회를 보수적 사회라고 말할 수 있는 요소이다.

미국이라는 국가의 역사는 230여 년 정도이다. 국가의 역사라는 측면에서 보면 미국 국가의 역사는 그다지 길지 않다. 오늘날 대부분의 문명 국가는 대체로 수 천년의 역사를 갖고 있다. 그런 가운데 미국은 외교 정책에서 전통을 고수하며 일관되게 살아왔다. 미국의 고립주의는 존 애덤스(John Adams), 토마스 제퍼슨(Thomas Jefferson) 등에 의해서 추진되었고 제임스 몬로(James Monroe) 대통령에 의해서 1823년 정리되어 소위 '몬로 독트린'이 등장하였다. 이 독트린은 유럽 대륙으로부터 격리, 고립을 주된 내용으로 하고 있다. 이 독트린은 1899년 스페인과의 전쟁 그리고 제1차 세계대전 참전했다. 2차례의 예외를 제외하고 1941년 12월 일본이 진주만에 대한 기습공격이 감행되기 까지 미국은 외교적으로 '몬로독트린'의 전통을 고수하여 왔다. 그리고 미국은 제2차 대전에서 승리한 이후 고립주의를 버리고 적극적으로 세계정치에 깊고 폭 넓게 참여하기 시작하였다. 이러한 미국의 입장이 미국 외교정책의 근간이 되었고 이러한 외교정책이 자리잡으며 이것이 또 하나의 미국 외교 정책의 전통이 되어 오늘날까지 이어져 내려오고 있다. 이처럼 미국은 한번 확립된 외교 정책 노선은 변하지 않고 오랫동안 유지하고 있다. 이러한 미국의 입장은 미국이라는 국가사회가 변화보다는 계속성을 더 선호한다는 것을 알 수 있다. 이러한 성향은 미국 사회를 보수적이라고 말할 수 있다.

94) 최석만, 외, "한국에서의 진보-보수적 태도의 구조와 위협에 대한 연구," 한국사회학, 24(1990), p. 84; 한관수 · 장윤수, "한국의 보수와 진보의 대북관연구," 한국정치학회보, 제46집 1호(2012. 봄), pp. 70-71에서 인용.

실용주의는 미국의 철학이라고 할 수 있을 만큼 미국인들의 실용주의 의식은 매우 강하다. 미국인들은 실생활에서나 철학에서나 실용주의 경향이 강하다. 실제로 미국의 정치는 원칙이나 명분을 중요시하지만 미국인들은 정치의 과정을 더 중요시 한다. 미국 정치인들은 상이한 이해 관계에서 원칙에 근거하여 정치적 논쟁을 하지만 현실적 중요성을 직시하고 논쟁 과정에서 타협을 한다. 미국의 이러한 정치적 과정은 실용주의에 입각하여 전개되기 때문에 극단적인 투쟁은 없다. 따라서 미국의 정치 과정에서 어느 한 쪽의 완승 · 완패는 없다. 따라서 미국 정치나 사회에서 극진적인 변화는 발생하지 않는다. 미국의 이러한 현상이 미국 사회의 보수적 성향을 강하게 만든다. 그리고 미국인들은 실용주의적인 사고 방식을 갖고 생활하기 때문에 미국의 정책은 항상 급진적이거나 전면적인 개혁은 잘 이루어지지 않는다. 미국은 1950년대 사회주의나 진보주의자들을 공공연하게 억압하기도 했다. 이와 같은 상황은 미국의 이념 성향이 보수적이라는 것을 보여주는 것이다. 그리고 미국의 정치는 비이념적이다. 유럽의 선진 민주 국가들은 대체로 정당의 이념을 표방하고 있다. 예를 들면 영국의 노동당과 보수당은 이념적 성향을 달리하고 있고, 독일도 사회당과 기독교민주당 역시 서로 다른 정치적 이념을 갖고 있으며 프랑스도 여러 정당이 각기 독특한 이념을 갖고 있다. 그러나 미국의 공화당과 민주당은 서로 다른 이념을 표방하고 있지 않다.[95)]

한국사회의 이념 성향은 단언코 보수적이다. 한국은 조선 왕조가 수립되면서 중국의 유학(儒學) 사상가운데 가장 보수적인 성리학(性理學)을 왕조의 통치 이념으로 설정하고 이에 기초하여 왕정이 전개되었다. 조선 왕조의 성종시 성리학에 기초한 경국대전(經國大典)의 편찬을 마무리하여 왕조의 통치 규범을 완성하였다. 이 경국대전의 완성으로 조선조의 모든 분야에 영향을 미치고 조선 사회의 생활의 근간으로 작용하게 되었다. 그 뿐만 아니라 조선조 중기부터 성리학은 조선조 사회 규범의 근간이 되어 백성들은 이 규범에 근거해서 생활했다. 이 규범은 보수주의의 정수를 담고 있다. 이로써 조선 왕

---

95) 임용순, "정치문화와 제도," 김형인, 외, 미국학(서울: 살림, 2005), pp. 227ff.

조에서 확립된 한국의 보수주의적 성향은 우리 사회에 뿌리를 내리고 한국인의 의식 세계를 지배하여왔다. 이러한 경향은 오늘날까지도 한국인의 의식 속에 변함없이 작용하고 있다.

프롤레타리아 계급을 대표하는 대중정당의 독재는 공산주의 체제의 대표적인 정치 문화이다. 현재 단일 대중 정당 독재는 북한과 중국을 '사회주의 체제'라고 지칭할 수 있는 유일한 근거이기도 하다. 비록 중국과 북한의 단일 대중정당이 갖는 프롤레타리아 계급성이 다소 부족하다고 할지라도 표면적으로 여전히 대중정당 독재를 유지하고 있다. 따라서 공산주의 정치 문화에 기인한 독재 문화는 북한과 중국의 유사성으로 지적된다.[96]

북한과 중국은 공산주의 국가로써 평등을 내세우고 있지만 이들은 전통에서 벗어나지 못하고 있다. 두 정부는 유교적 전통에 고착화된 위계적 권위주의는 북한과 중국의 현대 사회에서 여전히 주요 문화적인 요소로 남아있으며 이러한 정치 문화는 구체적으로 '치민(治民)'과 관존민비(官尊民卑)의 현상으로 나타나고 있다.[97] 북한은 공산화 과정을 거쳤지만 기존의 정치 문화 패러다임을 타파하지 못하였기 때문에 수천 년 된 왕권 신수, 관존민비, 삼강오륜 등 봉건적인 사상은 여전히 북한 주민의 관념에 영향을 미치고 있다.

1970년 이전 중국 체제는 모택동(毛澤東) 권위의 절대성을 강조하고 인민의 절대적 복종을 요구하였다. 그러나 모택동의 전체적 권위주의는 대약진운동과 문화 혁명을 겪으면서 상당히 약화되었다. 그가 서거한 이후 개혁파의 집권에 따라 개인 독재는 점차 그 기반을 상실하였다. 1989년 '6 · 4천안문사태' 이후 등장한 강택민(江澤民) 정권에 이르러서 전제적 권위주의는 상당히 와해된 상태였다. 그리하여 신권위주의가 등장하면서 이 신권위주의는 실질적으로 전체적 권위주의와 자유주의를 수렴한 권위주의이다. 그리하여 현재 중국 공산당의 지배 이념은 신권위주의에 근거하고 있다.[98]

---

96) 劉娑(유사) · 임채완, "북한과 중국체제의 정치문화비교," 국제정치논총, 제54집 4호(2014), p. 315.

97) 위의 논문, p. 313.

98) 위의 논문, p. 320; 신봉수, "신권위주의 이론과 시기 중국의 통치 이데올로기에 관한 연구," 평화연구, 제14권 제2호(2006), pp. 41ff 참고.

중국과 북한은 공산화 과정을 거쳤지만 과거와 단절하지 못했고 수천년 쌓아 온 전통적인 유교 정치문화의 핵심적인 내용으로부터 여전히 영향을 받고 있다.[99] 지금까지 설명한 바에 의하면 중국과 북한의 이념적 성향은 보수주의적이라고 결론지을 수 있다.

중국은 '수정주의'라기보다는 '현상 유지'를 지향하고 있다. 중국은 기존의 국제체제에 스스로 통합하여 그 체제를 활용하기 위한 방법을 모색하고 있을 뿐 국제체제 자체를 뒤집으려는 생각은 하지 않는 국가이다.[100]

미국을 포함한 동아시아의 국제정치 주체들은 정치 체제를 달리하고 있지만 이들의 이념 성향은 모두 보수주의적 색채를 강하게 갖고 있다. 동아시아를 구성하고 있는 국가들의 이러한 성향은 개혁이나 변화보다는 전통을 강조하고 계속성을 강조하고 있는 것이다. 이러한 성향은 국내외 정책을 바꾸기보다는 그것의 연속성 및 계속성에 강점을 두고 있다는 것을 의미하는 것이다. 그러므로 동아시아 국가들은 지금까지 견지해온 정책을 계속 유지하게 될 것이다. 하나의 예로 미국의 한국에 대한 정책 또 중국의 북한에 대한 정책은 지금까지 견지해온 것을 유지하게 될 것이다.

한 국가 국민의 정서는 그 국민의 정신 세계 및 국민적 의식을 말하는 것이다. 앞에서 각 국의 국민 정서를 살펴보았다. 현재 동아시아 국가 국민들의 정서는 동맹관계에 따라 대립적인 국민 정서가 존재한다는 것을 알 수 있다. 국민의 정서인 각 국 국민의 의식 역시 쉽게 바뀌지 않는다. 그렇기 때문에 지금까지 각국 국민들이 갖고 있는 갈등적 및 대립적 의식 그리고 각 국가가 갖고 있는 보수주의적 성향은 동아시아 국가들의 정책적 변화를 기대하기 어렵다는 것을 보여주고 있다. 다른 말로 말하면 각 국이 정책의 연속성 및 계속성을 견지하게 될 것이고 이러한 현상은 이 지역에 현상은 변하지 않고 계속될 것이 분명하다.

99) 유사 · 임채완, 앞의 논문, p. 333.

100) 박영준(옮김), 중국, 세계로 가다, p. 125.

제 2 부

동아시아 국가들의 국제정치 행태

1. 각 국 외교 정책의 조명

외교 정책의 의의

각 국가의 국제정치적 행태는 구체적인 외교 정책의 결성으로부터 시작된다. 외교 정책은 한 국가가 자국의 안전을 보장하고 이익을 증대시키기 위해 목표를 설정하고 그 목표를 성취시키기 위해 특성 대상국가에 무엇을 하겠다는 의사결정이다. 외교 정책(foreign policy)이란 외국(foreign)이라는 말과 정책(policy)의 합성어이다.

외국이란 자국의 영토 밖에 위치하고 있어 자국의 주권이 미치지 않는 국가 또는 그 국가의 소속 지역을 의미한다. 그리고 정책이란 한 국가에 의해서 결정된 한 국가의 의사 결정이다. 이러한 외교 정책이란 한 국가의 정부에 의해 결정된 국가의 행동 지침이며, 그리고 행위의 방향, 및 행위의 범위를 한정해 주는 결정이다. 구체적으로 말하면 정책이란 한 국가가 설정해 놓은 목표를 성취시키지 위해 행해야 할 행위의 지침이다. 다시 말하면 외교 정책이란 한 국가가 그의 주권이 미치지 않는 다른 국가에 대해 그의 목적을 달성하기 위해 무엇을 하겠다는 국가의 의사 결정 및 행위의 지침을 의미하는 것이다.

국가는 영원하고 정권(정부)은 유한하다. 민주주의 국가에서 정권은 국가라는 틀 속에서 국가의 발전과 국민을 위해 국민으로부터 위임받은 정치 권력을 행사한다. 그리고 정권은 국가의 이름으로 대의 행위를 전개한다. 그러므로 국가와 정부는 별개의 존재가 아니라 정부는 국가의 이름으로 정책을 결정하고 영토 밖으로 행위 하므로 정부는 그 국가의 역사, 전통 등을 계승하고 유지하며 외교 정책을 결정하여야 할 것이다. 그렇게 하기 위해 정부는 그 고유의 역사 · 전통 등에 근거해서 정통성 있는 외교 정책의 기조를 구축하고 이 기조는 각 정부의 외교 정책 결정의 근간이 되어야 한다. 한 국가의 외교 정책의 기조는 외교 정책의 기본적 성향(性向: 성질상의 경향)을 의미한다. 이러한 외교 정책의 기조는 외교 정책 결정의 기본 방향을 제시하고 외교 정책 결정의 길잡이 역할을 한다. 구체적으로 외교 정책의 기조는 외교 정책 결정의 방향, 범위, 근거, 기본 틀 등의 근거이다. 한 국가의 정부는 확립된 그 국가의 외교 정책 기조에 입각해서 외교 정책을 결정하여야 그 국가의 외교 정책이 일관성을 갖고 균형 잡힌 외교 정책을 결정하게 될 것이다. 또한 이렇게 확립된 기조에 입각해서 외교 정책을 결정하여야 그 외교 정책이 정부의 외교정책 목표를 성취하는 데 도움이 될 것이다.

각 국 외교 정책의 기조는 외교 정책 노선으로 표출된다. 각 국가의 정부는 외교 정책노선을 갖게 되고 그것을 대내외적으로 선언한다. 이 외교 정책노선은 시대적 상황 또는 국제정치 환경에 따라 바뀔 수 있다. 대내외적인 상황 및 환경이 바뀌면 각 정부는 당연히 외교 정책노선을 바꾸어 가져야 한다. 외교 정책 노선을 바꾸어 가지게 될 때에도 그 국가의 이름으로 견지해 온 그 국가 고유의 역사, 전통, 그리고 이것들에 의해 형성되어진 틀 안에서 외교 정책 노선을 바꾸어 가져야 한다.

예를 들면 미국의 먼로(James Monroe) 대통령 정부의 국무장관이었던 아담스(John Qunicy Adams)는 1823년, "환경이 변할 뿐 정책은 변하지 않는다"[1)]라고 말했다. 아담스의 이 말은 외적인 환경이 변할지라도 한 국가의 외교 정책은 일관성을 갖고 있어야 한다는 것을 강조한 말이다. 여기서 아담스가 말하는 외교 정책이란 구체적인 외교 정책이 아니라 한 국가가 갖고 있는 외교 정책의 기조가 변하지 않아야 한다는 것을 강조한 것이다.

각 국가의 외교 정책 기조는 그 국가의 역사, 전통, 국력, 국제정치 환경, 국가의 지정학적 위치 등에 의해 만들어진다. 이러한 여러 가지 요소들도 기조 설정에 크게 작용하지만 또한 이 여러 가지 요소 가운데 자국의 안전과 국가 이익 수호에 가장 크게 작용한다고 판단되는 요소에 의거해서 외교 정책의 기조를 형성하게 된다.

오랜 기독교적 역사와 전통을 갖고 있는 국가라면 기독교 정신 및 사상이 외교 정책의 기조가 될 수 있을 것이다. 섬나라의 경우에 교통·통신 및 무기가 발달되어 있지 않은 시기라면 그 국가는 고립주의를 외교 정책의 기조로 삼을 수 있고, 막강한 국력 및 군사력을 갖고 있는 국가라면 세계주의 노

---

1) Charles W. Kegley, JR. and Eugene R. Wittkopf, American Foreign Policy, 5th ed. (New York: St. Martin's Press, 1996), p. 31.

선을 추구하는 외교 정책 기조를 갖게 될 것이고, 강대국들에 의해 둘러싸여 있는 약소국이라면 이 국가는 중립주의 노선을 추구하는 외교 정책의 기조를 갖는 것도 좋을 것이다. 이처럼 각 국은 그가 처해 있는 상황과 자국의 안전 및 국가 이익을 고려해서 외교 정책의 기조를 갖는 것이 바람직하다. 한 국가가 명확한 외교 정책의 기조를 갖고 있어야 일관성 있는 외교 정책을 가질 수 있고, 예측 가능한 외교 정책을 가질 수 있다. 한 국가가 외교 정책 기조를 갖고 있지 않다면 정권이 바뀔 때마다 과거와 크게 다른 성격의 외교 정책을 결정할 수 있다. 이러한 현상은 국가와 국민에 도움이 되지 않을 것이다. 이러한 현상은 예측 가능하고 효율적인 외교 정책을 가질 수 없을 것이다. 한편 국가는 국내외 여건이 바뀌면 기존의 외교 정책 기조를 바꾸어 가질 수 있고 또 가져야 한다. 여러 여건이 바뀌었는데도 불구하고 기존의 외교 정책 기조를 고집한다면 그것은 국가와 국민에 커다란 폐해를 가져다 줄 것이다. 그러므로 국가의 외교 정책 기조를 자주 바꾸어 갖는 것도 바람직하지 않지만, 여러 국내외적 정황(情況)이 바뀌면 당연히 외교 정책의 기조를 바꾸어 갖는 것이 정도(正道)이다. 외교 정책에서 기조란 그것의 기본적 경향을 의미하는 것으로 이 기조는 구체적으로 정책 결정 노선(路線)으로 표출된다. 노선이란 정책이 정해진 목표를 향해 나아가는 길을 의미한다. 외교 정책 기조란 그 국가 그 정부의 외교 정책이 외교정책 목표를 성취시키기 위한 정책 결정에 길잡이로서 정책 방향을 제시하고 정책의 나아갈 방향 및 길을 제공하기 위해 정책노선으로 정해진다.

외교 정책은 외교정책 목표의 하부 구조이다. 외교 정책은 외교정책 목표의 실현을 위해 결정되며 외교 정책은 외교정책 목표를 성취시켜 국가 이익을 증대시키는 데에 그 존재의미가 있다. 그러므로 외교 정책은 외교정책 목표의 수단이다.

외교정책 목표에는 국가 차원의 장기적인 외교정책 목표가 있고 그리고 각 정권 차원의 단기적인 외교정책 목표가 있다. 국가 차원의 장기적 외교정책 목표는 그 국가의 모든 정권이 반드시 지키고 추구하고 성취시켜야 할 국가 차원의 목표이다. 그리고 정권 차원의 단기적 외교정책 목표는 하나의 정부가 정권을 담당하고 있는 기간 동안 성취시킬 외교정책 목표이다. 국가 차원의 장기적인 외교정책 목표는 국민의 생명과 재산보호, 영토적 안전 보장, 주권의 독립성, 경제적, 사회적, 문화적, 정신적 가치 및 체제를 외세의 간섭 없이 영원히 그리고 안정적으로 유지하는 일, 그리고 대의적으로 국가의 품격을 높이고 국제사회에서 국가의 명예를 제고시키는 일은 국가 차원의 장기적인 외교정책 목표이다. 그 뿐만 아니라 각 국가가 국가적 및 국민적 숙원 사업을 갖고 있다면 그것 역시 국가 차원의 장기적인 외교정책 목표이다. 예를 들면 한국의 통일 과업은 국가 차원의 장기적인 외교정책 목표이다. 이러한 국가 차원의 장기적인 외교정책 목표는 하나의 국가가 존재하는 한, 모든 정권이 국가 차원에서 지속적으로 추구하고 실현시키고 수호해야 할 외교정책 목표이다.

민주국가에서는 헌법과 법률에 따라 선거를 실시하고 이 선거에 의해서 정권을 담당하는 새로운 정부가 탄생된다. 각 정당은 선거에 승리하여 정권을 담당하기 위해 여러 가지 정책 및 공약을 제시하여 유권자의 지지를 호소한다. 이 때 각 정당은 그 정당이 집권하고 있는 동안에 성취시키고자 하는 외교정책 목표를 제시한다. 한 정당이 선거에서 승리하여 정권을 담당하게 되면 이 정당이 선거에서 제시한 외교정책 목표는 선거에서 승리한 외교정책 목표가 되고 이것이 단기 외교정책 목표이고 이것은 정권의 임기 중에 성취시키려는 목표가 되는 것이다. 이러한 정권 차원의 단기 외교정책 목표는 반드시 장기적인 국가 차원의 장기외교정책 목표의 토대 위에서 그리고 그것과 같은 맥락에서 설정되어야 한다. 다시 말하면 국가 차원의 장기 외교정책 목표는 정부 차원의 단기 외교정책 목표의 근본이고 대전제이다. 장기 외교정책 목표는 국가의 궁극적이고 절대적인 목표이기 때문에 모든 정부가 계승하고 유지해야할 목표이다. 동시에 국가 차원의 장기 외교정책 목표는 각 정부의 단기 외교정책 목표의 초석이 되어야 한다. 그러므로 각 정부는 국가 차원의 외교정책 목표에 기초해서 그리고 그의 범주 내에서 각 정권 차원의 단기외교정책 목표를 설정하고 추진해야한다. 그리고 각 정부는 정권 차원의 단기 외교정책 목표를 성취시키기 위한 구체적인 외교 정책을 결정하고 외교를 전개해야 한다.

외교 정책은 정부에 의해 설정된 외교정책 목표를 달성하여 국가의 이익을 극대화하기 위한 정부의 의사 결정이다. 이러한 외교 정책은 그것이 결정되는 배경, 동기, 계기, 목적 등에 따라 외교 정책의 역할과 기능이 달라질 수 있다. 외교 정책 중에는 설정된 외교정책 목표를 성취시키기 위해 정부에 의해 능동적으로 또 적극적으로 결정되는 외교 정책이 있고, 다른 한편으로는 앞의 외교 정책과는 달리 외교정책 목표와 무관하게 수동적으로 또 타의에 따라 소극적으로 결정되는 외교 정책이 있다. 전자는 능동적 외교 정책이고 후자는 수동적 외교 정책이다.

적극적 외교 정책은 한 국가의 이익을 증대시키기 위해 설정된 외교정책 목표를 성취시키기 위해 정부가 주도적으로 그리고 능동적으로 결정하는 외교 정책이다. 이 적극적 외교 정책은 외교정책 목표와 같은 맥락에서 결정된다. 이 적극적 외교 정책은 자국에 필요에 의해 그리고 자의적으로 결정되는 외교 정책이며 이 외교 정책은 외교라는 수단에 의해서 구체적으로 추진된다.

소극적 외교 정책은 그 정책의 결정 배경, 동기, 계기 등이 자의적이 아니라 타의적이고 수동적인 차원에서 결정된 외교 정책을 말하는 것이다. 소극적 외교 정책이란 한국가의 외교정책 목표를 성취시키기 위해 결정되는 것이 아니라 다른 국가의 필요에 따라 또는 다른 국가의 요구에 의해서 결정되는 외교 정책을 말하는 것이다. 이러한 소극적 외교 정책은 자국의 외교정책 목표를 성취시키기 위한 정책이 아니라 오히려 외교 정책의 결정을 요구했던 상대국가의 외교정책 목표를 위한 외교 정책이다. 소극적 외교 정책은 국가 이익을 증대시킨다는 외교 정책의 본질적 속성을 근본적으로 배제하고 있다. 소극적 외교 정책은 외교정책 목표를 갖지 않고 만들어지는 외교 정책을 말하는 것이다. 그러므로 소극적 외교 정책은 그것의 실천을 위한 수단인 외교가 요구되지 않는다. 소극적 외교 정책은 결정되면서 그 존재의미는 사라진다.[2)]
이러한 외교 정책은 국가의 능력에따라 결정된다. 대체로 강대국은 주로 적극적 및 능동적 외교 정책을 결정할 것이고 약소국은 강대국과는 다른 소극적

---

2) 송영우, 외교 정책 그리고 외교(서울: 교우사, 2014), pp.26-27.

및 수동적 외교 정책을 결정하게 될 것이다.

적극적인 외교 정책을 결정할 수 있는 국가는 막강한 국력을 갖고 있는 강대국이다. 반면 약소국은 국력의 한계를 갖고 있기 때문에 대체로 소극적인 외교 정책을 결정하게 된다. 강대국은 다른 국가로부터 그가 원치 않는 또 그의 외교정책 목표와 무관한 외교 정책의 결정을 요구받지 않을 것이다. 그러므로 강대국의 외교 정책은 그의 외교정책 목표 성취에 필요한 외교 정책을 결정하게 되고 동시에 그 정책을 추진하기 위한 구체적 외교행위를 전개할 것이다. 반면 약소국은 다른 강대국으로부터 강요된 외교 정책을 결정하는 경우가 종종있다. 이 때 약소국이 결정하는 소극적 외교 정책은 자국의 외교정책 목표를 성취시키기 위해서가 아니라 다른 강대국의 이교정책목표의 성취를 위한 외교 정책을 결정하기도 한다.

한 국가의 가장 바람직한 대외적인 행태는 국가 차원의 전통적 장기 외교정책 목표 및 전략적 장기 외교정책 목표에 입각해서 각 정부 차원의 단기 외교정책 목표를 설정하고 이 목표를 성취시키기 위해 능동적이고 적극적인 외교 정책을 결정하고 이 정책을 역시 적극적이고 능동적인 외교로 추진되는 과정이 가장 바람직하고 국가 이익을 극대하는 최선의 길이다.

각 국 외교 정책의 기조

동아시아 국제정치의 주체들은 미국을 제외하고 모두 1945년 8월 제2차 세계 대전이 끝난 다음에 과거와 단절된 새로운 국체(國體), 즉 국가 주권의 소재에 따라 구별되는 새로운 국가 형태 그리고 새로운 정체, 즉 국가의 조직 형태를 갖고 태어났고 국제정치에 새로운 주체로 등장하였다. 이러한 측면에서 보면 미국을 제외한 현재의 동아시아 국가들은 모두 정치적으로 신생국가이다. 이 국가들의 탄생과정에는 정도의 차이는 있지만, 강대국의 영향력이 작용하였다. 한국과 일본은 각각 3년 및 6년 반의 미군정의 과정을 거쳐 신생국가로 태어났고, 북한 정권 역시 3년간의 소련 점령군의 지휘 및 감독 하에서 탄생하였다. 중국공산당은 공산주의 혁명으로 사회주의 국가를 탄생시켰고 곧 소련의 위성국가로 편입되어 소련 일변도 추종국가로 그의 휘하에서 그리고 소련에 의지하며 신생국가의 길을 걷게 되었다. 이렇게 태어난 동아시아 국제정치의 주체들의 외교 정책은 그들을 탄생시켜준 국가의 정책 노선을 따를 수밖에 없었다. 그뿐만 아니라 이 국가들은 신생국이기 때문에 뿌리가 있는 외교 정책의 근간, 전통 등도 갖지 않고 태어났다. 다시 말하면 이 신생국가들은 그들 고유의 외교 정책 기조를 갖지 못하고 태어났다.

미국 외교 정책의 기조

미국은 영국의 식민지 상태에서 벗어나기 위해 1776년부터 7년간 독립전쟁을 치루었고 마침내 1783년 파리조약으로 독립을 인정받고 신생 독립국이 되었다. 미국은 13개의 작은 국가로 국제사회에 등장하였다. 미국 대륙 내의 13개의 작은 정치주체들은 국제사회에서 생존해가기 위해서는 통일 정부의 수립이 필요하다는 데에 합의하였다. 이에 따라 각 정치 주체는 조금씩 양보하며 통일국가를 만들기로 하였다. 예를 들면 버지니아를 비롯해 노예제 노동을 필요로 하는 남부의 농업지역은 시민권이 없는 흑인 인구의 2/3에 해당하는 수만큼 유권자 수를 인정 받음으로써 의원 선출에 있어서 북부로부터 양보를 받아냈다. 그리고 작은 주들은 큰 주들과 똑같이 2명씩 상원의원 자리를 얻어냈다. 이렇게 해서 1789년 헌법을 공포하고, 조지 워싱턴(George Washington)을 초대 대통령으로 하는 아메리카 합중국이 탄생되었다. 18세기 말 신생국인 미국은 그의 안전 보장이 급선무였다. 당시 미국인들은 지리적으로 대성양이 가로 놓여있기 때문에 유럽으로부터는 직접적인 위협은 없을 것으로 생각하였다. 미국 안전 보장의 위협은 미국인들이 유럽 문제에 휘말리게 되면 유럽으로부터 안보의 위협이 올 수 있다고 생각하였다. 그리하여 미국이 외부 세계 문제에 개입하지 않는다면 미국의 안전 보장은 위협받지 않을 것이므로 미국의 가장 중요한 외교 정책은 유럽 문제에 개입하지 않는 것이라고 결론 내렸다. 미국합중국의 초대 대통령 조지 워싱턴은 임기를 마치기 직전인 1796년 고별 연설(Farewell Address)의 형식으로 외교에 대한 자신의 주장을 발표하였다. 이 연설에서 조지 워싱턴은 유럽문제에 개입하지 말 것을 당부하였다. 그는 연설에서 "유럽은 '악'을 의미한다. 유럽문제는 해결될 수 없는 고질적인 것이고 반면 미국은 희망의 상징이다. 선과 악은 공존할 수 없는 상대다. 가능한 한, 악과는 관계를 갖지 않는 것이 최선이다.” 이런 고립주의는 국무장관 존 애덤스(John Adams) 및 토마스 제퍼슨(Thomas Jefferson)에 의해서도 강력하게 주장되었다.[3] 이러한 주장들은 고립주의를 미국 외교 정책의 기조로 자리 잡게 만들었다. 미국의 유럽으로부터의 고립 입장은 제1차 세계 대전에 미국이 참여할 때까지 약 150여 년 동안 지속되었다. 미국은 외교 정책에서 고립주의를 고수하는 동안 1899년 스페인과의 전쟁 및 제1차 세계 대전에 참여하였다. 미국의 이러한 150여 년동안 고수해온 고립주의는 미국 외교 정책의 뿌리이고 근간이 되었고 미국 외교 정책의 전통으로 자리잡게 되었다.

1823년 12월 먼로(James Monroe) 대통령은 유럽 내의 갈등 · 투쟁으로부터 미국을 격리시키려 하였다. 그는 의회에 대해 서반구(Western Hemisphere)를 유럽으로부터의 간섭을 막아야 한다고 선언하고 다음과 같이 선언하였다. “우리는 미국과 서유럽 국가 간에 평화롭고 공명정대한 관계유지를 희망한다. 유럽의 제도를 서반구에 이식하는 행위는 이 지역의 평화와 안전을 위태롭게 할 것이다”라고 그는 선언하였다. 우리는 이 선언을 그 후 ‘먼로 독트린(Monroe Doctrine)’이라고 부른다.[4]

먼로 대통령이 의회에 보낸 교서에 담고 있는 내용은 다음과 같다.

첫째, 독립적이고 자유로운 미주 대륙은 금후 유럽 강대국의 식민지 대상이 될 수 없다. 둘째, 유럽의 정치 제도를 미주 대륙에 이식하려는 행위는 우리의 안전과 평화를 위태롭게 할 우려가 있다. 그렇기 때문에 우리는 유럽 국가들의 이러한 행위에 반대하며, 그 대신 미주 대륙과 유럽 사이에 공평하고 우호적인 현존 관계가 지속되기를 희망한다. 동시에 우리는 유럽 강대국의 미주 대륙에 간섭을 용납할 수 없다. 그리고 셋째, 우리 역시 유럽의 어떠한 문제에 대해서도 간섭하지 않을 것이라는 ‘먼로 독트린’의 주요 내용이다.[5] 1823년 미국의 ‘먼로 독트린’은 주로 유럽에 대한 고립주의 노선이다.

---

3) 이주영, “미국의 지리적 조건과 역사,” p. 63; 김남균, “외교 정책의 전통: 예외주의 역사의식, ” pp. 160-161, 김형인 외 12인, 미국학(서울: 살림출판사, 2005).

4) Charles W. Kegley, JR. and Eugene R. Wittkopf, American Foreign Policy, pp. 35-36.

이러한 미국의 고립주의 노선은 유럽에 대한 고립주의 노선일 뿐만 아니라 세계 문제에 적극적으로 개입하지 않는다는 외교 정책 기조의 천명이다. 미국의 이러한 고립주의 노선 및 세계 문제에 적극적으로 참여하지 않는다는 소극적 외교 정책 기조는 1941년 12월 일본으로부터 진주만에 대한 공격을 받는 날까지 지속되었다. 고립주의 노선 및 소극적인 외교 정책 기조를 견지하고 있었던 118년 동안 미국은 예외적으로 두 차례 크고 작은 전쟁을 경험하였다. 하나는 1899년 스페인과의 전쟁(splendid little war), 그리고 다른 하나는 제1차 세계 대전에 참여한 것이다. 일본의 진주만 공격은 거대한 대양(大洋)에 의해 유럽 및 아시아로부터 지리적으로 고립을 보장받았던 정치적 고립은 이제 더 이상 지속될 수 없게 되었다.

1945년 8월 제2차 세계 대전이 끝나면서 미국은 세계최고의 부국(富國) 그리고 최강의 강대국이 되었다. 당시 미국의 국민 총생산(GNP)은 전 세계 총생산(Gross World Product)의 52%를 차지하고 있었고 소련은 미국 국민 총생산의 1/3에도 미치지 못했다. 그 뿐만 아니라 미국은 서유럽 등 많은 국가에 경제 원조 및 군사 원조를 제공하고 있었을 뿐만 아니라 미국은 100여개의 원자탄을 보유하는 국가로 원자탄을 독점적으로 소유하고 있었다.[6] 이제 미국은 제2차 세계 대전 이전의 미국이 아니었다. 이제 미국이 유럽 국가들을 두려워하여 채택하였던 고립주의 노선은 미국 외교 정책의 기조가 될 수 없게 되었다. 세계 최강국이 된 미국은 고립주의를 버리고 적극적 외교노선인 세계주의 또는 국제주의 노선을 걷게 되었다. 웨버(Max Weber), 마키아벨리(Niccola Machiavelli), 모겐소(Hans J. Morgenthau) 등 많은 학자들은 이구동성으로 권력은 정치의 핵심이라고 주장한다. 국가에게 권력은 그 자체가 목적이고 수단이다. 이제 미국은 제2차 대전 이후 다른 어떠한 국가와 비교해서 절대적이고 압도적인 힘을 갖게 되었다. 그렇기 때문에 19세기 유럽 국가들이 우

---

5) Richard W. Van Alstyne, The Monroe Doctrine De Conde(ed.), Encyclopedia of American Foreign Policy, Vol.II(New York: Charles Scrifner's Sons, 1982), p. 585.

6) Zbrigniew Brzezinski, "How the Cold War Played," Foreign Affairs, vol. 51 no.1(October 1972), p. 82.

려워 채택했던 고립주의 노선이라는 외교 정책의 기조는 더 이상 미국 외교 정책의 기조가 될 수 없게 되었다. 미국은 정치의 핵심이며 국가의 목적이고 수단인 힘을 갖게 되었으므로 미국은 필연적으로 세계주의(또는 국제주의) 외교 정책 노선을 갖게 되었다.

미국은 실제로 세계주의 외교 정책 노선의 구체적인 추진을 위해 공산주의와 소련을 적대시하는 외교 정책 기조를 수립하였다. 미국은 이러한 기조에 기초하여 구체적인 정책으로 제일 먼저 1947년 3월 12일 트루먼(Harry S. Truman) 대통령은 상·하 양원 합동회의에서 공산주의의 위협을 받고 있던 그리스와 터키를 보호하기 위해 4억 달러의 군사 원조 및 경제 원조 계획을 발표하였다. 이 계획은 그 해 5월 22일 의회의 동의를 얻었다. 이 계획이 소위 '트루먼 독트린'이다. 그리고 트루먼 정부는 1947년 6월 5일 '유럽부흥계획(European Recovery Program)', 일명 '마샬플랜'을 발표하였다. 그 뿐만 아니라 미국은 1949년 서유럽 15개국을 회원국으로 하는 군사동맹기구인 '북대서양조약기구(NATO)'를 설립하였다. 이로서 미국은 제2차 세계 대전 이후 세계문제에 적극적으로 참여하는 고립주의가 아닌 세계 주의 외교 정책 노선을 갖게 되었다. 더욱이 1991년 소련이 와해된 다음에도 미국은 최강의 국력을 유지하고 있어 세계주의 외교 정책 기조를 지속적으로 견지하고 있다.

미국은 제2차 세계 대전 이후 3개의 외교 정책 기조 또는 신조(Three tenets)에 입각해서 외교 정책을 결정했다. 그 기조는 다음과 같다.

> 미국은 고립주의를 영원히 거부하고 국제문제에 적극적으로 참여하는 것을 원칙으로 하는 기조, 둘째, 공산주의는 세계적으로 위험한 이념적 세력이므로 미국은 공산주의의 확산에 적극적으로 대항한다. 그리고 셋째, 소련은 공산주의 세력을 확장하는 선봉장이기 때문에, 미국의 외교 정책은 소련 세력의 확장과 그의 영향력을 봉쇄하여야 한다.[7] 그리고 미국은 동서 냉전이 시작되면서 다음과 같은 외교 정책의 기조를 갖고 있었다.
>
> 첫째, 미국은 힘(Strength)에 기초해서 협상하여야 한다.

7) Charles W. Kegley, JR. and Eugene R. Wittkopf, American Foreign Policy, pp. 50-51.

둘째, 미국은 세계의 모든 문제에 개입하여야 한다.
셋째, 소련의 위협을 제거하여 안전을 보장하기 위해 대외문제는 국내 문제에 우선해야 한다.
넷째, 냉전은 정치 및 경제의 경쟁일 뿐만 아니라 생존 경쟁 그 자체이다.[8]

미국은 이러한 외교 정책의 원칙과 기조에 입각해서 미국의 군사력을 세계적으로 확대하고 소련을 봉쇄하기 위해 여러 국가와 군사동맹조약을 체결하였다. 1949년 "북대서양조약기구"의 창설을 시작으로 '동남아시아 조약기구'(South-east Asia Treaty), 및 중동조약기구(ENTO)를 창설하였다. 그리고 미국은 한국, 일본, 중화민국(대만), 등과 개별적으로 상호 방위조약을 체결하였다. 또한 미국은 실제로 세계 여러 지역에 군사적으로 개입하였다. 1950년 한국의 6 · 25전쟁, 1958년 레바논, 1965년 베트남, 1965년 도미니카공화국, 1983년 그레나다, 1989년 파나마, 1991년 걸프전쟁, 1994년 아이티, 2003년 이라크전쟁 등에 미국 군을 파견하여 세계 문제에 적극적으로 참여하였다.

1991년 소련이라는 국가가 지구상에서 사라져 양극 체제가 화해되고 동서 냉전 상황이 사라진 마음에도 국제 문제에 개입하는 미국의 세계 주의 외교 정책 기조는 계속 유지되어 왔다. 미국은 소련 붕괴 이후 1990년대 그의 주장을 세계적으로 관철시킬 수 있고 세계적으로 패권적 지위를 지지할 수 있는 막강한 힘을 갖고 있다. 뿐만 아니라 21세기에 접어들어서도 미국은 과거 어느 국가도 누려보지 못했던 전대미문(前代未聞)의 절대적인 힘을 가진 국가가 되었다. 실제로 미국은 무기로부터 기업, 과학으로부터 기술, 교육으로부터 대중문화 등 여러 분야에서 최고의 지위를 누리고 있다. 이제 미국은 세계 안정화의 필수적인 국가가 되었다. 미국은 중동 등 세계에서 분쟁의 조정 국가가 되었다. 또 미군은 북유럽, 동아시아 등 세계 여러 곳에 파견되어 있다. 또한 미국은 세계 최고의 자본을 보유하고 있어 국제 금융 제도를 지배하고 있고, 세계 최고의 수출시장이 되어있고 대중문화의 중심이 되어 있다.[9] 이처럼 세계 최고의 그리고 유일의 강대국이 된 미국의 외교 정책 기조

8) Richard W. Mansbach, "The New Order in Northeast Asia: A Theoretical Overview," Asian Perspective, Vol.17, no.1(Spring-Summer, 1993), pp. 14-15.

인 세계주의는 21세기에도 계속되고 있다.

미국은 2001년 9월 11일 중동 지역에 근거지를 두고 있는 테러범들이 치밀한 계획 하에 미국 영공 내에서 각각 2대의 민간 비행기를 납치하여 미국의 심장부인 뉴욕에 있는 세계무역센터 건물 2동에 돌진 충돌하여 두 개의 건물이 즉각 붕괴되고 3,000여 명이 넘는 사람이 목숨을 잃었다. 이 테러행위는 오사마 빈 라덴(Osama Bin Laden)과 중동지역을 중심으로 활동하고 있는 국제적 테러조직 알 카에다(Al Qaeda)에 의해 자행되었다고 미국 정부는 단정하였다. 이들의 테러 행위가 감행된 이후 이 테러 조직을 붕괴시키기 위해 미국은 아프가니스탄에 무력공격을 가하여 탈레반 정권을 붕괴시키고 새로운 정부를 수립하였다. 그리고 미국 특수 부대는 파키스탄에 은신하여 국제테러조직을 이끌고 있는 오사마 빈 라덴을 살해하기도 하였다. 그리고 핵무기 생산을 계획하고 대량살상무기를 보유하고 있으며 또한 국제 테러 조직을 지원하고 그리고 독재정치를 하고 있다는 이유로 미국은 군사적으로 후세인(Saddam Hussein) 이라크 대통령을 축출하고 이라크에도 새로운 정부를 수립하였다. 국제적 테러 조직에 의해 감행된 테러를 경험한 부시(George W. Bush) 대통령은 테러 공격을 미연에 방지하기 위한 적극적으로 군사적 선제공격을 감행할 것을 선언하였다.[10)]

1945년 제2차 세계 대전이 끝난 이후 오늘날까지 미국은 경제적으로 또 군사적으로 여러 면에서 세계 최고의 강대국으로 군림하고 있고 전쟁 이후 고립주의를 버리고 세계주의의 기조를 채택한 이래 현재까지도 미국의 외교정책의 기조는 변함이 없다. 미국은 세계주의 기조위에 적극적으로 세계문제에 관여하는 적극적인 외교 정책 노선을 견지해오고 있다. 미국 외교 정책의 기조가 세계주의라는 사실을 보여주고 있는 것은 세계 여러 곳에서 발견할 수 있다. 1960년대 남베트남의 공산화 저지, 1970년대 한국의 핵개발 저

9) Henry Kissinger, Does America Need a Foreign Policy? (New York: Simon & Schuster, 2001), pp. 17-18.

10) President George W. Bush, National Strategy for Combating Terrorism (The Government Printing Office, February 2003) pp. 15~18).

지, 1980년대 미군의 아프가니스탄 진출, 이란의 왕정 수호, 이라크의 쿠웨이트 공격 저지 및 후세인 제거, 등등 세계 각 국 문제에 미국은 적극적으로 개입하여 왔다.

중국외교 정책의 기조

중국인의 다수를 점하고 있는 한족(漢族)은 역사성, 정통성 및 연속성을 갖지 못한 수 많은 왕조(王朝)를 경험한 유구한 역사를 갖고 있다. 중국은 수 천 년 동안 이들 왕조들이 골육상쟁(骨肉相爭)으로 왕조들의 존폐를 거듭하였다. 이러한 과거는 중국의 전통, 문화, 사상 등을 체계화하지 못했고 따라서 이것들은 역사성, 전통 등도 확립하지 못했다. 중국은 오랜 역사를 갖고 있기 때문에 다양한 전통, 문화, 사상 등을 갖고 있으나 이것들의 역사성, 계속성, 전통성은 체계적으로 수립되어 있지 않다. 중국은 여러 왕조들의 대립 갈등으로 정치적으로는 매우 불안하고 혼란스러웠다. 그리고 땅이 매우 넓고 다양한 언어를 가진 종족이 공존해서 생활하였기 때문에 정치, 경제, 사회적으로 체계를 갖출 만큼 안정적이지 못했고 어느 것도 연속성을 갖고 체계적으로 자리 잡지 못해 중국은 체계적인 고유의 중국적인 문화, 사상, 전통 등을 갖지 못했다. 중국은 수 천년의 역사를 갖고 있다. 실제로 중국을 대표하는 다양한 사상은 있지만 손에 잡힐 수 있는 구체적인 사상은 체계적으로 설명되고 중국사회에서 회자(膾炙)되는 것도 없다. 다양한 사상은 논의되고 있지만 중국의 대표적인 사상으로 등장한 것은 없다. 1949년 중국공산당이 사회주의를 국가 통치 이념으로 채택하면서 중국의 전통 사상은 설 자리를 찾지 못하고 있다. 동서고금을 막론하고 민족 국가를 형성하고 유지하여온 국가는 그 민족의 사상·문화를 집대성한 종교를 갖는다. 그 민족 문화는 그 국가와 사회를 대표하는 종교로 표현된다. 중국은 다양한 샤머니즘은 존재하지만 중국인을 총괄하고 대표하고 문화를 대변하는 종교는 없다. 이러한 현실은 중국의 전통, 문화 등이 체계화되어 있지 않고 또 중국인의 정신적 지주(支柱)가 존재하지 않는다는 것을 의미한다.

그런가 하면 중국은 19세기 중반부터 약 100여 년간 세계 여러 강대국들에 의해 분할 점령되어 반식민지를 경험하기도 하였다. 그런 가운데 1911년

신해혁명으로 청왕조를 붕괴시키고 중화민국을 건국하였다. 또한 1921년에는 중국공산당이 탄생하였고 이후 중국 공산당은 국민당 정부와 쫓고 쫓기는 대결과정을 거쳐 중국공산당이 승리하여 중국 대륙을 장악하고 중국공산당은 1949년 10월 1일 중화인민공화국을 수립하였다. 그리고 중화민국(국민당정부)은 대만으로 쫓겨나 그곳에 자리를 잡았다.

중국공산당은 국민당 정부와 내전을 겪는 동안 1945년 4월 23일부터 6월 11일까지 중국공산당 제7차 전국대표대회를 개최하였다. 중국공산당은 이 대회에서 처음으로 당의 당장(党章)을 개정하였다. 새로운 당장에 모택동 사상을 중국공산당의 지도 사상으로 결정하였다.[11] 중국공산당 중앙서기처의 주석인 모택동은 1949년 6월 30일 중국공산당 창립 28주년을 기념하면서 '인민민주전정을 논함(論人民民主專政)'이라는 글을 발표하였다.

"마르크스, 엥겔스, 레닌 그리고 스탈린에게 감사한다. 그들은 우리에게 무기를 주었다. 그들은 우리에게 무기로 기관총이 아니라 마르크스주의·레닌주의를 무기로 주었다. 중국인은 소련인의 소개로 마르크스주의를 얻었다. 소련의 10월 혁명이 우리에게 마르크스주의-레닌주의를 보내주었다. 소련의 10월 혁명은 프롤레타리아 계급의 우주관으로 국가의 운명을 관찰할 수 있는 안목을 우리에게 주었고 자기 자신의 문제를 새롭게 생각하도록 우리에게 기회를 주었다. 그러므로 우리는 소련인의 길을 가야한다. 이것이 나의 결론이다."[12]

2002년 11월 14일 개최된 중국공산당 제16차 전국대표대회에서 수정·통과된 중국공산당 장정(中國共産黨章程) 총강(總綱)에 "당의 최고이상 및 최종 목표는 공산주의를 실현 하는 것"이라고 적시하고 있다. 그리고 이 총강에 "중국공산당은 마르크스-레닌주의, 모택동사상, 등소평 이론 그리고 '3개 대표(강택민의 이론을 의미)'사상은 우리의 행동 지침이다"라고 규정하고 있다. 또한 이 총강에서 "모택동 사상은 새로운 역사적 조건하에서 계승되고 발전되어 왔

---

11) 高凱·于玲(主編), 中國七十年(北京: 中國國際廣播出版社, 1991), pp. 225-226.

12) 毛澤東, "論人民民主專政一紀念 中國共産黨二十八週年," 毛澤東選集, 第四卷(北京: 人民出版社, 1964), pp. 1467-1478참고.

고 모택동사상은 중국 발전의 새로운 단계에서 요구되는 중국의 마르크스주의이다."라고 강조하고 있다.

중국공산당 일당이 지배하는 중국의 정책 기조는 마르크시즘이고 모택동사상이다. 그러므로 중국의 외교 정책을 결정하는 근본도 이 공산주의 이론이다. 중국은 21세기인 2002년 11월에 개최된 중국공산당 전국대표대회에서도 마르크스주의 및 모택동 사상을 중국의 모든 정책의 기조라고 천명하였다. 따라서 외교 정책 기조도 마르크스주의 및 모택동사상이다. 중국은 이러한 외교 정책의 기조에 따라 1950년 2월 소련과 우호, 동맹 그리고 상호원조 조약을 체결하고 1950년대 소련일변도 외교 정책 노선을 걸게 되었다.

그러나 1956년 2월 소련공산당 제20차 당 대회에서 소련 공산당서기장 후르시쵸프(Nikita Khrushchev)는 '현 국제 정세의 기본문제'라는 정치 보고서를 발표하였다. 이 보고서에서 그는 "동서간의 평화 공존이 모든 사회주의 국가 외교 정책의 기조가 되어야 한다. 공산주의 세력은 자본주의 세력보다 우세하기 때문에 무력 간섭 없이 또 폭력 없이도 승리할 수 있다. 강력한 반제국주의 세력이 존재한다면 전쟁은 예방될 수 있을 것이고 경제적 요인에 의한 고전적 마르크스 · 레닌주의의 전쟁 불가피론은 현실에 더 이상 적용될 수 없다. 그리고 각 국의 실정에 맞도록 마르크스 · 레닌주의를 창조적으로 적용하여 평화적인 서구식 의회주의적 방식에 의한 사회주의 길로 이행이 가능하다. 이러한 이유로 평화 공존 노선은 단순한 전략적 고려가 아니라 평화 공존 노선은 외교 정책의 기조이며 이것이 소련 신외교정책 노선이다."[13] 한편 1960년 1월 1일 인민일보는 "마르크스-레닌주의 대신 모택동 사상으로 무장해야한다"고 주장했다.[14] 1960년 5월 모택동은 "제국주의의 반동적 통치를 타파하기 위해 광범위한 연합 전선을 형성하고 모든 세력을 연합하는 일은 혁명적 투쟁을 계속하기 위해서는 절대로 필요한 일이다"라고 주장하였다.[15] 중국은 1960년 소련과 모든 관계를 단절하고 친소련적 외교노선을 포

---

13) 당대회보고문건 David Floyd, Mao against Khrushchev: A Short History of Sino-Soviet Conflict (New York: Frederick A. Praeger, 1964), pp. 228-230 참고.

14) 管大同, "學習毛澤東思想爭取大勝利," 人民日報, 1960年1月1日.

기하고 혁명적 외교노선을 걷게 되었다.[16] 중국이 제시한 혁명적 외교 노선의 내용은 혁명과 폭력을 담고 있다.

"프롤레타리아 계급은 모든 국가에서 정권을 탈취해야 한다. 제국주의에 대해서는 언제나 폭력으로 대항해야 한다. 전쟁은 폭력으로 표현된 가장 첨예화된 형식이다."[17] 또한 "신생독립국가는 무장 투쟁의 노선을 취하여 식민주의를 격파해야 한다."[18] 1960년 5월 모택동은 "모든 제국주의 반동적 통치를 타파하기 위해 광범위한 연합 전선을 형성하고 모든 세력을 연합하는 일은 혁명적 투쟁을 계속하기 위해 절대로 필요한 일이다."[19]라고 강조하였다.

이러한 선언 이후 중국은 아시아 및 아프리카 신생국들에게 경제 원조를 제공하며 이들 국가들로 하여금 공산주의 혁명을 일으키도록 선동하였다. 1964년 1월 21일자 인민일보는 "미제국주의를 반대하는 세계 모든 역량을 결합하여"라는 사설에서 중간지대론을 발표하였다. 또 1965년 9월에 국방장관 임표(林彪)는 '인민전쟁만세(人民戰爭萬歲)'라는 글을 발표하였다. 이 글에서 그는 혁명 외교 노선을 강조하며 '중간지대론'을 제시하였다.[20] 즉 중국은 1960년대 새로운 외교정책 노선으로 혁명 외교정책 노선을 추구하여 신생 비동맹 아시아-아프리카 국가들의 현존 정권을 붕괴시켜 공산주의 국가를 건설하도록 이들 국가들을 경제 · 군사적으로 지원하는 것을 외교 정책 노선으로 채택하였다.[21]

중국은 1단계 문화혁명[22]을 끝내고나서 1970년 초부터 미국과의 관계개선(rapproachment)을 도모하여 1972년 2월 미국과 적대적 관계를 해소하고 새로운 관계를 갖는 데 성공하였다. 그리하여 1970년대 10여년은 친미국적 외

---

15) Peking Review, May 17, 1960.

16) 송영우, 중국적 정치(서울: 지영사, 2012), pp. 213ff 참고.

17) 沿著偉大列寧的革命旗下団起未, 人民日報, 1960年1月1日.

18) 人民日報, 1960年4月23日.

19) Peking Review, May 17, 1960.

20) 人民日報, 1965年9月3日.

21) 송영우, 중국적 정치, pp. 216ff 참고.

22) 人民日報, 1987年7月1日참고.

교 노선을 걸었다.

한편 1970년대 접어들어 중국은 그 자신을 제3세계국가로 분류하고 보다 많은 국가의 지지와 협조를 위해 제3세계 지향적인 외교를 1970년대 중국 외교의 기본노선으로 삼았다.[23] 1970년대 중국은 기존의 외교노선을 정리하며 비현실적인 환상에서 깨어나 국내외적인 현실을 바르게 인식하고 현실에 적응하려는 현실적인 외교 노선을 견지하기 시작하였다. 1970년대 중국은 경제 발전을 위해 미국 등 서방 자본주의 국가와 관계 개선 및 관계 증진을 위해 노력하였다. 또 폭력적 혁명의 수출을 근간으로 하는 제3세계 국가에 대한 비정상적인 외교를 청산하고 제3세계 국가들과 협조적인 관계유지를 위해 노력하였다.

1978년 12월 개최된 중국공산당 제11계 3중 전회 이후 중국공산당은 "중국에서 이제는 계급투쟁이 우리의 최고과업이 아니라 사회주의 현대화가 우리의 최대의 과업이다."[24]라고 선언했다. "중국의 주요 사업은 4개 현대화(중국이 4대현대는 공업, 농업, 국방 그리고 과학기술의 현대화를 지칭하는 것이다.)에 치중하는 것이며 중국의 외교 정책에 있어서도 '좌경적인'사상이 중국 외교 정책에 미치는 영향력을 점진적으로 제거시키고 있다"고 주장하였다. 1982년 9월 중국공산당 12차 전국대표대회 보고에서 당 총서기 호요방(胡耀邦)은 '독립자주적 외교 정책'의 추구를 표명했다. 독립 자주 외교 정책은 기본적으로 중국은 어떤 초강대국에 밀착하지 않고 패권주의에 반대하며 이념이나 체제와 관계없이 모든 국가들과의 관계를 발전시켜 나갈 것이며 제3세계국가들과의 단결을 도모하고 모든 국가에 문호를 개방한다는 5개 원칙에 토대를 두고 있다.[25]

중국은 1978년 12월 중국공산당 11계 3중 전회 이후 개혁 · 개방 정책을 추진하기로 결정하고 이에 걸맞는 외교정책 노선으로 현실적이고 실용적인 외교정책 노선을 걷기 시작하였다. 그러나 중국공산당은 그의 당장정(黨章程)에서 마르크스 · 레닌주의 · 모택동사상을 제거하지는 않았다. 중국은 1949

---

23) 何里(編), 中華人民共和國史(北京: 檔案出版社, 1989), p. 353.

24) Beijing Review, no.10(March 10, 1980).

25) 人民日報, 1982年9月8日; Beijing Review, vol.25 no.37(September 13, 1982).

년 건국 이래 대체로 약 10년 주기로 정권 담당자가 바뀌고 동시에 외교 정책노선을 바꾸었다. 1950년대는 모택동이 당 주석으로 정권의 1인자였고 친소 일변도 외교정책 노선을 견지하였다. 1960년대는 유소기와 등소평이 실질적 정권의 담당자로서 반미반소 노선 및 혁명적 외교정책 노선을 채택하였다. 문화혁명 이후 1970년대 모택동이 다시 정권을 담당하고 반소 친미적인 외교정책 노선을 걷게 되었고 1980년대는 등소평이 실질적인 정권 담당자가 되어 현실적이고 실용적인 외교 정책노선을 채택하였다.

중국 당국은 마르크스-레닌주의-모택동 사상을 외교 정책 기조이고 이 기조는 변함없이 오늘날에도 이들 사상을 그의 기조라고 강조한다. 그러나 중국이 건국 이래 10년 주기로 바꾸어가진 외교정책 노선은 중국 외교 정책기조와는 맥락을 달리하였다. 1960년 중 · 소분쟁 이후 중국의 외교정책 노선은 중국이 외교 정책의 기조라는 마르크스-레닌주의-모택동 사상과는 거의 관련성이 없다. 예를 들면 1972년 미국과의 관계개선, 반소련 노선, 그리고 1980년대 실용주의 외교정책 노선은 중국이 강조하는 외교정책 기조와는 맥락을 달리한다. 그럼에도 불구하고 중국 당국은 외교 정책의 기조는 변함이 없다고 강변(强辯)하고 있다. 그러나 오늘날 21세기에도 중국 외교 정책의 기조는 당 장정에 변함없이 마르크스-레닌주의-모택동 사상이 명시되어 있지만 현실적으로 중국의 외교 정책들은 이 기조와는 크게 다르게 결정되고 있다. 중국은 시대별로 외교 정책 기조를 다르게 가져왔지만 이 기조들은 중국공산당이 말하는 마르크스-레닌주의-모택동 사상과는 어떠한 연관성도 갖고있지 않다.

일본외교 정책의 기조

일본은 역사적으로 폐쇄적인 쇄국주의 노선을 고수하였다. 그러나 일본은 1853년 미국군함 페리호의 개국 요구를 받은 이후 일본은 영토 밖으로 눈을 돌리고 문호개방의 길에 들어섰다. 그 후 일본은 1868년 명치유신(明治維信)으로 국력을 강화하며 적극적인 그리고 개방적인 외교정책 노선을 걷기 시작하였다. 일본은 19세기 말부터 청 · 일전쟁, 20세기 초 노 · 일전쟁, 영일동맹, 그리고 한반도 식민지화, 만주사변, 중 · 일전쟁 등등 호전적이고 제국주의적인 외교 정책으로 일관하였다. 1941년 12월에는 미국 영토 하와이 진주만에 있는 미해군 기지를 기습 공격하였다. 그러나 일본은 미국과의 전쟁에서 패하며 일본은 1945년 9월 2일 일본 도쿄 만에 정박해있던 미국 전함 미주리호에서 항복 문서에 서명하면서 일본은 6년 반 동안 미군정에 의해 통치되었다. 일본 항복 문서에는 "일본의 모든 관청과 군부는 항복 후 연합국 최고사령관이 발표한 포고문과 명령 및 지시를 그대로 따른다 … 일본은 포츠담 선언을 준수하기 위해 연합국 최고사령관이 요구하는 모든 명령에 따라 행동한다."는 내용을 담고 있다. 요컨대 일본 정부는 연합국 최고사령관이 요구하는 모든 명령에 따르기로 약속한 것이다. 제2차 세계 대전 이후 미군정 약 6년 반 동안 일본에는 천황도 정부도 있었다. 또 수상도 있었다. 그러나 천황이나 수상은 허울이었을 뿐 정부 방침을 결정하거나 정책을 집행할 권한은 전혀 없었다.[26] 일본이 1945년 9월 2일 항본문서에 서명한 날로부터 6년 반 동안 일본은 연합국 최고사령관 맥아더(Douglas MacArthur)에 의해 통치되었고 일본의 주요 정책은 그에 의해 최종 결정되었다.

1951년 4월 맥아더사령관이 해임되었고 그로부터 5개월 뒤인 1951년 9월 8일 미국 샌프란시스코에서 미국을 포함한 48개국과 일본 간 전쟁 상태를 종결짓는 강화 조약(평화조약)과 미 · 일 안전 보장조약을 각각 체결하였다. 미국과 일본 간 강화 조약이 체결되면서 일본은 독립하여 완전한 주권 국가가 되었다. 일본은 샌프란시스코 평화조약이 국제법적으로 발효된 1952년 4월 28일 공식적으로 독립 국가가 되었다.

1951년 9월 8일에 조인되어 1952년 4월 28에 발효된 미 · 일 안보 조약은 일본의 안전 보장뿐만 아니라 일본 외교 정책의 근간이고 기본이다. 미 · 일 안보조약은 일본과 미국을 동맹국가로 만들었다. 따라서 이 안보조약에 근거해서 일본 외교정책의 방향, 원칙 등은 미국의 외교 정책의 기조와 노선을 같이하여 오고 있다. 그러므로 일본 외교정책의 기조는 미국과 동맹 관계를 강화하고 미국과의 동일한 외교 정책 노선을 걷는 것이다. 일본이 이와 같은 길을 걷는 이유는 미국과의 관계가 일본에게는 가장 중요하기 때문이다. 미

26) 양기호(옮김), 미국은 동아시아를 어떻게 지배했나(서울: 메디치 미디어, 2013), p. 51.

국과 일본은 경제, 정치 그리고 전략적인 측면에서 상당한 이익을 공유하고 있다.[27] 세계 제2차 대전 종전 이후 일본 외교 정책의 기조는 미 · 일 안보조약과 밀접한 경제관계를 양대축으로 하는 미국과의 관계이다. 일본 국가전략의 핵심은 소위 '요시다 노선'으로 대변되는 경제중심주의였고 이것은 안보적 측면에서 미국에 대한 절대적 의존을 전제로 하는 것이다.[28]

2009년 9월 미국 뉴욕에서 가졌던 미국의 오바마(Barack Obama)대통령과 일본 수상 하토야마 유키오(鳩山由紀夫)와의 정상회담에서 "일본은 미일동생을 안보의 기축으로 삼고 아시아 국가들과 신뢰관계를 강화하고 지역협력을 촉진한다. 미 · 일동맹은 양국의 안전 보장과 경제번영의 기반이다"라는 데에 견해를 같이 하였다. 일본 외교 정책의 기조는 미 · 일 안보 조약이고 외교정책 노선은 미국 · 일변도 노선이다. 이러한 일본의 입장은 종전 이후 한 번도 변경된 일이 없었다. 자민당의 외교정책 노선을 '대미추종(對美追從)' 노선이라고 비난하는 민주당도 초대 수상이었던 하토야마 유키오(鳩山由紀夫)도 미 · 일 동맹 관계를 일본 외교 정책의 기본이라는 점을 인정하였다.

한국 외교 정책의 기조

한반도에 살아온 한국인은 반만년의 긴 역사를 갖고 있다. 이 땅에도 여러 왕조가 우리의 정신, 전통, 문화 등을 계승하여 왔다. 오랜 기간 여러 왕조가 존재하였지만 이 왕조들은 이웃 중국과 일본 왕조보다 수명이 길었다. 이웃 나라인 중국 및 일본 왕조들의 통치 기간은 300여 년을 넘지 못했다. 그러나 우리의 왕조들을 보면 신라는 약 1,000여 년, 고구려와 백제가 약 700년, 고려왕조가 475년 그리고 조선왕조가 519년 지속되었다.[29] 이들 왕조들은 집권 기간이 길어서 그들 나름의 정신, 전통, 문화를 창출하였다. 특

---

27) Robert Scalapino, "Japan's Economic Route to Power," in Steven W. Hook(ed.), Comparative Foreign Policy(Upper Saddle River, New Jersey: Pearson Education, Inc., 2002), p. 111.

28) 김기석, "일본의 동아시아 공동체 정책," 한상일 · 이숙종(공편), 일본과 동아시아(서울: 동아시아연구원: 2011), p. 69; 김호섭, "일본의 대외정책," 전득주, 외(공저), 대외정책론(서울, 박영사, 2003,), p. 311.

29) 한영우, 간추린 한국사(서울: 일지사, 2011), p. 15.

히 한반도의 왕조들은 앞의 왕조들의 전통, 문화 등을 대체로 계승하여 이어왔다. 그리하여 우리는 과거와 크게 단절됨이 없이 우리의 것을 계승하여 유지해 왔다. 특히 '한반도에 살고 우리는 하나의 집단으로 살아야 한다'는 확고한 정체성을 갖고 있는 집단이다. 즉 우리는 민족주의 의식이 강하다. 20세기 한반도가 일본의 식민지가 되었을 때 아시아 지역 어느 민족보다 독립을 위한 강한 투쟁을 전개하였다. 오늘날 한국과 일본이 국교를 정상화하였음에도 한국인의 일본에 대한 의식은 매우 배타적이다. 그리하여 한국 역대 정부의 대일본 정책에는 많은 제약이 뒤따르고 있다.

우리는 오랜 역사를 갖고 있고 여러 왕조들이 통치하여 왔지만 우리의 왕조들은 문화, 전통, 습관 등을 대체로 계승하여왔다. 이러한 과정은 한반도에 살고 있는 우리의 정체성을 확립하고 꾸준히 그것을 계승하여 왔다. 하나의 예로 21세기인 오늘날에도 한국인들은 우리의 정통, 생활양식, 풍습 등을 계승하여 유지하고 있다. 실제로 우리나라에는 유교적 사상에 기초한 예절, 효(孝), 또 장유유서(長幼有序) 등의 전통예절은 오늘날까지 존중되고 있다.

한반도를 통치해왔던 역대 왕조들은 19세기 말까지 우리 영토와 접해있던 중국의 왕조들과의 관계 유지가 이들 왕조 대외 관계의 전부라고 하여도 과언은 아니다. 중국 왕조들과 특히 조선 왕조는 정치적으로 불평등한 상호 의존 관계를 유지하였다. 조선 왕조는 19세기말부터 극단적인 쇄국정책으로 일관하여 다른 국가에 대한 문호를 완전히 폐쇄하였다.

한편 1910년 조선 왕조는 일본의 힘에 굴복하여 일본으로 하여금 한반도의 식민지화를 가능케 하였다. 조선조의 쇄국 정책은 이 왕조를 고립 무원의 경지에 몰아넣었다. 그리하여 우리는 그리고 한반도는 약 36년간 일본 제국주의의 지배 하에서 살아야했다. 우리의 이러한 식민 상태는 미국과의 전쟁에서 일본이 패하게 되어 우리는 1945년 8월 15일 일본 식민 통치에서 벗어나 해방을 맞이하게 되었다. 그러나 이 해방이 곧 한국인과 한반도의 완전한 독립을 가져다주지 못했다. 한반도는 38도선에 의해 그의 북쪽은 소련이 점령하여 공산 정권을 만들었고 그 남쪽은 미군이 점령하여 3년 간 미군정을 실시하였다. 이 미군정 3년은 대한민국의 모든 가치체계, 사회규범 등을 남한 사회에 이식하였기 때문에 한국 현대정치의 기본구조와 통치정향(統治定向) 및 이것을 뒷받침하는 경제, 사회, 문화 등의 원형이 미군정기간에 새롭게 형성되었다.[30] 지금까지 살펴 본 우리의 과거는 대한민국 우리로 하여금 우리 전통의 그리고 우리 고유의 정책적 기조를 가질 수 없게 하였다. 미군정은 한국의 전통 사회에 미국식 민주주의 제도를 이식하였다. 한반도의 38도선 이남에 살고 있는 한국인들은 한 번도 미국식 민주주의 하에서 살아본 경험이 없다. 그러나 이제부터 38도선 남쪽에 살고 있는 한국인들은 미국식 민주주의, 그리고 미국식 자본주의 체제 하에서 살게 되었다. 그러나 한국인과 한국 사회는 미국식 제도 및 체제에 적응하는 일은 매우 어려웠다.

미국은 볼셰비키혁명으로 수립된 공산주의 소련정부를 1933년 승인하면서 처음으로 사회체제를 달리하는 국가와 공식적인 외교 관계를 갖기 시작하였다. 제2차 세계 대전이 발발하면서 미국과 소련과의 관계는 더욱 밀접해졌다. 1941년 8월 미국의 루즈벨트 대통령과 영국의 처칠수상은 대서양헌장(Atlantic Charter)에 서명하였다. 그 후 소련도 이 헌장에 서명하였다. 그리고 소련이 제2차 세계 대전에 참전하면서 미국과 소련은 공동 전선을 형성해서 연합국의 승리를 위해 공동으로 노력하였다. 제2차 세계 대전을 수행하던 루즈벨트(Franklin D. Roosevelt) 대통령은 전쟁이 끝난 다음에도 영국, 소련 등 연합국 국가들과 세계 평화를 위해 노력하기로 하였다. 1942년 봄 루즈벨트 대통령은 워싱턴을 방문한 소련 외무장관 몰로토프(Vyacheslav Molotov)에게 "4경찰(Four Policemen)"이라는 계획을 얘기하였다. 이 계획은 제2차 세계 대전이 끝난 다음 세계 평화 유지 계획이다. 실제로 대통령의 정책 보좌관인 홉킨스(Harry Hopkins)는 영국의 처칠 수상에게 편지로 대통령의 생각을 알려주었다. 그 편지의 내용은 다음과 같다. "루즈벨트 대통령은 몰로토프에게 영국, 미국, 소련 그리고 가능하다면 중국 이 4개국으로 하여금 군비를 갖추게 하여 이들 경찰이 세계평화를 위해 협력한다."[31]

루즈벨트 대통령의 최측근 정책 보좌관인 홉킨스는 대통령에게 "소련은

---

30) 金雲泰, 美軍政의 韓國統治(서울: 박영사, 1992), p. 91ff.

31) Henry Kissinger, Diplomacy(New York: Simon & Schuster, 1994), pp. 359ff.

의심할 것 없이 우리와 함께 할 수 있는 합리적 국가이다."라고 조언하였고 역시 당시 대통령 정책 보좌관인 덜레스(John Foster Dulles)도 "유럽 문제에 대해 모스크바에서 긴밀하게 협조할 것에 합의한 3국은 협조가 가능하고 또 새로 창설되는 유엔의 안전 보장이사회에서 미국과 소련은 세계평화를 위해 협조할 것이다."[32]라고 조언하였다.

한편 1946년 2월 스탈린은 다음과 같이 말했다.

"자본주의 국가와의 충돌은 불가피하다. 전쟁이 끝난 다음에 긴장을 늦추지 말아야 한다. 그리고 우리는 우리의 국토를 수호하고 국력을 강화해야할 필요가 있다."고 경고하였다.[33]

스탈린의 이러한 발언이 있은 직후 1946년 2월 모스크바 주재 미국 외교관인 케난(George F. Kenan)은 유명한 '장문의 전보(Long Telegram)'를 본국 정부에 보냈다. 이 전보에서 그는 "만일 소련이 안정되면 미국 사회의 조화는 파괴되고, 우리의 전통 생활 방식도 파괴되며, 국제사회에서 미국의 권위는 붕괴될 것이다."[34]라고 지적하였다. 소련에 대한 케난의 생각은 "X"라는 익명으로 학술잡지[Foreign Affair By "X", "the Sources of Soviet Conduct," Foreign Affairs, Vol.XXV(July 1947), pp. 556-582.]에 논문으로 발표되었다. 이 논문에서 그는 "소련은 국내외적으로 항상 불안하다고 생각하고 있다. 소련의 이러한 불안한 심리는 공격적인 정책으로 표출될 것이다. 그러므로 미국의 대소련 정책은 인내심을 갖고 꾸준히 소련의 팽창 의지에 대해 항상 경각심을 가져야하며 소련의 팽창을 지지하기 위해 소련에 대한 봉쇄정책을 수립해야 한다."[35]고 결론지었다. 그 뿐만 아니라 소련 주재 미국 대사 헤리만(Averell Harriman), 해군장관 포레스탈(James Forrestal) 등 보수 세력들은 트루먼(Harry Truman) 대통령에게 "소련과의 외교 관계가 단절되는 경우가 있더라도 소련에 대해 강경 정책을 결정해야 한다."[36]고 말했다.

---

32) Charles W. Kegley, JR. and Eugene R. Wittkopf, American Foreign Policy, p. 54에서 인용.

33) 위의 책, p. 59.

34) 위의 책, p. 61.

35) 위의 책, p. 61.

터키와 그리스에서 국내 소요가 발생하였다. 미국은 이 소요가 공산주의자들의 선동에 의해 발생했다고 판단하였다. 그리하여 미국은 외부 세력 또는 무장 세력에 의해 전개되는 국가 전복 의도가 있는 행위에 저항하는 자유로운 국민을 지원하는 정책이 요구된다고 판단하였다. 트루먼 대통령은 "언제, 어디서나 반공산주의 정부가 국내 폭력집단, 또는 외부 침략 세력 또는 외교적 압력으로 위협을 받는다면 미국은 정치적, 경제적, 군사적인 모든 원조를 제공한다."고 선언하였다. 트루먼 대통령은 공산주의 위협을 받고 있던 그리스와 터키를 보호하기 위해 4억 달러의 군사 및 경제 원조 계획을 1947년 3월 12일 상·하 양원 합동 회의에서 발표하였다. 이것이 소위 '트루먼 독트린'이다. 이 독트린의 선언으로 미국 외교 정책의 기조는 반공·반소가 되었다.[37] 미국의 반공·반소 외교정책 기조는 곧 한국 외교 정책의 기조가 되었다.

미국과 미군정에 의해 탄생된 대한민국 정부는 미국 외교정책 기조와 다른 기조를 갖는 것은 불가능하다. 신생국 대한민국은 건국과 동시에 미국의 외교정책 기조를 따르게 되었다. 그 뿐만 아니라 1950년 '6·25전쟁'을 겪고 1953년 7월 남북한이 휴전 상태에 돌입한 직후인 1953년 10월 1일 한국과 미국은 '한·미 상호방위조약'을 체결하여 한국은 미국과 군사 동맹 관계를 갖게 되었다. 그러므로 한국은 미국과 동일한 반공·반소 외교정책 기조 및 노선을 갖게 되었고 외교 노선은 '외교 연합 노선'을 갖게 되었다.[38] '외교 연합 노선'이란 한 국가가 특정 국가와 외교적 및 군사적으로 밀접한 관계를 갖고 외교적 및 군사적으로 협조하고 동일한 보조를 취한다는 것을 기본 원칙으로 삼는다는 노선이다. 한국은 미국과 '외교 연합 노선'을 갖고 외교 정책을 결정하고 외교 행위를 한다는 것을 의미한다. 동시에 한국은 미국과 동일한 외교정책 노선을 갖게 되는 것이다.

국제정치 환경의 변화로 1970년대 미국과 소련의 극단적인 경쟁·대립이

---

36) J. L. Richardson, "Cold War Revisionism: A Critique," World Politics, vol.24, no.4(July 1972), p. 583.

37) Charles W. Kegley, JR. and Eugene R. Wittkopf, American Foreign Policy, pp. 59ff 참고.

38) 송영우, 한국의 외교(서울: 평민사, 2000), p. 49 참고.

완화되기 시작하였다. 그리하여 소위 동서 간 데탕트(détente)가 시작되었다. 즉 미국은 공산주의 및 소련에 대한 봉쇄에 새로운 접근 방법론을 시행하게 되었다. 미국 대통령 국가 안보 보좌관 및 국무장관을 열 임했던 키신저는 데탕트를 다음과 같이 정의하고 있다. "데탕트란 경쟁 국가 간 서로의 이견(異見)을 규제하고 조율하며 궁극적으로 경쟁을 협조로 바꾸어 갖는 환경을 조성해서 협조와 자제로 이익을 창출하는 것이다."[39)]

1970년대 미국은 데탕트적 분위기에 편승해서 반공 · 반소 · 봉쇄정책을 더 이상 추진하지 않았다. 이에 따라 미국의 외교정책 기조 및 노선을 따르는 한국도 1973년 6월 23일 '대통령 평화통일 외교선언(6·23선언)'을 발표하였다. 이 선언의 골자는 북한과 대화하고 국제기구에 북한과 함께 참여할 수 있다는 것과 우리와 이념 및 체제를 달리하는 국가들에게 문호를 개방한다는 것이다.[40)]

1972년 미국과 중국이 관계 개선을 하는 등 국제정치 상황이 동서 화해 분위기로 바뀜에 따라 박정희 정부는 외교 정책의 기조를 바꾸었다. 박정희 정부는 외교의 폭을 확대하기 위해 '할슈타인 원칙'을 폐기하였다. 이 원칙의 폐기로 박정희 정부는 북한, 적대국가 및 적성집단을 제외한 비적성 공산국가들과 접촉 · 교류하고 이들에게도 문호를 개방하는 새로운 외교정책 기조를 갖게 되었다. 한국도 1980년대 노태우 정부는 북방 외교[41)]를 전개하였다. 1988년 헝가리와의 관계개선을 시작으로 소련 및 중국과 외교 관계를 정상화하였다. 미국과의 '외교 연합 노선'을 취하고 있기 때문에 한국의 북방외교의 전개가 시작될 수 있었다.

지금까지 살펴본 바와 같이 한국은 전적으로 미국의 외교정책 기조 및 외교 정책 노선을 수용하였다. 한반도가 분단되어 남북이 대치하고 있는 현실은 한국으로 하여금 미국과 외교정책 기조 및 노선을 함께 갖지 않을 수 없

---

39) Charles W. Kegley, JR. and Eugene R. Wittkopf, American Foreign Policy, p. 65 에서 인용.

40) '6 · 23선언'은 國會圖書館 立法調査局, 韓國外交關係資料集: 立法參考資料, 中193號(1976), pp. 218-220.

41) 外交部, 韓國外交 40年, 1948-1988(1991), p. 198 참고.

게 만들고 있다. 21세기 북한이 핵무기 개발 및 미사일 개발로 우리의 안전을 위협하고 있는 상황은 오늘날에는 한국으로 하여금 미국과 대외적으로 공동 보조를 취하게 만들고 있다.

북한외교 정책의 기조

유사 이래 1910년까지 한반도와 이 한반도에 살아온 한국인은 하나의 왕조에 의해 통치되었고 이 땅에 살았던 한국인은 동일한 언어, 역사, 전통을 갖고 살아왔다. 그 후 일본의 식민통치도 함께 경험하였다. 그러나 1945년 8월을 기점으로 한반도는 38도선을 기준으로 미군정이 통치하는 남한과 소련군이 지배하는 북조선으로 분단되었다. 그리고 한국은 1948년 8월 15일 자유 민주주의 및 자본주의 시장 경제 체제를 가진 국가로 탄생되었고 북쪽은 소련의 지휘 · 감독 하에 사회주의 체제를 갖춘 노동당 일당이 지배하는 공산 국가로 태어났다. 그리고 남과 북은 1950년 6월 25일부터 3년 간 동족상잔(同族相殘)의 비극을 겪었다.

소련은 북한 땅에 친 소련적인 공산 국가를 수립하기 위한 계획을 수립하고 그 계획을 추진하였다. 소련 점령군은 1945년 9월 중순경에 김일성을 평양에 오게 하고, 10월 14일에는 평양시 군중 대회를 열고 33세의 청년을 환영하는 군중 대회를 개최했다. 또한 소련 점령군은 1945년 12월 7일 조선공산당 북조선분국 제3차 확대 위원회에서 김일성을 위원장으로 임명하였다. 그리고 1947년 2월 북조선인민위원회가 전국적으로 조직되었으며 김일성을 위원장으로 임명하였다.[42] 그리고 해방되면서 38선 이북은 소련 점령군에 의해 북한인민위원회가 북한 전역에 조직되어 통치 기반을 조성하였다. 그리고 북에서는 노동당을 창립하여 집권 세력을 조직화하였다. 이렇게 통치에 필요한 조직과 기구를 정비하고 1948년 9월 9일 김일성을 수령으로 하는 조선민주주의인민공화국을 수립하였다. 북한 정권이 수립되었던 시기는 미 · 소 냉전의 절정기였고 북한 정권은 소련에 의해 수립되었기 때문에 이 정권의 소련 추종적 또 소련 일변도 노선 및 정책을 따른다는 것은 선택의

---

42) 金雲泰, 美軍政의 韓國統治, pp. 41ff.

여지가 없는 절대적인 것이었다. 북한은 소련의 승인과 전폭적인 군사 및 경제 원조를 받아 1950년 6월 25일 38선을 넘어 남침을 강행하였다. 또 북한은 1961년 7월 소련과 협조·원조 조약을 체결하여 북한과 소련은 동맹 관계를 갖게 되었다. 그리고 북한은 소련이 해체될 때까지는 정도의 차이는 있었지만 북한의 외교정책 노선과 기조는 일관되고 소련의 그것을 추정하는 것 그 자체였다.

한편 북한은 역시 1961년 7월 중국과도 우호·협력·원조조약을 체결하여 중국과도 동맹 관계를 갖게 되었다. 그리고 북한은 중국으로부터도 많은 지원 및 원조를 제공받았다. 그럼에도 불구하고 북한은 외교 정책의 기조 및 노선에서 중국의 기조 및 노선을 따르지 않았다. 북한은 중국이 내세우는 마르크스주의-모택동 사상이라는 중국 기조는 따르지 않았다. 더욱이 중국이 대체로 10년 주기로 외교정책 노선을 바꾸어 가졌으나 북한은 그의 고립주의 외교정책 노선을 고수하여왔다.

각국의 외교정책 목표

국가는 그의 이익을 극대화하고 국가를 발전시키기 위해 외교정책 목표를 설정한다. 국가는 안전과 번영을 위해 외교정책 목표를 갖는다. 더욱이 한 국가가 외교정책 목표를 가져야 하는 이유는 또 당위성은 이 목표가 있어야 효율적이고 적극적인 외교 정책을 가질 수 있다. 외교 정책은 국가의 외교정책 목표의 성취수단이다. 외교정책 목표가 있어야 그의 성취를 위한 외교 정책이 만들어지는 것이다. 다시 말하면 명확한 외교정책 목표는 능동적이고 적극적인 외교 정책을 만들게 한다.

국가의 외교정책 목표에는 국가 차원의 장기 외교정책 목표가 있고 각 정권 차원의 단기 외교정책 목표가 있다. 합법적인 정권 교체가 이루어지지 않는 국가의 경우에는 이러한 장기 및 단기 외교정책 목표의 구분이 큰 의미를 갖지 못한다.

장기 외교정책 목표는 하나의 국가가 존립하고 유지되기 위해 모든 정권이 지속적이고 일관되게 성취시켜야 할 목표를 의미하는 것이다. 이 장기 외교정책 목표는 주권의 독립성 수호, 영토의 안전 보장, 각 국 고유의 정치적, 경제적, 사회적 가치 및 체계를 외세의 간섭 없이 영원히 유지하는 일, 대외적으로 국가의 품격을 높이고 국제 사회에서 국가의 명예를 제고시키는 일들이 이 범주에 속한다. 그 외에도 각 국가의 국민적 숙원 사업이 있다면 그것 역시 국가 차원의 장기 외교정책 목표가 된다. 이 장기 외교정책 목표는 국가의 존립을 위해 그리고 국민의 안전을 위해 반드시 국가 차원에서 지속적으로 추구하고 실현시켜야 할 외교정책 목표이다. 그러므로 이 장기 외교정책 목표는 모든 정권에 의해 존중되어야 한다.

민주 국가는 국민의 선거에 의해 하나의 정권이 탄생된다. 선거 기간 동안 정권을 담당하려는 각 정당 및 후보자는 국민의 지지를 얻기 위해 여러 대내외 정책 목표를 제시한다. 이 때 각 정당 및 후보자들이 국민들에게 정권 임기 내에 성취를 약속하는 외교정책 목표가 정권 차원의 단기 외교정책 목표이다. 국가 차원의 장기 외교정책 목표는 단기 외교정책 목표의 근간이 되어야 한다.

미국의 장기 외교정책 목표 및 단기 외교정책 목표

장기 외교정책 목표 : 몬로(James Monroe) 대통령은 소위 '목로 독트린'을 선언하였다. 이 독트린의 골자는 다음과 같다.

"미국을 유럽의 소용돌이로부터 격리시켜 유럽의 음모적 책략으로부터 미국을 보호하려 한다. 서반구는 유럽의 침략으로부터 보호되어야 한다. 미국은 현존의 미국과 유럽 간의 우호관계가 유지되기를 기대한다. 그리고 이것을 위해 유럽 국가들은 그의 제도를 서반구에 확장하는 것은 이 지역의 평화와 안전을 위험하게 할 것이라는 사실을 천명해 주기 바란다." 이 몬로 독트린은 서반구를 지키고 보호하는 것이 핵심이다. 그러므로 이 후 미국의 장기 외교정책 목표는 서반구를 수호하는 것이라 할 수 있다. 역대 미국 정부는 서반구의 수호를 그들의 국가 차원의 장기 외교정책 목표로 유지하였다. 그 뿐만 아니라 오늘날 까지도 미국은 서반구를 미국의 안전에 중요한 지역으로 간주하고 있다. 1962년 소련이 쿠바에 미사일 기지를 설치하려했을 때, 케네디 대통령은 소련과의 핵 전쟁도 불사한다고 경고하여 소련으로 하여금 스스로 미사일 기지를 철수하도록 만들었다. 어느 국가도 서반구에 접근하려하지 않는다. 왜냐하면 미국이 이 서반구를 정치적 및 전략적으로 미국 영토 못지않게 중요하게 생각하고 있다는 것을 다른 국가들은 잘 알고 있기 때문이다.

미국은 1901~1921년 20년간 루즈벨트(Theodore Roosevelt) 대통령, 태프트(William Howard Taft) 대통령 그리고 윌슨(Woodrow Wilson) 대통령의 재임기간 중 해외에 미국군을 파견하여 군사력 행사를 감행하였다. 루즈벨트 대통령 재임기간에는 총 14차례 미군을 해외에 파견했는데 이 기간 서반구인 중남미 지역에 미군을 파견한 경우는 10차례였다. 태프트 대통령 재임기간 해외에 미군을 파견한 경우는 총 5건이었다. 이 중 2건은 중남미지역에 미국의 군사력을 행사하였다. 그리고 윌슨 대통령 재임 중에는 모두 19차례 미군을 해외에 파견하였는데 이 중 중남미에서 미국의 군사력을 행사한 경우는 11차례였다.[43] 이와 같은 사실들은 미국의 서반구 수호 의지는 이 지역의 수호를 국가 차원의 장기 외교정책 목표라고 간주하였음을 보여주고 있는 것이다.

미국은 건국 이래 고립주의 노선을 견지하고 있는 가운데 제1차 및 제2차 세계 대전 두 차례의 세계 전쟁을 치렀다. 윌슨(Woodrow Wilson) 대통령은 재임 중인 1917년 '민주주의의 안전을 보장할 수 있는 세계를 창출하기 위해 그리고 큰 국가이든 작은 국가이든 모든 국가의 정치적 독립과 영토적 안전을 보장하기'위해 독일과 전쟁을 감행하였다. 그리고 루즈벨트(Franklin D. Roosevelt) 대통령은 '4개의 자유-언론 및 표현의 자유, 신앙의 자유, 결핍으로부터의 자유 그리고 공포로부터의 자유'를 보장하기 위해 제2차 세계 대전에 참여하여 독일 및 일본과 전쟁을 수행하였다.[44] '평화 그리고 번영, 안정과 안전, 민주주의와 방어' 이러한 요소들은 미국 외교 정책의 영원한 가치이고 이익이다. 그리고 다른 국가로부터 강요되는 폭정(暴政)으로부터의 자유, 상업적 이익 그리고 미국의 이념과 이상의 증진은 미국의 가치 및 이익과 영원히

43) Charles W. Kegley, JR., and Eugene R. Wittkopf, American Foreign Policy, pp. 41-42 참고.

44) 위의 책, p. 1.

같이하여야 할 미국 외교 정책의 목표이다.[45)]

미국은 국가 차원에서 역사적으로 또 전통적으로 미국의 최고의 가치이고 국가 이익으로 인정하고 있는 민주주의 및 인류의 자유는 미국의 역대 모든 정부에 의해 존중되어 오고 있다. 미국은 상대적으로 오랜 역사와 전통에 뿌리를 두고 있지는 않지만 제2차 대전 이후 미국은 또 다른 외교정책 목표를 가졌다. 1945년 제2차 세계 대전이 끝난 다음 트루먼 정부는 소련을 적대시하며 소련과의 경쟁 · 대립으로 일관하는 새로운 정책 노선을 갖게 되었다. 즉 미국과 소련간에 냉전이 시작된 것이다. 이러한 냉전이 시작되면서 미국 정부는 새로운 외교정책 목표를 갖게 되었다. 그것은 반공 · 반소 그리고 공산주의 및 소련 봉쇄정책이다. 트루먼 정부는 이러한 정책을 외교 정책의 신조로 삼았다.[46)] 이 반공 · 반소 및 소련봉쇄정책은 트루먼 정부로부터 시작되어 정부 차원의 단기 외교정책 목표로 시작되었다. 그러나 이 외교정책 목표는 1945년 트루먼 정부로부터 1990년대 초 부시(George H.W. Bush) 정부에 이르기까지 9개 정부의 약 45년간 미국 외교 정책의 목표가 되었다. 부시 행정부는 "공산주의는 거짓의 신(神)임이 입증되었다."라고 선언하였다. 그리고 부시 행정부는 전 세계적으로 공산주의 이념을 근본적으로 뿌리 뽑고 민주주의를 전 세계로 파급시켜야 한다고 강조하였다.[47)] 특히 부시 정부는 민주주의 차원에서 공산주의를 배격하였다.

이 '반공 · 반소 · 봉쇄'는 그 역사성 또는 계속성으로 보아 이러한 목표는 정권 차원의 목표라기보다는 국가 차원의 장기 외교정책 목표로 인정되어야 할 것이다. 더욱이 이 목표는 민주주의 · 자유의 원칙에 입각해서 시작된 목표이므로 이것은 미국 국가 차원의 장기 외교정책 목표이다.

미국의 또 다른 하나의 국가 차원의 장기 외교정책 목표는 태평양의 수호이다. 태평양 지역은 국제법상 미국의 영토는 아니지만 국제정치적 및 세계 전략 차원에서 미국의 정치적 영토라고 말할 수 있다. 특히 제2차 세계 대전

---

45) 위의 책, p. 31.
46) 위의 책, pp. 50-51 참고.
47) 위의 책, p. 52.

이후 미국이 세계주의 노선을 걸으면서 미국은 이 태평양지역의 중요성을 크게 강조하고 있다. 앞에서 언급한 바와 같이(제1부 - 1의 동아시아 범위) 미국은 지리적으로 지구의 서반구에 위치하고 있음에도 불구하고 제2차 대전 이후 미국은 그 자신을 태평양지역 국가임을 자처하고 있다. 그와 함께 하와이에 태평양 사령부를 두고 태평양 지역과 동아시아를 작전 범위로 삼고 있다. 제2차 세계 대전 이후 소련이 해체 될 때까지 역대 정부들은 태평양 지역을 수호하는데 필요한 조치들을 취하여 왔다.

이처럼 미국의 역대 정부들이 태평양 지역의 안전을 수호하여 온 것은 그것이 각 정부의 외교정책 목표로 자리 매김하여 왔음을 보여주고 있다. 이제 태평양 지역의 안전을 지키는 것은 어느 한 정부의 정권 차원의 외교정책 목표가 아니라 국가 차원의 장기 외교정책 목표가 되었다. 이렇게 태평양 지역의 안전이 미국의 장기 외교정책 목표이기 때문에 미국에게는 동아시아가 태평양지역 안전 수호에 전략적 요충지가 되었다. 미국 국무장관을 역임했던 키신저(Henry Kissinger) 장관은 "동아시아에서 미국과 적대적이거나 경쟁국이 이 지역의 기존 질서를 위협하는 행위를 사전에 예방하는 것은 미국 외교 정책의 목표이다."라고 말했다.[48]

이처럼 미국이 태평양 지역을 국제정치적 및 전략적으로 중요시하기 때문에 태평양의 관문과 같은 일본이 미국에게 매우 중요하다. 그리하여 미국은 일본과 안보조약을 체결하여 동맹국이 되었다. 그리고 미국은 1951년 2월 일본으로부터 미국이 원하는 만큼의 군대를 원하는 장소에, 원하는 기간만큼 주둔시킬 권리를 확보했다.[49] 미국은 오늘날까지 일본에 해군 및 공군을 주둔시키고 있다.

미국이 일본을 국제정치적으로 그리고 전략적으로 매우 중요하게 생각하기 때문에 한반도가 역시 미국에게 중요하다. 특히 한국의 안전은 태평양과 일본의 안전과 밀접한 관계가 있다. 그렇기 때문에 미국은 한국과 방위조약

---

48) Henry Kissinger, Does America Need a Foreign Policy?(New York: Simon & Schuster, 2001), pp. 112ff 참고.

49) 양기호(옮김), 미국은 동아시아를 어떻게 지배했나, p. 161.

을 체결하여 한국과 미국은 동맹 관계를 갖고 있다. 그리고 미국은 한국에 많은 육군을 주둔시키고 있다. 이와 같은 현상은 미국이 한국을 국제정치적 및 전략적으로 중요하게 생각하기 때문에 미국이 한국의 안전을 보장하고 있다는 것을 의미한다. 미국이 한국 및 일본과 동맹 관계를 갖고 있고 미국의 많은 군을 주둔시키고 그리고 이 두 국가의 안전을 보장하는 이유는 미국 국가 차원의 장기 외교정책 목표인 태평양의 안전을 보장하기 위해서이다. 이것을 뒷받침하는 근거로 한 · 미 방위조약의 내용에 잘 나타나있다. 이 조약에는 특히 한반도의 안전 못지않게 태평양 지역의 안전을 크게 강조하고 있다. 한 · 미 상호방위조약의 전문에 " … 태평양 지역에 있어서의 평화기구를 … 당사국 중 어느 일국이 태평양 지역에서 … 태평양 지역에 있어서 더욱 포괄적이고 효과적인 지역적 안전 보장 … " 등으로 태평양 지역의 중요성을 강조하고 있다.

단기 외교정책목표 : 미국은 건국 이래 1941년 제2차 세계 대전에 참전하기 이전까지 고립주의 노선을 걸었기 때문에 각 정부의 외교 정책의 폭과 깊이는 매우 단조롭고 단순하였다. 이렇게 1941년까지 미국은 고립주의 채택으로 세계 문제에 간여하는 일이 극히 제한적이었다. 그리하여 고립주의 노선을 외교 정책기조로 채택하고 있던 기간 동안에 각 정부는 그 정부 특유의 단기 외교정책 목표를 거의 갖고 있지 않았다. 실제로 1945년 이후 행정부들은 세계주의 정책노선을 추구하게 되면서 단기 외교정책 목표를 가질 수 있게 되었다. 냉전 시기 집권하는 동안의 각 정부는 국가 차원의 장기 외교정책 목표를 성취시키기 위한 구체적인 목표로 정권 차원의 단기 외교정책 목표를 설정하고 그것을 추진하여 왔다.

트루먼(Henry S. Truman) 정부는 1945년 4월 루즈벨트 현직 대통령이 사망한 다음 부통령이었던 트루먼이 대통령직을 승계하면서 탄생한 정부이다. 이 정부는 제2차 세계 대전을 승리로 마무리 짓고 미 · 소 냉전을 미국 외교정책의 근간으로 삼았다. 그리고 트루먼 정부는 '반공 · 반소 · 봉쇄'를 외교정책 목표로 설정하였다. 이것은 처음으로 트루먼 정부의 단기 외교정책 목표가 되었다. 먼저 트루먼 정부는 1947년 3월 소위 '트루먼 독트린'을 발표하였다. 그리고 같은 해 7월 국무장관 마샬(George C. Marshall)도 '마샬 계획'을 발표하였다. 미국은 소련을 봉쇄하기 위해 1949년 역사상 처음으로 평화시 군사 동맹 조약인 '북대서양조약기구(NATO)'를 결성하였고 이 기구 회원국에 미군을 상시 주둔시켰다. 또한 미국은 공산주의 봉쇄 정책의 일환으로 1951년 필리핀 및 일본과 방위조약을 체결하였고 또 미국은 호주 그리고 뉴질랜드와 군사동맹조약(ANZUS pact)을 체결하였다. 또 1952년에 집권한 아이젠하워(Dwight D. Eisenhower) 정부도 미 · 소 냉전의 절정기에 출범하였기 때문에 따로이 정부 차원의 특별한 단기 외교정책 목표를 갖지 않았다. 트루먼 정부와 마찬가지로 '반공 · 반소 · 봉쇄'를 정부의 외교정책 목표로 삼고 있었다. 아이젠하워 대통령은 다음과 같이 경고하였다. "오늘날 우리는 '적대적인 이념'-그 범위는 세계적이고, 무신론적이며, 무자비하고 음흉한-과 맞서 싸우고 있다. 불행하게도 이 위험한 현실은 끝없이 지속될 것이다."[50] 1953년 10월 미국은 한국과 상호 방위 조약을 체결하였다. 1954년에는 '동남아조약기구(SEATO)'를 그리고 1955년에는 '바그다드조약(Baghdad Pact)'을 체결하였다. 아이젠하워 정부는 '바그다드 동맹'을 대신해서 1959년 '중앙조약기구(CENTO: Central Treaty Organization)'인 중동방위기구를 결성하였다.

1961년 출범한 케네디(John F. Kennedy) 정부 시기도 동서 및 미 · 소 냉전의 시기였기 때문에 이 정부 역시 '반공 · 반소 · 봉쇄'를 정부 차원의 외교정책 목표로 삼고 있었다. 이러한 목표를 위해 케네디 정부는 새로운 외국에 대한 원조 법안을 통과시켰다. 이 법안은 특히 공산세력에 대항하는 국가들에게 미국 정부가 원조를 더 많이 하겠다는 뜻을 나타내는 것이다. 또한 1962년 케네디 정부는 라오스 위기가 발생했을 때 태국에 5,000명의 미국 전투 요원을 파견하였다. 1962년에는 U-2기가 촬영한 항공 사진에서 쿠바에 소련 미사일 기지가 존재한다는 사실이 밝혀지기도 하였다. 존슨(Lyndon B. Johnson) 정부는 1965년 북베트남에 포격을 가하고 남베트남에 미군 125,000명을 추

50) Charles W. Kegley, JR., and Eugene R. Wittkopf, American Foreign Policy, p. 51에서 인용.

가로 파견하였다.[51] 1966년 미국은 북베트남의 하노이-하이퐁에 대한 폭격을 시작하여 확전에 시동을 걸었다. 그리고 존슨 대통령은 "베트남에서 미국의 행위는 '트루먼 독트린'의 차원에서 전개하는 것이다."라고 언급하였다.[52] 이처럼 1960년대 후반까지도 미국은 냉전 차원에서 기존의 외교정책 목표를 위해 외교 정책을 추진하였다.

1969년 닉슨(Richard Nixon) 대통령은 '닉슨 독트린'을 발표했다. 이 독트린은 미국의 해외에서의 적극적인 개입 활동을 축소한다는 것이었다. 이 선언은 미국의 냉전적 정책 및 행위를 자제하고 비 냉전적인 정책 목표 및 목표의 전환을 암시하는 것이다. 이즈음 소련도 서독 및 현재 유럽 국가들의 국경을 영원히 인정하는 '소련-서독 우호조약'을 체결하였다. 그 뿐만 아니라 1972년에는 미국과 중국이 관계개선(rapprochement)을 하였다. 1970년대는 동서 냉전의 분위기가 크게 완화되고 동서 간 데탕트 상황이 조성되었다.[53] 1972년 닉슨 대통령은 미국 대통령으로서는 최초로 소련을 방문하였다. 이처럼 동서 강대국들이 더 이상의 경쟁과 대립을 자제할 것에 견해를 같이 하였다. 실제로 1972년 미국과 소련은 '전략무기제한협정(SALT)'에 서명하기도 하였다. 1973년에는 미국과 소련이 핵 전쟁을 방지하는 협정에 서명하였다. 또한 동서독이 외교 관계를 정상화하기도 하였다. 1970년대에 접어들면서 '반공 · 반소 · 봉쇄'는 미국의 장기적 국가 차원의 외교정책 목표로서의 지위를 상실하였다. 동서 간 미 · 소간 긴장이 크게 완화되어 데탕트 상황에서 취임한 카터 대통령(1977~1981)은 전임 대통령과 크게 다르지 않은 외교정책 목표를 갖고 외교 정책을 추진하였다.

카터 대통령은 먼저 인권을 그의 외교정책 목표 중 하나로 설정하고 세계적으로 인류의 인권 보호 및 신장을 위해 노력하였다. 1970년대 후반 한국정부도 미국으로부터 인권을 보호해야 한다는 압력을 받았다. 그리고 카터

---

51) Charles W. Kegley, JR., and Eugene R. Wittkopf, American Foreign Policy, p. 565 참고.

52) 위의 책, p. 566.

53) 위의 책, p. 65.

대통령은 소련의 팽창을 봉쇄하는 조치들을 강구하였다. 카터 정부는 소련에 대해 두 개의 주요 목표를 갖고 있었다.

첫째로 소련의 아프가니스탄 침공은 반대하고 그 곳으로부터의 철수를 강요하였고 그의 비열한 행위에 대가를 치르게 하였다. 미국의 이러한 목표를 성취시키기 위해 카터 정부는 대 소련 곡물 수출을 금지하고 여러 경제 제재를 가하였다. 동시에 양국의 다양한 형태의 관계를 축소시켰다. 미국은 실제로 1980년 모스크바에서 거행되는 하계 올림픽을 거부하고 이 대회에 참가하지 않았다.

둘째로, 카터 행정부는 아프가니스탄 이외에 소련의 팽창을 봉쇄하는 것을 또 다른 하나의 목표로 결정하였다. 데탕트에서도 소련 세력의 확장을 봉쇄하는 것은 미국의 주요 외교정책 목표이다. 첫째, 미국은 소련의 서남아시아 및 페르시아 걸프지역으로의 세력 확장 봉쇄, 둘째, 중국 카드 사용을 억제하는 등 다른 외교적 조치 강구, 그리고 셋째 소련 봉쇄에 필요한 미국의 군사력을 강화하는 것이다. 특히 카터 대통령은 중동지역에서 미국의 중대한 이익을 지키기 위해 소위 '카터 독트린'을 선언하기도 하였다.[54]

1980년대 출범한 레이건(Ronald Reagan) 대통령은 소위 '레이건 독트린'을 발표하였다. 이 독트린은 일명 '자유전사(freedom fighters)'라고 하는데 그 독트린에는 소련이 조정하는 세력에 의해 전개되는 정부 전복을 막기 위해 미국 정부가 이 위협받는 정부를 지원한다는 내용을 담고 있다. 1970년 후반 소련은 아프가니스탄, 앙골라 그리고 니카라과에서 기존 정부의 전복을 도모하고 있었다. 레이건 독트린은 봉쇄뿐만 아니라, 기존 민주주의 정권의 보호를 위해 미국이 지원한다는 것이다. 그러나 미국과 소련은 정면으로 충돌하지 않고 이 두 초강대국은 대화하고 관계 발전의 새로운 국면을 모색하였다. 다시 말하면 레이건 정부의 단기 외교정책 목표는 공산주의로부터 민주주의 국가를 보호한다는 것이다. 레이건 정부의 외교정책 목표는 소련과의 냉전 및 봉쇄 차원이 아니라 미국의 전통적인 국가 차원의 외교정책 목표인

---

54) Raymond L. Garthoff, Detente and Confrontation(Washington, D. C.: The Brookings Institution, 1985), pp. 971ff.

민주주의를 수호하는 차원에서 만들어진 목표이다. 레이건 정부는 3개의 단기 외교정책 목표를 수립하였다.

첫째, 소련의 팽창을 봉쇄하고 소련의 국제적 행위를 약화시킨다.

둘째, 미국이 갖고 있는 제한적인 수단으로 자유주의에 의한 소련의 체제를 변화시키는데 주력한다.

셋째, 미국의 국가 이익의 차원에서 소련과 여러 협정을 교섭한다.[55)]

미국은 1980년대 중반까지 미국이 중요시하는 가치인 민주주의 수호 차원에서 소련에 적극적 정책으로 대항하여왔다. 그런 가운데 1985년에 권좌에 오른 고르바쵸프(Mikhail Gorbachev)는 과거 그의 전임자와는 다른 입장을 갖고 있었다. 그는 소련의 경제적 어려움을 극복하고 국제적 지위를 제고시킬 수 있는 기회를 갖기 위해 서방 자본주의 국가들과의 관계증진을 필요로 하고 있었다. 이렇게 하기 위해 고르바쵸프는 외교 정책의 근본적 변화를 모색하였다. 그는 과감하게 정치적 민주화 및 시장경제의 확립을 위해 국내적으로 개혁을 단행하였다. 특히 그는 미국과의 긴장을 완화하기 위해 외교 정책 및 국방정책에 '신사고(New thinking)'의 입장을 갖게 되었다. 그뿐만 아니라 1986년 '신사고'를 이행하기 위해 오랫동안 지속해왔던 자본주의를 전복(顚覆)시키고 소련 이념인 공산주의 이념을 이식시키는 행위를 포기하였다. 그리고 고르바쵸프는 일방적으로 군비 축소를 제의하였다. 군비 경쟁은 소련의 경제를 어렵게 만든다. 그리고 미국과의 냉전을 종식시키겠다고 선언하였다. 그는 1987년 처음으로 미국을 방문하였다. 1989년 베를린 장벽이 무너지고, 독일이 통일되고 그리고 바르샤바 동맹이 종식되었다. 마침내 1991년 붕괴되었다. 그리하여 미국은 대소 봉쇄가 끝난 다음 미국의 새로운 외교정책 목표를 설정해야했다.

제2차 세계 대전 이후 미국의 트루먼정부로부터 40여 년 간 정부 차원의 외교정책 목표였던 '반공 · 반소 · 봉쇄'는 1990년대에 접어들면서 더 이상 미국 외교정책 목표로서의 자리는 지킬 필요가 없게 되었다. 이제는 각 정권이 각각의 독자적인 단기 외교정책 목표를 가지게 되었다.

---

55) 위의 책, p. 1012.

부시(George H.W. Bush) 대통령(1989~1993) 시기에는 소련이 붕괴되었고 동유럽의 공산국가들이 모두 민주적인 국가로 변하였다. 부시 대통령은 이제 세계 문제에서 '윌슨주의(Wilsonianism)' 정신을 가진 대통령으로 역할을 하게 되었다. 그는 "미국은 세계 경찰의 역할을 추구하지 않을 것이다. 이제 냉전이 끝난 이 시점에 미국은 세계 유일의 초강대국(superpower)으로 남게 되었다. 이제 미국의 역할은 민주주의적 평화(democratic peace)를 증진시키기 위해 미국의 도덕과 물적 자원을 배분하는 것이다. 이것이 우리의 책임이다. 부시 대통령은 미국의 외교 정책에 '윌슨의 이상주의(Wilsonian idealism)'를 담아 그것을 실현할 것이다"라고 언급하였다.[56] 부시 정부의 외교정책 목표는 윌슨의 이상주의를 실현하는 것이며 그 내용은 민주주의와 평화를 위해 미국의 도덕과 자원을 세계에 나누는 것이다.

부시 대통령은 그의 이상(理想)을 실천하기 위해 1991년 쿠웨이트를 무력 침공한 이라크를 쿠웨이트로부터 몰아내기 위해 군사력을 사용하였다. 이라크에 대한 군사 작전을 마친 다음 부시 대통령은 '연두교서(State of Union Address)'에서 "다음의 미국 세기는 법치(rule of law)가 새로운 세계 질서를 지배하는 시대가 될 것이다."라고 말했다. 부시는 미국 외교 정책에서 오랫동안 유지되어온 도덕적 이상주의 전통을 계승하였다.[57] 부시 정부의 외교정책 목표는 미국의 도덕과 자원을 이용하여 민주주의와 평화를 전 세계에 전파하고 이식하는 것이었다. 이 시기에 소련이 붕괴되어 미국이 세계 유일의 강대국이 되었다. 그럼에도 불구하고 부시 대통령의 주요한 외교정책 목표는 다시는 소련과 같은 미국의 경쟁국가가 새롭게 등장하지 못하게 하는 것이었다.[58]

클린턴(Bill Clinton) 대통령은 다음과 같은 신념을 갖고 외교정책 목표를 설정하였다. 그는 "냉전은 끝났지만 미국이 전통적으로 지켜온 가치 및 이익,

---

56) Charles W. Kegley, JR. and Eugene R. Wittkopf, American Foreign Policy, pp. 68-70.

57) 위의 책, p. 276.

58) Zbigniew Brzezinski, The Grand Chessboard(New York: Basic Books, 1997), pp. xiii-xiv.

즉 평화와 번영, 안정과 안전, 민주주의에 대한 도전은 전혀 약화되지 않았다. 소련 공산주의와 극단적인 이념적, 군사적, 및 정치적 경쟁은 끝났지만 그들의 새로운 도전은 더 확대·강화되었다. 우리가 직면하고 있는 위험은 냉전의 그것보다는 다소 심각하지 않지만 아직도 그 위험의 정도는 매우 위협적이다. 즉, 수많은 사람들이 고향으로부터 쫓겨나고, 독재자는 폭정을 자행하고, 대량 살상 무기가 양산되고, 무력이 난무하여 인명을 살상하고, 민주주의를 파괴하는 등 인종적 갈등은 매우 심각하다." 클린턴 대통령의 안보보좌관 레이크(Anthony Lake)는 "우리는 파시즘을 추방하고 공산주의를 극복하기 위해 민주주의, 자유, 문명, 다양성을 수호하기 위한 이념을 견지할 것이다. 그리고 우리는 모든 사람들에게 자유를 보장하고 인간의 존엄성을 견지할 수 있는 기회를 제공할 것이다."라고 말했다. 또한 미 국무성 정책 기획참모부의 책임자인 스타인버그(James B. Steinberg)는 "미국의 안전을 지키기 위한 전략으로 미국은 '신 윌슨주의(neo-Wilsonianism)'와 '현실정치의 논리(logic of realpolitik)'로 혼합한 전략을 사용할 것이다."라고 천명하였다. 클린턴 대통령은 1993년 9월 유엔에서 행한 연설에서 "우리의 최고의 목표는 세계 모든 공동체에 '시장경제에 기초한 민주주의'를 전파하고 강화하는 것이다."라고 선언하였다. 백악관 안보담당보좌관 레이크는 "우리는 봉쇄 정책의 계승자이며 우리의 최고의 이익은 민주주의 및 시장 개혁을 확대하고 튼튼하게 하는 것이다."라고 언급했다.[59] 이것이 클린턴 정부의 외교정책 목표이다. 소련이 붕괴되고 동서 냉전이 종식된 시기에 취임한 클린턴 대통령은 그 정부의 외교정책 목표를 미국 국민의 경제적 안전으로 결정하였다.

첫째 목표는 체계적인 미국 자신의 경제 구조를 구축하는 것이다. 무엇보다도 이러한 구조를 구축하는 일은 건전한 국제 경제 및 미국 국민에게 도움을 주는데 크게 기여할 것이다.

둘째 우리 해외 경제 정책의 목표는 세계 시장을 개방하고, 세계적, 지역적 그리고 쌍무적 차원에서 협력하는 것이다. 우리는 미국의 기업이 해외에서 활

59) Charles W. Kegley, JR. and Eugene R. Wittkopf, American Foreign Policy, pp. 71-72.

동할 수 있는 좋은 기회를 제공하는 새로운 세계를 열어나갈 것이다.

세 번째 우리의 주요 목표는 세계의 새로운 민주주의를 지원할 수 있는 확고한 경제적 기반을 구축하는 것이다.

네 번째 목표는 개도국 세계에 폭 넓고 지속적인 성장을 도모하는 것이다.

다섯 번째 목표는 세계 여러 국가의 경제의 공동작업을 증진시키고 세계 경제를 한데 묶고 있는 '구조(architecture)'를 현대화하는 것이다.[60)]

부시(George W. Bush)가 21세기 미국의 첫 번째 대통령에 취임하였다. 그리고 2001년 9월 11일 테러범들은 미국 국내 여객기 2대를 납치하여 뉴욕시에서 가장 높은 세계무역센터 2개 동에 돌진하여 충돌하였다. 이 두 개의 건물은 즉시 붕괴되었고 3,000여 명이 희생되었다. 미국은 중동지역에서 활동하고 있는 오사마 빈 라덴(Osama Bin Laden)에 의해 조정되는 국제 테러조직 알카에다(al Qaeda)를 미국에 대한 테러의 근원지로 단정하였다. 이제 부시 정권의 외교정책 목표는 국제 테러조직을 봉쇄하는 것이었다. 그리고 부시 정부는 이라크의 후세인(Saddam Hussein) 대통령이 핵무기, 생화학무기 등 대량 살상 무기를 제조하고 시민의 자유를 짓밟는 독재 정치를 진행하고 국제 테러 조직을 지원한다고 단정하였다.

부시 대통령은 미국의 안전, 미국인들의 생명과 재산을 보호하기 위해 국제 테러를 근본적으로 방지하는 것이 미국의 당대 가장 중도한 외교정책 목표가 되었다. 이것은 위해 부시 정부는 테러 집단의 공격을 차단하기 위해 군사적 선제 공격을 수단으로 결정하였다. 부시 정부의 외교정책 목표인 테러방지를 위해 그는 소위 '부시 독트린'을 발표하였다. 이 독트린은 테러를 저지하고, 부정하고, 약화시키고 그리고 예방한다는 '4D전략(Defeat, Deny, Diminish and Defend)'을 부시 정부 외교정책 목표를 실현시키기 위한 주요 전략으로 결정하였다.[61)]

제2차 세계 대전 이후 미국은 강대국이 되었고 세계 정치에 깊이 관여하

---

60) 위의 책, p. 75.

61) President George W. Bush, National Strategy for Combatting terrorism(The Government Printing Office, February 2003), pp. 15-28.

게 되었다. 그리고 미국 국민들은 고립주의를 버리고 세계 문제에 적극적으로 참여하는 세계주의를 선택했다. 미국은 냉전 시기(대체로 1947~1989) 불멸의 가치를 지키기 위해 그리고 영원한 목적을 성취시키기 위해 여러 수단들을 강구하였다. 미국은 냉전시기 각 정부마다 전략을 바꾸어가졌지만 미국 국가 차원의 장기 외교정책 목표와 가치는 변하지 않았다.[62]

일본의 장기 외교정책 목표와 단기 외교정책 목표

여기서 말하는 일본은 제2차 세계 대전 이후 6년 반 동안 미군정을 거쳐 탄생한 일본 입헌 민주 국가를 지칭하는 것이다.

일본은 제2차 대전이 끝난 다음 미군정을 거쳐 1951년 9월 8일 샌프란시스코에서 미국과 강화조약을 체결하였고, 공식적으로 미 · 일 강화조약이 효력을 갖게 된 시기는 1952년 4월 28일이며 이로써 일본은 완전한 독립 주권을 회복하고 입헌 민주국가로 이 세상에 태어났다. 그러므로 일본이 입헌 민주국가로 살아온 기간은 약 60 수년에 불과하다. 세계 모든 국가가 갖고 있는 것과 같이 일본도 영토의 보전, 국민의 생명과 재산보호, 국가 발전 등과 같은 목표를 갖고 있다고 말할 수 있다.

한편 일본 외교정책 목표는 미국과의 동맹을 강화하는 것이다. 이 목표는 일본의 국가 차원의 장기 외교목표인 동시에 정권 차원의 단기 외교정책 목표이다. 주지하는 바와 같이 일본의 헌법 제9조는 군대의 보유를 금하고 있다. 일본헌법 제9조의 내용은 다음과 같다. "일본국민은 정의와 질서를 기조로 하는 국제평화를 성실히 희구하고 국권의 발동에 의거한 전쟁 및 무력에 의한 위협 또는 무력의 행사는 국제분쟁을 해결하는 수단으로써는 영구히 이를 포기한다. 이러한 목적은 성취하기 위해 육해공군 및 그 이외의 어떠한 전력도 보유하지 않는다. 국가의 교전권 역시 인정하지 않는다." 이로써 일본은 스스로 자국의 안전을 도모할 수 있는 최소한의 안전장치를 갖고 있지 못하다. 그렇기 때문에 일본은 우선적으로 그리고 기본적으로 국가의 안전을 보장하는 것이 제일 중요한 일이다. 일본의 안전을 보장하는 장치는 미 · 일

62) Charles W. Kegley, JR. and Eugene R. Wittkopf, American Foreign Policy, p. 7.

안보조약이다. 이 조약은 일본 국가 차원에서 그리고 모든 정권 차원에서 수호해야할 최고의 목표이다.

일본은 1951년 9월 8일 미국 샌프란시스코에서 미국과 강화조약을 체결하였고 동시에 미 · 일 안보조약을 체결하였다. 이 미 · 일 안보조약은 일본의 안전을 담보해주는 절대적 장치이다. 카터 대통령 시절 대통령 안보보좌관을 역임했던 브레진스키(Zbigniew Brezezinski)는 일본을 미국의 '안보상 보호국(security protectorate)'이라고 지칭하였다.[63]

실제로 일본은 그의 안전 보장을 절대적으로 미국에 의존하고 있다. 그렇기 때문에 미국과의 동맹을 유지하고 강화하는 일은 일본 국가 차원뿐만 아니라 모든 정권이 반드시 시켜내야 할 목표이다. 일본이 미국과 동맹을 유지 · 강화하는 일은 일본 최대의 외교정책 목표이다.

1993년판 일본 '방위백서'에 의하면 "일본 방위는 적절한 규모의 방위력 및 미 · 일 안전 보장체제의 틀 속에서 전쟁 억제의 효과를 발휘하며, 만약 전쟁 억제가 실패하면 미국의 협력을 얻어 침략을 조기에 배제하여 평화를 회복한다."라고 기술하고 있다.[64]

일본은 이처럼 그의 안전 보장을 철저하게 미국에 의존하고 있다. 그러므로 일본이라는 국가 그리고 일본의 모든 정권은 그의 안전 보장을 위해 긴밀한 미 · 일 동맹 관계를 유지하는 일이 국가적 그리고 정권적 차원에서 최고의 외교정책 목표라고 말할 수 있다. 오히라 마사오(太平正芳) 수상은 1980년 1월 25일 시정 방침 연설에서 "일본 외교정책의 기본은 자유 민주주의 국가와 연대를 강화하고 특히 미 · 일 안보 체제를 기초로 하여 미국과의 상호 신뢰의 구축이다."라고 말하였다.[65]

한편 2009년 9월 일본 총리에 취임하여 8개월간 재임했던 민주당 소속의 하토야마 유키오(鳩山由紀夫) 총리는 '동아시아 공동체구축'을 정권 차원의 외교정책 목표로 설정하기도 하였다. 또한 하토야마 수상은 오키나와에 있는 미

63) 양기호(옮김), 미국은 동아시아를 어떻게 지배했나, p. 76에서 인용.
64) 防衛白書, 1993, p. 110.
65) 양기호(옮김), 앞의 책, pp. 288-290에서 인용.

군의 후텐마(普天間)기지를 오키나와현 밖으로 이전한다는 내용을 암시한 적이 있다. 하토야마 유키오 수상의 이러한 주장은 미국이나 일본이 볼 때 반세기 이상 일본이 유지해 온 외교정책의 기본 노선에 대한 근본적인 도전이다. 그러나 이러한 도전은 하토야마 내각을 8개월 만에 붕괴시켰다.[66] 하토야마 수상이 주장했던 외교정책 목표는 소위 자주 노선으로서 이것은 일본의 국가 차원의 외교정책 목표와 배치(背馳)되기 때문에 정권 차원의 단기 외교정책 목표로 존립할 수 없다는 것이 일본 외교의 현주소이다.

일본은 의원내각제를 채택하고 있다. 의원내각제를 채택하고 있는 국가에서는 내각의 수반인 총리 중심으로 대내외정책을 결정하는 것이 아니라 정당 중심으로 정책을 결정하기 때문에 총리가 교체되어도 그 총리가 독자적으로 정책을 결정하지 못한다. 왜냐하면 의원내각제를 채택하고 있는 국가는 정당의 정책 기조 · 원칙 등이 있기 때문에 수상이 정당의 정책 기조 등과 다른 주요 외교 정책을 결정하는 것은 거의 불가능하다. 그리고 각 정당이 외교정책 목표를 갖고 있기 때문에 총리가 별개의 외교정책 목표를 갖는 일은 없다. 주지하는 바와 같이 의원내각제는 정당이 중심이 되어서 정책도 결정되고 정치도 전개된다. 일본은 1945년 전쟁에서 패한 다음 1951년까지 미군정이 일본 정치를 주도하였다. 이 시기 즉 미군정 시기는 정당도 있었고 내각도 있었지만 미군정의 결정이 곧 일본의 정책이었다. 특히 요시다 시게루(吉田 茂)가 1948년 10월 16일에 수상에 취임하여 1954년 12월까지 약 6년간 수상으로 재임하였다. 요시다가 오랫동안 수상으로 재임하였던 것은 분명 미군정의 결정에 충실하여 미군정의 신임을 얻고 있었기 때문에 그가 장기간 수상직을 담당할 수 있었을 것이다. 그리고 1955년 자민당이 창당되어 집권하면서 오늘날까지 자민당이 정권을 담당하여왔다. 물론 그 기간 중 1990년대 4년여 그리고 21세기 3년여 동안만 민주당이 집권하였다. 그러나 어느 시대에도 집권 정당이 독창적이고 독자적인 외교정책 목표를 갖고 있지 않았다. 특히 민주당 정권은 미국 추종 노선이 아닌 자주노선을 주장하기는 하였으나 역시 이 정권도 기본적으로는 미국과의 동맹 관계를 강화하는

66) 위의 책, p. 161.

것이 일본 국가 및 정권 모두의 외교정책 목표였다.

일본은 내각책임제를 채택하고 있는 국가이기 때문에 총리가 바뀌어도 따로이 정권 차원의 외교정책 목표를 다르게 갖지 않는다. 새로운 총리가 전임 총리와 같은 정당 출신이라면 총리 개인이 새로운 외교정책 목표를 갖지 않고 그 정당이 표방하고 있는 외교정책 목표를 그대로 계승하고 있다.

앞에서 지적한 바와 같이 2009년 9월 하토야마 총리가 '동아시아 공동체 구축'이라는 정권 차원의 외교정책 목표를 설정한 일이 있었으나 이 목표는 일본 국가 차원의 외교정책 목표인 미 · 일 동맹 강화와는 거리가 있는 독자적인 외교정책 목표이다. 이 목표는 자주적인 외교정책 목표이기 때문에 먼저 일본 내에서 국민의 많은 지지를 얻기 어려웠고 더욱이 미국의 동의를 얻기 어려운 목표였다. 하토야마 정권이 8개월의 단명 정부였다는 사실은 일본의 정권이 독자적인 외교정책 목표를 갖는다는 것이 매우 어렵다는 것을 보여주고 있다. 특히 일본은 국제정치적으로 미국으로부터 자유로울 수 없는 국가이기 때문에 정권 차원의 자주적인 외교정책 목표는 존재하기 어렵다.

한국의 장기 외교정책 목표 및 단기 외교정책 목표

한국의 국가 차원의 장기 외교정책 목표: 보통의 국가들이 공통적으로 갖고 있는 그러한 장기외교정책 목표 이외에 한국은 특유의 국가 차원의 장기 외교정책 목표를 갖고 있다. 그것은 남북 통일이다. 우리의 국토가 반쪽으로 분단되어 있다. 이것을 통일시키는 사업은 우리 한국인 모두의 숙원사업이다. 그렇기 때문에 한국의 통일은 국가적 외교정책 목표로 삼고 있다.

또한 한국은 분단 상태에서 호전적인 북한 정권과 대치하며 살고 있다. 그렇기 때문에 한국의 영토적 안전은 위태롭다. 실제로 1953년 휴전 이후 북한 정권은 여러 차례 크고 작은 무력 도발 행위를 감행하였다. 이러한 상황 하에서 한국은 우리의 영토적 안보를 미국에 크게 의존하고 있다. 한국은 1953년 미국과 상호 방위 조약을 체결하여 미국과 함께 우리의 안전을 도모하고 있다. 그러므로 한국도 미국과의 동맹 관계를 유지하고 강화하는 일은 국가적 장기 외교정책 목표로서 모든 정권의 공통의 목표이다.

한편 2006년 10월 북한이 핵실험을 하면서부터 북한으로 하여금 핵을 포기하도록 하는 일은 이제 국가 차원의 장기 외교정책 목표가 되었다. 북한의 핵개발은 한국과 한국 국민의 안전을 크게 위협하는 행위이기 때문에 북한의 핵문제는 어떤 한 정권 차원의 문제가 아니라 국가 차원의 문제이므로 이는 국가 차원의 외교정책 목표이다. 실제로 2006년 이후의 역대 정권들은 6자회담 등 여러 방법을 동원하여 북한으로 하여금 핵개발을 포기시키려 노력하고 있다.

한국은 1987년 새로운 헌법이 제정되고 정치적 민주화가 정착되면서 정당이 그의 지지 세력에 따라 보수 정당 그리고 진보 정당이 등장하였다. 그리고 진보 성향의 정당이 1998년 2월부터 2008년 2월까지 10년간 정권을 담당한 경험이 있다. 이념을 다르게 갖고 있는 정당이 존재하고 있고 서로 정권을 교체하고 있다. 그러나 보수, 진보 어떤 성향의 정권도, 통일 및 한 · 미 동맹을 근본적으로 거부하거나 반대하는 정당은 없다. 2003년 2월부터 정권을 담당했던 노무현 대통령은 다소 반미적인 성향을 갖고 있었다. 그러나 노무현 정부는 미국의 요구로 이라크에 한국군을 파견하였고 한미자유무역협정(FTA)도 추진하였다.

한국 정권 차원이 단기 외교정책 목표: 대한민국 수립과 함께 정권을 담당했던 이승만정부의 외교정책 목표는 우선 '6.25전쟁'에서 승리하는 것이었다. 이승만 정부는 신생국의 초대 정부로서 집권한지 2년 여 만에 남북한 간의 전면전이 전개되었으므로 이 정부의 첫째 목표는 미국과 긴밀한 관계를 갖고 경제적, 군사적으로 미국의 전폭적인 지지와 지원을 받아 전쟁을 마무리 짓는 일이었다. 이승만 정부는 휴전 직후인 1953년 10월 미국과 상호 방위 조약을 체결하였다. 이후부터 한국에서도 한 · 미 방위동맹의 강화는 정권 차원의 외교정책인 동시에 국가 차원의 외교정책 목표가 되었다.

이승만 정부의 또 다른 하나의 외교정책 목표는 보다 많은 미국의 경제원조를 받는 것이었다. 1950년대 한국은 일본 식민통치, 미군정, 6.25전쟁 등으로 한국 경제는 국가의 존립을 어렵게 하였다. 그러했기 때문에 한국은 그의 안전 보장뿐만 아니라 경제적으로도 미국에 크게 의존하지 않을 수 없었다. 실제로 1953년부터 1961년까지 미국이 한국에 제공한 원조액은 약 22

억 5천만 달러였고 이 원조는 당시 한국 정부 총수입의 80%를 상회하였다.[67] 그러므로 이승만 정부의 주요 외교정책 목표는 미국으로부터 보다 많은 원조를 받아내는 것이었다.

4 · 19혁명 이후 과도정부기간을 거쳐 1960년 7월 29일 실시한 총선거에서 승리한 민주당은 8월 12일 윤보선 대통령을 선출하고 8월 19일 장면을 국무총리로 선출하여 8월 23일 장면 내각을 출범시켰다. 장면 정부는 다음과 같은 그의 외교정책 목표를 설정하였다. 첫째 유엔 결의를 존중하며 유엔 감시 하에 남북한 자유 선거에 의한 통일 한국의 달성, 둘째, 유엔 가입 추진, 셋째 미국과의 유대강화 그리고 넷째 반공 진영의 결속과 중립국과의 외교 활동 강화.[68] 장면 정부는 집권 기간이 9개월로 짧았기 때문에 그의 외교정책 목표의 추진 및 전개 과정은 구체적으로 나타난 것이 없다.

박정희 정권은 18년간 장기집권 하였지만 획기적인 외교정책 목표를 갖고 있지는 않았다. 1960년대 및 1970년대는 신생국가들이 많이 탄생하였다. 그리고 이 시기 한국은 북한과 수교국을 보다 많이 갖는 경쟁을 하던 시기였다. 그리하여 박정희 정부는 보다 많은 국가와 외교 관계를 정상화하여 수교 국가의 숫자를 크게 늘리는 것을 외교정책 목표로 하였다. 이러한 외교정책 목표를 위해 박정희 정부는 적극적으로 방문 외교 및 초청 외교를 전개하였다. 이 시기 박정희정부는 아시아 및 아프리카 지역에 많은 신생국들에 친선 사절단을 파견하여 외교 관계 확대를 도모하였다.[69] 박정희 정부는 보다 많은 국가들과 외교 관계를 정상화하고 그리고 북한과의 수교국 숫자 경쟁에서 승리하는 것이 하나의 외교정책 목표였다. 박정희 대통령은 1971년 1월 연두기자 회견에서 "우방과는 동맹 외교를 추구하고 중립국과는 실리 외교를 전개하여 되도록 많은 국가를 우리의 우호 세력으로 만들어야 한다."하였다.[70]

박정희 정부는 외교의 폭을 넓혀 보다 많은 국가와 외교 관계를 정상화하

67) 고휘주, "제1공화국의 대외정책," 한국정치외교사학회(편), 한국외교사II(서울: 집문당, 1955), p. 316.

68) 김정원, 한국외교발전론(서울: 집문당, 1996), p. 123.

69) 송영우, 한국의 외교, pp. 111ff 참고.

70) 1971년도 박정희 대통령 연설문집, 제8집(1972), pp. 18-19.

기 위해 1973년 소위 '6 · 23선언'이라는 특별 선언을 발표했다. '6 · 23선언'이란 한국과 이념 및 사회 체제를 달리하는 국가들에게 문호를 개방하고 이들 국가들과도 외교 관계를 정상화할 수 있다는 내용을 담고 있다.

1980년 비민주적이고 초헌법적인 방법으로 권력을 담당한 전두환 정부는 그 정권의 정당성을 확보하기 위해서는 미국의 지지가 절실히 요구되었다. 그러므로 전두환 정권은 미국과의 외교 관계를 증진하여 미국의 전폭적인 지지를 얻는 것이 이 정권의 최고의 외교정책 목표였다. 이러한 비민주적인 정권은 민주주의와 자유를 정치적인 최고의 가치로 여기고 있는 미국의 지지를 얻는 것은 정권유지에 필수요건이었다.

1988년 2월부터 1993년 2월까지 정권을 담당하였던 노태우 정부의 외교정책 목표는 북방외교였다.[71] 세계적으로 냉전적 분위기는 완전히 사라지고 1989년 독일의 베를린 장벽이 무너지고 동 · 서독이 통일되는 등 국제정치적 상황은 크게 달라졌다. 노태우 대통령은 1988년 2월 25일 취임사에서 "우리와 교류가 없었던 저 대륙 국가에도 국제 협력의 진로를 넓혀 북방 외교를 전개할 것이다. 이념과 체제가 다른 이들 국가들과의 관계 개선은 동아시아의 안정과 평화 그리고 공동의 번영은 물론 통일로 가는 길을 열어줄 것"이라고 하였다. 노태우 대통령은 북방외교를 그의 외교정책 목표로 설정하였다. 북방 외교가 추구한 목표는 다음과 같다.

첫째 소련과 중국을 비롯한 공산권 여러 국가와의 정상적인 국가 관계를 설정하여 한반도 및 동북아 지역의 평화와 번영에 기여하면서 한반도의 평화 정착과 평화 통일 기반을 조성하는 것이고, 둘째는 소련, 중국 등 동유럽 국가들과의 관계 개선을 통한 외교 영역을 확대하여 국제적인 지지기반을 넓히는 것이며 그리고 셋째 한국의 경제적 진출과 자원 공급원 확보 등을 통한 경제적 실리를 추구하는 것이었다.[72] 노태우 대통령은 1988년 7월 7일 대외정책의 기본 방향을 제시하고 북방 외교의 실천적인 행동지침으로 '민족자존과 통일번영을 위한 7 · 7 대통령 특별선언'을 발표했다.[73] 그리고 실

71) 외교부, 한국외교 40년, 1948-1988(1990), p. 198 참고.

72) 위의 책, p. 108.

제로 1988년 9월 처음으로 동구권의 헝가리와 외교 관계를 정상화하고 이어서 모든 동구권 국가와 수교하였고 1990년 9월 소련과 그리고 1992년 8월에는 중국과 외교 관계를 정상화하였다.

1993년 2월 25일 제14대 대통령으로 취임한 김영삼 대통령의 외교정책 목표는 북한의 핵무기 개발을 막는 것이었다. 북한은 1985년 12월 핵확산금지조약(NPT)에 서명하여 이 조약의 회원국이 되었다. 그런데 김영삼 대통령이 취임으로부터 1개월도 되기 전인 1993년 3월 12일 북한은 핵확산금지조약으로부터 탈퇴한다고 선언하였다.[74] 북한의 이 선언은 곧 핵무기를 개발하겠다는 의사 표시였다. 북한의 핵무기 보유는 한국과 한국인의 안전을 직접적으로 크게 위협을 가할 수 있는 것이다. 이처럼 북한의 핵은 우리에게 대단히 위험한 일이기 때문에 한국의 김영삼 정부의 북한 핵 문제는 반드시 그리고 철저하게 대응해야 할 문제였다. 그러므로 북한의 핵문제는 당연히 김영삼 정부의 중요한 외교정책 목표였다.

1998년 2월에 출범한 김대중 정부는 북한 핵문제가 해결되지 않았음에도 불구하고 '평화 · 화해 · 협력'의 실현을 통한 남북관계 개선을 외교 정책의 목표로 설정하였다. 김대중 정부는 현 단계에서 당장 통일을 이룩하는데 주력하기보다는 평화 정착을 통해 남북 간의 평화 공존을 실현하는 것이 시급하다고 보고 이러한 평화 정착의 기반 위에서 남북 간에 화해를 도모하고 협력을 추진하였다. 김대중 정부는 이러한 목표를 위해 새로운 대북한 접근 방법으로 '햇볕정책'을 추진하였다. 즉 '햇볕정책'은 북한을 포용하며 북한과의 상호주의를 내세워 북한과의 협력을 도모한다는 것이다. 김대중 정부는 '햇볕정책'을 성공적으로 추진하기 위해 남북한 경제 교류를 활성화하였다. 김대중 정부는 민간 기업의 북한에 대한 남북 협력 기금 지원을 활성화하기 위해 1999년 10월 '남북 교류 협력에 대한 남북 협력 기금 지원 지침'을 제정하고 지원 범위와 규모를 확대하였다. 또한 남북한은 2000년 12월 장관급 회담에서 투자보장, 이중과제방지, 청산결재, 상사분쟁해결 절차 4개의 합의

73) 국토통일원, 7 · 7특별선언 2년(1990), pp. 47-49.

74) 송영우, 한국의 외교, pp. 129-130 참고.

서에 공식 서명하였다.[75] 남북 교역도 크게 활성화되었다. 남북 교역의 내용을 보면 1989년 약 1,800만 달러, 1991년 1억 달러, 1997년 2억 달러, 1999년 3억 달러, 2000년 4억 2,500만 달러, 2001년 1~8월에는 2억 5,319만 달러였다.[76]

남북한 간의 꾸준한 접촉으로 2000년 6월 13~15일 김대중 대통령이 북한을 방문하여 평양에서 김정일 국방위원장과 회담을 가졌다. 그리고 이어서 남북한 간 정부 고위급 인사 간의 회담도 계속되었다. 지금까지 살펴본 바와 같이 김대중 정부는 북한포용정책을 적극적으로 추진하였다. 김대중 정부는 무엇보다도 북한 포용정책을 그의 주요 외교정책 목표로 설정하고 어느 정권보다 적극적으로 이 목표의 성취에 노력하였다. 그러나 김대중 정부의 '햇볕 정책'은 어떠한 결과도 얻어내지 못했다.

노무현 정부는 한국의 국가 차원의 장기외교정책 목표인 "국가의 안전 보장, 자유 민주주의 및 인권 신장, 경제 발전, 복리 증진, 한반도의 평화적 통일 그리고 세계 평화와 인류 공영에 기여"를 다른 정부와 마찬가지로 그의 단기외교정책 목표로 선정하였다.[77] 그리고 노무현 정부는 '동북아 평화번영정책,' '균형적 실용외교,' '협력적 자주 국방'을 정부 차원의 외교정책 목표로 설정하였다.[78] 특히 노무현 정부는 '평화와 번영의 동북아 시대의 주도'를 외교정책 목표로 설정하였다. 노무현 정부는 외교 정책 부분에서 주권 국가의 정체성을 강조하고 자주성을 크게 강조하였다. 노무현 대통령은 2003년 광복절 경축사에서 "우리의 안보를 언제까지나 주한 미군에 의존하려는 생각은 옳지 않습니다. 자주 독립 국가는 스스로의 국방력으로 나라를 지킬 수 있어야 합니다."[79]라고 말하여 자주성을 강조하였다.

75) 북한문제연구소, 대북포용정책, 2001. 12. 20, p. 87.

76) 위의 책, p. 88.

77) 국가안전 보장회의 상임위원회, "평화번영과 국가안보," p. 20.

78) 위의 논문, pp. 21-29.

79) 대통령비서실, "제58주년 광복절 경축사," 〈노무현대통령 연설문집〉, 2004, pp. 349-350.

중국의 장기 외교정책 목표 및 단기 외교정책 목표

주지하는 바와 같이 중국은 건국으로부터 오늘날까지 60수년 동안 공산당 일당이 지배해오고 있다. 그러므로 중국에는 정권 교체라는 현상은 존재하지 않는다. 중국공산당이 행정 · 입법, 재판 등 국가의 모든 권한을 독점적으로 관리하고 있다. 그렇기 때문에 중국공산당의 정책이 또 목표가 국가의 목표이고 정부의 정책이 되고 목표가 된다. 이러한 정치 체제를 갖고 있기 때문에 중국의 어떤 정부가 독자적인 외교정책 목표를 갖는 일은 없다. 그러므로 중국의 경우는 정권 차원의 단기 외교정책 목표도 없다. 다만 중국공산당이 장기 외교정책 목표 및 단기 외교정책 목표를 설정하여 왔다. 중국이 건국 이후 오늘날까지 견지해온 장기 외교정책 목표는 보통의 국가들이 갖고 있는 일반적이고 공통적인 요소와 중국의 과거 역사적 사실을 한데 묶은 토대 위에 입각해서 그의 외교정책 목표를 설정하였다.

첫째 외부로부터의 군사적 위협에 적극 대처하고 외부 세력의 간섭 배제, 둘째 대만 수복, 셋째 불평등 조약의 폐기 및 실지(失地)회복, 넷째 국제적 지위 제고 및 세계 문제에 대한 발언권 강화, 다섯째 반제국주의 및 혁명투쟁 세력 지원, 여섯째 평화공존 5원칙에 입각한 국제 평화 및 안정 유지, 일곱째 주권 및 독립 보존으로 정리할 수 있다.[80]

이러한 포괄적인 국가 차원의 장기 외교 정책 목표 이외에 중국은 중국공산당의 실력자의 생각과 국제정치 상황에 따라 단기 외교정책 목표를 가졌었다. 중국은 대체로 10년 주기로 중국공산당 내 1인자가 바뀌었고 공교롭게도 대체로 10년 간격으로 주변의 국제정치정세가 바뀌었다.

1950년대는 동서 냉전적 상황에서 미국과 소련 중심의 양극 체제가 형성되어 있었고 이 시기 모택동이 중국공산당내 1인자였다. 이 시기 중국의 외교정책 목표는 소련과의 동맹을 강화하고 소련으로부터의 다양한 지원을 받기 위해 소련과의 관계를 돈독하게 갖는 것이었다. 1960년대에 접어들면서

---

80) Steven J. Rosen, The Logic of International Relations(Cambridge: Winthrop, 1977), pp. 105-133; Harry Harding, "Change and Continuity in Chinese Foreign Policy," Problems of Communism(March-April 1983), pp. 1-2.

실질적으로 소련과 외교 관계 단절 상태에 돌입하였고 모택동은 경제정책의 실패로 정치 일선에서 물러나 유소기가 실질적인 당내 1인자로서 권력을 행사하게 되었다. 소련과의 관계 악화로 1950년대 갖고 있던 외교정책 목표는 폐기되었다. 그리하여 중국은 미국과 소련을 모두 반대하는 중간 지대론을 포방하고 중간 지대에 위치한 신생국들과의 외교 관계의 폭을 넓히는 것을 이 시기 외교정책 목표로 설정하였다. 1964년 1월 21일자 인민일보는 "미제국주의를 반대하는 세계 모든 역량을 결합하여"라는 제목의 사설을 게재하였다. 이 사설에서 "중간지대는 두 개의 지역으로 나누어진다. 그 하나는 아시아 · 아프리카, 중남미의 독립국가와 독립을 쟁취하려는 국가들로서, 이것이 제1중간지대이고 다른 하나는 모든 유럽, 대양주 국가 및 캐나다를 포함한 자본주의 국가들로서 이것이 제2 중간지대이다. 미국은 제국주의 국가이고 소련은 제국주의국가인 미국과 합작하여 세계를 지배하려는 꿈을 꾸고 있다. 그리하여 중간이란 미국과 소련사이에 반미 · 반소의 연합 전선 지대를 구축하려는 것이다."라고 지적했다. 중국은 미국과 소련을 제외한 모든 국가를 하나로 묶어 이들 국가들을 중국의 세력으로 만들려는 계획을 갖고 있었다. 이런 계획을 통해서 중국은 그의 외교 망을 구축하고 외교의 폭을 넓히려 하였다. 이것이 1960년대 전반의 그의 외교정책 목표였다. 그러나 1960년대 후반부터 국내에서 문화혁명이 시작되면서 외교부는 홍위병에 의해 장악되었으며 이집트 주재 황화(黃華)대사를 제외하고 해외공관에 주재하고 있는 모든 대사 및 많은 고위 외교관들을 국내로 소환하여 중국이 표방하였던 1960년대 외교정책 목표는 달성될 수 없게 되었다.

중국은 1969년 제1단계 문화혁명을[81] 마무리 지으며 모택동이 다시 중국공산당의 제1인자의 자리에 등극하였다. 1960년대 중국공산당이 부르짖었

---

81) 중국은 1966년부터 1976년 10월까지 10년을 문화혁명 기간으로 규정하고 있다. 제1단계는 1966년 5월부터 중국공산당 9기 전국대표대회가 개최된 1969년 4월까지, 제2단계는 1969년 4월부터 10기 전국대표대회가 개최된 1973년 8월까지 그리고 제3단계는 10전대회 개최부터 1976년 10월 분화혁명의 주류파인 문혁 4인방이 제거될 때까지로 하고 있다. "關於建國以來黨的若干歷史問題的決議," 人民日報, 1987年7月1日.

던 중간 지대론에 입각한 외교정책 목표를 버리고 미국을 비롯한 서방자본주의국가들과의 관계개선 및 외교 관계정상화를 외교정책 목표로 설정하였다. 그 결과 중국은 1972년 미국과 관계개선에 성공하였고 일본과 외교 관계를 정상화하였다. 그뿐만 아니라 중국은 서유럽국가 및 동남아 국가들과도 외교 관계를 정상화하였다. 이러한 외교정책 목표 하에 중국은 자본주의 국가들과 정상적인 외교 관계를 가졌다.

제3단계 문화혁명을 마무리 짓고 등소평이 당의 실권자에 등극하였다. 그리고 개혁 · 개방정책을 추진하고 경제 발전을 추진하며 어느 국가도 적대시하지 않는 지극히 정상적인 외교를 전개하기 위해 미국, 소련 등 자본주의 국가 및 사회주의 국가들과 교류 · 협력을 강화하는 실용적인 외교정책 목표를 설명하고 이를 통해 중국의 경제 발전을 적극 추진하여 중국을 경제 대국의 반열에 오르게 하였다.

이와 같은 실용주의 외교정책 목표를 갖게 된 중국은 경제 발전이라는 목표를 위해서는 어떠한 국가와도 정상적인 외교 관계를 갖기 시작하였다. 실제로 중국은 그의 동맹국인 북한의 반대가 있음에도 불구하고 미국과 동맹 관계를 갖고 있는 한국과도 1992년 외교 관계를 정상화하였다. 중국은 1980년대부터 중국의 경제 발전을 위해 한반도를 비롯한 주변의 안전과 평화를 그의 주요 외교정책 목표로 설정하고 현재까지도 그 목표를 유지하고 있다. 1980년 9월 중국공산당 총서기 화국봉(華國鋒)은 "중국은 경제 개발과 4대 현대화를 실현시키기 위해 평화적인 국제환경을 필요로 한다."[82]고 말했다. 중국의 이러한 실용적인 외교정책 목표는 변하지 않고 오늘날까지 계속 유지되고 있다. 즉 중국은 능동적이고 적극적인 외교정책 목표를 갖고 있지 않다. 중국은 빠른 시간 내에 성취시키고자 하는 외교정책 목표를 갖고 있지 않다.

북한 정권의 장기 및 단기 외교정책 목표

북한 정권은 수립 이후 현재까지 김씨 가문의 3대가 권력을 세습하여 북한을 통치하고 있다. 이처럼 북한은 한 사람이 정권의 모든 권력을 독점적으

---

82) Hua Guofeng's Speech at the Third Session of the Fifth National People's Congress," September 7, 1980, Beijing Review, no.38(September 22, 1980), p. 28.

로 행사해오고 있다. 북한에도 정부 성격의 기구를 갖고 있지만 북한은 일인 독재국가이다. 북한 정권의 모든 대내외정책은 노동당 차원 및 정권 차원 간에 차별되는 정책은 존재하지 않는다.

과거 북한은 소련 및 중국과 여러 형태의 조약 또는 협정을 체결하고 여러 형태의 조약 또는 협력을 가졌다. 그러나 북한 정권은 다른 국가들과는 형식상 외교 관계를 갖고 있지만 실제로 현존하는 국제질서를 인정하지 않고 국제정치 및 국제경제 체제 속에 참여하지 않고 고립적인 자세를 견지하고 있다.

북한은 1961년 소련 및 중국과 '우호 · 협력 조약'을 체결하였다. 그러나 북한은 이러한 조약체결에도 불구하고 소련과는 긴밀한 관계를 갖고 있지 않았다. 반면 북한은 중국과는 우선 북한의 필요에 의해 교류를 극대화하며 긴밀한 관계를 유리하여왔다. 현재도 중국은 북한의 최고 우방국이다. 북한은 특히 경제적으로 중국에 크게 의존하고 있다. 먼저 북한은 원유를 전혀 생산하지 못한다. 북한의 원유는 상당 양을 중국으로부터 수입한다. 북한의 중국에 이러한 의존은 절대적 의존이라고 말할 수 있다. 실제로 북한의 대포동 2호 발사에 대한 경고 및 제재로 그리고 북한의 6자회담 복귀를 압박하기 위한 수단으로 중국은 북한에 대한 원유 수출을 일시중단하기도 하였다.[83] 북한은 무역에 있어서도 중국에 크게 의존하고 있다. 북한의 중국에 대한 무역 의존도를 보면 2009년 78.5%, 2010년 83% 그리고 2011년에 89.1%로 매년 그 의존도가 점점 높아가고 있었다.[84] 이러한 사실만을 보아도 북한은 외교적으로 중국과 매우 돈독한 관계를 갖는 것이 중요하다. 그러므로 북한의 주요한 대외적 목표는 중국과 우호적이고 협조적인 관계를 유지하기 위해 중국과 가장 긴밀한 외교 관계를 갖는 것이라고 말할 수 있다.

북한이 그 다음으로 가질 수 있는 목표는 한국을 공산화시켜 통일하는 것이다. 북한은 항상 대남 적화 통일을 강조하고 있다. 대남 적화 통일의 실현 가능성은 없다. 그러나 북한 당국은 대외선전용으로 또 대내적으로 북한주

83) "China Cut off Exports of Oil to North Korea," New York Times, 2006, 10. 30.

84) 이영학, "북한의 세 차례 핵실험과 중국의 대북한 정책변화 분석," 국제정치논총, 제53집 4호(2013), p. 208에서 인용.

민의 충성을 강요할 목적으로 이 같은 주장을 되풀이하고 있다. 북한은 지금까지 중국과 소련 또는 러시아와의 관계증진을 도모하였을 뿐이고 그 이외에는 극단적인 고립적 자세를 유지해왔기 때문에 실질적이고 실제적인 대외정책목표는 가진 일이 없다.

각 국 외교정책의 성격

미국 외교 정책의 성격

1945년 제2차 세계 대전이 끝난 다음부터 오늘에 이르기까지 미국은 정치, 경제, 군사 등 여러 부분에서 세계 최강국으로 군림해왔다. 제2차 세계 대전 이후 미국은 고립주의를 버리고 세계주의를 채택하였다. 그리고 미국은 그의 외교정책 목표를 성취시키기 위해 대체로 능동적이고 적극적인 외교정책을 결정하여왔다.

제2차 세계 대전 직후 미국은 대소련 봉쇄를 정부 차원의 외교정책 목표로 설정하였다. 미국은 이 대소련봉쇄 목표를 달성하기 위해 이 목표 성취에 필요한 국가들에게 경제, 군사원조를 제공하였다. 미국은 이러한 원조를 통해 소련의 세력 확장을 봉쇄하였다. 그 뿐만 아니라 보다 더 적극적으로 소련 세력의 확장을 막기 위해 소련 등 공산 국가를 포위하기 위해 많은 국가와 동맹 관계를 가졌다. 먼저 미국은 1947년 '유럽복구계획(the European Recovery Program)', 일명 '마샬 계획(Marshall Plan)'을 추진하기로 결정하였다. 이 '마샬 계획'은 미국의 자본을 이용하여 유럽에 미국의 상품 시장을 건설해서 유럽의 경제, 사회 및 정치 구조를 재건하고 동시에 공산주의자들의 서유럽 전복 활동을 제지시킬 수 있는 서유럽국가들의 능력을 제고시키기 위한 정책이었다.[85] 또한 미국은 서유럽국가들을 미국의 동맹국가로 만들기 위해 1949년 북대서양조약기구(NATO)를 만들었다. 이 기구의 회원국들의 안전은 미국이 보장하게 되었다. 이 기구의 형성은 소련에 의해 전개될 수 있는 서유럽국가에 대한 전복을 방지하여 소련의 세력 확장을 봉쇄하기 위한 조치였다. 그 뿐만 아니라 미국은 1950년대 동남아지역에 동남아조약기구

85) Charles W. Kegley, JR. and Eugene R. Wittkopf American Foreign Policy, p. 140.

(SEATO)를 구축했고 그리고 터키, 이란, 이라크, 파키스탄을 한데 묶어 중동 조약기구(Middle East Treaty Organization)를 만들기도 하였다. 또한 미국은 호주 그리고 뉴질랜드와 안주스조약(ANZUS Pact)을 체결하였다. 그리고 미국은 태평양을 그의 국제법상의 영해가 아니라 전략상 전략적 영해로 간주하고 있다. 그리하여 태평양의 안전은 곧 미국의 안전이라고 생각하며 태평양의 수호를 미국의 주요한 외교정책 목표 중의 하나로 간주하고 있다. 미국은 이러한 외교정책 목표를 성취시키기 위해 1950년대 한국 및 일본과 각각 개별적으로 동맹조약을 체결하였다.

1965년 존슨 정부는 '트루먼 독트린' 차원에서 공산세력의 확대를 막기 위해 북베트남을 폭격하고 남베트남에 125,000명의 미군을 추가로 파병하며 베트남에서 확전을 감행하였다.[86] 이 베트남 전쟁의 확전 결정은 역시 공산세력의 확산 저지라는 1960년대 미국의 외교정책 목표를 성취하기 위해서 만든 정책이다.

1970년대 접어들면서 국제정치적 상황이 변해가고 있었다. 1968년에도 소련은 체코슬로바키아에 그의 군대를 파견하며 체코슬로바키아 내정에 간섭하였다. 그리고 소련은 소위 '브레즈네프 독트린(Breznev Doctrine)'을 선언하였다. 이 독트린은 유럽의 공산국가들이 공산주의를 포기하고 민주적 개혁을 추진하는 국가에 대해 군사력의 행사를 정당화한다는 내용을 담고 있다. 이러한 소련이 입장과 태도를 바꾸어 1970년에 서독과 유럽의 국경을 영원히 인정하는 우호조약을 체결하였다. 이어서 소련이 공산주의적인 소련의 세력을 전 세계에 확산하려는 정책을 버리고 유럽의 현상(status quo)을 인정하게 되었다. 이러한 사실은 미국의 대소봉쇄를 더 이상 필요하지 않게 만들었다. 1971년 중국이 미국의 인접 국가이고 우방국가인 캐나다와 외교사절을 교환하였다. 그리고 중국은 유엔의 회원국이고 동시에 안전 보장이사회의 상임이사국이 되었다.

1970년대 초 대통령 안보 보좌관이었던 키신저에 의하면 "닉슨 대통령이 이러한 새로운 국내외적 상황에서 돌파구를 찾아야한다고 생각했고 닉슨 대

86) 위의 책, p. 565-566.

통령은 중국의 역할을 강조하였다."고 언급하였다. 구체적으로 말하면 미국은 아시아에서 새로운 아시아의 세력 균형을 수립하는데 중국의 역할을 필요로 하였다. 지정학적으로 소련과의 균형을 위해 중국과 관계 개선이 필요하다는 것이다. 소련으로 하여금 긴밀하게 협상하고, 베트남은 고립시켜 베트남 전쟁을 조속히 종식시키고, 인도차이나 반도에서 미국이 굴욕적으로 철수를 하는 가운데에서도 미국이 자신감을 갖게 하고 그리고 마지막으로 다극체제로 변화하는 국제정치 환경에서 주도권을 행사할 수 있는 능력을 과시하기 위해서 중국과의 관계개선이 필요하다는 것이다.[87] 닉슨 정부는 그의 위와 같은 외교정책 목표를 성취시키기 위해 중국과의 관계 개선을 추진한다는 입장을 정리하고 적극적인 외교 정책을 실현시켰다.

1980년대 초 레이건 정부는 3개의 외교정책 목표를 설정하였다.[88] 첫째는 소련의 팽창을 봉쇄하고 소련의 국제적 행위를 약화시키는 것, 둘째, 소련의 체제를 변화시키는 것, 그리고 셋째 미국 국가 이익 차원에서 소련과 교섭하는 것이다. 이러한 목표를 설정한 레이건 대통령은 구체적으로 다음과 같은 조치들 즉 정책을 결정하였다. 그는 1983년 3월 소련 지도자들을 "악의 중심(focus of all evil)"이라고 명명(命名)하고 소련을 "악의 제국(evil empire)"이라고 지칭하였다.[89] 이 선언 2주 후 레이건 대통령은 새로운 미사일 개발 계획인 "별들의 전쟁(Star Wars)"을 선언하였다. 이러한 결정은 소련과의 대립을 강화하고 군비 증강을 도모한다는 결정이었다.[90] 레이건 대통령의 이러한 결정들은 그에 의해 설정된 외교정책 목표들을 성취시키기 위한 외교 정책이었다.

레이건 정부는 새로운 계획인 소위 '레이건 독트린(Reagan Doctrine)'의 추진을 결정하였다. 이 독트린은 일명 '자유의 전사(Freedom Fighters)'라고도 한다.

---

87) Henry Kissinger, Does America Need a Foreign Policy?, p. 140.

88) 미국의 단기외교정책 목표 참고.

89) Presidential Documents, vol. 19(March, 1983), p. 369; Raymond L. Garthoff, Detente and Confrontation(Washington, D.C.: The Brookings Institution, 1983), p. 1015.

90) 위의 책, p. 1015.

이 독트린은 구체적으로 아프가니스탄, 앙골라, 그리고 니카라과 3개국 정부가 소련의 지원을 받고 있는데 이 정권을 붕괴시키는 것을 내용으로 하고 있다. 이 독트린은 공산주의를 봉쇄하는 것이 아니라 공산주의를 패배시키려는 계획이다. 그리고 이 독트린은 미국 국가 차원의 최고의 목표인 민주주의를 수호하려는 것이다.

앞에서 외교정책 목표에서 지적한 바와 같이 클린턴 행정부의 외교정책 목표는 "세계 모든 공동체에 시장 경제에 기초한 민주주의를 전파하는 것"이었다. 그리고 클린턴 대통령은 다음과 같이 언급하였다. 냉전이 종식되었지만 미국의 영원한 가치와 이익-즉 평화 및 번영, 안정과 안전, 민주주의와 국방에 대한 소련의 도전은 조금도 완화되지 않았다. 오히려 러시아 공산주의와 양극 체제적인 이념적, 군사적 및 정치적 경쟁의 종식은 새로운 도전의 판도라 상자를 열게 하였다. 클린턴 대통령은 1994년 9월 유엔에서 다음과 같은 구체적인 공산주의 행태를 지적하였다. "오늘날 우리가 직면하고 있는 위험은 냉전 시대의 위험보다 더 확산되고 있고 매우 위험한 지경에 이르고 있다. 특히 종족적인 분쟁이 매우 심각하다. 수백만의 사람들을 집으로부터 몰아내고, 많은 사람들에게 폭정으로 억압하고, 이웃을 정복하고, 대량 파괴 무기를 확산시키고, 공포의 무기로 테러를 자행하고, 무기 또는 마약으로 민주주의를 위협하고, 세계경제를 불안하게 하는 등이 오늘날 우리가 직면하고 있는 위험이다."[91] 클린턴 대통령은 1994년 8월 아이티에서 민주주의를 회복시키기 위해 군사 독재자를 축출하기 위해 군사력을 이용하였다. 또한 클린턴 정부는 외부의 침략으로부터 서반구를 수호하고 보호할 권리가 있음을 공식적으로 선언하기도 하였다.[92] 그리고 1994년 이라크 대통령 사담 후세인(Saddam Hussein)이 쿠웨이트 침공의 전단계로 적대적인 군사 행동을 시작하는 행위를 사전에 억지시키기 위해 미국 클린턴 대통령은 3만 5천명의 미군을 페르샤만에 파견하기도 하였다.[93]

---

91) Charles W. Kegley, JR. and Eugene R. Wittkopf, American Foreign Policy, p. 71.
92) 위의 책, p. 81.
93) 위의 책, p. 97.

지금까지 미국의 외교 정책을 살펴보았다. 미국의 외교정책은 그의 외교정책 목표를 성취시키기 위해 결정된 것이었다. 앞에서 말한 바와 같이 미국의 외교정책은 그의 외교정책 목표를 성취시키기 위해 미국 정부에 의해 주도적으로 그리고 능동적으로 결정된 적극적인 외교 정책이었다. 미국의 외교 정책은 전적으로 미국의 필요에 의해 그리고 능동적으로 결정된 정책이었다. 이와 같이 자의적이고 능동적이고 그리고 적극적인 외교 정책을 결정하여온 미국은 진정한 정치적 강대국이다.

일본 외교정책의 성격

동서고금을 막론하고 모든 국가는 그의 안전 보장을 최고의 국가적 목표로 삼고 있다. 국가의 안전이 보장되지 않는다면 국가는 존립을 크게 위협받게 된다. 먼저 일본 헌법 제9조는 전쟁 및 무력 행사를 포기하고 육 · 해 · 공군 및 그 외의 어떠한 전쟁 능력도 보유하지 않는다고 명시적으로 규정하고 있다. 일본은 스스로 그의 안전을 보장할 수 있는 최소한의 안전 장치를 보유하고 있지 않다. 일본은 1951년 9월 미국과 전쟁 상태를 끝내는 강화조약(평화조약)을 체결하면서 동시에 '미 · 일 안보조약'을 체결하였다. 이로써 일본은 미국과 동맹 관계를 갖게 되었다. 이로부터 일본의 안전 보장은 미국에 크게 의존하게 되었다(미·일관계가 동맹이라는 단어가 공식문서에 등장한 것은 1981년 5월 레이건 미국대통령과 스즈키 총리 간의 정상회담을 개최한 다음 발표된 공동 성명에서 처음 등장하였다.).

일본은 미국과 동맹 관계를 갖고 미 · 일 안보 조약을 강화하는 것이 일본의 국가적 그리고 정권 차원의 외교정책 목표이다. 일본이 이러한 목표를 갖고 있고 미국에 그의 안전 보장을 크게 의존하고 있기 때문에 일본은 능동적이고 적극적인 외교 정책을 가질 수 없다. 이러한 외교정책 목표를 갖고 있는 일본의 외교 정책 결정은 한계를 가질 수밖에 없다. 일본은 외교 정책을 결정할 때 미국과의 동맹 관계를 우선시하고 그 동맹 관계에 도움 되는 외교 정책을 결정해야 하기 때문에 일본의 외교정책 결정은 한계가 있고 따라서 적극적인 외교 정책을 결정하기 어렵다.

일본의 국가 차원 및 정권 차원의 외교정책 목표인 미 · 일 동맹 관계를 강화하는 것은 다른 국가로 하여금 일본의 의지 및 정책을 위해 외교 정책을 결정하도록 강요하거나 요구할 필요가 있는 외교정책 목표는 아니다. 이 목표는 일본 자신이 스스로 미국의 정책에 적응하고 협력하면 이루어질 수 있는 목표이기 때문에 일본이 그의 외교정책 목표를 성취시키기 위해 다른 국가에 대해 능동적이고 적극적 외교 정책의 결정을 필요로 하지 않는다. 실제로 이미 설정된 외교정책 목표가 매우 중요하기 때문에 일본은 이 목표와 상치되는 목표를 설정하거나 정책을 결정하는 행위를 감행하는 일은 없을 것이다.

일본은 정권 차원의 구체적인 외교정책 목표를 갖고 있지 않기 때문에 적극적이고 능동적인 외교정책을 갖는 국가는 아니다. 이러한 측면에서 볼 때 일본은 경제적 강국일지는 모르지만 외교정책 측면에서 보면 정치적 강대국은 아니다. 일본 내에는 실제로 '대미자주노선과 대미추종'노선이 회자(膾炙)되고 있다. 이 두 외교 노선의 대립이 제2차 대전 이후 일본 외교의 골격이 되어 있다.[94] 일본 내에서 '자주 노선 및 추종 노선'이 있다는 사실은 일본 외교 정책에서 적극성 및 능동성을 가질 수 없다는 것을 실제적으로 증명해 보이는 것이다. 일본은 특히 정권 차원의 외교정책 목표를 갖고 있지 않기 때문에 능동적이고 적극적인 외교 정책이 존재하지 않는다.

한편 일본은 그의 안전 보장을 전적으로 미국에 의존하고 있고 경제적으로 부유한 국가이기 때문에 미국을 제외한 다른 국가로부터 강요되는 또 요구되는 외교 정책을 결정하는 일도 없었다. 또한 일본은 미국과 동맹 강화라는 외교정책 목표에 반하는 외교 정책을 결정하는 일도 있을 수 없다. 다시 말하면 일본은 능동적이고 적극적인 외교 정책을 결정하는 일도 없었고 다른 국가의 요구나 또는 강요, 위협에 의해 외교 정책을 결정한 일도 없었다.

한국 외교 정책의 성격

한국은 대통령 중심제를 채택하고 있다. 앞에서 살펴본 바와 같이 한국의 각 정부는 다른 정권과는 차별화되는 정권 차원의 단기 외교정책 목표를 갖고 있다. 그러므로 각 정부는 그의 외교정책 목표를 성취시키기 위해 그에 필요한 외교 정책을 갖게 된다. 이미 지적한 바와 같이 한미 동맹 관계 강화

94) 양기호(옮김), 미국은 동아시아를 어떻게 지배했나, pp. 16-17에서 인용.

는 한국의 국가 차원의 외교정책 목표이다. 각 정권은 한・미동맹 관계의 강화를 모든 외교 정책의 전제로 한다.

대한민국 초대 정권이며 한반도에서 6・25전쟁을 치르고 있던 이승만 정부는 막중한 책무를 떠안게 되었다. 이승만 정부는 해방 및 미군정을 끝내고 국가를 안정・발전시켜야 할 책무와 함께 6・25전쟁을 치르며 한국의 안전보장을 확보하여야 할 책무도 떠맡게 되었다. 우선적으로 이승만 대통령은 미국과의 방위 조약 체결을 관철시키려 하였다. 그래서 그는 6・25전쟁 중에 한・미 방위조약의 체결을 희망하였다. 그러나 미국 측은 한국과 방위 조약 체결에 부정적이거나 소극적이었던 것으로 판단된다. 한・미 상호 방위조약 체결은 이승만 정부의 첫 번째 외교정책 목표였다. 6・25전쟁 중인 1952년 3월 4일, 트루먼 대통령은 이승만 대통령에게 다음과 같은 내용의 편지를 보냈다. 그 편지 내용은 다음과 같다. 트루먼 대통령은 유엔군사령부가 추진하는 휴전에 한국의 반대가 커진다는 사실에 우려를 표명하였다. 그리고 트루먼대통령은 그의 편지에서 "한국에 대한 원조는 한국 정부에 의해 이루어지고 있는 책임에 따라 영향을 받을 것이고 한국 국민의 단결을 유지하는 능력 그리고 민주주의 이념에 대한 충실도에 따라 영향을 받게 될 것이다."라고 언급하였다.[95]

트루먼의 편지에 대해 이승만 대통령은 1952년 3월 21일 유감의 뜻을 담은 내용의 답신을 보냈다. 이승만 대통령은 편지에서 "휴전 회담은 국민의 사기를 떨어뜨리고 국민의 분노를 자극할 수 있고 공산주의자들에게 그의 힘을 강화시키는 기회를 제공하게 될 것이다."라고 답하였다.[96] 이승만 대통령은 한・미 방위조약을 원하고 또 한국군을 강화시키는 프로그램을 필요로 하였다. 이승만 대통령은 그의 목표인 한・미 방위 조약을 성취시키기 위해 미국의 새로운 대통령인 아이젠하워에게 1953년 4월 9일 다음과 같은 내용의 편지를 보냈다. "우리는 통일을 위해 하나의 손으로라도 싸우겠다."는

95) Donald Stone Macdonald, U.S.-Korean Relation from Liberation to Self-Reliance(Boulder: Westview Press, 1992), p. 49에서 인용.

96) 위의 책, p. 49에서 인용.

의지를 담은 편지를 아이젠하워 대통령에게 보냈다. 이에 대해 미국 대통령은 이승만 대통령에게 "그러한 일은 하지 말라"고 경고문을 보냈다. 그 후 당시 변영태 외무장관은 휴전에 협조하는 대가로 한·미 방위 조약의 체결이 선행되어야 한다는 암시를 표시하였다.[97] 이승만 대통령은 공개적으로 휴전을 반대하였다. 이런 가운데 유엔군과 북한은 오랜 협상 끝에 1953년 6월 8일 포로 교환 협정에 합의하였다. 그런데 이승만 대통령은 휴전을 반대하고 한·미 방위 조약을 위해 1953년 6월 18일 대구, 거제도 등지에 있던 반공포로 27,312명을 유엔군 측과 사전 협의없이 일방적으로 석방을 결정하였다. 포로석방 문제는 유엔군사령부의 권한이었다. 북한이 남침한지 10일 후인 1950년 7월 14일 이승만 대통령은 대통령의 고유 권한인 국군통수권을 연합군 사령관인 맥아더사령관에게 위임하였기 때문에 이승만 대통령은 포로를 석방할 권한이 없었다. 이승만 대통령의 이 포로 석방 결정은 미국에게 한·미 방위 조약 없이는 휴전에 동의할 수 없다는 우리 정부의 뜻을 분명하게 알리는 정책 결정이었다. 이승만 대통령의 이러한 결정 이후 미국과 한국은 한국의 휴전동의 그리고 미국의 상호 방위 조약 수용으로 양국은 각각의 목적을 달성하였다.[98] 이승만 대통령의 일방적인 반공포로 석방결정은 이승만 정부의 외교정책 목표인 한·미 방위 조약 체결을 위해 취해진 명실상부한 능동적이고 적극적인 외교 정책이었다.

한편 이승만 대통령은 소극적인 외교 정책을 결정한 일은 없다. 이승만 대통령의 외교 정책의 기조는 반공·반일이었다. 이대통령은 철저하게 반공·반일에 기초해서 정책을 결정하였다. 한편 미국은 한국의 건국 직후부터 한국과 일본의 외교 관계 정상화를 희망하고 있었다. 주일미군사령관이며 동시에 일본의 미군정을 책임지고 있던 맥아더 사령관은 1949년 1월 주일 한국 대표부 설치를 승인하였다. 그리고 맥아더 사령관은 한·일 관계 개선을 위해 1950년 2월 이승만 대통령 내외를 개인자격으로 일본으로 초청하여 요시다(吉田 茂) 총리와의 면담을 주선하여 한일관계 발전을 도모하였다 그

97) 위의 책, p. 50에서 인용.
98) 위의 책, p. 510.

러나 한 · 일 관계는 발전이 없었다. 1951년 11월 한일 관계 발전을 협의하기 위해 일본 대표가 한국 방문을 요청하였으나 우리 정부는 이 요청을 거부하였다. 또한 주일미군사령관 클라크(Mark Clark)대장도 한 · 일 회담을 재개시키기 위해 1953년 1월 이승만 대통령을 일본으로 초청하여 일본의 요시다 총리와의 회담을 주선하였으나 아무런 성과도 낳지 못했다. 그러나 미국의 끈질긴 요구에 따라 한국 정부는 마지못해 1953년 4월 15일 동경에서 두 번째 한 · 일 회담을 재개하기는 하였으나 일본 측 수석 대표 구보타(久保田貫一郎)의 망언, 소위 '구보타 망언'으로 1953년 7월 회담은 결렬되었다. 구보타 망언을 요약하면 다음과 같다. 첫째 일본이 미국과 평화 조약을 체결하기 전에 한국을 독립시킨 것 등은 국제법 위반이다. 둘째 일본은 한국에 재산을 청구할 수 있다. 셋째 일본이 36년간을 한국을 통치한 것은 한국의 교육, 운송, 복지, 건강 및 농업기술의 증진을 도모하였다. 넷째 카이로 선언에서 일본인들에 의한 한국 사람들의 노예화라는 것은 과장된 보도였다.[99] 또한 1953년 미국 국무장관 덜레스(John Faster Dulles)도 이승만 대통령에게 한 · 일 회담을 재개하여 양국의 외교 관계가 발전되기를 기대한다는 내용을 담은 편지를 보냈다.[100] 그러나 이승만 대통령은 미국의 전폭적인 지원 하에 6 · 25전쟁을 수행하고 있고 또 미국과의 방위 조약의 체결을 희구(希求)하고 있으면서도 미국의 요구를 끝내 거부하였다. 이러한 사실은 이승만 대통령의 의지를 보여주고 있는 것이다. 즉 이승만 대통령은 그의 외교정책 목표와 무관한 소극적 외교 정책은 결코 결정하지 않았다.

1960년에 박정희 대통령은 국가 차원 및 정권 차원의 외교정책 목표인 한 · 미동맹 강화를 위해 그리고 한국의 경제 발전을 위해 베트남에 전투병 파견을 결정하였다. 박정희 대통령의 이 결정은 한국의 외교정책 목표 및 국내 경제발전 목표라는 두 개의 국내외 목표를 동시에 성취하기 위한 외교정책 결정이었다. 박정희 대통령의 이 결정은 역시 명실상부한 능동적이고 적극적인 외교 정책의 결정이었다.

---

99) 최경록 · 조희원, 한 · 일관계론(서울: 대왕사, 1985), pp. 18ff 참고.
100) Donald S. MacDonald, op.cit, p. 129.

1970년대 미국과 소련 간 긴장이 완화되어가고 있을 때 박정희 대통령은 외교의 폭을 넓히기 위해 1973년 6월 23일 '평화통일 외교 정책선언', 소위 '6 · 23선언'이라는 대통령 특별 선언을 발표하였다. 이 결정은 박정희 정부의 외교정책 목표인 외교의 폭을 넓히기 위해 결정된 박정부의 외교 정책이다. 이 외교 정책도 한국의 능동적이고 적극적 외교 정책이다.

노태우 대통령은 사회주의국가들과의 외교 관계를 강화하기 위한 외교정책 목표를 성취시키기 위해 1988년 7월 7일 외교 정책의 기본방향을 제시하고 북방 외교의 실천적인 행동의 지침으로 '민족 자존과 통일 번영을 위한 7 · 7대통령 특별 선언'을 발표하였다. 이 '7 · 7선언'은 대북한 정책과 함께 공산국가들인 소련 · 중국, 동구권 국가들에 대한 적극적인 북방 외교를 강조하고 있다.[101] 노태우 정부의 '7 · 7선언'은 외교의 폭을 넓힌다는 노태우 정부 외교정책 목표를 성취시키기 위한 능동적이고 적극적인 외교정책이다.

노무현 대통령은 외교정책 결정에 자주성 또는 자율성을 크게 강조하였다. 노무현 대통령은 자주적 주권 국가 회복을 시대적 과제로 인식하고 외교 안보 측면에서 자율성의 강화를 외교정책 목표로 설정하고 이를 위한 정책의 추진을 모색했다. 이런 맥락에서 노무현 정부는 자주국방 정책을 추진하였다. 첫 번째로 미국에 대해 전시작전권 전환을 요구하였다. 노무현 대통령은 2003년 광복절 경축사에서 "우리의 안보를 언제까지나 주한 미군에 의존하려는 생각도 옳지 않다. 자주독립 국가는 스스로의 국방력으로 나라를 지킬 수 있어야 한다"고 말했다. 그 후 2005년 한국 정부가 한미정책 구상회의에서 전시작전권 전환을 제의하면서 공식적으로 한국과 미국 간 협상이 시작되었고 결국 2007년 2월 한 · 미 국방장관은 2012년을 기점으로 평시 군사 작전통제권을 한국군으로 이전한다는 데에 합의하였다.[102]

한편 자주성을 주장하는 노무현 대통령은 2003년 미국의 요구에 의해 한국군의 이라크파병을 결정하였다. 노무현 대통령의 이 결정은 그의 외교정책 기조와 상반되는 외교정책이다. 노무현 대통령은 퇴임 후 가진 언론과의

101) 한국외교 40년, 1948-1988(1990), p. 198.
102) 김관옥, 동아시아 '불일치 딜레마'외교(서울: 리북, 2013), pp. 305-309.

인터뷰에서 이라크파병에 대해 "그 당시도 그렇고 지금 생각해 보아도 우리 역사의 기록에는 잘못된 선택으로 남을 것이라고 생각한다. 그러나 그 시기의 대통령을 맡은 사람으로서는 회피할 수 없는 불가피한 선택이었다."라고 언급하였다.[103)]

노무현 대통령의 이라크 파병 결정은 그의 외교정책 기조에 반하는 것이기도 하지만 그 정책의 결정은 수동적이고 소극적인 외교 정책이다. 왜냐하면 노무현 대통령의 이라크 파병 결정은 노무현 정부 외교정책 목표와는 무관한 외교정책이었으며 미국 정부의 요구에 의해 결정된 것이다. 이 결정은 수동적 소극적 정책이었다.

박근혜대통령은 2016년 3월 개성공단을 완전 폐쇄하는 결정을 단행하였다. 이 결정은 한국의 국가 차원의 외교정책 목표인 동시에 박근혜 정부의 외교정책 목표이기도 한 북한의 핵 무기를 포기시킨다는 목표를 성취하기 위한 정책 결정이었다. 그러므로 박근혜 대통령의 개성 공단 완전폐쇄 결정은 그의 외교정책 목표를 성취시키기 위한 정책이기 때문에 박근혜 대통령의 정책결정은 능동적이고 적극적인 외교 정책이다.

한국의 역대 몇몇 정권들은 능동적이고 적극적인 외교 정책을 결정할 수 있는 능력과 환경을 갖고 있지 못한 정권이었다. 먼저 한국은 현재까지도 휴전 상태로 남북한이 군사적으로 대치하고 있는 상태이고 한국의 안보는 불안한 상태이다. 현재 한국에는 미군이 주둔하고 한국의 안전 보장을 뒷받침하고 있다. 그리고 2015년 현재 한국은 국내총생산(GDP)은 1조 4,000억 달러로 경제규모가 세계11위이다.[104)] 그러나 이 정도의 경제 규모만으로 한국이 능동적이고 적극적인 외교 정책을 결정하는 데에는 한계가 있다. 한국은 자원이 부족하여 원유 등 주요 산업 자원을 외국에 크게 의존하고 있고 또 한국 경제는 무역, 특히 수출에 크게 의존하고 있다. 이러한 경제력으로 우리의 외교정책 목표를 성취시킬 수 있는 능동적이고 적극적인 외교 정책을 결정하는 것은 시기 상조라고 생각한다.

---

103) 위의 책, p. 314에서 인용.

104) 2015년 IMF자료. 朝鮮日報, 2015.10.8.

중국 외교 정책의 성격

중국이 소위 'G-2'로 불리게 된 시기는 실제로 2011년부터이다. 중국은 2011년 4월 국제통화기금(IMF)이 발표한 경제 전망 보고서에서 국가별 경제 규모를 발표했다. 이 보고서에 의하면 2011년 중국의 국내총생산(GDP)은 5조 8,783억 달러로 처음으로 미국에 이어 세계 제2위의 경제 규모를 갖는 국가가 되었다. 2015년도 국제통화기금 자료에 의하면 중국의 국내 총생산은 11조 2,000억 달러이고 일본의 국내 총생산 규모는 4억 2,000억 달러였다. 4년만에 중국과 일본이 국내총생산 규모는 약 2.5배 그 차이가 크게 벌어졌다. 이러한 사실을 두고 언론 등에서는 중국을 소위 'G-2'로 부르고 있다(2013년 기준 1인당 GDP는 미국은 45,829달러이고 중국은 8,496달러이다.).[105] 이러한 배경 때문에 오늘날 중국이 경제 강대국으로 불리어지고 있다. 이처럼 경제 강국으로 불리고 경제 규모로는 세계 2위의 자리를 차리고 있지만 중국인의 삶의 질, 복지, 사회 안전망 등은 개발도상국의 일원으로 분류된다. 중국을 사람에 비유하면 몸집은 크지만 인체의 여러 기관 등이 허약하여 건강이 좋지 않은 사람과 같은 형국이다.

한 국가가 정치적으로 강대국의 지위에 오르기 위해서는 그 국가의 외교 정책의 질에 의해 결정된다. 한 국가의 외교 정책이 능동적이고 적극적이어야 그 국가를 정치적 강대국 반열에 올려놓을 수 있다. 1949년 건국 이후 중국의 외교 정책노선은 여러 차례 바뀌어 가졌었다. 그러나 중국은 구체적인 외교정책 목표도 없었고 따라서 이 목표를 성취시키기 위한 외교 정책도 없었다.

중국은 건국하면서부터 소련이 해체되는 1990년대 초까지 미국 및 소련 두 강대국 사이에서 항상 불안과 위협을 느끼며 살아왔다. 그 뿐만 아니라 중국은 특히 미 · 소 냉전 구도 하에서 고립되어 외교적으로 매우 어려운 상황에 놓여있었다. 중국은 이러한 상황에서 조금이라도 탈피하기 위해 외교 정책 노선을 여러 차례 바꾸어가졌다. 1950년대는 친소 반미, 1960년대는 반소반미, 1970년대는 친미반소 그리고 1980년대는 친미친소의 노선을 추

105) 박영준 · 홍승현(옮김), 중국, 세계로 가다(서울: 아산정책연구원, 2014), p. 250.

구하였다. 중국은 우선 국내적으로 경제, 대외적으로 안전 보장의 위협 속에서 살아왔기 때문에 따로 국가 발전을 위한 외교정책 목표는 수립하기 어려웠다. 따라서 중국은 외교정책 목표 성취를 위한 외교 정책은 존재하지 않았다. 그래서 중국은 능동적이고 적극적인 외교 정책을 갖지 못했다. 이러한 측면에서 볼 때 중국은 정치적 강대국의 반열에 오르지 못하고 있다.

1953년 스탈린 사망 이후 중국은 소련의 새로운 지도부에 대한 존경을 거부하고 새 지도부에 대해 부정적인 시각을 갖고 외교적으로 독자 노선을 추구하기 시작하였다. 그 대표적인 예로 중국은 1955년 비동맹국가들과 함께 반둥회의를 개최하며 독자적인 외교 노선을 걷기 시작하였다. 이후 중국은 아시아 · 아프리카 비동맹 국가들과의 외교 관계를 발전시키기 시작하였다. 그와 함께 중국은 소련과의 관계 단절 이후인 1960년대 접어들면서 혁명 노선을 택하였다. 또한 중국은 중간지대론, 제3세계론 등을 주장하며 모든 피압박 민족과 국가의 혁명 투쟁을 지원 하며 세계적으로 공산 혁명을 이룩하는 것을 한 때 중국 외교정책 목표로 삼았던 것으로 판단된다. 또한 중국은 1949년 건국 이후 1970년대 초반까지 외교정책 목표는 반패권(anti-hegemonism), 강대국 권력정치 반대(anti-big power politics), 반폭력(anti-bullying), 반압력전술 및 반제재(anti-pressure tactics and sanction), 반동맹(anti-alliance), 반간섭(anti-intervention) 그리고 반세력권 형성(anti-sphere of influence)에 초점을 맞추고 있었다.[106] 중국은 1970년대 말 개혁 · 개방 정책을 추진하기 전까지 외교정책 목표는 '반대'에 초점을 맞추어 왔다. 이런 성격의 외교정책 목표는 중국의 국가 발전을 위한 것이 아니라 다만 외교적으로 고립을 탈피하기 위한 최소한의 조치로 보여진다. 그러므로 이러한 반대에 초점을 맞춘 외교정책 목표를 갖고 있는 중국에는 국가 발전을 위한 능동적이고 적극적인 외교 정책을 갖는 것은 불가능하고 불필요한 것이었다.

1980년대부터 중국은 경제 발전을 국가 차원의 목표로 설정하였기 때문에 외교정책 목표도 경제발전에 초점을 맞추어 형성되었다. 1980년대부터

---

106) David Shambaugh, "The United States and China: A New Cold War?" Current History, vol. 94, no. 593(September 1995), p. 246.

중국의 외교정책 목표는 한반도 등 주변의 평화와 안정 그리고 미국 등 서방 자본주의 선진국들과의 유대를 강화하는 것이었다.[107)]

한편 중국은 다른 국가에 크게 의존하지 않았기 때문에 다른 국가의 요구 또는 압력에 의해 소극적인 외교 정책을 결정하는 일도 없었다. 중국은 특히 정부 차원의 외교정책 목표를 구체적으로 갖고 있지 못했다. 따라서 중국은 능동적이고 적극적인 외교 정책을 갖고 있지 못했다.

중국은 외형상 그리고 규모에 있어 거대한 국가이다. 중국은 세계 최고의 인구, 거대한 국토, 유인 우주선 발사, 핵무기 보유, 항공모함 보유, 세계에서 가장 큰 박물관, 세계 최대의 수력발전 댐, 세계 2위의 경제규모, 세계 2위의 국방예산, 지난 30여 년간 지속된 세계최고의 경제 성장률, 세계 최고의 수출액, 세계 최고의 외환 보유고, 세계에서 두 번째로 많은 외국인 직접투자(FDI)유치, 세계에서 가장 많은 수의 백만장자, 세계에서 가장 다양한 제품 생산 등에서 이미 세계적인 강국으로 불리기에 손색이 없는 많은 조건을 보유하고 있다. 이러한 자질에도 불구하고 중국은 진정한 정치적 강대국으로서의 역량이 부족한 국가이다. 진정한 강대국으로서의 권력은 다른 국가나 특정한 사안에 대해서 영향을 행사할 수 있는 능력이다. 만일 다른 특정 국가나 지역에 영향을 주지 못한다면 어떤 국가가 단순히 세계 무대에 모습을 드러낸다고 해서 세계적인 권력을 갖추었다고 말할 수 없다. 어떤 상황에서 자국이 원하는 결과를 도출할 수 있어야 진정한 의미에서 이것을 권력의 행사이자 영향력의 본질이라고 부를 수 있다. 이러한 측면에서 볼 때 중국의 국제적 영향력은 그렇게 크지 않다.[108)] 이러한 중국은 능동적이고 적극적인 외교 정책을 결정하고 그것을 추진해서 원하는 결과를 얻는 국가는 아니다. 그러므로 중국은 정치적 강대국이라고 말할 수 없다. 일찍이 등소평은 다음 세대 지도자들에게 정책결정의 지침을 남겨주었다. 그가 남겨준 지침은 다음과 같은 것이다. "신중하게 관찰하고, 우리의 존립을 안전하게 하

107) Harry Harding, "Change and Continuity in Chinese Foreign Policy, Problem of Communism," col. XXXII, no. 2(March-April 1983), pp. 6-7.

108) 박영준 · 홍승현(옮김), 중국, 세계로 가다, pp. 28ff.

고, 모든 문제에 조용히 대처하고, 우리의 능력을 감추고 시기를 기다리고, 낮은 자세로 임하고 그리고 주도권을 주장하지 말아라."[109] 이와 같은 지침의 준수는 중국 외교 정책이 수동성 및 소극적 태도를 갖게 한다.

세계적인 경제규모를 가진 다음부터 중국은 아프리카에 적극적으로 진출하고 있다. 중국의 아프리카 정책은 전적으로 능동적이고 적극적인 외교 정책이다. 오늘날 중국의 아프리카 정책은 외부로부터 요구되거나 압력에 의해 결정된 정책은 아니다. 중국의 아프리카 정책은 그의 필요에 의해 결정된 정책이다. 아프리카는 미국을 포함하여 과거 아프리카를 식민지로 갖고 있던 현재의 강대국들이 이 지역에 관심을 갖고 있지 않은 무주공산(無主空山)과 같은 지역이다. 그렇기 때문에 중국은 다른 국가의 저항없이 이 지역에 진출을 추진하고 있다.[110]

중국은 2000년부터 3년에 한 번씩 중국과 아프리카 총 49개국이 참여하는 '중국-아프리카 포럼(FDCAC)'을 개최해 아프리카에 대한 원조 규모 확대, 채무 면제, 의료 지원 등을 논의하고 있다. 그리고 중국은 아프리카에서 생산되는 원유의 약 50%를 수입하고 있고 중국은 국내에서 소비되는 원유의 30%를 아프리카로부터 수입하고 있다. 그리고 중국은 아프리카에 2번째로 많은 투자를 하고 있다. 2001년 아프리카에는 중국인이 약 137,000명이었으나 2007년에는 40만 명으로 크게 증가하였다.[111]

중국의 아프리카 진출은 정치적으로 그리고 경제적으로 의미 있는 정책 결정이었다. 정치적으로는 다른 강대국들이 크게 관심을 갖지 않는 지역에 진출해서 중국의 힘을 과시할 수 있는 기회가 되었다. 또 경제적으로 경제대국이 된 중국이 아프리카로부터 필요한 자원을 수입하고 또 이 지역에 많은 경제 지원 및 투자로 아프리카를 움직일 수 있는 바탕을 마련하고 있다.

---

109) FBIS-CHI-91-215.

110) Raymond W. Copson, "US Response to China's Rise in Africa: Policy and Policy Options," in Marrel Kitissou(ed.), Africa in China's Global Strategy(London: Adonis and Affey, 2007), p. 71.

111) Marin Jacques, When Rules The World 2nd ed.(London: Penguin Books, 2012), pp. 413ff 참고.

중국의 아프리카에 대한 정책은 중국이 내세울 수 있는 능동적이고 적극적인 외교 정책이다.

북한 외교 정책의 성격

앞에서 지적한 바와 같이 북한 정권이 갖고 있는 외교정책 목표는 실제적으로 중국과의 돈독한 외교 관계 유지 그리고 한국의 공산화이다. 실제로 북한은 이들 목표를 위해 어떤 주체적인 외교 정책을 제시한 일은 없다. 북한은 중국과의 관계를 중요시하고 있지만 중국은 북한의 핵개발을 반대하여 왔다. 그럼에도 불구하고 북한은 핵개발 프로그램을 계속 추진하고 있다. 북한의 이러한 태도는 중국과의 돈독한 관계 유지를 어렵게 할 것이다. 실제로 중국은 유엔에서 결의한 대북한 제재에 점점 더 적극적으로 참여하고 있는 실정이다. 이렇게 볼 때 북한의 핵개발은 북한 외교정책 목표 달성에 역행하는 것이다.

북한의 두 번째 목표인 한국의 공산화는 그들이 갖고 있는 목표인 동시에 꿈이다. 북한이 이러한 꿈을 현실화하기 위한 구체적인 정책은 한국 국민간의 갈등을 고조시키고 한국 사회를 교란시키는 것이어야 할 것이다. 북한이 이러한 일들을 간헐적으로 하여 왔다. 그러나 그들의 이러한 행위는 그 실효성을 상실한지 오래되었다.

2. 각 국의 외교

외교 행위

오늘날의 국제정치는 점진적으로 전쟁이나 무력 행사가 아닌 평화적 수단인 외교를 통해서 전개되어 가고 있다. 실제로 1480년부터 1941년까지 국가 간에는 278건의 전쟁이 치러졌다. 그러나 제2차 세계 대전이 끝난 다음이 1945년부터 1967년까지 국가 간에 발생했던 전쟁은 82건에 불과하였다.[112] 이와 같은 사실은 오늘날 국제정치에서 이용되는 주요 수단이 외교라는 사실

112) K. J. Holsti, International Politics, 5th ed.(Englewood Cliffs, N. J.: Prentice-Hall, 1988), p. 271.

을 명확히 보여주는 근거이다. 국가는 그의 안전을 보장하고 국가 이익을 극대화하기 위해 대외적으로 외교정책 목표를 설정하고 이 목표를 성취시키기 위해 외교 정책을 결정하고 이 외교 정책을 실현하여야 궁극적으로 국가 이익을 증대시킬 수 있다. 이러한 국가의 외교 정책을 실현시키는 수단이 외교이다. 그러므로 첫 번째 외교의 존재 의미는 일차적으로 외교 정책을 실현시키는 데에 있다. 두 번째 외교의 존재 의미는 국가 간의 문제를 해결하는 데에 있다. 오늘날은 국가 간의 현안의 해결의 주요 수단은 외교이다.[113)]

국제정치에서 하나의 국가가 자국의 국가 이익을 증대시키기 위해 외교 정책 목표를 설정하고 그것을 성취하기 위해 외교 정책을 결정하고 그리고 구체적인 외교 행위로 외교 정책을 실현하는 국가가 진정한 국제정치의 강대국이다. 제2차 대전 이전까지 국가는 외교 정책 없이 또 외교도 없이 무력으로 국가의 목적을 성취시키려 하였다. 이러한 행위는 외교가 아니라 전쟁 행위이다. 오늘날 군사력을 외교적 수단으로 이용하는 국가는 있으나 전쟁 행위로 목표 성취를 도모하는 국가는 찾아보기 힘들다.

동아시아 국가 가운데 어떠한 국가가 외교로 국가 이익을 증진시키는 국제정치의 강대국인가를 살펴보기로 한다. 그러나 동아시아 5개의 국제정치 주체 가운데 미국을 제외하고 다른 주체들은 이러한 기본적인 외교의 기능을 수행하는 국가는 없다. 동아시아의 한국, 일본, 중국 그리고 북한은 모두 제2차 세계 대전이 끝난 다음에 탄생된 신생 국제정치 주체들이다. 이 신생 국가들은 그들의 국가 안보를 자력으로 지킬 수 없고 또 경제적으로도 자립이 불가능한 존재들이었다. 그리하여 이들은 다른 국가의 보호와 지원이 절실하였다. 실제로 한국과 일본은 미국에 안보와 경제를 크게 의존하였고 중국과 북한은 소련에 의존하였다. 그 결과 이 4개의 신생 국제정치의 주체들은 독자적으로 외교를 전개할 수 없었고 그 대신 이 신생 주체들은 미국 및 소련 일변도의 외교에 치중하였다. 따라서 이들은 각각 외교의 초점을 각각 미국과 소련과의 관계 증진에 맞추어 왔다. 이들 4개의 국제정치 주체들은 구체적인 외교정책 목표도 없었고 외교 정책도 없었다. 그리하여 이들의 외

113) 송영우, 현대외교론 2nd. ed.(서울: 평민사, 2003), pp. 18ff.

교는 외교 본연의 직무를 수행하지 못했다. 외교 본연의 임무를 효율적으로 수행하기 위해서는 외교정책 목표를 성취시킬 수 있는 능력인 외교 역량을 갖고 있어야 한다.[114)]

각 국 외교의 특성

미국외교의 특성

미국은 1776년 영국으로부터 독립을 선언한 미국은 1783년 파리조약으로 독립을 인정받고 주권 국가로 거듭 태어났다. 미국은 건국 이래 제2차 세계 대전이 끝날 때까지 1899년 스페인과의 전쟁, 제1차 및 제2차 세계 대전에 참여 이외에는 외교적으로 고립주의 노선을 채택해 왔다. 그렇기 때문에 1945년 제2차 세계 대전이 끝나는 시기까지 미국 외교의 폭은 지극히 제한적이었다. 미국의 외교는 남·북 아메리카 대륙에 치중되었다.

미국은 20세기가 시작된 1900년부터 1913년까지 소위 '달러 외교(dollar diplomacy)'를 전개하였다. 이 시기 미국은 카리브 해안 지역 및 중앙 아메리카 지역에서 막대한 상업적 이익을 얻고 있었다. 그리하여 미국은 이 지역을 보호하는데 역점을 두었다. 미국은 이 지역에서의 이익을 보호하기 위해 루즈벨트(Theodore Roosevelt)대통령으로부터 태프트(William Howard Taft) 대통령에 이르기까지 이 지역에 깊이 간섭하였다. 이 시기 미국 정부는 그의 정책을 '총탄 대신 달러로 대체'하는 정책이라고 하였고 이러한 미국 정부의 입장을 일명 '달러 외교'라고 불렀다. 그러나 미국 정부는 실제로 이 지역에서 미국의 이익을 보호하기 위해 군사력을 사용하였다. 미국 정부는 1901년부터 1921년까지 중남미지역에서 뿐만 아니라 중국, 터키 등 세계 여러 지역에 군병력을 파견하여 미국의 힘을 과시하였다. 미국의 군사력 행사 건수는 1901~1909년까지 14차례, 1910~1912년까지 10차례, 1913~1920년까지 19차례 총 43차례 미국 영토 밖에서 군사력을 행사하였다.[115)] 미국은 이처럼

---

114) 위의 책, pp. 85ff 참고.

115) Charles W. Kegley, JR. and Eugene R. Wittkopf, American Foreign Policy, pp. 40-42.

제1차 세계 대전이 끝날 때까지 미국의 이익을 보호하고 증대시키기 위해 서슴없이 군사력을 사용하였다. 그러므로 이 시기까지 미국은 국제사회에서 평화적 수단인 외교가 아니라 군사력을 이용해 미국의 국가 이익을 수호하여 왔다. 결론적으로 미국은 외교를 국제정치의 수단으로 이용하기보다는 주로 군사력을 사용하였기 때문에 그리고 외교를 적극적으로 전개하는 경험을 갖지 못했기 때문에 미국은 외교의 체계를 제대로 갖추어 갖지 못했다. 미국은 제2차 대전 이전까지는 외교를 체계적으로 전개하지 못했기 때문에 미국은 이 시기까지 미국적인 외교의 기조를 갖추고 있지 못했다.

제2차 세계 대전이 끝난 다음 미국은 경제 및 군사력에서 세계 최고·최강의 국가가 되었다. 이 전쟁이 끝난 직후 미국은 원자탄을 보유한 유일한 국가였고 미국의 국민총생산(GNP)은 전세계총생산(Gross World Product)의 52%를 차지하고 있었다.[116] 제2차 대전 이후 강하고 부유한 국가가 된 미국은 이러한 힘을 바탕으로 적극적인 외교를 전개하였다. 전후 미국은 많은 국가에 경제 원조 및 군사 원조를 제공하였다. 이러한 원조의 제공으로 많은 국가에 막강한 외교 역량을 갖게 되었다.

미국은 1946년부터 1993년까지 2,823억 달러의 경제 원조를 다른 국가에 제공하였고 그리고 1950년부터 1994년까지 4,238억 달러의 군사 원조를 다른 국가에 제공하였다.[117] 미국이 이러한 원조를 제공하는 목적에 대해 미국 국무부차관 호름스(H. Allen Holmes)는 1989년 의회 청문회에서 다음과 같이 언급하였다.[118]

"미국은 미국 안전 보장의 동반 국가로 하여금 침략과 불안을 방비할 수 있는 능력의 제고; 미국 동맹국가의 단결과 힘을 유지하기 위해; 미국의 외교 전략을 지원하고 미국의 영향력 및 품위를 제고시키기 위해 그리고 건전한 군사적 관계를 발전시키기 위해; 지역의 안정을 도모하기 위해; 해외에

---

116) Zbigniew Brzezinski, "How The Cold War Played," Foreign Affairs, vol.51 no.1(October 1972), p. 182.

117) Charles W. Kegley, JR. and Eugene R. Wittkopf, American Foreign Policy, pp. 137-146.

118) 위의 책, p. 145.

있는 군사 기지 및 군사 시설에 쉽게 접근하고 미국 군사력의 전략적 기동성을 유지하기 위해; 많은 국가 부채에 어려움을 겪고 있는 국가, 수출 상품 가격에 어려움을 겪고 있는 국가 그리고 세계경제 환경이 크게 변화하는 상황에서 어려움을 겪고 있는 중요한 국가의 경제를 강화시키기 위해 그리고 신생 민주주의 국가를 지원하기 위해 이러한 원조를 제공한다." 미국은 일찍이 다른 여러 국가에 많은 군사 원조 및 경제 원조를 제공하며 그의 외교 역량을 크게 강화하였다. 미국은 제2차 세계 대전이 끝나면서 '힘의 전환'을 도모하며 국제정치에서 요구되는 외교 역량을 확대 · 강화하였다. 그리하여 제 2차 세계 대전이 끝난 다음부터 강한 외교 역량에 기초해서 외교 행위를 시작하였다. 그리하여 현대 미국 외교의 기조는 그의 전통, 문화, 경험에 기초해서 형성된 것이 아니라 강하고 큰 국력을 갖고 강한 외교 역량에 기초한 외교의 기조를 구축하였다. 그리하여 미국은 제 2차 세계 대전 이후에는 언제나 선제적 그리고 주도적으로 외교를 전개하고 있다. 그리고 미국은 외교에 있어 언제나 외교 주체 국가로 군림하고 있다. 미국은 능동적으로, 적극적으로 그리고 선제적으로 외교를 전개하는 국가이다.

또한 미국은 제2차 대전 이후 약 40여 년 간 지속되었던 냉전 구도 하에서 소련을 봉쇄하기 위해 많은 국가와 방위 조약을 체결하여 동맹 관계를 가졌다. 미국과 동맹 관계를 가진 국가는 그의 안전 보장을 크게 미국에 의존하게 된다. 그러므로 미국은 동맹 관계를 갖고 있는 국가에 대해 항상 외교의 주체 국가로 행위 할 수 있었다.

동아시아 지역에서 미국은 한국 및 일본과 각각 방위 조약을 체결하여 동맹 관계를 갖고 있다. 이 동맹 관계를 통해 한국과 일본은 그들의 안전을 미국에 크게 의존하고 있다. 한국은 휴전상태 하에서 안전 보장을 미국에 크게 의존하고 있다. 일본도 그의 헌법 제9조에 의해 군대를 보유할 수 없기 때문에 일본 역시 그의 안보를 미국에 많이 의존하고 있다. 이러한 의존관계를 한국 및 일본이 미국과 일방적인 그리고 불평등한 상호 의존 관계를 형성하게 되고 이러한 관계는 당연히 양측 간의 정치적 의존관계를 갖게 한다. 이러한 정치적 의존 관계는 필연적으로 미국은 한국과 일본에 대해 선제적으로 외교 행위를 감행하고 외교의 주체 국가로 외교의 전개과정을 주도하는 주체 국가가 되고 한국과 일본은 외교의 객체 국가가 된다.

2000년대 초 일본 정부는 이란의 하타미대통령을 초정하였다. 일본을 방문한 하타미 대통령은 매장량 260억 배럴로 세계 최대의 유전인 아자데간 유전 개발권을 일본에게 주었다. 그러나 이란과 적대적 관계를 갖고 있던 미국은 일본에게 아자데간 유전 개발에 참여하지 말라고 압력을 가하였다. 결국 일본은 미국의 압력에 굴복하여 아자데간 유전 개발권을 포기하였다.[119)]

1970년 닉슨 정부는 한국에 주둔하고 있던 미 육군 제7사단을 철수하기로 결정하였다. 그러자 한국 정부는 핵개발을 추진하기로 결정하고 1972년 한국 정부는 프랑스와 이 계획을 추진하기 시작하였다. 그리고 한국은 프랑스의 도움으로 1974년부터 매년 20킬로그램의 플루토늄을 생산할 수 있는 시설을 갖추게 되었다. 이 정도의 플루토늄은 1945년 8월 히로시마에 투하된 것과 같은 위력을 가진 원자탄을 만들 수 있다. 1974년 11월 주한 미국 대사관은 본국에 다음과 같은 정보 보고서를 보냈다. "한국은 핵무기 개발 프로그램을 진행하고 있다." 이 보고서를 접수한 본국에서는 이 정도의 개발 프로그램이라면 한국은 10년 내에 핵무기와 운반 수단을 보유할 수 있을 것으로 판단하였다. 이러한 사실에 접한 미국 정부는 한국에 직접 압력을 가하기도 하고 핵무기 개발 관련 자료를 공급하는 여러 국가에게 한국에 핵무기 개발 기술 이전을 하지 말 것을 권고하였다. 주한 미국대사 스나이더(Richard Sneider)는 주한 프랑스 대사 렌디(Pierre Landy)에게 "한국에 대해 핵무기 개발 기술 및 자료 이전을 하지 말 것"을 요구하였으나 프랑스는 미국의 요구를 거절하였다. 프랑스 정부는 핵 개발 계획을 취소할 수 있는 국가는 오직 한국뿐이라고 미국의 요구를 거절하였다. 그러자 미국은 한국에 직접 압력을 가하기 시작하였다. 1975년 8월 쉬레진저(James Schlesinger) 미국 국방장관은 한국을 방문하여 박정희 대통령에게 "한국의 핵무기 개발은 한-미관계를 위험하게 할 수 있다"고 경고하였다. 그럼에도 불구하고 한국의 대응이 만족스럽지 않자 주한 미국대사 스나이더 그리고 아시아-태평양담당 차관보 하비브(Philip Habib) 두 사람은

119) 양기호(옮김), 미국은 동아시아를 어떻게 지배했나, pp. 33-34.

"만일 한국이 핵개발을 계속한다면 한국에 대한 미국의 안전 보장 관계는 의심스럽지 않을 수 없다"고 경고하였다. 또한 새로운 국방장관이 된 럼스펠드(Donald Rumsfeld) 역시 1976년 5월 한국 국방장관에게 "만일 한국이 핵무기 프로그램을 계속 진행한다면 미국은 경제 및 안보 문제를 포함해서 한국과의 모든 문제를 전면적으로 재검토 할 것이다"라고 또 한 번 경고하였다. 그러자 박정희 대통령은 핵무기 개발을 포기하였다.[120]

지금까지 미국의 동아시아 주요 동맹국인 한국과 일본에 대한 미국의 대표적인 외교의 행태를 살펴보았다. 미국은 한국과 일본에 대해 적극적으로 그리고 주도적으로 미국의 의사를 직접 전달하는 직접적인 외교 행위를 전개하였다. 이러한 미국의 외교 행태가 미국 외교의 기본적 경향인 미국의 전형적인 외교의 특성이다. 미국 외교의 특성은 영향력 또는 압력에 기초한 힘의 외교를 본질로 하고 있다.

미국이 갖고 있는 또 하나의 외교 역량을 가시적인 수단이 막강한 군사력이다. 오늘날 미국은 세계 최강의 군사력을 갖고 있다. 그리고 미국은 동아시아를 비롯해 필요로 하는 여러 지역에 미군을 상주시키고 있다. 미국은 이러한 군사력을 직접 행사하거나 또는 행사 위협을 통해 미국 외교정책 목표를 성취시키기도 한다. 그뿐만 아니라 미국은 실제로 다른 국가의 정책 및 행위를 변경시키기 위해 군사력을 이용하기도 한다. 이와 같이 미국처럼 영향력 및 압력 수단으로 군사력을 사용하는 현대적 전술을 '무력외교(gunboat diplomacy)'라고 한다. 예를 들면 1979년 소련이 아프가니스탄을 침공한 다음 소련에게 아프가니스탄 서쪽 지역으로 더 이상 공격하지 말라는 미국의 의사 표시로 인도양에 미국 함대의 순찰을 확대·강화하였다. 1983년 미국은 리비아 독재자 카다피(Muammar Qaddafi)로 하여금 수단(Sudan)을 공격하지 않도록 설득하기 위해 지중해에 항공모함 전단을 주둔시켰다. 또 1983년에도 미국은 중앙아메리카에서 활동하고 있는 좌파 게릴라를 위협하고 동시에 쿠바, 니카라과 그리고 소련에 대해 이 게릴라들을 지원하지 못하게 하기 위해

120) Don Oferdorfer, The Two Koreas(Reading, Massachusetts: Addison-Wesley, 1997), pp. 68-74.

혼두라의 이스무스(Honduran isthmus) 해협에 미 해군의 기동력을 강화하였다. 그리고 1994년 미국은 이라크의 후세인(Saddam Hussein) 대통령으로 하여금 쿠웨이트에 대한 전쟁을 재개하기 위해 적대적 행위를 하지 못하게 하기 위해 페르시아만에 35,000여 명의 미군을 파견하였다. 이러한 행위들은 모두 다른 국가에 압력 또는 영향력을 행사하기 위해 취해진 조치들이다. 미국은 1946년부터 1984년까지 약 40여 년 동안 이러한 '무력 외교'를 약 300번 정도 전개하였다.[121] 미국의 이러한 외교행위는 곧 미국의 또 다른 하나의 특성이라고 할 수 있다. 미국은 자신이 갖고 있는 경제, 군사적 힘을 미국이 필요로 하는 많은 지역에 투입시켜 장차 사용 가능한 외교 역량으로 사용하여 그의 목적을 달성시키고 있다.

그런데 막강한 힘을 갖고 있는 미국이 북한에는 미국의 힘이 투입되어 있지 않다. 그리하여 미국은 북한에 대해서는 어떠한 외교 역량도 발휘할 수 없다. 그 결과 미국은 북한의 핵 개발을 저지시키지 못하고 있다. 북한이 핵무기를 개발하기 이전까지 북한은 미국이 정치적 및 전략적으로 관심을 갖는 정권이 아니었기 때문에 미국은 그의 힘을 북한 정권에까지 침투시키지 못해 북한 정권에 대해 영향력 또는 압력을 행사할 수 없게 되었다.

일본 외교의 특성

2015년도 국제통화기금(IMF)자료에 의하면 경제 규모면에서 일본은 미국 및 중국에 이어 세계 제3위의 국가이다. 이러한 경제 대국인 일본은 국제정치적 목적을 갖고 다른 국가에 압력을 가하거나 영향력을 행사할 수 있는 바탕을 마련한 일이 없다. 이렇게 볼 때 일본의 외교는 매우 소극적이라고 말하지 않을 수 없다. 제2차 대전에서 미국에 항복한 일본은 그의 국가 이익을 증대하기 위해 적극적인 외교 행각을 전개한 일이 없다. 특히 동아시아 국가에 대해 그의 외교 기반을 공고히 하기 위한 외교적인 행보를 실행해 본 일이 없다. 그러므로 일본이 특히 동아시아에서 적극적인 외교 행위를 전개하기는 어려운 일이다. 다시 말하면 일본이 미국에 대해서는 말할 것도 없고,

---

121) Charles W. Kegley, JR. and Eugene R. Wittkopf, American Foreign Policy, p. 97.

중국, 한국 및 북한에 대해 적극적인 외교행위를 전개하는 외교의 주체 국가가 되는 경우는 과거에도 없었고 앞으로도 동아시아에서 일본의 외교적 입지가 바뀌는 것은 어려울 것이다. 일본이 세계 또는 동아시아 국가들에 대해 외교 역량을 확대 · 강화하지 않는다면 일본의 외교는 선제적이고 주도적으로 전개되기 어려울 것이다.

실제로 제2차 세계 대전 이후 일본의 외교는 소극적이고 환경순응적인 경향이 강했다. 특히 냉전적인 구도 하에서 일본은 안보를 미국에 의존하면서 국내 경제 성장에 집중하는 소위 '요시다 독트린'을 추구하였고 외교는 경제 발전의 수단으로 간주하였다. 일본은 한때 세계 제2위의 경제대국의 지위를 향유하면서도 민감한 국제정치적 현안에 가급적 관여를 자제해 왔다. 그 결과 일본은 국제 사회의 규범 형성에 적극적으로 참여하지 않았고 기존의 국제 질서에 순응하는 '외압반응형' 국가로 간주되었다. 일본은 미국과의 긴밀한 관계를 중시하는 '대미기축(對美基軸)'외교에 전적으로 몰입하여 왔다.[122] 이상의 사실로 볼 때 일본 외교의 기조는 현실에 적응 그리고 현상 유지의 경향을 띄고 있다. 그러므로 일본은 외교를 선제적으로 전개하는 외교 주체 국가의 반열에 오르기는 어려울 것으로 판단된다.

한국 외교의 특성

앞에서 언급한 바와 같이 외교는 외교 정책을 실현하여 국가 이익을 증대시키고 국가 간의 현안을 해결하는 것이 외교의 존재 의미라고 하였다. 이러한 일들은 국가의 힘 즉 외교 역량에 기초하여 전개하여야 성공할 수 있다는 것도 앞에서 지적하였다. 2015년 국제통화기금 자료에 의하면 한국의 경제 규모는 세계 11위이다. 그리고 60만이라는 많은 군 인력과 무기도 갖고 있는 국가이다. 그러나 한국은 외교 역량을 강화하는 외교 행위는 전개하지 못하고 있다. 한국은 현재 어떠한 국가에 대해서도 외교 역량을 발휘할 수 있는 기반을 갖고 있지 않다. 이러한 한국은 다른 국가에 대해 선제적이고 주도적인 외교를 전개하는 외교의 주체 국가의 지위를 확보하는 일은 불가능

122) 조양현, "일본의 동아시아공동체론과 미국," 한상일 · 이숙종(공편), 일본과 동아시아(서울: 동아시아연구원, 2011), p. 235.

하다. 특히 동아시아에서 한국이 외교 역량을 강화하지 못하고 있기 때문에 한국의 외교는 적극적으로 전개할 수 없다.

한국은 아직 국력이 취약하여 강한 외교 역량을 가지고 있지는 않지만 외교 역량에 관계없이 국가 이익의 훼손을 적게 하는 외교가 요구된다. 국가 이익을 증대시키는 데에는 강한 외교 역량이 필요하지만 손해를 최소화하는 외교는 외교 역량에 관계없이 적극적으로 전개할 필요가 있다.

예를 들면 2016년 7월 한국 정부가 미군의 무기 체계인 고고도 미사일 방어체계(THAAD)를 한국 영토 내에 설치하기로 결정하였다. 중국은 이 사드가 중국에 위협이 된다고 이 사드의 배치를 반대하면서 한국에 대한 보복을 결정하였다. 중국은 중국인 단체의 한국 방문을 금지하고 중국에서 기업 활동을 하고 있는 몇몇 한국 기업에 피해를 가할 수 있는 행위를 자행하였다. 이 때 한국 정부의 중국 당국의 보복 행위에 지극히 소극적으로 임하였다. 중국의 보복 행위가 세계무역기구(WTO)규정을 위반한 행위이므로 한국 정부는 당연히 이 기구에 제소하여야했다. 그런데 한국 정부는 세계 무역 기구에 제소하지 않았다. 그리고 중국의 보복 행위가 부당한 행위이므로 국제사회에 알리기 위해서라도 공개적으로 또 적극적으로 의사 표시 행위를 하여야했다. 그런데 한국 정부는 이러한 외교 행위를 하지 않았다. 그리고 중국이 한국 기업 및 한국 경제에 끼치는 손해를 그대로 감수하였다. 이러한 한국 정부의 처사는 굴욕적인 것이다. 한국 정부는 결과에 관계없이 중국의 보복 행위에 적극적인 외교 행위를 했어야 했다. 한국의 명예를 위해서라도 또 한국 국민의 사기를 위해서라도 적극적인 외교행위가 전개되었어야 한다.

한국 정부의 중국에 대한 외교에서 볼 수 있듯이 한국 정부는 결과에 관계없이 중국 정부에 대해 강하고 적극적인 의사를 표시하고 전달했어야 했다. 한국 정부가 반드시 하여야할 외교행위를 하지 못한 것은 소극적인 외교를 넘어 굴욕적이라고 말할 수 있다. 한국 정부의 강한 외교행위가 행해져야 중국 정부도 한국 정부의 진의를 알 수 있을 것이다. 중국에 대한 한국 정부의 외교는 극단적인 소극적 외교라고 말할 수 있다.

중국 외교의 특성

1949년 10월 1일 탄생된 중화인민공화국(이하 중국)은 19세기 중엽부터 약 100여년에 가까운 식민지 역사와 20여년 이상의 내전의 역사를 갖고 있는 국가이다. 중국의 이러한 역사는 굴욕과 가난으로 점철되어 있었다. 이러한 굴레에서 벗어난 중국은 공산당 일당이 지배하는 사회주의 체제를 갖고 태어나 동서냉전의 절정기 속에서 살아야 했다. 가난한 신생 사회주의국가는 독립은 하였으나 안보상 또 경제적으로 독자적 존립이 어려웠다. 그리하여 중국은 탄생과 동시에 모든 것을 소련에 크게 의존하는 소련 일변도 노선을 추구하며 공산주의 종주국인 소련의 휘하에서 1950년대를 살았다. 그러나 스탈린 사망 이후 중국은 외교적으로 비동맹국가들에 접근하며 독자노선을 걸으려고 노력하였다. 1960년부터 중국은 소련과의 모든 관계를 단절하고 우왕좌왕 갈팡질팡의 외교적 행보를 걷고 있었고 이 와중에 1960년대 중반에 희대미문(稀代未聞)의 권력 투쟁인 문화 혁명을 치렀다. 문화 혁명 기간에 중국은 카이로 주재 중국대사인 황화(黃華)를 제외하고 중국의 해외공관 직원 약 2/3를 본국으로 소환하였다.[123] 문화혁명의 소용돌이 속에서 국내정치 그리고 외교는 마비상태였다.

문화혁명 10년(1966.5.~1976.10.)동안 국내적으로는 심각한 권력 투쟁이 전개되었다. 중국의 공산주의 혁명은 성공시켰고 약 30여년 가까이 중국을 통치해온 모택동이 1976년 10월에 사망하였고 중국 건국이후 약 30여 년 간 중국의 총리로 그리고 외교장관으로 국내외 정치를 장악해온 주은래도 1976년 1월에 사망하였다. 이러한 사실들은 특히 중국 외교가 거의 작동하지 못했고 또 중국의 국내 사정으로 외교의 중국적 원칙, 기조 등도 제대로 확립되어 있지 못했다. 중국은 건국 이후 4반세기는 양극 체제하에 미국과 소련과의 대립 · 갈등이 심각한 시기였다. 이 시기 중국은 1972년 2월 미국과 관계 개선을 이룩할 때까지 미국 및 소련 두 강대국과 갈등 관계를 유지하고 있었고 항상 두 강대국을 두려워하며 영토적 안전과 주권 수호에 몰두하였

123) Henry Kissinger, On China(New York: The Penguin Press, 2011) p. 194.

다. 냉전 시기 중국의 대부분의 대외 행위는 미국과 소련의 정책 및 행위에 대응하는 데에 급급하였다. 특히 1960년대 미국의 베트남전 확대에 대응해야 했고 1968년대 소련이 선언한 '브레즈네프 독트린'에 적극적으로 대응해야 했고 체코슬로바키아에 대한 소련의 무력 침공에 대해서도 중국은 크게 위협을 느끼며 대응해야 했다. 또한 1969년 3월 진보도(珍宝島)에서 중국군과 소련군의 충돌도 중국에게는 위협으로 느끼지 않을 수 없었다. 문화 혁명이 끝난 다음 1977년 중국공산당은 10계 제3차 중앙위원회 전체회의를 개최하며 등소평을 복권시키고 그를 중앙위원, 중앙정치국위원, 중앙정치국 상임위원, 중앙위원회 부주석, 중앙군사위 부주석, 국무원 부총리 그리고 인민해방군 총참모장의 직책을 담당하도록 의결하였다.[124] 복권된 등소평은 1978년 12월 제11계 제3차 중앙위원회 전체회의를 개최하고 개혁 · 개방정책을 실시하여 중국 경제 발전의 기틀을 마련하였다. 이후 중국의 국내정치도 안정을 되찾았고 또 대외적으로도 미국과 외교 관계를 정상화하였고 1980년대 소련과도 외교 관계를 크게 개선하였다. 이로써 중국의 대외관계는 정상적으로 유지되고 대외 관계를 체계적으로 전개되기 시작하였다.

중국 건국 이후 60여 년 동안의 중국 외교 역사는 중국 외교의 현재 및 미래를 내다볼 수 있는 근본 바탕을 제시해주고 있다.

첫째, 중국은 계속되는 안보 불안과 주기적인 외교적 고립을 겪어 왔다. 이 때문에 국가 안보를 강화하려는 목적으로 소련, 미국 그리고 비동맹 국가와의 전술적인 연대와 외교적 조율을 반복해왔다. 안보 불안은 국경 수호와 영토 보전에 대한 중국의 전통적 민감성 때문에 주로 주변국과의 관계에서 첨예하게 대립해왔다. 둘째, 중국의 외교는(특히 모택동 시기에) 국내 정치상황에 많은 영향을 받았으나 모택동 이후의 외교 정책의 결정 과정은 제도적으로 안정되는 양상을 보였다. 셋째, 중국이 국제 사회나 세계 체제 속에서 지속적으로 드러내는 불편함에도 불구하고 중국은 오랜 기간 국제 사회로부터 인정받고 국제적 체제에 통합될 수 있었다. 넷째, 중국은 주변국이나 강대국들과의 관계에 있어서 소원했고 적대적 입장, 양면성, 정상적 상태 등의 주

124) 高凱 · 于玲(主編), 中國七十年, p. 657.

기적 과정을 반복해왔다. 다섯째, 세계 질서에 대한 중국인의 인식은 매우 유동적이고 논쟁적이다. 여섯째, 중국의 대외 정책은 언어적 표현과 행위 모두에 있어서 정책의 지속성을 보이지 못했다. 오랫동안 변하지 않았던 유일한 것은 '평화공존 5대원칙'을 고수하겠다는 입장을 계속 천명한 것이다.[125]

이러한 중국 외교의 역사는 오늘날 중국 외교의 근간을 이루고 있다. 실제로 중국 외교의 중요한 동기는 국내정치에 있어 중국공산당의 권력 유지를 뒷받침하는 데에 목표를 두고 있다. 중국에서 외교는 집권당 및 정치 지도자의 정통성 강화를 위한 수단이기도 하다.[126] 이러한 동기는 현대 중국 외교의 또 다른 하나의 근간을 이루고 있고 중국 외교의 기조가 되기도 한다.

중국의 개혁 · 개방정책을 적극적으로 추진했던 최고 실력자로 중국공산당 중앙군사위원회 주석이었던 등소평은 일찍이 그의 후계자들에게 다음과 같은 행위 지침을 제시하였다. 이 지침은 중국어의 시(詩) 형식으로 쓰여져 있었다.

"상황을 유심히 관찰하라; 우리의 입장을 안전하게 확보하라; 조용하게 업무를 처리하라; 우리의 힘을 감추고 때를 기다려라; 언제나 낮은 자세를 취하는 것이 좋다; 그리고 국제사회에서 절대로 지도자의 지위를 탐하지 말아라."[127]

등소평의 이러한 지침은 조심성을 강조하는 것이지만 이것은 외교에서 매우 소극적이고 수동적인 자세를 요구하고 있는 것이다. 또 다른 하나의 예로 등소평은 1993년 미국에 대한 외교의 기본자세를 다음과 같이 제시하였고[128] 그리고 강택민 주석도 1995년 10월 뉴욕에서 등소평과 같은 의미의 외교 기본자세를 언급하였다.[129] 그 지침은 다음과 같다. "신뢰를 높이고, 갈등을 줄이고, 협조를 늘리고, 대립을 회피하라(增加信賴, 減少麻煩, 增加協調, 不靠對抗)"고 권고하였다. 또한 2013년 9월 20일 왕의(王毅)외교부장은 미국 워싱턴

---

125) 박영준 · 홍승현(옮김), 중국, 세계로 가다, pp. 97-98.

126) 위의 책, p. 102.

127) Henry Kissinger, On China, p. 438에서 인용.

128) 人民日報, 1993年5月24日.

129) 人民日報, 2001年1月19日; 紫珞. 楚樹龍, "中國對美外交戰略的歷史演變與未來趨勢," 中國外交, 第10號(2006年), p. 14.

시에 있는 브루킹스 연구소에서 행한 연설에서 "첫째, 미국과의 불충돌 · 불대항-중국은 미국과 군사적으로 싸우지 않는다; 둘째, 상호 존중한다. 그리고 셋째, 상호 협력한다."고 말하였다.

이러한 중국 지도자들의 지침을 체계적으로 정리하기 위해 2010년 난주(蘭州)에서 중국 국제관계협회 연례회의를 개최하여 중국 각지로부터 모인 참가자들은 '도광양회(韜光養晦)', '유소작위(有所作爲)' 패러다임에 대해 열띤 논의를 벌여 이 원칙은 현재 중국의 외교에서 훌륭한 지침이라는 결론에 도달하였다. 그리하여 참가자들은 다음과 같은 9개의 주요 정책권고사항을 도출하였다.[130]

"미국과 맞서지 말 것; 전반적인 국제사회 체제에 도전하지 말 것; 국제정책에 이데올로기를 개입시키지 말 것; 반(反)서구 진영의 우두머리가 되지 말 것; 우리가 옳다고 생각하여도 다수의 국가들과 충돌을 피할 것; 협상과 양보하는 법을 배우고, 상호이익을 나눌 수 있는 원리를 익힐 것; 국가의 통일과 관련한 중국의 핵심적인 이해관계에 대해서는 협상하지 말 것; 국제적으로 필요한 영역에 공익을 제공할 것; 중요한 국제적 행사를 이용해 중국의 이미지를 바꿀 것."

이 지침은 평화적인 의미를 담고 있기는 하지만 전반적으로 이 지침은 지극히 수세적이고 소극적인 외교행위를 강조하고 있다. 중국은 이러한 외교기조에 의해서 대외 행위를 하기 때문에 외교에서 선제적이고 적극적으로 행위 하지 못하고 외교의 주체 국가가 되지 못하고 있다.

실제로 중국 정부는 외교 분야에서 지극히 소극적이고 수동적인 입장을 유지하고 있다. 그 뿐만 아니라 중국 정부는 국제 사회에서 전면에 나서지 않는다. 특히 중국 정부는 중요한 국제적 사안을 해결하기 위해 직접적으로 개입하지 않는다. 또 국제사회에서 주도적인 역할을 하지 않으며 다른 국가의 정책에도 관여하지 않는다. 그리고 국제적 합의나 문제 해결을 위한 노력에도 대체로 무관심하다. 중국은 아직도 그 자신을 세계적인 강대국이 아니라 개발도상국으로 생각하고 중국의 국력을 키우기 위해 경제 발전에 매진해야 한다고 생각하고 있기 때문에 외교적으로 소극적인 자세를 취하고 있

130) 박영준 · 홍승현(옮김), 중국, 세계로 가다, pp. 51-52에서 인용.

다. 2009년 5월 체코 프라하에서 개최된 제11회 중국-유럽 정상회담에서 원자바오(温家宝)총리는 "미국과 중국이 세계를 함께 이끌고 있다는 생각은 옳지 않다. 중국이 G2의 하나라는 주장에 동의하지 않는다. 중국은 아직 개발도상국가에 불과한 가난한 국가이다."라고 언급하였다. 그리고 2003년 9월 이조성(李肇星)외교부장도 칭화대(清華大) 학생들과의 간담회에서 "오직 바보만이 중국과 미국 두 나라가 G2라는 이름으로 세계를 움직여 나아갈 것이라고 믿는다."라고 말했다.[131] 중국은 입으로는 북한의 핵무기 개발을 반대한다고 하지만 북한이 핵 실험을 계속하고 미사일 발사 실험을 하는데도 불구하고 중국은 북한에 대해 실효성 있는 가시적인 조치를 취하지 않고 있다. 실제로 북한은 특히 경제 및 에너지 분야에서 중국에 크게 의존하고 있다. 북한은 이러한 분야에서 중국과 불평등한 의존관계를 형성하고 있다. 이러한 의존 관계는 중국에게 북한에 대해 영향력 또는 압력을 행사할 수 있는 근거를 제공한다. 예를 들면 중국과 북한의 무역은 2012년 무역액 60억 1,200만 달러로 북한 전체 무역의 약 95%를 차지하고 있고[132] 2013년에는 북·중 무역 액이 약 65억 달러로 북한 전체 무역의 89%를 차지하고 있다.[133] 북한은 무역 부분에서 중국에 절대적으로 의존하고 있다. 북한 땅에서도 원유는 생산되지 않는다. 그러므로 원유는 북한에 매우 중요한 전략적 물자이다. 북한이 중국으로부터 원유, 항공유 그리고 휘발유를 수입하는데 2010년부터 2013년까지 이 에너지의 수입량은 중국으로부터 북한이 수입하는 전체 물량의 약 20%를 차지한다.[134] 이러한 사실은 북한이 무역에서 중국에 크게 의존하고 있으며 이런 의존관계는 북한이 중국에 크게 의존하는 불평등한 의존관계를 형성하고 있으며 이런 관계는 중국으로 하여금 북한에 대한 압력 및 영향력을 행사할 수 있는 근거를 갖게 해준다. 그럼에도 불구하고 중국이 북한에 압력이나 영향력을 적극적으로 행사하지 못하는 이유를 중국

131) 위의 책, p. 131..

132) 朝鮮日報, 2013.11.12.

133) 朝鮮日報, 2014.12.17.

134) 박종철, "북중간 경협은 어떻게 이루어지고 있는가?," 성균중국연구소(편), 북중관계 다이제스트(서울: 다산출판사, 2015), p. 108.

관영신문에 실린 글에서 찾아볼 수 있다.

"북 · 중 우호관계는 중국의 전략적 외교 자원이기도 하다. 중국이 강대해지면서 외교 카드도 점점 많아지고 있다. 북 · 중 우호가 아태지역에서 갖는 효과는 아직까지 그 무엇으로도 대체될 수 없다. 북 · 중 우호 관계를 유지하는 것은 중국의 대북 관계 운영에 있어 주축이 되는 사상이며, 북한에 비핵화를 촉구하는 일도 양국 우호의 현실과 최대한 부합해야 한다. 북한의 핵무기 개발은 북한에 대해 특수한 영향력을 갖고 있는 중국에게도 매우 어려운 문제이다. 북한과의 우호관계 유지와 핵무기 개발 반대 사이에서 균형을 이루는 일은 중국이 외교적으로 풀어야 할 과제이다."[135] 중국의 이러한 입장의 견지는 북한의 핵무기 개발을 선제적으로 또 주도적으로 저지할 수 있는 외교 행위를 할 의사가 없다는 것을 표시하는 것이다. 역시 중국의 외교는 수동적이고 소극적이라는 것을 명확히 보여주고 있는 것이다.

중국은 북한 핵 문제를 해결하기 위해 만들어진 '6자회담'에서 중국은 이 회담을 주도하는 국가이다. 그럼에도 불구하고 중국은 이 회담에서도 적극적이고 주도적인 역할을 하지 않고 있다. 앞에서 지적한 바와 같이 중국과 북한은 지정학적으로 또 외교상으로 동맹 관계를 갖고 있기 때문에 북핵 문제에 소극적으로 임하고 있다. 그와 함께 중국의 외교 기조를 충실하게 따르기 때문이다. 구체적으로 외교 무대에 있어 중국의 관료들은 앞에 나서기를 꺼리고 중요한 국제 문제를 해결하기 위하여 어떠한 개입도 하지 않는다. 또 국제 무대에서 외교를 주도하지 않으며 다른 국가의 정책에 관여하지 않으며 국제적 의견 합의나 문제 해결을 위한 노력에 앞장서는 일도 없다.[136] 중국의 외교 행보의 특성은 자국이 직접 관련된 이해 관계에만 주력하고 위험을 극도로 회피하려는 경향을 드러낸다. 다른 국가와 가능한 한, 최소한의 공통 관심사를 공유하며, 가장 안전하고 논쟁이 적은 정책을 채택하고, 중국의 입장을 밝히기 전에 항상 다른 국가의 입장을 먼저 기다린다.[137]

---

135) "中朝友好關係是最後的堡壘," 環球時報, 2013年12月10日.

136) 박영준 · 홍승현(옮김), 중국, 세계로 가다, p. 88.

137) 위의 책, p. 35.

그러나 중국은 그의 주요 이익에 대해서는 적극적으로 임한다. 2009년 중국의 외교부 부부장 대병국(戴秉國)은 중국의 핵심 이익을 다음과 같이 제시하였다. 첫째 중국의 체제 유지와 안전 보장, 둘째, 주권과 영토 문제, 그리고 셋째 안정적 성장과 사회발전 문제. 2016년 7월 1일 베이징 인민대회당에서 개최된 중국공산당 창립 95주년 기념식에서 시진핑(習近平)국가 주석은 "어떤 국가도 중국의 핵심 이익을 거래의 대상으로 삼거나 국가 주권과 안전, 그리고 발전을 스스로 훼손하는 결과를 감수할 것이라고 기대해서는 안 될 것이다."라고 언급하였다. 모든 국가는 그의 핵심 이익을 절대적으로 보장하려 할 것이다. 중국도 그의 핵심 이익을 보장하기 위해서는 외교적으로 적극적으로 대응할 것이다. 이 말을 다른 말로 정리하면 중국은 핵심이익이 아닌 사안에 대해서는 소극적으로 임한다는 것을 잘 표현하고 있다.

2010년 9월 7일 일본은 센카쿠(尖閣) 열도(중국명으로는 钓鱼岛) 구바시마(久場島) 인근 해역에서 일본 해안 보안청의 순시선을 들이받았다는 이유로 중국 어선의 선장과 선원 15명을 체포하였다. 이후 중국은 일본에 대해 외교적 파상 공세를 취하였다.

먼저 중국은 동중국해 가스전 개발에 관한 중·일 조약 체결 교섭을 연기한다고 선언하였고 다음날 대병국 국무위원은 외교적 관례를 무시하고 니와 우 이치로(丹羽宇一郎) 주중 일본 대사를 이른 새벽에 외교부로 초치하여 항의하였고 또 중국 건강 식품제조 업체인 보건(宝健)기업이 예약하였던 직원 일만 명의 일본 여행 계획을 취소하였다. 그리고 중국은 희토류(稀土類)의 일본 수출을 금지하였고 허가 없이 중국의 군사 시설을 촬영하였다는 이유로 일본인 4명을 구금하였다. 그러자 일본 정부는 9월 24일 중국 선장을 석방하였다. 이 사건은 중국의 영토와 관련되어 있는 사안, 즉 핵심 이익이기 때문에 중국은 외교적으로 일본에 적극적으로 대응한 것이다. 이것으로 중국은 그의 핵심 이익에 관련된 사안에 대해서는 적극적인 외교로 대응하고 그렇지 않은 사안에 대해서는 소극적으로 대응한다는 사실을 명확히 보여주고 있다. 조어도-센카쿠열도 문제를 중국과 일본은 첨예하게 대립하고 있다. 양국은 모두 자국 소유라고 주장한다. 어느 국가든지 영토에 대해서는 철저하고 적극적으로 대응한다. 특히 중국에게 영토 문제는 그의 핵심 이익이기 때문에 중국은 이 문제에 관한 한, 일본에게 외교적으로 특별히 적극적으로 대응할 것이다.

중국의 외교가 선제적이고 주도적이지 못한 근본 원인은 중국 외교의 기조가 수동적이고 소극적이기 때문이다. 중국 외교의 이러한 기조가 중국으로 하여금 외교의 바탕이 될 수 있는 외교 역량 강화에도 소극적인 행보를 걷게하고 있다. 1990년대 북한은 고난의 행군시기를 겪었다. 정확히 공식적으로 발표된 사실은 없지만 그 수를 알 수 없을 만큼 많은 북한 주민이 굶어 죽었다고 언론에 보도되었다. 중국이 북한과 동맹 관계를 갖고 오랫 동안 경제, 군사 원조를 제공하여 왔다. 그런데 중국의 원조를 받는 북한에서 많은 사람이 굶어죽었다는 사실은 북 · 중관계가 정상적이지 않다는 것을 생각하게 한다. 중국과 북한 양측의 신뢰는 존재할 수 없게 되었을 뿐만 아니라 실제로 그들이 주장하는 혈맹 관계 역시 존재하지 않는 것으로 판단된다. 북 · 중 관계를 혈맹 관계라고 한다면 중국은 수많은 북한 주민의 아사(餓死)는 예방하여야 했다. 중국의 이러한 태도는 다른 국가 국내 문제에 간섭하지 않는다는 외교의 기본 성향에 근거한 것이라 생각된다.

중국 외교의 기본 성향을 정리하면 중국 외교는 매우 소극적이다라고 말할 수 있다. 중국 정부는 어떤 국제문제에 주도적이고 적극적으로 해결하려는 자세를 보인 적이 없다. 중국의 외교행보는 자국에 직접 관련된 이해 관계에만 주력하고 위험을 극도로 회피하려는 경향을 드러낸다. 중국은 다른 국가와 가능한 한, 최소한의 공동 관심사를 공유하며, 가장 안전하고 논쟁이 적은 정책을 채택하고 중국의 입장을 밝히기 전에 항상 다른 국가의 입장을 기다린다. 중국은 예외적으로 타이완, 티베트, 신장, 인권, 해양영토 분쟁 등에 대해서는 외교적으로 민감하게 그리고 적극적으로 반응한다. 그러나 그 이외의 사안에 대해서는 국가의 규모나 중요성에 비해 극도로 소극적인 모습을 보인다.[138]

중국 외교가 이처럼 소극적이고 수동적인 것을 극명하게 보여주는 것이

138) 박영준 · 홍승현(옮김), 중국, 세계로 가다, pp. 28ff.

외교 역량을 거의 강화하고 있지 않다는 것이다. 외교 역량을 확대 · 강화하는 구체적인 수단은 다른 국가와 불평등 상호 의존 관계를 갖는 것이다. 오늘날까지 중국은 북한을 제외하고는 어느 국가와도 불평등 상호 의존 관계를 갖고 있지 않다. 이것은 중국이 그의 국가 이익을 증대시킬 수 있는 외교를 전개할 수 없고 그렇게 할 의지도 없다는 것을 보여주는 것이다. 앞에서 언급한 바와 같이 중국은 21세기에 접어들면서 아프리카 국가들을 적극적으로 지원하고 있다. 중국의 이러한 아프리카에 대한 지원은 어느 정도 중국과 아프리카 국가 간에 폭 넓은 상호 의존 관계의 형성을 가능하게 할 것이다. 다른 한편 중국이 아프리카 국가에 대한 지원이 이 국가들에게 도움을 주겠지만 한편 중국도 이 지역으로부터 중국이 필요로 하는 원유 등 여러 자원을 수입하고 있다. 1970년대 중반 이후 서양의 국가들은 아프리카에 대해 관심을 갖지 않았다. 20세기 말부터 중국은 아프리카 지역에 관심을 갖고 지원하기 시작했다. 이 중국의 지원은 아프리카에 커다란 영향을 주었다.

먼저 사하라사막 이남의 아프리카 국가들은 중국의 지원에 힘입어 이 지역 국가들의 국민총생산(GDP)는 크게 증가하였다. 이 지역 국가들의 국민 총생산의 성장률을 보면 1999~2001년에 2.6%, 2001~2004년에는 4.4% 성장하였고, 2005~2006년에는 5~6%, 2007년도에는 7%, 그리고 2009년도에는 1.7%로 떨어졌으나 2010년에는 다시 4.7% 성장하였다. 둘째 아프리카에 대한 중국과의 무역 및 투자로 사하라 사막 이남의 국가들은 더 이상 국제통화기금(IMF) 및 세계은행(World Bank)에 의지하지 않게 되었다. 셋째 중국은 아프리카지역 국가에 도로, 철도, 공공건물 등 사회간접자본에도 크게 투자하였다.[139] 21세기에 접어들면서 중국은 적극적으로 사하라 사막 이남지역 국가들에게 상당하고 적극적인 지원으로 이 지역 국가들은 상당한 경제 성장과 함께 정치적으로도 이 지역 국가들은 중국과 상당한 상호 의존 관계를 갖고 있을 것이다. 이러한 사실은 중국의 아프리카 국가들에 대한 외교의 자산이 되고 있다.

중국은 그의 국가 이익을 증진시킬 수 있는 외교정책 목표를 설정하지 못하고 있다. 따라서 중국이 외교 정책 및 외교도 국가 이익을 증진시킬 수 있

---

139) Martin Jacques, When China Rules The World, pp. 413ff 참고.

는 체제(system) 및 체계(regime)를 갖고 있지 않다 더 나아가 중국의 외교의 기조는 수동적이고 소극적이기 때문에 중국은 외교로 국가 이익을 증진시키기는 어렵게 되어 있다.

북한 외교의 특성

북한은 근본적으로 고립주의를 채택하여 왔다. 그런 가운데 북한의 외교는 소련과 중국 중심이었다. 소련에 의해 탄생된 김일성 정권은 필연적으로 소련 일변도 노선을 걸을 수밖에 없었다. 특히 1950년대 북한 정권은 그의 안전 보장 및 경제를 소련에 크게 의지하며 소련 일변도 외교를 전개하여야 한다. 물론 소련과 북한은 종속적 관계를 형성하게 되어 북한 외교는 다른 외교 행보를 걸을 수가 없었다.

그러나 1960년 중 · 소 분쟁으로 양국의 외교 관계 단절로 북한은 두 강대국 사이에서 중 · 소 등거리 외교를 전개하였다. 동시에 중 · 소 양국은 서로 북한을 자국 편으로 만들려고 하였다. 그 예로 중국과 소련은 1961년 각각 북한과 방위 조약을 체결하였다. 이러한 상황은 북한으로 하여금 등거리 외교를 전개하게 만들었다. 그런 가운데 중국의 문화 혁명 그리고 1972년 중국과 미국의 관계개선은 북한으로 하여금 친소련적 행보를 걷게 하였다.

그리고 1980년대 중국과 소련의 외교 관계가 회복되고 중국이 개혁 개방 정책을 시행하고 또 1980년대 중반부터 소련이 유럽 및 미국 중심의 외교를 적극적으로 전개하였다. 특히 미국의 레이건(Ronald Reagan) 대통령과 소련의 고르바쵸프(Mikhail Gorbachev)는 데탕트 분위기 활성화에 몰두하며 양국의 핵무기 군비 축소 문제에 합의하는 등 미 · 소 관계가 매우 긴밀하였다.[140] 그리고 1991년 소련이 해체된 다음부터 북한은 친중국 외교를 전개하였다. 그러나 1992년 중국이 한국과 외교 관계를 정상화하면서 북한은 중국에 대해 상당한 불쾌감을 표시하며 양측관계는 다소 소원해졌다. 그러나 외교적으로 고립무원 상태에 놓여있는 북한으로서는 선택의 여지없이 1990년대 말부터 다시 중국과의 관계를 긴밀하게 갖기 시작하였다. 더욱이 북한이 김일성 사

140) Raymond L. Garthoff, Detente and Confrontation(Washington, D.C.: The Brookings Institution, 1985), pp. 1009ff 참고.

망 이후 수 년간 '고난의 행군'시기를 거치며 수많은 북한 주민이 아사하는 등 북한 경제가 최악의 상태에 이르게 되면서 북한은 중국의 지원이 절실하게 필요하였다. 그로부터 양국 관계는 새롭게 시작하게 되었다. 오늘날 북한이 지구상에서 긴밀한 외교 관계를 유지하고 있는 국가는 중국뿐이다. 북한이 핵 실험을 하고 미사일 발사 실험을 하며 유엔의 제재를 받고 있지만 중국은 북한에 대한 지원을 계속하고 있다.

북한외교의 특성은 첫째 고립주의노선을 걷는 것, 둘째 중국과 소련 및 러시아간의 등거리외교, 그리고 셋째는 북한을 크게 지원하는 중국 편향적 외교의 전개라고 정리할 수 있다. 그리고 하나 더 덧붙인다면 미국을 반대하고 저주하는 것도 북한외교의 특성이라고 할 수 있을 것이다.

3. 동아시아 국가 간의 외교 관계

외교 관계의 종류

국가 간의 외교 관계는 국가 간의 접촉, 교류, 그리고 한 국가의 외교정책, 외교행위 등에 대한 기본 바탕, 기준, 원칙, 범위 등을 결정 지어주는 핵심 요소이다. 국가 간의 외교 관계는 한 국가로 하여금 다른 상대 국가에 대해 무엇을 어떻게, 얼마나 접촉하고 교류할 것인가 하는 원칙, 범위 등의 한계를 설정해준다. 그 뿐만 아니라 국가 간 외교 관계는 한 국가로 하여금 다른 상대 국가에 대해 어떤 경우에 어떠한 외교정책을 결정하고 또 어떠한 외교 행위를 전개할 것인가 하는 것의 기본 바탕을 제공한다. 한 마디로 말해 국가 간의 외교 관계의 정도는 국가 간에 전개될 수 있는 모든 것의 근간이 되는 것이다. 국가 간의 좋은 관계는 서로 이익이 되는 정책을 결정하고 도움이 되는 외교 행위를 하게 하며 서로 이익을 극대화할 수 있는 상호작용을 전개하도록 한다.

국가 간 모든 가치와 이익을 나누어 가질 수 있을 정도로 긴밀한 협조적 관계를 갖고 있다면 국가의 접촉, 교류 등은 거의 제한 없이 매우 폭 넓게 이루어질 수 있을 것이다. 그러나 국가 간의 외교 관계가 갈등적이고 배타적이라면 이러한 국가 간의 접촉, 교류 등은 매우 제한적일 것이다. 또한 국가 간의 다른 국가에 대한 외교정책 및 외교도 국가 간의 외교 관계에 의해서 원칙, 범위 등이 결정되어질 것이다. 모든 가치와 이익을 나누어 가질 수 있을 정도로 국가 간의 외교 관계가 설정되어 있다면 이들 국가의 외교정책도 또 외교 행위도 상대국가에 도움이 되는 정책을 결정하고 도움이 되는 외교행위를 하게 될 것이다. 이처럼 국가 간의 외교 관계는 한 국가의 다른 국가에 대한 정책, 행위의 범위, 한계, 원칙 등을 틀지어주는 국가의 울타리 같은 역할을 한다. 여기서 말하는 외교 관계는 단지 외교라는 단어에 국한하지 않고 국가 간에 여러 분야에서 전개될 수 있는 총체적인 국가 간의 관계를 의미한다. 구체적으로 말하면 외교 관계는 국제정치 측면에서의 외교관계를 말한다. 국제정치 측면에서의 외교 관계는 국가 간에 전개될 수 있는 접촉 및 교류를 관리하고 조정할 수 있는 관계를 의미하는 것이다.

국가 간의 외교 관계에는 첫째 협조관계, 둘째 통상적(通常的) 관계 그리고 셋째 갈등 관계 3개의 관계가 있다.

첫째 협조관계란 국제정치의 측면에서 그리고 원칙적으로 국가 상호간 물질적 및 정치적 가치에 대한 이해(利害)를 나누어 가질 수 있을 만큼 밀접한 국가간의 관계를 갖고 있다는 것을 의미한다. 협조관계는 원칙적으로 외교정책목표를 공유하고 외교정책 노선을 같이 갖고 있고 여러 부분에서 상부상조(相扶相助)한다는 의지가 있음을 강조하는 국가간의 관계이다. 국가 간 협조관계를 갖고 있는 국가는 동일한 외교정책노선을 걷고 공동의 외교정책목표를 갖고 있고 이 목표의 추진 과정, 방법 등도 동일하게 갖는다. 따라서 협조관계를 갖고 있는 국가들의 외교정책 및 외교행위는 같은 맥락에서 이루어질 것이다.

국가 간 상대 국가의 모든 가치를 존중하고 각 국가의 목표를 보호하고 그것을 성취시키기 위해 협력하고 각 국가의 이익을 증대시키기 위해 국가간 준수할 다양한 규칙(rules), 규범(norms), 규정(regulation) 등을 만들고 그에 따라 정책을 조율하는 국가간의 관계가 협조적 관계이다.[141)]

---

141) K. J. Holsti, International Politics, p. 433.

국가 간 협조 관계를 갖게 하는 가장 중요한 근거는 국제법적 효력을 갖는 국가 간의 약속이다. 이러한 약속은 곧 조약이다. 동맹조약 같은 것이다.

제2차 대전 이후 미국과 소련은 냉전적 상황 하에서 양극체제를 형성하였다. 미국은 이러한 상황 하에서 공산주의 세력의 서유럽 팽창을 저지하여야 했다. 미국은 이 목적을 위해 1949년 반공 및 반 소련의 기치를 들고 서유럽 국가들과 동맹 관계를 갖게 되었고 이는 미국과 서유럽 국가들과 협조적 관계를 갖게 하였다. 냉전시기 미국과 서유럽 국가들은 반소 및 반공이라는 공동 목표를 가졌고 이 목표를 위해 동일 외교정책노선을 갖고 이 국가들은 대외적으로 미국과 동일보조를 취하였다. 제2차 대전 이후 미국과 동맹 관계를 가진 서유럽 국가들은 미국의 외교정책 및 외교 행위를 지지하고 동조하였다. 한 예로 1950년 한반도에서 '6 · 25전쟁'이 발발했을 때 북대서양 조약기구의 여러 회원국들이 미국과 함께 이 전쟁에 참여하였다. 제2차 대전 이후 미국과 서유럽 국가들 간에 동맹에 의해 형성된 이 관계는 대표적인 협조적 관계의 표본이다. 이와 같은 예로 제2차 대전 이후 소련도 1955년 반자본주의 및 반미국의 기치 하에 동유럽 국가들과 바르샤바 조약기구(WARSAW Treaty Organization)을 만들어 이들 국가들과 적극적 협조 외교 관계를 갖게 되었다.

두 번째 국가 간의 관계는 통상적(normal)관계이다. 이 관계는 상대 국가의 존재를 인정하며 외교 관계를 정상화하고 있으나 상호간 긴밀한 상호작용의 필요성을 느끼지 않고 또 상호간의 가치 및 이익의 증대를 도모하지 않기 때문에 접촉 및 교류가 활발하지 않은 국가 간의 관계를 말하는 것이다. 동시에 이러한 관계를 갖고 있는 국가는 상대 국가의 이익 또는 가치 등을 명백하게 침해하지도 않는다. 국가 간 서로 상대 국가를 크게 필요로 하지 않는 국가 간에 형성되는 관계이다. 그러나 이러한 '통상적 관계'를 갖고 있는 국가 간에는 상황에 따라서 상호 이익 증대를 도모할 수도 있고 상대국의 이익을 침해할 수도 있다.

세 번째 국가 간의 관계는 '갈등적 관계'이다. 이 관계도 상대 국가의 존재를 부정하지 않고 공식적 외교 관계를 정상화하고 있는 국가 간의 관계이다. 이 관계를 갖고 있는 국가 간에는 대립, 갈등 등이 장기적으로 지속되고 경우에 따라서는 무력 충돌이 산발적으로 일어나는 경우 또는 분쟁이 명백하게 종결되지 않는 관계를 말한다. 그리하여 국가 간에 지속적으로 배타적인 정책을 결정하고 부정적으로 행위 하는 국가 간이 관계가 곧 국가 간 '갈등 관계'이다. 이러한 관계를 갖고 있는 국가 간에는 상대 국가의 가치와 이익을 저해하고, 상대 국가의 희생 위에 자국의 가치와 이익을 증대시키는 정책을 결정하고 행위를 할 수 있다. 이러한 '갈등적 관계'를 갖고 있는 국가들은 본질적으로 배타적이고 투쟁적인 행위로 일관하며 지금까지 상대국가의 가치 및 이익을 침해하여 왔고 앞으로도 그렇게 할 것으로 예상되는 국가 간의 관계를 말하는 것이다.[142)]

앞에서 언급한 3가지 국가 간 외교 관계 이외에 국제정치적으로 또 외교적으로 국가 간 관계의 범주에 넣을 수 없는 국가 간 관계가 있다. 그것은 적대(敵對)적 관계이다. 이 적대적 관계란 국제정치적으로 그리고 외교적으로 의미를 부여할 수 없는 관계이다. 국가 간 관계가 적대적이라고 말할 수 있는 적대 관계의 첫 번째 요건은 외교 관계 정상화가 실현되어 있지 않다는 것이다. 국가 간 기본적인 관계이고 모든 관계의 근간이 되는 외교 관계 정상화가 이루어져있지 않다는 사실은 상대를 국가로 인정하지 않고 따라서 원칙적으로 정부 간 공식적인 접촉 및 교류가 전개될 수 없다는 것을 의미하는 것이다. 국가 간 이러한 적대 관계가 존재한다면 이들 국가 간에는 무력 행사를 위협하고 또 실제로 무력 행사를 감행하기도 한다. 국가 간에 이러한 현상이 전개된다면 정상적인 외교 행위는 전개될 수 없을 것이다. 그러므로 외교 관계의 정상화도 이루어져있지 않고 또 무력 및 폭력 행사가 잠재되어 있는 국가들 간의 관계는 비정상적인 관계이며 이러한 관계를 갖고 있는 국가 간에는 대립과 대결만이 존재하게 될 것이다.

---

142) Charlo S. Gochman and Zeev Maoz "Militarized Interstate Dispute, 1816-1976," Journal of Conflict Resolution, vol.28. no.4(1984), pp. 585ff; Charles F. Herman, Foreign Policy Behavior: That Which in to Be Explained, in Maurice A. East, Stephen A. Salmore and Charles F. Hermam(eds.), Why Nations Act(Beverly Hills: Sage Publications, 1978), p. 41.

동아시아 국가 간 외교 관계

한국 - 미국 - 일본 간의 외교 관계

동아시아에는 5개의 국제정치 주체가 있다. 이 5개의 주체는 두 개의 동맹군(群)을 형성하고 있다. 하나는 한국, 미국 그리고 일본의 동맹군과 다른 하나는 중국과 북한의 동맹군이다.

한국과 미국 그리고 미국과 일본은 각각 방위조약을 통한 동맹 관계를 갖고 있다. 한국과 일본은 직접 조약에 의한 동맹 관계는 형성되어 있지는 않지만 실질적으로 한국과 일본은 미국을 중심으로 공동의 정책 노선 및 정책 목표를 갖고 국제정치 측면에서 동일 보조를 취하고 있다. 오늘날 한국 및 일본이 대외적으로 미국과 다른 노선이나 정책을 갖는 경우는 없다. 예를 들면 2003년 미국이 이라크에 대해 군사행동을 취하였을 때 미국의 요청으로 한국은 이라크에 한국 군을 파견하였고 일본도 군사비를 지원하였다. 북한에 대해서도 한 · 미 · 일 3국은 모두 북한과 국교를 정상화하지 않고 있고 북한의 핵 문제 · 인권 문제에 대해서도 동일한 입장을 견지해오고 있다. 이처럼 한국, 미국 그리고 일본은 주요한 국제 문제에 대해 동일한 입장 및 정책을 갖는다. 3개국이 동일한 노선 및 태도를 갖는 것은 3개국이 직접적 및 간접적 동맹 관계를 갖고 있기 때문이다.

이러한 3국의 외교 관계는 모범적인 협조관계를 갖고 있는 국가이다. 동맹 조약에 입각해서 미국은 한국 및 일본 영토에 미군을 주둔시키고 있다. 이러한 사실은 한 · 미 · 일 3국이 확실한 협조관계를 갖고 있음을 명시적으로 보여주고 있는 예이다. 한국과 미국은 1953년 10월 1일 '한 · 미 상호 방위 조약'을 체결하였다(1954년 11월 17일 발효). 일본은 1951년 9월 8일 미국과 안보조약을 체결하였다(1952년 4월 28일 발효). 한국과 일본의 미국과의 동맹 조약은 약 60여 년 이상의 역사를 갖고 있고 이에 따른 국가 간의 외교 관계는 일관되게 협조 관계를 유지하여 왔다. 앞으로도 한 · 미 · 일 동맹 관계는 '적극적 협조 관계'를 더욱 공고히 유지될 것이다. 왜냐하면 이 3국이 모두 동맹 관계를 필요로 하기 때문이다.

국가 간의 동맹 관계는 어느 일방에 필요에 의해서 형성된다면 그 필요성이 보다 쉽게 약화될 수도 있고 그 필요성이 쉽게 사라질 수가 있다. 그러나 당사국이 모두 그 동맹을 필요로 한다면 상대적으로 그 필요성이 간단히 해소되지 않을 것이다. 왜냐하면 당사국 모두가 동맹을 필요로 하기 때문이다.

한-미 그리고 미-일 동맹 관계는 모두에게 필요하고 강대국인 미국도 이 동맹 관계를 필요로 하고 있다. 한국과 일본은 국가의 안전보장을 미국에 크게 의존하고 있다. 한국은 호전적인 북한과 대치 상태에 있고 항상 긴장 상태에 놓여있다. 북한은 6차례나(2016년 현재) 핵 실험을 하고 수시로 미사일 실험 발사를 일삼고 있다. 2010년 3월 북한은 서해상에서 우리 해군 함정 '천안함'을 폭침시켜 46명의 장병을 희생시켰다. 그 뿐만 아니라 북한은 오래전부터 지속적으로 우리의 안전을 위협하고 한국 국민의 생명을 위협하고 있다. 그렇기 때문에 우리의 영토 및 국민의 안전을 보장하고 북한에 대한 군사적 억지력을 강화하기 위해 미국의 군사적 도움이 우리에게는 절대적으로 필요하다.

일본도 그의 헌법 제9조에 전쟁 행위를 금지하는 규정을 두고 있다. 일본 헌법 제9조는 다음과 같다. "일본 국민은 정의와 질서를 기조로 하는 국제평화를 희구하고, 국권의 발동에 의거한 전쟁 및 무력에 의한 위협 또는 무력의 행사는 국제분쟁을 해결하는 수단으로써는 영구히 이를 포기한다. 이러한 목적을 성취하기 위하여 육해공군 및 그 외의 어떠한 전력도 보유하지 않는다. 국가의 교전권 역시 인정하지 않는다." 따라서 정규 군대를 갖고 있지 않다. 그렇기 때문에 일본은 독자적으로 그의 영토적 안전을 보장할 수 있는 능력을 갖고 있지 않으며 미국의 군사적 지원이 절대적으로 필요하다. 일본은 그의 영토에 미군을 주둔시키고 있다.[143] 일본은 그의 안전을 위해 미국과의 동맹이 절대적으로 필요하다.

제2차 세계 대전 이후 일본 국가의 성격은 헌법 제9조와 미일 안보 체제에 의해 규정되었다. 제2차 세계 대전 후 연합국 총사령부의 비군사화 정책

143) 미국은 1951년 2월 일본으로부터 미국이 원하는 만큼의 군대를, 원하는 장소에 그리고 원하는 기간만큼 주둔시킬 권리를 확보했다. 양기호(옮김), 미국은 동아시아를 어떻게 지배했나(서울: 메디치미디어, 2013), pp. 160-161.

에 따라 일본은 1946년 11월 3일 일체의 전쟁 권한을 부정하는 헌법을 제정 · 공포했다. 또한 냉전의 격화 속에서 체결된 미 · 일 안보조약으로 일본은 미국의 세계 전략에 편입되어 독자적인 안보 정책을 전개하지 못하게 되어있다. 이리하여 일본은 평화 헌법과 미 · 일 안보체제 하에서 주권 국가의 근간인 군사력을 미국에 의존하면서 경제 성장을 추구하는 '특수 국가(abnormal state)'[144]로 전락하였다. 이것은 국제 무대에서 일본을 정치 소국으로 전락시키는 결과를 초래했다. 1951년 9월 샌프란시스코 강화회의에서 대일 평화조약이 체결되던 날 일본은 미국과 미 · 일 안보 조약을 체결하고 주일 미군의 주둔 및 기지 사용권을 전면적으로 허용하였다. 이 안보 조약에 의해 일본은 미국의 대소 봉쇄 전략에 편입되어 '종속적인 독립국가'로 출발하게 되었다. 미 · 일 안보체제하에서 일본은 외교의 자주적 선택권을 상실하였다.[145]

미국도 한국 및 일본만큼 두 국가와의 동맹을 필요로 하고 있다. 미국은 태평양 지역의 안전을 도모하는 일이 곧 미국의 안전과 이익을 지키는 일이다. 미국이 태평양 지역의 안전을 지키는 데에는 일본 및 한국이 절대적으로 필요한 국가이다. 만일 한국과 일본 두 국가가 또는 두 국가 중 한 국가가 미국과 이해(利害)를 달리하는 국가에 의해 지배된다면 태평양 지역의 미국의 이익과 안전은 위협받을 수 있다. 그렇기 때문에 미국은 태평양 지역을 수호하기 위해 한국 및 일본과의 동맹이 절대로 필요하다. 또한 미국은 이 두 국가와 동맹 관계가 유지되어야 두 국가에 미군을 주둔시킬 수 있고 군사적으로 협조할 수 있다.

한국과 일본은 그의 안전 보장을 미국에 크게 의존하고 있다. 한국은 한반도에서 호전성을 가진 북한과 대치하고 있다. 따라서 일본은 독자적으로

---

144) 미야자와 기이치(宮澤 喜一) 전 일본 총리에 의하면 특수 국가란 "평화헌법 제9조를 지키고 군사 소국이라는 것을 무기로 삼아 경제협력과 기술협력을 통해 관련국과의 외교 관계를 두텁게 하고 그것으로 안전 보장을 도모해 가는 국가이다."라고 하였다. 岩見隆夫, "政界再編目論金丸胝人脈," 中央公論 9號(東京: 岩疲書店, 1991), p. 76.

145) 이기완, 일본외교와 동아시아(서울: 매봉, 2009), pp. 13-14.

그의 안전을 보장할 수 없다. 그리하여 한 · 미 · 일 3개국은 서로 동맹 관계의 유지를 필요로 할 것이다. 이러한 동맹 관계는 필연적으로 서로 이익을 도모하는 협조관계를 형성하게 되고 따라서 이익의 공유 또 정치적 공조도 도모하게 될 것이다.

1996년 4월 일본의 하시모토 총리와 클린턴(Bill Clinton) 대통령은 정상 회담을 갖고 미국과 일본 양국은 미 · 일 안보 조약을 기반으로 하는 미 · 일 동맹 21세기 아 · 태지역의 안정과 번영을 위한 초석이라는 점을 재확인하는 '미 · 일 안보 공동 선언'을 발표했다. 이에 기초하여 1997년 9월 일본이 미국과 신 가이드 라인을 채택하였다. 이처럼 미국과 일본은 동맹 관계를 더욱 공고하게 하였다. 미국과 일본의 동맹 관계의 공고화는 미국이 일본의 안전을 보장하는 것을 의미하며 이러한 관계는 미국과 일본의 외교정책 및 외교 노선의 동질성을 강화하게 된다는 것을 의미한다. 이처럼 미국과 일본 간의 동질성 강화는 협조 관계를 계속 유지한다는 것을 전 세계에 확인시켜주는 것이다.

2009년 11월 오바마 대통령은 일본을 방문하여 산토리홀에서 연설하면서 "미국은 아시아-태평양국가로써 동아시아에서 전통적 동맹 관계의 강화와 새로운 파트너십을 함께 추구할 것이라고 말했다.[146)]" 또한 오바마 정부는 2012년 1월 5일 미국의 새로운 국방전략 가이드인 "미국 글로벌 리더십의 지속: 21세기를 위한 우선순위"(Sustaining U.S. Global Leadership: Priorities for 21st Century)라는 보고서에서 "아시아-태평양 지역을 가장 중요한 지역으로 규정하며 미국의 기존 군사 역량을 아시아 지역에 집중한다."고 언급하였다.[147)]

역사적으로 볼 때 국가 간 동맹은 전시에 공동의 적에 대항하여 공동으로 싸울 것을 약속하는 국가 간 약속이다. 평시에는 공동의 적이 존재하지 않음에도 불구하고 국가 간 동맹 관계가 존재한다. 평시의 동맹 관계는 공동의 외교정책 노선을 갖고 공동의 외교정책을 가질 것을 국가 간에 약속하는 것

146) 손열, "미 · 중관계와 동아시아," 김병국, 외(공편), 미중관계(서울: 동아시아연구원, 2012), p. 181에서 인용.

147) Department of Defense, "Sustaining U.S. Global Leadership: Priorities for 21st Century," January 2012, p. 2; 김관옥, 동아시아 불일치 딜레마 외교(서울: 리북, 2013), p. 58에서 인용.

이다. 그러므로 한국과 일본은 미국과 각기 동맹 관계를 갖고 있으므로 3국은 공동의 외교정책 노선과 공동의 외교정책 목표를 갖기로 약속하고 있다고 말할 수 있다. 국가 간의 이러한 관계가 가장 확실한 '적극적 협조 관계'를 보장하는 것이다.

한국 및 일본의 미국과의 동맹 관계는 냉전의 산물이기도 하지만 1990년대 소련의 해체로 동서 및 미 · 소 냉전은 존재하고 있지 않다. 그러나 이들 3개국의 동맹 관계는 계속 유지되고 있다. 이제 이 3개국의 동맹 관계는 냉전과는 무관하게 3개국의 안전 및 이익과 직결되는 존재로 남게 되었다. 이 3개국의 동맹 관계는 이들 국가의 외교정책 및 대외 관계에 근간이 되고 있다. 다시 말하면 동아시아 지역에서는 물론 세계적으로 이 3개국은 동맹 관계에 기초해서 외교정책 및 대외 관계를 갖는다. 예를 들면 동아시아에서 한국과 중국 관계 그리고 일본과 북한 관계 역시 이 3국 동맹 관계에 근거해서 결정되고 유지될 것이다. 한국과 일본의 외교정책 및 대외 관계는 미국과의 동맹 관계에서 시작된다. 제임스 켈리(James Kelly) 미 국무장관은 2014년 7월 7일 기시다 후미오(岸田 文雄)일본 외상과의 전화 통화에서 다음과 같이 말했다. "아베 총리가 (납치자 송환을 위해) 북한을 방문하는 경우에 북한의 핵과 미사일 문제와 관련한 한-미-일 공조가 흐트러질 수 있다 … 아베 총리가 방북할 경우에 우리에게 북한에 간다고 통고할 것이 아니라 그게 앞서 우리와 충분히 협의하기 바란다."[148] 켈리 미 국무장관의 발언은 지금까지 말한 한-미-일 3국의 정책 공조를 분명히 설명한 것이다. 결국 아베는 북한에 가지 않았다.

2005년 미국과 일본은 군의 일체화를 추진하는 미-일 동맹 강화 방안인 "미-일동맹: 미래를 위한 변환과 재편(US-Japan Alliance: Transformation and Realignment for the Future)"이라는 합의문을 채택하였고, 2005년 미국은 한국과도 동맹 정책 구상협상(the Alliance Policy Initiative Talks)을 통해 주한 미군을 한강 이남 지역에 재배치하는 데에 합의하였다.[149]

미국과 일본은 2011년 양국 외무-국방장관(2+2) 회담에서 중국을 지역 안보

---

148) 朝鮮日報, 2014.7.17.

149) 김관옥, 동아시아 '불일치 딜레마'외교, p. 343.

환경을 불안하게 하는 요인으로 규정하고 중국은 국제적 행동 규범을 준수해야 한다는 합의문을 발표하였다. 그리고 미국과 일본은 중국 견제를 위한 양국 간 동맹 강화를 확인하였다.[150] 이처럼 미국은 동아시아에서 특히 중국을 염두에 두고 한국 및 일본과의 동맹 관계에 지대한 관심을 갖고 있다.

한국-일본-미국은 항시 외교 당국자 간 정책 협의를 갖는다. 이 3국은 이러한 정책 협의를 통해 외교정책 및 노선을 조율하고 국제 문제에 대한 대응 조치를 논의한다. 예를 들면 북한의 핵 문제에 대해 한 · 미 · 일 3국은 항상 긴밀하게 협의한다. 2017년 1월에도 워싱턴에서 정기적으로 개최되는 외교 당국자 회의로서 제6차 외교 차관 협의회를 가졌다. 이와 같은 사실은 한-미-일 외교 관계의 돈독함을 보여주는 일이다.

한국 · 미국 그리고 일본 3국의 동맹 관계의 중요성을 강조하는 상징적 행위로 2017년 1월 미국 트럼프(Donald Trump)가 대통령으로 취임한 2개월이 되기도 전에 미국의 국무장관 그리고 국방장관이 한국과 일본을 방문하였다. 이 두 장관의 한국 및 일본 방문은 한-미-일 3국 관계에서 더 이상의 설명을 필요로 하지 않은 명백하고 구체적인 최고의 협조 관계를 행위로 보여준 것이다.

한국과 일본의 외교 관계

한국과 일본은 지리적으로 가장 가까이 이웃하고 있는 국가이면서 불행한 과거를 갖고 있기 때문에 특히 한국인의 일본에 대한 국민 감정은 매우 좋지 않았다. 그리고 해외에서 오랫동안 항일 독립 운동을 주도 했던 이승만이 한국의 초대 대통령이 되면서 한국과 일본의 외교 관계 증진은 쉽게 전개될 수 없었다. 그리하여 한국과 일본은 각기 독립 국가가 된 다음에도 십수년 동안 외교 관계를 정상화하지 못했다. 이런 가운데 미국은 한국과 일본 간의 외교 관계 발전을 희망하였다. 이승만 대통령은 미국의 요구를 수용하여 '6 · 25전쟁' 중인 1951년 한 · 일 양국은 외교 관계 정상화 교섭을 시작하였다.[151] 이승만 대통령은 교섭을 시작하였으나 한-일 관계를 정상화시키지

---

150) 위의 책, p. 61에서 인용.

못하고 1960년 대통령 직에서 물러났다.

박정희 정권이 등장하면서 미국은 한국과 일본에게 외교 관계 정상화를 강력하게 요구하였고 1964년 7월에 미국의 존슨(Lyndon Johnson) 대통령은 직접 박정희 대통령에게 개인 친서(Personal Message)를 보내어 한일 양국관계 정상화를 조속히 실현할 것을 요구하였다.[152] 1965년 한국과 일본은 미국의 권유 또는 압력에 의해 어렵게 외교 관계를 정상화하였다. 그 후 양국의 여러 분야에서의 관계는 특히 경제 관계는 매우 긴밀하였다. 그러나 한국인의 가슴 속에는 일본에 대한 적개심이 완전히 지워지지 않고 있다. 그와 함께 일본의 지도층 인사 중에는 그들의 과거 행위를 적극적으로 인정하려하지 않고 또 그에 대한 사죄도 형식에 그치고 있다. 이렇게 양국의 국민적 정서가 서로 배타적으로 작용하고 있어 한 · 일 외교 관계는 항상 긴장 상태에 놓여있다. 한국인의 일본에 대한 배타적인 정서 때문에 한국 정부의 대일 외교는 운신의 폭이 비교적 좁다. 한편 일본인의 한국인에 대한 인식 역시 크게 호의적이지는 않다. 일본 총리부의 여론조사 보고서에 의하면 "한국에 대해 친근감을 느낀다"고 응답한 사람의 비율은 1988년 46.2%에서 2007년 54.8%로 다소 증가하였고, "한국에 대해 친근감을 느끼지 않는다."고 응답한 사람의 비율은 1988년 49.7%에서 2007년 42.8%로 다소 줄어들었다.[153] 그러나 한국과 일본은 각각 미국과 동맹 관계를 갖고 있기 양국은 국제정치적으로 그리고 외교적으로 '협조 관계'를 갖고 있다. 앞에서 언급한 바와 같이 미국은 한국과 일본의 외교 관계가 돈독하기를 바란다. 미국은 그의 동맹국인 한국 및 일본이 미국과 공동의 외교정책 노선 및 외교 정책을 가져야 한다고 생각하기 때문에 일본의 관계가 협조적이기를 기대한다. 그렇기 때문에 한국과 일본의 외교 관계는 두 국가에 의해서만 결정될 수 있는 성질의 사안이 아니다. 공개적으로 행해지지는 않지만 미국은 음으로 양으로 한 ·

---

151) Kim Kwan Bong, The Korea-Japan Treaty Crisis and the Instability of Korean Political System(New York: Praeger, 1971), p. 40.

152) Donald Stone Macdonald, U.S.-Korean Relations from Liberation to Self-Reliance(Boulder: Westview Press, 1992), pp. 116ff.

153) 이기완, 일본 외교와 동아시아, p. 47에서 인용.

일 관계의 증진을 위해 협조와 도움을 제공하고 있다. 특히 한국 국민과 일본 국민은 서로 좋지 않은 국민 감정을 갖고 있다. 이러한 국민 감정 때문에 정부 간 접촉 및 교류가 다소 소원해지는 경우는 있지만, 양국 정부의 관계가 국민 감정 때문에 극단적 갈등 관계로 치닫는 경우는 없었다. 특히 양국은 일본의 역사 교과서 문제, 독도 영유권 문제 등으로 서로 대립적인 입장을 보이고 있지만 이러한 입장이 행동으로 또는 외교 정책으로 나타나는 경우는 거의 없었다. 한국과 일본은 기본적으로 또 원칙적으로 상대 국가의 중대한 이익을 침해하는 일은 찾아볼 수 없다. 한국과 일본의 외교 관계는 근본적으로 협조 관계를 갖고 있다고 말할 수 있다. 특히 한국과 일본은 미국과 각기 동맹 관계를 갖고 있기 때문에 한-미-일의 정책적 공조 관계를 위해서라고 이들 국가 간의 관계는 필연적으로 '협조 관계'를 갖게 되어 있다. 한국과 일본은 미국을 중심 축으로 해서 동일한 외교 정책 노선을 갖고 있고 공통의 전략적 외교 정책 목표를 갖고 있다. 실제로 2017년 7월 한국-미국-일본 3국 정상은 "북한 핵에 직면해 3국 안보 협력을 지속적으로 발전시켜 나아가기로 약속한다."는 공동성명을 발표하였다. 한국과 일본 간에는 역사적 사실로 인하여 좋지 않은 국민적 감정이 존재하지만 국가 차원에서는 외교적으로 상대국가의 이익 증대에 협조하고 있다. 한국과 일본은 외교 관계 정상화 이후 양국은 외교적으로 상호 관계에서 뿐만 아니라 국제 사회에서 상대 국가의 직접적인 가치와 이익을 침해하는 일은 없었다.

한국과 일본 간에는 지워지지 않는 아픈 과거를 갖고 있기 때문에 언제나 양국 관계는 불안하다. 한 · 일 외교 관계가 정상화되었음에도 불구하고 과거 일본 총리였고 일본 정치를 주도하고 있던 요시다 시게루(吉田 茂)는 "일본이 조선인을 위하여 선정을 베풀었음에도 불구하고 한국인이 일본인을 증오하는 것은 매우 유감스럽다."고 발언하였다.[154] 또한 한국 정부는 1973년 8월 일본에 체류 중이던 야당의 대통령 후보였던 김대중을 납치하여 강제로 한국으로 연행하였다. 한국 정부의 이러한 행위는 일본의 주권을 침해한 행위로 간주되었다. 한국 정부의 불법적인 행위로 일본인의 한국에 대한 부정

154) 이기완, 일본 외교와 동아시아, p. 58에서 인용.

적인 인식이 팽배해있는 가운데 다나카 총리는 1974년 1월 24일 중의원 본회의에서 "일본의 한국 지배가 한국의 정신적 발전에 도움이 되었다."라고 언급하였다.[155] 이처럼 한 · 일 관계는 항상 불안하다. 1980년대 접어들면서 한 · 일관계는 다소 호전되는 분위기가 조성되었다. 1983년 나카소네 총리가 한국을 방문하였고 1984년 9월에는 전두환 대통령이 일본을 방문하여 일본 국왕을 면담하였다. 이 자리에서 일본 국왕은 불행한 과거에 대해 유감의 뜻을 표하였다. 이러한 분위기는 한 · 일 관계 발전에 도움이 될 수 있었다. 그러나 이러한 좋은 분위기가 조성되고 있는 가운데 1985년 7월 나카소네 수상은 전범(戰犯)들이 합사되어 있는 야스쿠니(靖國)신사를 총리로서는 처음으로 참배하였다. 그리고 일본 문부상의 역사왜곡 발언으로 양국관계는 다시 경색되었다.

1990년대 접어들어 일본의 정권들의 한국에 대한 인식이 크게 바뀌기 시작하였다. 1990년대 미야자와 기이치(宮澤 喜一) 정권은 종군위안부 문제와 관련하여 1993년 8월 '고노담화'를 통해 일본 군의 관여를 인정하고 사죄한다고 발표했다. 또한 1993년 8월에 출범한 비자민(非自民) 연립 정권의 수반이던 호소카와 모라히도(細川護熙)총리도 "과거의 식민지 지배와 관련하여 창씨 개명, 종군위안부 문제 등을 구체적으로 열거하면서 가해자로서 진심으로 반성하고 깊이 사죄한다."고 말했다.[156] 1994년 6월 무라야마 정권은 "전후 50년의 국회 결의"-과거의 침략전쟁을 반성하고 미래의 평화를 표명하는 결의-를 채택함으로써 새로운 역사 인식의 지평을 열었다. 1998년 10월 김대중 대통령과 오부치 총리의 한 · 일 공동 선언-21세기를 향한 새로운 한-일 파트너십-을 계기로 한-일 관계는 새로운 전기를 맞았다. 오부치 총리는 "과거 한 시기 일본이 한국에 대한 식민지 지배로 한국인에게 상당한 피해와 고통을 주었다는 역사적 사실을 겸허히 받아들이며, 이에 대해 통절한 반성과 진심으로 사죄한다."고 하였다. 이러한 상황은 한-일 관계에 좋은 영향을 미치고 관계 발전에 도움이 되었다. 다른 한편 고이즈미 총리는 2002년 4월 21일 그

155) 위의 책, p. 59.
156) 최상룡, 외, 한 · 일관계의 쟁점(서울: 집문당, 1998), p. 42에서 인용.

리고 2004년 1월 1일 야스쿠니신사를 참배하였다. 일본 총리의 이러한 처사는 당연히 한국인의 분노를 살 것이고 이는 한국과 일본 관계에 나쁘게 작용할 것이다. 이러한 정황을 알고 있는 일본총리의 야스쿠니 신사 참배는 한국을 무시하는 처사이고 동시에 한국과의 외교 관계를 중요하게 생각하지 않는다는 것을 입증하는 것이다. 아베 총리는 두 차례 총리직을 수행하며 야스쿠니 신사를 직접 참배한 일이 없다. 한편 2007년 3월 16일 아베 총리는 "정부가 발간한 자료에서 일본군이나 관헌에 의해 종군 위안부가 강제 연행 되었다는 기술은 발견할 수 없었다."고 주장하였다. 아베 총리는 '고노담화'에서 인정했던 종군 위안부의 강제성을 부인하였다. 그리고 아소다로 총리도 "일본의 식민 통치때의 창씨 개명은 조선인의 희망에 따라 이루어졌다."고 하였다.[157)]

지금까지 살펴본 바와 같이 일본 정부의 한국에 대한 인식에 따라 한-일 관계는 크게 영향을 받는다. 그렇기 때문에 언제나 한-일 관계는 불안하다. 그러나 한국과 일본은 각기 미국과 동맹 관계를 갖고 있기 때문에 한 · 일 관계는 외교적으로 적극적 협조 관계를 갖게 한다.

중국과 미국의 외교 관계

중화인민공화국(이하 중국)은 1949년 10월에 탄생된 신생 국가이다. 중국은 주권 독립 국가로써의 역사는 일천(日淺)하다. 중국 건국 직후부터 국가의 안전 보장이 위태로웠고 경제적으로 매우 낙후되고 어려웠다. 중국은 미 · 소 냉전의 절정기에 태어나 소련 일변도의 길을 걸었다. 또한 중국은 건국한 지 일년 여 만에 한반도에서 발발한 '6 · 25전쟁'에 참전하였다. 국가적으로 어려운 시기인데 전쟁에 참여하였다. 그리고 3년여에 걸쳐 미국과 전쟁하였다. 이것이 미국과 중국의 첫 번째 조우이다. 이로써 미국과 중국은 처음부터 적대 관계로 시작하였다.

중국은 탄생하는 과정이 매우 어려웠고 시간도 길었다. 그렇기 때문에 중국은 튼튼한 기초를 갖지 못하고 탄생되었다. 중국은 경제, 사회 등에서 자

157) 이기완, 일본 외교와 동아시아, p. 65에서 인용.

립이 불가능하였기 때문에 탄생하면서부터 10여 년간 소련에 의존하여 살아왔다. 그리고 1960년 중 · 소 분쟁으로 소련과 관계를 단절하고 또 1960년대 문화 혁명으로 10여 년간 외교적으로 고립되어 살아왔다. 1950년대 및 1960년대 20여 년간 중국은 사회적으로 경제적으로 매우 어렵고 혼란스러웠다. 그리하여 국가는 피폐해졌고 국민 생활은 매우 곤궁하였다. 1970년대 접어들면서 중국은 정신을 가다듬어 국내 정치도 안정을 도모하고 외교적으로 1972년 2월 미국과 관계 개선(rapprochement)에 성공하여 대외적으로도 새로운 진로를 모색하기 시작하였다. 또한 중국은 1972년 9월 일본과 외교 관계를 정상화하였다. 그리고 중국과 미국은 관계개선 이후 6년만인 1979년 1월 1일 외교 관계를 정상화하였다.

1950년 '6 · 25전쟁'에서 미국과 중국이 군사적으로 충돌한 이후 오늘날까지 미국과 중국은 군사적으로 한 번도 충돌한 일이 없었다. 그리고 미국과 중국은 냉전 시기에도, 중국이 소련과의 관계를 단절한 이후에도 미국과 중국은 정치적, 외교적, 군사적으로 대립하고 충돌한 일이 없고 극단적인 갈등 관계를 가졌던 일도 없었다. 한반도에서 발생했던 '6 · 25 전쟁' 이후 양국은 상대 국가의 중대한 국가 이익을 침해한 일도 없었다. 미국과 중국은 냉전 시기인 1955년 8월부터 스위스 제네바에서 대사급 회담을 시작하였고 1958년 9월에 개최된 제74차 회의부터는 폴란드의 바르샤바로 옮겨 회담을 계속하였다. 이 회담은 중국의 문화 혁명으로 1968년에 중단되었다가 1970년 2월 미-중 대사급 회담이 재개되어 1972년 2월 미 · 중관계 개선이 이루어지기 직전까지 계속 개최되었다. 이 회담에서 구체적인 성과를 얻어내지는 못했지만 밖으로 적대적인 관계를 가진 것으로 알려진 미국과 중국이 내면적으로는 외교적 접촉을 가졌었다. 이처럼 미국과 중국은 항상 원만한 관계의 유지를 위해 노력했다는 사실을 보여주었다. 1978년부터 시작된 중국의 개혁 · 개방을 주도했고 이것을 성공적으로 이끌었고 중국공산당의 실권을 쥐고 있는 등소평은 일찍이 미국과의 관계에 대한 지침으로 적극적인 협조를 강조하였다.[158] 다음의 4가지 사항을 제시하였다. 또한 1995년 10월 미국

158) 人民日報, 1993年5月24日.

뉴욕에서 강택민 주석도 등소평이 강조했던 것과 똑같이 대미국 자세를 강조하였다.[159] 중국은 개혁 · 개방을 추진하면서 등소평은 이것의 성공을 위해서는 미국과의 관계가 매우 중요하다고 생각하여 위와 같은 원칙을 제시한 것이다. 실제로 경제, 군사 등의 측면에서 미국은 중국과 비교할 수 없을 정도로 미국과는 국력의 차이가 컸다. 중국은 기술도, 자본도 부족한 상태에서 미국의 협조와 지원이 절대로 필요했다. 그뿐만 아니라 미국은 서방 자본주의 국가들을 이끌고 있는 맹주격의 국가였다. 중국은 미국과 좋은 관계를 유지하여야 다른 서방 자본주의 선진국과도 긴밀한 관계를 가질 수 있다. 그렇기 때문에 중국에게 미국은 절대적으로 필요한 국가이다. 바로 이러한 면을 인식하고 등소평과 강택민이 미국과의 관계를 크게 강조하였다. 그리하여 중국공산당의 지도자들은 ㅈ등소평과 강택민의 이러한 지침을 충실히 이행하여 왔다. 실제로 중국은 미국과의 관계를 악화시킬 수 있는 정책이나 행위는 감행한 일이 없었다. 1949년 이후 미국도 외교 정책과 외교 행위를 통해 중국의 중대한 국가 이익을 침해하는 경우도 찾아보기 어렵다.

미국과 중국은 1979년 1월 1일 외교 관계 정상화 이후 정치적으로 또 군사적으로 충돌하거나 심각한 갈등으로 양국 관계가 크게 악화된 일이 없다. 양국은 정치 및 경제 체제를 달리하고 있지만 양국은 공존 공영의 자세로 일관하고 있다. 미국과 중국은 외교 관계 정상화 직후 실질적인 동맹 관계(de facto alliance)를 갖고 있는 국가처럼 양국은 매우 긴밀한 관계를 갖고 있었다. 미-중은 수교 후 수년간 '긴밀한 제휴(tight alignment)'관계를 갖고 있었다. 미-중 양국은 국가 안보 차원에서 전략적으로 소통하고 정보를 교환하였다.[160] 1979년 먼데일(Walter Mandale)부통령 그리고 국방장관 브라운(Harold Brown)이 중국을 방문하고 발표한 성명서에서 그리고 미국을 방문한 중국 국방장관 경표(耿飈)가 발표한 성명서에서 그리고 미국 국방장관 브라운이 중국을 방문하고 있는 동안 등소평도 미-중 관계를 동맹 관계라고 하였다.[161]

---

159) 人民日報, 2001年1月19日.

160) Foreign Broadcast Information Service-China(FBIS-CHI, 8 and 11 January 1980), p. B1.

1984년 레이건 대통령이 중국을 국빈 방문하면서 미-중 외교 관계는 크게 발전하였다. 이후 미국과 중국은 군사적 협력을 크게 강화하였고 미국은 중국에 핵 프로그램을 제공하고 고급 기술을 중국에 수출하였고 특히 미국은 중국을 대공산권수출통제위원회(COCOM)에서 규정하는 서방 국가들의 수출 금지 대상 국가에서 제외시키고 중국을 '우호적, 비동맹국가(friendly, non-aligned nation)' 범주에 포함시켜 수준 높은 군사 무기 및 고급 군사 기술을 수입할 수 있는 국가로 그 지위를 격상시켜 주었다.[162)]

미국과 중국 간의 외교 관계가 매우 돈독하다는 사실을 보여준 일이 있었다. 1989년 '6 · 4천안문'사건이 발생하였을 때 많은 서방국가들은 중국에 대해 여러 형태의 제재를 가하였다. 미국도 형식상 이 국제적 대중 제재에 가담하였다. 그러나 이 때에도 미국은 비밀리에 중국을 돕고 있었다. 미국의 부시(George H. W. Bush) 대통령은 천안문 사건이 발생한 지 3주 후인 1989년 7월 1일 백악관 국가 안보 보좌관 스코우크로프트(Brent Scowcroft) 및 국무차관 이글버거(Lawrence Eagleburger)를 비밀리에 북경에 파견하였다. 이 사실을 아는 사람은 워싱턴의 몇몇 고위 인사 및 주중대사 릴리(James Lilley)뿐이었다. 스코우크로프트와 이글버거는 군수송기 C-141을 타고 중국에 갔다. 이 비행기에는 어떤 표시도 없었고 이 비행기에 대해 사전에 중국군 당국에 알려지지 않았다. 중국군은 이 정체불명의 비행기가 발견되자 중국군은 중국 국가주석 양산곤(楊尙昆)에게 이 비행기의 격추 여부를 물었다고 한다.[163)] 그러나 이 미국 군용기는 무사히 북경 공항에 도착해서 미국의 특사는 그의 임무를 수행하였다. 이들은 등소평 등 중국의 고위 인사들을 만나 현안들을 논의하였다. 특히 부시 대통령은 등소평에게 보낸 친서에서 "미국과 중국의 긴밀한 유대 관계는 두 나라의 전략적 및 경제적 이익에 지대한 영향을 미치게 될

---

161) David Shambaugh, "Patterns of Interaction in Sino-American Relations," in Thomas W. Robinson and David Shambaugh(eds.), Chinese Foreign Policy (Oxford: Clarendon, 1995), p. 203.

162) 위의 글, p. 205.

163) Herny Kissinger, On China(New-York: The Penguin Press, 2011), p. 418; Qian Qichen, Then Episode in China's Diplomacy(New York: Collins, 2005), p. 133.

것이다."라고 두 나라의 관계를 강조하였다. 그러나 미국 대통령 특사는 양국은 서로 다른 문화적, 사회적 배경 그리고 서로의 인식을 다르게 갖고 있다는 점도 강조하였다. 한편 중국 측 인사들은 시위 진압 문제는 중국 국내 문제라고 언급하였다. 이러한 가운데 두 사람의 미국 대통령 특사와 등소평 중국공산당 중앙군사위원회 주석, 이붕(李鵬)총리 전기침(錢其琛) 외교부장은 양국관계가 양국의 이익에 매우 중요하다는 데에 의견을 같이 하였다.164) 미국과 중국 고위 인사들의 이러한 접촉은 중국이 천안문 사태로 인해서 경제 제재를 받아 어려움을 겪고 있지만 미국과 중국과의 우호 관계는 변함없이 지속될 것이라는 것을 확인해주었다. 그리고 여러 국가들이 중국에 경제 제재를 가하였으나 미국은 중국 제재에 매우 소극적이었다. 1989년 천안문 사태 이후 특히 미국 의회는 중국의 인권 문제, 산아제한 문제, 형무소 노동 문제, 무기 판매, 핵확산 문제 그리고 티베트 문제에 분노하고 있었다. 그러나 의회는 당시 중국의 전략적 이해가 미국과 일치하기 때문에 미국 의회는 행정부로 하여금 중국과의 관계를 행정부의 의지대로 전개할 수 있도록 행정부에 권한을 부여하였다(중국과 미국의 전략적 이해가 일치한다는 것은 소련에 대한 양국의 전략적 이해가 일치한다는 것이다.). 이로부터 미-중 관계는 크게 발전하였다. 이 시기에 중국의 많은 장관급 관리들은 미국을 방문하였고 또 이들은 미국 각료들과 여러 협정에 서명하였다. 1990년대 미국과 중국은 재정 분야, 상업 분야, 국방 분야 등에서 여러 분야에 걸쳐 매년 장관급 회담을 가졌다. 그뿐만 아니라 이 시기에 미국과 중국은 정기적으로 다양한 정보를 교환하였다.

1990년대 중국은 경제 발전에 매진하고 있었다. 중국 경제는 수출에 크게 의존해 있었다. 그리하여 중국은 미국 시장을 필요로 했다. 그 당시 세계무역기구(WTO) 회원국이 아닌 중국은 미국으로부터 최혜국대우(MFN)를 받아야 낮은 관세율로 미국에 상품을 수출할 수 있었다. 미국은 중국에 최혜국대우를 부여할 때마다 중국의 인권 문제와 결부시켜 매 1년마다 최혜국 대우를 연장해 주었다. 중국은 경제 발전을 위해 미국의 시장도 필요했지만 중국은 미국 등 서방 경제 선진국의 자본도 필요했고 기술도 필요했다. 1990

164) Henry Kissinger, On China, pp. 419-420.

년대 중국은 미국을 절대적으로 필요했고 그리하여 중국은 미국과의 외교 관계를 매우 중요시하였다. 그렇기 때문에 중국의 대미 접근은 중국 경제 발전의 필수요건이었다. 이러한 상황에서 중국은 미국에 대해 저자세 외교를 전개하지 않을 수 없었다. 미국도 전략적으로 중국을 필요로 하였다. 특히 중국의 대미국 자세가 미국과의 충돌 · 갈등을 최소화하였기 때문에 양국 관계는 언제나 평온하였다. 그리고 클린턴 정부는 1995년 5월 중국의 인권 문제와 무역상의 최혜국대우(Permanent normal trade relations-PNTR)를 연계시키지 않기로 결정하였다. 그리고 1995년 1월 강택민 국가 주석은 미국 뉴욕을 방문한 자리에서 등소평이 강조했던 대미국 외교원칙을 지켜나갈 것이라고 말했다.[165] 또한 1997년 미국과 중국의 정상은 워싱턴에서 정상회담을 갖고 "평화와 번영에 대한 공동 책임과 공동 노력을 위해" 21세기에도 미국과 중국이 "전략적 동반자 관계"를 유지하기로 합의하였다.[166]

1990년대 후반 미-중 관계는 크게 발전하였다. 1997년 강택민 국가 주석이 미국을 방문하였고 1998년에는 클린턴 대통령이 8일간 중국을 방문하였다. 두 국가 원수가 상호 방문을 통해 놀라운 업적을 만들어냈다. 두 정상은 광범위한 내용을 담은 공동 성명을 발표하였다. 이 공동성명에는 양국의 협의 기구를 만들고, 고급 기술문제를 협의하고 그리고 모든 대립적인 분위기를 없애기로 약속하였다.[167] 또한 강택민 주석도 미국 중심적 국제 질서와 미국의 패권적 위상을 인정하고 중국의 경제 발전을 위해 미국과 협력적 관계 유지를 강조하였다.[168] 2001년 12월 부시(George W. Bush) 대통령은 미국과 중국과의 무역 관계를 정상화하기 위한 최종 조치로서 '영구적 정상 무역 관계 지위'(PNTR)를 부여하는 포고령에 서명하였다. 2001년 12월 27일 발표한 성명에서 "2002년 1월 1일부터 효력을 갖는 이번 조치는 미 · 중 무역 관계 정상화를 위한 최종 단계이며 중국이 규칙에 근거한 세계적인 무역 체제

---

165) 人民日報, 2001年1月19日.

166) 주형민, "미국과 중국의 상호인식," 김병욱, 외(공편), 미중관계2025(서울: 동아시아연구원, 2012), p. 40.

167) Henry Kinssinger, On China, p. 420.

168) 김관옥, 동아시아 '불일치 딜레마'외교(서울: 리북, 2013), p. 340.

에 가입하게 되는 것을 환영하기 위한 것이며 이번 조치가 10여 년에 걸친 양국 간 그리고 다자간 협상의 완료를 의미하며 중국이 무역 자유화에 기여할 수 있도록 건설적으로 협조해 나가는 과정의 시작이다. 그리고 자국 영토 내에 있는 사람의 외국으로의 이민을 제한하는 공산주의 국가와의 정상적인 무역을 금지하는 1974년 '잭슨 · 배닉(Jackson-Vanik)법'을 중국에게는 더 이상 적용하지 않는다."[169]라고 밝혔다. 그리고 부시 대통령도 중국을 전략적 동반자로 규정하고 긴밀한 협력을 추구하였다.

21세기 중국과 미국과의 관계에서 경제 분야에서의 관계가 크게 긴밀해지고 있다. 예를 들면 2005년 11월 미국 부시 대통령이 중국을 방문했을 때 중국은 미국의 중거리용 보잉737 여객기 70대를 구매하기로 결정하였다. 그리고 추가로 80여대를 더 구입하기로 양국은 합의하였다.[170] 또한 2007년 5월에도 중국은 130여개 기업 고위 간부 180여 명으로 구성된 미국 상품 구매단을 샌프란시스코 등 미국 주요 도시에 보내어 최고 160억 달러 상당의 미국 제품 구매 계약을 체결하였다. 그리고 2006년 4월 호금도(胡錦濤) 국가 주석의 미국 방문에 즈음하여 200여 명의 미국 상품 구매 사절단을 미국에 보내 보잉사 여객기 80여 대 등 162억 달러 상당의 미국 상품을 구입하였다.[171]

21세기 미국과 중국은 두 국가의 관계를 명확히 정립하기 위한 전면적인 틀(framework)을 모색하였다. 미 · 중간 이러한 틀을 구체화하기 위해 양국은 '미-중 고위 인사 대화 기구' 및 '미-중 전략 및 경제 대화 기구'를 부시(George W. Bush)대통령 2번째 임기 중에 만들었다. 이 기구는 미국과 중국과의 돈독한 관계를 상징적으로 보여주는 것이다.[172] 또한 부시 대통령은 "미-중 관계는 전략적 협력과 경쟁이 공존하는 복잡한 관계다"라고 언급한 일이 있다.[173]

오바마 대통령은 취임하면서 중국과의 관계를 적극적이고 협력적이며 포

169) 朝鮮日報, 2001.12.27.

170) 朝鮮日報, 2005.12.6.

171) 朝鮮日報, 2007.5.7.

172) Henry Kissinger, On China, p. 497.

173) Mu Lu, "Sino-U.S. Relations," China Strategy, vol.13(July 20, 2004).

괄적 관계로 규정하였다. 오바마 대통령은 그이 저서 '희망의 담대함(The Audacity of Hope)'에서 중국과 관계의 핵심은 군사 분야 보다는 경제 관계로 규정하였다. 오바마 정부는 중국의 책임 있는 역할을 요구하면서 이에 상응하는 위상을 부여하기 시작하였다. 오바마 정부는 국제통화기금(IMF)과 세계은행에서 중국의 지분과 의결권을 3.9%에서 6.19%로, 확대해주었으며 같은 맥락에서 중국인을 국제통화기금 부총재와 사무총장에 임명하는데 미국은 동의해주었다. 이로써 미국은 중국과의 경제 협력 의지를 나타냈다.[174] 미국 전체 무역 적자의 60%는 중국과의 무역에서 발생하여 무역 역조가 심각하다. 이에 대해 2012년 시진핑(習近平) 국가 부주석은 미국을 방문하여 35조원 상당의 미국 상품 구매 계약을 체결하였다.[175] 중국은 이렇게 미국 상품의 대량 구매로 미국의 대중국 무역 적자 폭을 줄이고 미국의 중국에 대한 견제의 의지를 완화시키려 노력하는 모습을 보였다.

미국이 대만에 군사 무기를 판매하는 일은 중국에게는 매우 중요하고 민감한 문제이다. 그런데 오바마 행정부는 2010년 대만에 67억 달러 상당의 군사 무기를 판매하였다. 미국이 대만에 판매한 무기는 신형 패트리어트 요격미사일(PAC-3) 114기, 블랙호크 헬리콥터, 지상 및 함상 발사가 가능한 하푼 미사일 12기 그리고 다기능정보유통 시스템이 포함되어 있다. 또 미국은 2011년 대만에 F-16 개량형 전투기 145대 58억 달러 규모의 전투기 판매를 결정하였다.[176] 미국의 대만에 대한 무기 판매에도 불구하고 미국과 중국 간에는 심각한 갈등 대립 양상은 나타나지 않았다. 이러한 현상을 미국과 중국이 어떠한 경우에도 양국 관계는 협조적이어야 한다는 양국의 입장이 반영된 것으로 해석된다.

미국과 중국은 적어도 1979년 1월 1일 외교 관계 정상화 이후 현재까지 심각하게 경쟁하거나 대립하지 않았다. 그러나 몇몇 문제에 대해 양국의 협조는 제한적이다. 미국과 중국은 경제 문제, 동아시아 지역 문제, 미국의 대

---

174) 김관옥, 동아시아 '불일치 딜레마'외교, pp. 52-53에서 인용.
175) 위의 책, p. 54에서 인용.
176) 위의 책, p. 59에서 인용.

만 정책 등에 대해 중국은 비교적 미국에 협조적이다. 그러나 세계적인 문제인 리비아, 시리아, 북한, 이란, 중동 문제에 대해서는 미국과 중국은 협조적이지 않다. 또 유엔에서 북한의 인권문제, 핵 무기 문제를 다룰 때 중국은 매우 소극적인 자세를 취하였다.

미국은 중국에 대해 첨단 기술 제품 수출 규제, 중국의 대미 투자 규제를 계속하고 있고 또 중국의 위안화 조작, 중국의 지적재산권 침해, 중국의 산업 스파이 활동과 미국 기업 해킹, 수출 보조금, 외국 투자에 대한 중국의 장벽 등 문제에 대해 미국과 중국은 어느 정도 마찰을 빚고 있다.

1979년 1월 1일 미국과 중국은 외교 관계를 정상화 한 이후 미국과 중국의 관계는 근본적으로 상당히 협조적 분위기 하에서 지속되고 있다. 양국은 서로 충돌하고 심각하게 경쟁하고 대립하는 것은 어느 국가에도 도움이 되지 않는다고 생각한다. 미국이 중국과는 서로 견해와 입장을 달리하는 부분이 있다. 미국은 자유 민주주의와 자본주의 시장 경제 체제를 유지하고 있고 중국은 사회주의 기초 위에 정치적으로 공산당 일당독재 체제 그리고 경제적으로 국가에 의해 통제되는 계획 경제 체제를 유지하고 있다. 미국과 중국이 정치 및 경제 체제를 달리하고 있기 때문에 대내외 정책에서 미 · 중 양국은 완전한 조화를 이루기는 어렵지만 양국은 적어도 체제 및 정책의 차이에 의해서 발생할 수 있는 대립, 갈등, 충돌 등을 회피하거나 최소화하려는 노력을 하고 있다. 특히 중국은 공산당에 의해 탄생된 지 60여년에 불과하고 경제개발을 모색한지는 30여 년에 불과한 국가이다. 특히 21세기에 접어들면서 중국은 경제 발전에 박차를 가하고 있는 개발도상 국가이다. 중국은 경제 발전을 위해서는 정치, 경제, 군사적으로 최강대국인 미국과의 협조 및 협력은 절대적인 필수요건이다. 그렇기 때문에 중국은 미국과의 원만한 관계를 유지하는 것을 매우 중요하게 생각하였다.

1978년부터 중국의 개혁 · 개방 정책을 선도적으로 주창하고 중국의 경제 발전을 주도한 사람은 중국공산당의 실질적 제1인자인 등소평이다(당시 중국공산당 중앙위원회 주석은 화국봉:華國鋒)이었으나 이는 실권이 없었다. 등소평은 1977년에 복권되어 중국공산당 중앙위 부주석 및 정치국 상무위원이었다. 그러나 등소평은 중국공산당을 장악하고 있었고, 화국봉은

1980년 8월 총리직에서 그리고 11월 중앙위 주석직에서 해직되었다.). 모든 권력은 총구에서 나온다는 중국에서 등소평은 중국공산당 중앙군사위원회 주석이었다. 등소평은 1989년 '6 · 4천안문'사건 직후 중국의 대외 전략의 핵심 요소를 언급하였다. 먼저 "미국과의 충돌을 회피하여야 하고 과거 소련이 이끌던 사회주의 세계의 지도권을 갖지 말고, 다른 국가의 국내 문제에 개입하지 말고 이념에 집착하지 말고, 국제적인 문제에 간여하지 말고, 그리고 다른 국가와 충돌을 피하라. 중국이 이러한 전략을 충실히 실천한다면 중국은 21세기 중엽 현대화된 국가가 될 것이다."라고 등소평은 말했다.[177]

왕의(王毅) 중국 외교부장은 2013년 9월 20일 미국 워싱턴 D.C.에 있는 브루킹스 연구소에서 연설하였다. 과거 등소평이 강조했던 것과 같이 왕의 외교부장도 "첫째 중국은 미국과 충돌하지 않고 미국에 대항하지 않는다. 특히 중국은 미국과 군사적으로 충돌하는 일은 없을 것이다. 둘째 중국과 미국은 상호 존중할 것을 강조하고 있고 그리고 셋째 양국은 상호협력하여야 할 것이다."라고 말했다.

미국과 중국이 경제를 포함한 여러 분야에서 협조적이지만 양국은 민주주의, 인권, 주권, 내정간섭 등의 문제에 대해서는 서로 관점과 견해를 달리하고 있어 이 부분에서는 갈등의 소지가 있다.

오바마 대통령은 2014년 7월 9일 워싱턴에서 발표한 성명에서 "올해는 미국과 중국이 수교 35 주년을 맞는 해이다. 양국은 상호 의존적인 경제 운명체라는 사실을 직시하고 유대를 강화하자"고 하였고 수교 35 주년을 기념하는 개막식에서 케리 국무장관은 "미국은 중국을 봉쇄하려하지 않는다. 미국은 평화롭고 안정적이며 번영하는 중국의 부상(emergence)을 환영한다."고 언급하였다.[178] 이처럼 양국의 외교 담당 수장들의 언급이 21세기 양국의 관계는 외교적으로 우호적이고 '소극적 협조관계'라는 것을 보여주고 있다.

---

177) Quansheng Zhao, "Modernization, Nationalism, and Regionalism in China," in Steven W. Hook(ed.), Comparative Foreign Policy(Upper Saddle River, New Jersey: Pearson Education, Inc., 2002), p. 73에서 인용.

178) 朝鮮日報, 2014.7.10.

중국 외교부장 왕의는 미국과 충돌하지 않고 대항하지 않는다고 말했고 케리 미국무부장관은 중국을 봉쇄하지 않는다고 말했다. 먼저 중국은 미국과 충돌할 결정 및 행동을 하지 않는다. 중국은 미국의 관심 지역에 어떠한 구체적인 행동을 하지 않는다. 예를 들면 미국의 주요 관심 지역인 태평양, 중동 등에 중국은 진출하지 않았다. 이 지역에 중국이 진출하면 분명히 미국과 충돌할 것이다. 이처럼 중국이 미국과 충돌할 수 있는 지역에 진출하지 않으므로 미국은 중국을 봉쇄하는 일도 없을 것이다.

지금까지 미국과 중국과의 관계를 살펴보았다. 동서 냉전이 정점으로 치닫고 있던 1950년대에도 미국과 중국은 평화로운 대화를 가졌다. 또한 미국과 중국은 양국관계가 크게 훼손될 정도로 갈등하고 충돌한 일이 없었다. 중국에게 가장 민감한 문제 중의 하나인 미국의 대만에 무기 판매가 이루어져도 중국과 미국의 관계는 우호적으로 유지되었다. 이런 사실들을 보아도 미국과 중국은 공생 공존의 정신에 입각해서 외교 관계를 유지하여왔다. 그리하여 미-중 관계를 경쟁적 공조(competitive coexistence)관계라고도 한다.[179)]

지금까지 중국과 미국과의 외교 관계를 살펴보았다. 중국과 미국과의 외교 관계는 기본적으로 그리고 근본적으로 상대국의 존재를 인정하고 공생 · 공존의 입장을 견지하고 상호 도움이 되게 하기 위해 협조적인 자세를 가지고 있다. 기본적으로 미-중 양국 관계는 협조적이다. 미국은 자유민주주의 그리고 자본주의 시장 경제 체제를 갖고 있고 중국은 공산당 일당이 지배하는 사회주의 체제 그리고 사회주의 시장 경제 체제를 유지하고 있다. 이러한 체제의 차이는 미국과 중국 간의 완벽한 협조 체제를 갖는데 제한을 가하고 있다.

먼저 미국과 중국은 외교정책 노선 및 외교정책 목표를 다르게 갖고 있기 때문에 리비아, 시리아, 북한, 이란, 중동 문제 등에 대해 미국과 중국은 다른 입장을 갖고 다르게 대응한다. 중국도 인권 문제에 있어서는 사각 지대이기 때문에 북한 등 세계 인권 문제에서 미국과 다르게 대응하고 있다. 중국은 사회주의 경제 체제를 유지하고 있기 때문에 그리고 환율의 조작 등 국가 주도의 계획 경제 질서를 유지하고 있기 때문에 미국의 자본주의 체제와는

179) 박영준 · 홍승현(옮김), 중국, 세계로 가다, p. 127.

서로 충돌하는 부분이 있다. 미국과 중국은 정치, 경제, 사회 체제 및 제도를 다르게 갖고 있기 때문에 양국 간에는 허물기 어려운 장벽이 있다. 이러한 요소들이 미국과 중국 간 적극적 협조 관계 유지에 한계로 작용하고 있다.

미국과 중국과의 관계에 한계가 있다는 실증적 증거가 있다. 미국의 중국에 대한 기본 인식은 부시(George W. Bush) 대통령 시기에 극명하게 드러났다. 부시 정부에서 발간한 국방백서에서 "중국은 아시아의 잠재적 위협국(a potential threat in Asia)"이라고 명시하고 있다.[180] 이러한 지적은 아시아에서 중국은 미국의 이익을 침해할 수 있다는 의미를 말하고 있는 것이다. 다시 말하면 미국은 아시아에서 중국과 이해를 공유할 수 없고 그리고 중국은 잠재적 적대적인 국가라고 미국 정부는 인식하고 있음을 보여주는 것이다. 이러한 미국의 중국 인식 선상에서 미국 정부는 국가 안전 보장을 이유로 중국 자본의 독일 반도체 기업인수 · 합병(M&A)에 제동을 걸었다.

오바마 미국 대통령은 2016년 12월 2일 중국 반도체 투자 펀드인 '푸젠(福建)' 그랜드칩투펀드(FGC)가 미국에 있는 독일 반도체 기업 '아익스트론'의 자회사를 인수하는 거래에 대해 취소 명령을 내렸다고 블룸버그 통신 등이 보도했다. 이 거래에 대한 취소 명령은 미국 재무부, 국방부 등 17개 부채로 구성된 '외국인 투자 심의 위원회(CFIUS)'가 2016년 11월 20일 이 거래의 전면 취소를 오바마 대통령에게 건의하여 대통령이 결정한 것이다. 2016년 12월 2일 미국 재무부는 발표한 성명에서 "외국의 이익 집단이 국가 안보를 해칠 수 있다는 믿을 만한 증거가 있으면 대통령의 권한으로 인수를 중단하거나 막을 수 있다"며 "아익스트론의 기술은 군사적으로 전용될 수 있다."고 밝혔다. 미국 정부는 아익스트론의 기술을 핵 프로그램을 위한 반도체칩 생산에 활용할 수 있다고 판단하고 있는 것이다. 미국 정부는 2016년 10월 독일 정부에 아익스트론의 기술이 군사적으로 이용될 수 있다는 증거를 제시했고 독일 경제부에서도 중국의 '푸젠그랜드칩루펀드'의 아익스트론의 인수 허가를 철회하기로 결정하였다. 미국 정부가 안보를 이유로 중국 업체의 기업 인수를 가로막은 것은 이번이 3번째이다. 1990년 조지 부시(George H.W. Bush)대통

180) 주형민, "미국과 중국의 상호인식," p. 41에서 인용.

령이 미국의 항공부품업체인 MAMCO의 중국 기업의 인수를 막았고 2012년에는 중국 자본이 대주주인 미국 회사가 미국 오리건 주 해군 기지 근처에 풍력발전소를 매입하려하자 오바마 대통령이 제동을 걸었다. 미국과 중국의 외교 관계가 대체로 원만하지만 세밀한 부분에서 미국과 중국은 이해를 공유하지 않고 있다. 이것이 미국과 중국 관계에 가로놓여있는 한계이다.[181)]

결론적으로 미국과 중국 간의 외교 관계를 정리한다면 양국관계는 갈등관계는 아니다. 갈등관계란 국가 간 약 15년간에 걸쳐 상호무력충돌을 3회 이상 경험하는 관계이거나 또는 강도 높은 갈등의 장기적 지속성, 무력충돌의 산발적 발발 그리고 분쟁의 명백한 종결이 없는 경우를 말하는 것이다.[182)] 1953년 7월 '6 · 25전쟁' 휴전 이후 미국과 중국 간에는 갈등관계라 할 수 있는 경우는 없었다. 그러므로 미국과 중국 외교 관계는 갈등적 관계는 아니다. 그러나 미국과 중국의 관계는 언제나 긴장 관계 속에서 접촉하고 교류한다. 중국의 국력이 크게 증대되면서 강대국화의 길을 걷고 있기 때문에 그리고 미국의 핵심적 전략 지역인 동아시아에 중국이 위치하고 있기 때문에 미국은 언제나 중국을 예의주시하고 긴장을 늦추지 않고 있다. 동시에 미국은 사전에 중국의 미국에 대한 부정적인 행태를 억지하기 위해 필요한 경우에 견제하는 조치를 강구하려 한다.

중국과 미국의 협조적 관계에는 한계가 있다. 왜냐하면 미중은 외교정책 노선을 달리갖고 있고 외교 정책 목표도 공유하고 있지 않기 때문이다. 간단한 한 가지 예로 북한의 핵개발 및 미사일 개발에 대해 미 · 중 양국은 대립되는 입장을 갖고 있다. 결론적으로 미중 관계는 통상(通常)적 외교 관계를 갖고 있는 국가이다.

그리고 미국과 중국 관계에 크게 영향을 미치는 요소는 미-중 양국은 상호 대립을 피하고 있지만 외교정책의 조율, 조절 그리고 외교정책의 공유는 이루어지지 않고 있다. 그러므로 미-중 관계는 적극적 협조적 관계는 아니다.

---

181) 朝鮮日報, 2016.12.5.

182) Charles S. Gochman & Zeev Maoz, "Militarized Interstate Dispute, 1816-1976," Journal of COnflict Resolutino, vol.28, no.4(1984),, pp. 585ff.

중국과 일본과의 외교 관계

중국과 일본은 이미 19세기 말부터 적대적 관계를 갖게 되었다. 1895년 청 · 일 전쟁에서 일본이 승리하여 일본은 대만을 전리품으로 갖게 되었다. 그리고 1931년 만주 사변, 그리고 1937년 중일 전쟁을 통해 일본은 중국의 동북부 그리고 중국의 내륙지방을 식민지로 하여 중국인들에 막대한 피해를 입혔다. 이처럼 중국과 일본은 불행한 과거를 갖고 있다. 그리하여 양국간에는 깊은 상처가 남겨져 있다. 그렇기 때문에 중 · 일 양국 관계 발전에는 정리되어야 할 장벽이 있다. 이러한 장벽을 일거에 제거한 모택동 주석의 한 마디가 있다. 모택동은 1955년 10월 15일 처음으로 중국을 방문한 일본 국회의원 대표단을 접견하는 자리에서 다음과 같이 말했다.

"중국과 일본 간에는 역사 문제가 있지만 과거의 것은 지나간 일이며 중요한 것은 장래의 일입니다. 양국은 서로 다른 사회 제도를 갖고 있지만 그것은 중 · 일 간에 장애가 되지 않습니다. 인민들의 이익이라는 관점에서 볼 때 가능한 한 빨리 정상적인 외교 관계를 맺어야 합니다."라고 말했다.[183] 모택동의 이 언급이 중 · 일 관계 발전에 초석이 되었다. 중국 지도자들은 중-일 관계에서는 문제의 해결보다는 관리 위주라는 입장을 취하고 있다.[184]

모택동의 이 발언 이후 중국은 일본과 국교정상화를 희망하는 의사를 여러 경로를 통해 표시하였고 1956년 2월 11일 중국 외교부는 양국 정상화 문제를 교섭하고 싶다는 성명서를 발표하기도 하였다.

1950년대에 중국과 일본 간에는 4차례의 민간무역 협정을 체결하기도 하였다. 그리고 중국은 주은래 수상의 지휘 하에 1950년대 중반부터 대일본 정책의 입안과 실행을 담당하는 팀이 만들어졌다. 이 팀에는 외교부, 당중앙 대외연락부, 대외우호협회, 대외무역부 신화사 등에서 20여 명이 참가하였다. 당초 이 멤버 중에는 대일 배상 문제를 심의하고 배상 청구를 해야 한다는 주장이 강했지만 주은래(周恩來)가 설득하여 청구권을 포기한다는 결론에 도달했다. 그리고 최종적으로 모택동의 동의를 얻어 1964년 중국은 대일본

183) 조진구(옮김), 중일관계(서울: 리북, 2006), pp. 48-49에서 인용.
184) 김규태(옮김), 위험한 이웃, 중국과 일본(서울: 에코리브르, 2013), p. 34.

청구권을 포기한다는 결정까지 하였다.[185] 1950년대 및 1960년대는 냉전시기로 일본의 외교정책은 미국에 의해 영향을 받던 시기였기 때문에 일본의 의지와는 다르게 중 · 일 외교 관계 정상화는 이루어지지 못했다. 드디어 중국과 일본은 1972년 9월 29일 외교 관계를 정상화하는 공동 성명을 발표하였다. 이 공동 성명 전문에는 다음과 같은 내용을 담고 있다.

"일본 측은 과거에 있어서 일본국이 전쟁을 통해 중국 국민에게 중대한 손해를 주었던 것에 책임을 통감하고 깊게 반성한다."라고 밝히고 있다. 그리고 전문에 이어 다음과 같은 합의가 이루어졌다.

제1항. 일본국과 중화인민공화국 사이의 지금까지의 비정상적인 상태는 이 공동 성명이 발표되는 날로 종료된다.
제2항. 일본국 정부는 중화인민공화국 정부가 중국의 유일한 합법 정부라는 것을 승인한다.
제5항. 중화인민공화국 정부는 중 · 일 양국 국민의 우호를 위해 일본국에 대한 전쟁 배상 청구권을 포기한다.
제7항. 양국 어느 쪽도 아시아 태평양지역에서 패권을 추구해서는 안 되며, 패권을 확립하려고 하는 다른 어떤 국가 혹은 국가들의 시도에 대해서도 반대한다.

중국과 일본의 이와 같은 합의문으로 양국 간에 존재했던 과거 문제는 일단락되었다고 말 할 수 있다. 중국과 일본은 1972년 9월 외교 관계를 정상화하였고 1978년 10월 대사급 외교 관계를 확립하였다. 중국과 일본은 외교 관계 정상화 이후 처음으로 1974년 1월 양국 무역 협정이 체결되었다. 양국은 최혜국 대우, 중 · 일 무역혼합위원회 설치 등 양국의 경제 관계가 처음 공식적으로 제도화되었다.

1974년 4월 항공협정, 그리고 11월 해운협정이 체결되었다. 1978년 2월에는 중 · 일 장기무역협정도 체결되었다. 이처럼 중 · 일 양국의 경제 교류는 활발히 전개되었다. 1979년부터 2003년까지 일본은 중국에 3조 엔이 넘는 경제 원조를 제공하였다. 그리고 일본은 중국에 차관도 제공하였다. 이

185) 위의 책, pp. 49ff 참고.

차관은 1차로 1979년부터 1996년까지 4차에 걸쳐 제공되었다.[186)]

오늘날 국가 간 중요한 교류는 경제 교류이다. 그 중에서 가장 중요한 교류는 무역이다. 중국과 일본의 무역 거래를 보면 2004년 일본의 대중 수출은 6조 6,000억 엔이고 중국으로부터의 수입은 8조 7,000억 엔이다. 일본의 무역 총액에서 중국이 차지하는 비중은 수출이 13.4% 세계 2위이고 수입은 21.1%로 세계1위이다. 무역에서 일본의 대중국 의존은 바꾸어 말하면 중국의 대일본 경제 의존이기도 하다.[187)]

중국과 일본이 외교 관계를 정상화한 시기는 문화 혁명이 완전히 끝난 시기가 아니어서 중국의 정국은 다소 불안하였다(중국 문화 혁명은 1966년부터 1976년까지 10년 간 지속). 특히 문화 혁명이 끝나기 직전인 1976년 수상 주은래와 주석 모택동이 사망하였다. 그러나 1976년 문화 혁명의 주역인 4인방(강청(江靑), 왕홍문(王洪文), 장춘교(張春橋), 요문원(姚文元))이 숙청되고 1977년 7월 등소평이 복권되어 정계에 복귀하여 정국이 점차 안정되어 가고 있었다. 그 후 등소평이 중심이 되어 1978년 12월 중국공산당 11계 3중 전회에서 '4대 현대화 계획'을 발표하면서 중국의 개혁 · 개방의 시대가 시작되었다. 중국의 개혁 · 개방은 경제 선진국인 일본을 필요로 하게 되었고 따라서 중-일 관계는 새로운 전기를 마련하게 되었다.

이로부터 중국과 본격적으로 관계 발전을 모색하였고 그 첫 번째 작업이 1978년 8월 '중-일 평화우호조약'체결이었다.[188)] 그리고 이 '평화 우호 조약'의 비준을 위해 1978년 10월 중국공산당 중앙위원회 부주석 겸 중국공산당 중앙 정치국 상무위원인 등소평이 일본을 방문하였다. 그리고 최초로 중국의 고위 인사인 등소평이 일본 국왕을 면담하였다. 외국의 정상급 인사가 일본 국왕을 만났다는 사실은 외교적으로 양국 관계가 긴밀하다는 것을 상징적으로 보여주는 것이다. 특히 중국이 개혁 · 개방 정책을 본격적으로 추진하면서 중국은 일본의 경제 지원이 절실하였다. 그리하여 중국과 일본과의

---

186) 조진구(옮김), 중일관계, pp. 125ff.

187) 위의 책, pp. 147-148.

188) 위의 책, pp. 115-116.

관계는 긴밀해지기 시작하였다. 중국과 일본은 양국 간 분쟁의 소지가 있는 조어도/첨각열도(釣魚島/尖閣列島)문제에 대해 중-일 양국은 1972년 국교정상화 그리고 1978년 '평화우호조약'을 체결할 때 이른바 '논쟁보류 · 공동개발'의 방침에 따라 분쟁을 유보하도록 하였다. 이 논쟁 보류는 1972년 주은래-다나카 두 총리 그리고 1978년 '중일우호조약'체결 당시 중국 등소평 부총리와 소노다 스나오(園田 直) 외상과의 회담에서도 이 섬 문제는 잠시 보류하였다. 또한 1982년 3월 조자양 중국 총리가 일본을 방문하여 양국의 관계 발전을 위해 평화 · 우호 · 평등 · 호혜 그리고 장기 안정이라는 3원칙에 입각하여 관계 발전을 이루어 나간다는 데에 합의하였다. 그리고 1983년 11월에는 호요방 중국공산당 중앙위원회 총서기가 일본을 방문하였다. 호요방 총서기는 나카소네(中曽根 康弘)수상과 정상 회담을 갖고 1년 전 조자양 총리가 일본 방문에서 제시했던 3원칙에 '상호신뢰'를 첨가하여 4원칙에 입각한 양국 관계 발전의 모색에 양국이 합의하였고 그리고 민간인 전문가로 구성된 '중 · 일 우호 21 세기위원회'를 설치하기로 하였다. 1984년 3월에는 나카소네 수상이 중국을 방문하여 첫 번째 차관은 3천억 엔 규모였으나, 두 번째 차관은 4,700억 엔을 제공하기로 하였다. 그 후에도 일본은 중국에게 2000년까지 4차례 차관을 제공하였다.[189] 국가 정상급 인사의 상호 교환 방문 역시 국가간 외교 관계의 극치를 보여주는 것이다. 일본과 중국과의 관계가 특별히 돈독하다는 것을 명확히 보여주고 있다는 사실은 1989년 '6 · 4천안문'실태 이후 일본이 취한 태도에서 확인할 수 있다. 이 사건이 발생했을 때 서방 선진국을 포함해서 많은 국가들이 중국을 비난하고 제재에 가담하였다. 그러나 이 때 일본은 미국이 그러했던 것처럼 중국에 매우 친화적인 태도로 일관하였다. 1989년 7월에 개최된 아르슈 선진 7개국(G7) 정상회담에서 중국의 인권 탄압을 규탄하는 정치 선언을 채택했고 인적 교류중지, 세계은행의 대중국 신규 융자 심사 연기 등의 제재를 결정하였다. 그러나 이 때 일본은 "중국을 고립시키지 않는다."는 내용을 명문으로 남길 것을 주장하였다. 그리고 G7의 경제 제재에도 불구하고 일본은 1989년 8월 어느 국가보다 제일 먼저

189) 위의 책, pp. 128-130.

중국과 접촉을 재개했고, 공적 개발 원조(ODA) 사업의 심의를 재개했고, 그리고 9월에는 이토 마사요시(伊東 正義) 자민당 의원을 단장으로 하는 '일본-중국 우호 의원 연맹' 대표단이 중국을 방문하였다. 이 대표단을 면접한 등소평(중국 공산당 중앙군사위원회 주석)은 이토단장에게 "이번 G7회담(아르슈 선진7개국 정상회담)에서 보여준 일본의 태도에 사의를 표하고 세계에서 무슨 일이 발생하든지 또 일본과 중국 내에 어떠한 변화가 있든지 중 · 일 우호는 변해서는 안되며 변할 수도 없다."고 말했다. 그리고 1990년 3월 나가야마 타로(中山 太郎) 외상은 국회에서 "중국이 고립화의 길을 걷지 않고 다른 여러 국가와 협력관계를 유지 발전시키는 것은 아시아 · 태평양지역 나아가 세계 평화와 안정에 있어서도 중요하다. 일 · 중 관계가 가능한 빨리 종전과 같은 관계로 돌아올 수 있도록 노력하는 것이 중요하다."고 말했다. 일본은 1989년 천안문 사태 이후에도 경제적 제재를 가하고 있는 다른 서방 국가들과는 달리 1990년 중국에 대한 차관을 재개하였다. 또한 일본은 1990년 미국 텍사스 주 휴스턴에서 개최된 G7 정상회담에서 더 이상 중국에 대한 제재 절차에 참가하지 않겠다고 발표했다.[190] 그리고 1991년 8월 가이후 도시키(海部 俊樹) 일본 총리가 중국을 방문했고, 1992년 10월에는 사상 처음으로 일본 국왕이 중국을 방문하였다.[191]

중국과 일본은 사회 체제를 달리하고 있어 외형상 양국 관계가 갈등적인 것이라고 생각할 수 있다. 그러나 현실은 그렇지 않다. 1989년 6월 천안문 사태가 발생했을 때 중국은 많은 국가로부터 경쟁 제재와 비난을 받았다. 물론 일본도 표면적으로 중국의 행위를 비난하였고 일본도 다른 서방국가들과 함께 형식상 중국에 대한 경제 제재에 가담하였다. 그러나 실제로 천안문사태 직후인 1990년부터 일중 경제 관계는 크게 변하지 않았다. 특히, 무역, 투자, 원조 등에서 일본과 중국의 경제교류는 과거 못지않게 활발하게 전개되었다. 그리하여 양국의 경제적 유대관계는 지속되었다.[192] 이러한 관계를

190) 박영준, 홍승현(옮김), 중국, 세계로 가다, p. 159 참고.

191) 조진구(옮김), 중일관계, pp, 135-137.

192) 김규태(옮김), 위험한 이웃, 중국과 일본, pp. 33-37.

뒷받침하기 위해 중국과 일본은 1998년 '평화와 발전을 위한 협력적 동반자 관계'의 수립을 선포하였다.

일본과 중국 간에는 갈등을 야기시키는 요소도 있다. 예를 들면 1995년 1월과 8월 중국의 지하 핵 실험, 1995년 2월 미국의 '동아시아 전략보고', 1997년 '미-일 방위협력을 위한 지침', 2001년부터 2005년까지 매년 고이즈미(小泉純一郎)의 야스쿠니 신사 공식 참배 등으로 중 · 일 양국 간에 갈등 관계가 생길 수 있다. 그러나 이러한 갈등은 다른 분야 협조 관계에 파묻혀 크게 부각되지 않는다.

1989년 6월에 발생한 '천안문 사태'이후에도 일본의 중국에 대한 경제적 지원은 계속되었다. 중국과 일본은 1980년 4월 교환 공문이 조인된 이후 2000년까지 중국에 제공된 일본의 엔(円)차관 공여 내용은 다음과 같다. 제1차(1979~1984)로 중국에 제공된 엔차관은 7건으로 3,309억 엔이 제공되었고, 제2차(1984~1989)에는 17건에 4,700억 엔, 제3차(1990-1995)에는 52건 8,100억엔, 그리고 제4차(1996~2000)에는 93건 9,608억 엔이었다. 일본의 대중국 경제 원조는 유상 자금 협력(엔차관), 무상 자금 협력 그리고 기술 협력 3가지 방식으로 이루어졌다. 2000년까지 대중국 경제 원조의 누계는 엔차관 2조 472억 엔(교환공문에 의한 누계), 무상 자금 협력 1,416억 엔, 기술협력 1,446억 엔이다. 특히 1993년 이후 중국은 최대의 엔차관 수령국이다.[193]

1989년 6월 천안문사건 이후 중-일 경제 관계는 달라지지 않았다. 양국의 교역을 보면 1990년 182억 달러, 1995년 579억 달러, 2000년에는 855억 달러, 그리고 2005년에는 2,670억 달러로 크게 증가하였다. 15년 간 교역 규모가 10배 이상 늘었다. 중국에 대한 일본의 직접 투자도 1990년 18억 달러, 2000년 151억 달러, 2005년에는 363억 달러로 크게 증가하였다. 15년 사이에 일본의 대중국 투자는 20배 커졌다.[194]

중국과 일본 간에 영토 분쟁이 있는 것으로 비쳐지고 있다. 일본명 센카

---

193) 毛利和子, 中日關係(東京: 岩波新書, 2006), pp. 113-115; 김성철, 일본외교와 동아시아 국제관계(서울: 한울, 2015), p 308.

194) 김규태(옮김), 위험한 이웃, 중국과 일본, p. 36.

쿠열도(尖閣列島), 중국명 댜오위다오(钓鱼岛)의 영유권을 양국이 주장하고 있다. 이 섬들은 청일전쟁 이후인 1895년부터 일본이 실효 지배하고 있다. 특히 1968년 유엔의 학술 조사단이 이 지역에 풍부한 석유자원이 매장되어 있다고 밝힌 이후 이 지역에 대한 영유권 문제가 대두되었다. 1992년 중국은 영해 및 접속 수역법에서 이 섬들을 중국의 영토에 포함시켰다. 그래서 1996년 7월부터 양국의 분쟁이 표면화 되었다. 그러자 1996년 10월 12일 중국 외교부장 전기침(錢其琛)은 중국을 방문한 일본 언론 단체에게 보낸 서한에서 "영토 · 영해 문제에 대한 중국의 공식 입장은 영유권 문제는 보류하고 공동으로 개발하자는 것이다."라고 언급했다.[195] 이러한 중국의 입장은 이 문제로 인해 양국의 관계가 악화되는 것을 막아야 한다는 것을 표현한 것이다. 실제로 이 센카쿠열도가 중-일 양국의 갈등 문제로 한층 더 부각된 것은 일본 정부가 2013년 9월 11일 센카쿠열도 5개 섬 가운데 민간인이 소유하고 있던 3개의 섬을 20억 5천 만엔에 매입하고 국유화하였을 때 중국은 일본에 맞서 조어도의 영해기선(領海基線)을 선포하였다. 이로써 이 섬에 대한 양국의 갈등이 야기되었다.

실제로 중국과 일본은 외교 관계를 정상화한 1972년부터 조어도-센카쿠열도 문제는 논쟁보류 · 공동개발(擱置爭議·共同開發)이라는 방침에 양국은 합의하였다. 1978년 '중-일 우호조약' 체결 당시에도 국무원 부총리 등소평과 일본외상 소노다 스나오(園田 直)도 조어도/첨각열도 문제는 더 이상 논의하지 않는다는 데에 견해를 같이하였다.[196] 이와 같은 양국의 입장은 정치적, 경제적으로 가치가 별로 없는 조그만 섬 문제로 양국의 관계가 악화되는 것을 막자는 데에 동의하고 있다는 것을 보여주고 있다. 즉 양국의 우호 · 협력적 관계는 그 어느 것보다 중요하다는 것을 강조한 것이다.

1950년대 모택동으로부터 중요시하기 시작한 중국-일본관계는 21세기에도 강조되고 있다. 2005년 3월 전국인민대표대회를 마치고 온가보(溫家宝)총

195) 조진구(옮김), 중일관계, p. 156.

196) 하도형, "중 · 일관계," 한구국제정치학회 중국분과(편), 중국 · 현대국제관계(서울: 오름, 2008).

리는 기자들에게 "중국과 일본 관계는 가장 중요한 양자 관계"라고 강조하였다.[197] 중일 관계를 연구한 고쿠분 료세이(國分良成)가 2005년에 발표한 보고서에 의하면 "과거부터 일본과 중국간에 문제가 발생하면 밀사를 비롯한 여러 가지 채널을 동원하여 해결책을 모색하여 왔다"고 한다.[198]

이와 같은 사실들은 중국과 일본의 관계를 중시하는 양국의 입장을 잘 보여주고 있는 것이다. 또한 양국의 입장은 근본적으로 그리고 원칙적으로 공존 공영을 대전제로 하고 있는 것이다. 일본도 중국에 대한 기본적인 입장은 공존공영에 기초하고 있다. 앞에서 말한 바와 같이 일본은 미국과 노선과 입장을 같이하기 때문에 미국이 중국과 공존하면 일본도 미국의 입장과 다르게 갖지 않는다. 실제로 일-중 관계는 동맹국인 미국의 정책이 바뀌어야 일본의 대중 정책이 바뀐다. 1972년 2월 미국과 중국이 관계 개선이 이루어진 다음인 1972년 9월 일본도 중국과 외교 관계를 정상화하였다.

국가 간 관계를 설명해주는 상징적이고 실질적인 관계는 경제 관계이고 그 중에서도 원조, 무역 및 투자 현황은 경제관계의 핵심요소이다. 1986년 5월, 일본 정부는 7개의 건설 프로젝트를 위해 일화 806억 엔(미화 약 4얼 7,000만 달러)의 차관을 중국에 제공하기로 하였고, 또 같은 해 8월에도 일본 정부는 중국의 2개의 프로젝트를 위해 34억 8,500만 엔(미화 약 8,357만 달러) 차관을 추가로 결정하였다.[199] 특히 중국에 대한 경제 제재가 가해진 후인 1990년 이후의 경제적 교류는 중-일관계가 우호적이라는 것을 보여주고 있다. 무역측면에서 보면 양국의 교역량은 1990년에 182억 달러, 1995년 579억 달러, 2000년에 855억 달러, 2005년에는 2,670억 달러였다.[200] 그리고 중국에 대한 일본의 해외 직접투자는 1990년에 18억 달러, 1995년에 83억 달러, 2000년에 151억 달러 그리고 2005년에는 363억 달러였다.[201] 이처럼 무역과 투자가 크게

197) 人民日報, 2005年3月15日.

198) 김규태(옮김), 위험한 이웃, 중국과 일본, p. 35에서 인용.

199) Home News Library of the Xinhwa News Agency, China's Foreign Relations: A Chronology of Events(Beijing: Foreign Language Press, 1989), pp. 235-236.

200) International Monetary Fund, Direction of Trade Statistics(Washington, D.C. 1997, 2002, 2006.).

증가하였다는 사실은 양국의 관계가 좋다는 것을 실증하는 것이다. 일본은 2000년 3월 중국에게 900억 엔(円) 상당의 차관을 제공하였고, 또 같은 해 10월에는 일본화폐 172억 엔(円) 상당의 차관을 제공하였다. 그리고 일본이 해외에 제공한 쌍무적 개발원조 가운데 중국이 가장 많은 원조의 수혜국이고 동시에 중국은 일본으로부터 가장 많은 직접 투자(FDI)를 제공받았다.[202]

오늘날 국가 간의 관계를 평가할 수 있는 가장 중요한 항목은 경제 관계이다. 세계 경제 규모 측면에서 보면 중국은 세계 제2위이고 일본은 제3위이다. 지금까지 살펴본 바와 같이 중국과 일본의 경제 관계는 매우 돈독하다고 말할 수 있다. 한편 중국과 일본의 경제 관계는 원조, 투자, 차관 등에서 보면 중국이 일본에 의존적이라는 사실을 알 수 있다.[203] 두 경제 대국의 이러한 의존적 관계는 서로 신뢰하지 않는다면 이러한 의존적 관계는 형성될 수 없다. 왜냐하면 일본의 중국에 대한 경제적 지원은 거의 일방적으로 이루어지고 있으므로 양국 간에는 불평등한 의존적 관계가 형성될 수 있기 때문이다. 그럼에도 양국의 이러한 경제 관계가 지속되고 유지되는 이유는 서로 상대방을 신뢰하기 때문이다. 중국과 일본의 신뢰 관계를 증명할 수 있는 것은 조어도-센카쿠열도 문제에서 찾아볼 수 있다. 앞에서도 살펴본 바와 같이 양국 정부는 이 문제를 미래의 문제로 치부(置簿)하고 있으며 이 문제로 인해 양국의 폭 넓은 관계가 악화되는 것을 철저히 방지하고 있다. 이것은 양국이 서로를 신뢰하고 있다는 것을 의미하는 것이다. 특히 중국은 일본과의 관계를 크게 중요시하고 있다. 2008년 5월 호금도(胡錦濤) 중국 주석은 국가 주석으로는 10년 만에 일본을 방문하고 일본 국왕을 면담하였다. 호금도의 일본 방문에 대해 2008년 5월 11일자 인민일보는 "따뜻한 봄의 여행은 중 · 일 우호관계에 언제나 따뜻한 봄의 기운을 가득하게 만들었다."고 평가하였다.

실제로 2010년 9월 댜오위다오/센카쿠열도 근해에서 일본의 순시선과 중

201) 김규태(옮김), 위험한 이웃, 중국과 일본, p. 36에서 인용.

202) Quansheng Zhao, "Modernization, Nationalism, and Regionalism, in China," in Steven W. Hook(ed.), Comparative Foreign Policy, pp. 79ff.

203) 김성철, 일본외교과 동아시아 국제관계(서울: 한울, 2015), pp. 529ff 참고.

국어선이 충돌하였다. 이 때 일본 순시선이 중국 어선의 일본 영해를 침범하여 어로 활동을 했다는 이유로 일본 국내법에 따라 중국어선을 나포하고 중국 선장을 억류하였다. 이렇게 양국 간 물리적 충돌이 있었으나 이러한 충돌은 외교 문제로 비화 · 확대되지 않고 일본이 중국의 요구를 수용하면서 이 충돌 사태는 마무리되었다. 중국과 일본은 양국 근해 해상에서 우발적 충돌을 피하기 위해 '해상 긴급 연락 매커니즘'을 2015년 7월부터 가동한다고 대만 왕보가 보도하였다. 중국과 일본은 영유권 분쟁지역인 동중국해에서 양국 군함 및 전투기가 접근하면 설치된 '긴급 전화(Hot-line)'를 통해 미리 서로 연락하기로 했다. 이것은 양국이 우발적 충돌을 막자는 것이다.[204] 중국과 일본 양국간 이러한 합의는 어떠한 경우에도 양국의 관계 악화를 미연에 예방하려는 의도로 보여진다.

중국과 일본의 50여 년간의 관계를 정리하면 다음과 같다. 중국과 일본은 국교 정상화 이전인 1952년 4월 일화(日華) 평화조약을 조인하였고 6월에는 제1차 중일 민간 무역 협정을 조인하였다. 1962년 11월에는 중 · 일 장기 종합 무역(LT무역)협정을 체결하였다. 중국과 일본은 수교 후인 1978년 8월 중일 평화 우호 조약을 체결하였고, 1984년 9월에는 중일 우호 21세기 위원회 제1차 회의가 도쿄에서 개최되었고 1992년에는 처음으로 일본 국왕이 중국을 방문하였다. 1998년에는 강택민 중국 국가주석이 일본을 방문하였다. 2003년 12월에는 신(新) 중 · 일구호21세기위원회 제1차 회의가 중국 대련에서 개최되었다. 그리고 2007년에는 국교정상화 35주년 기념으로 2007'중 · 일 문화 · 스포츠교류의 해'를 기념하는 각 종 사업이 전개되었고 중일무역이(대 홍콩무역을 제외하고) 236억 달러를 기록하였다.[205]

중국과 일본의 수교 후 중일 관계를 살펴보았다. 중-일 관계는 커다란 마찰이나 충돌없이 평화적으로 정상적인 관계를 유지하여 왔다. 양국은 사회체제 및 경제 체제를 달리하고 있고 정치제도 역시 크게 다르다. 그럼에도 불구하고 중-일 양국은 충돌을 피해왔다. 일본도 중국에 적극적인 경제 지원

204) 朝鮮日報, 2015.6.23.

205) 김성철, 일본 외교와 동아시아 국제관계, p. 549.

을 제공하며 협력적 자세로 일관하여 왔다. 양국의 이러한 관계는 계속 유지될 것이다. 오늘날의 중-일 관계는 어느 국가에도 크게 불리하지 않게 전개되어 왔다. 이러한 측면에서 양국 관계는 적극적인 정책 공조는 어렵겠지만 적어도 '소극적 협조 관계'는 크게 바뀌지 않고 지속적으로 유지될 것이다. 중국과 일본 양국은 공존 · 공영의 정신에 기초해서 양국 간의 외교 관계를 유지하려고 노력하고 있다. 그러므로 일본과 중국은 상대 국가의 가치 및 이익을 침해하는 외교정책을 결정하지 않을 것이고 그러한 외교행위도 하지 않을 것이다.

중국과 일본은 수교 이래 양국 관계를 위태롭게 하는 사건들이 여러 번 있었다. 예를 들면 나카소네 야스히로(中曽根 康弘)수상의 야스쿠니 신사 참배, 1989년 천안문사태가 일어나자 일본은 서방국가들과 함께 중국에 대한 경제 제재에 동참한 일 등이 있었다. 그러나 중국과 일본 양국은 중-일 관계를 적대적으로 몰고 가지 않았다. 중국과 일본 양국은 당면 문제를 해소하기 위한 방안을 모색해 나갔다. 중-일 양국간에 어떤 일이 발생하더라도 일본은 지속적으로 중국의 경제 발전에 필요한 차관 등을 제공하며 중국을 지원하였다. 중국에 천안문 사태가 발생했을 때 경제 제재에 참여하였으나 이 제재를 곧 해제하여 중국을 고립상태에서 벗어나게 하는데 주도적인 역할을 하였다. 중-일 양국간에 어려운 문제가 발생하면 당장 해결하기보다는 관리 위주로 관계를 유지하였다. 중 · 일 관계를 연구한 코쿠분 료세이(國分良成)는 "일본과 중국 간에 문제가 발생하면 오래 전부터 외교적으로 해결책을 모색하였다."고 밝혔다.[206]

이와 같은 사실들은 중국이나 일본 양국이 정치적, 경제적, 외교적으로 서로를 절대로 필요로 한다는 것을 극명하게 보여주는 것이다. 중 · 일 양국이 서로를 필요로 하기 때문에 양국은 현존의 양국 관계를 반드시 지속시켜야 한다고 믿고 있는 것이다.

---

206) 김규태(옮김), 위험한 이웃, 중국과 일본, pp. 33-35에서 인용.

한국과 중국과의 외교 관계

한국과 중국은 1950년 한반도에서 발생했던 '6 · 25전쟁'에서 서로 총부리를 마주하며 적대국으로써 전쟁을 치렀던 과거를 갖고 있다. 그리고 중국과 북한은 동맹 관계를 갖고 있다. 그 뿐만 아니라 제2차 세계 대전 이후 동서 냉전으로 한국은 중국과 외교적으로 접근이 불가능하였다. 그리하여 40여 년간 한국과 중국은 외교 관계를 정상화하지 못했다. 그러나 1990년대 소련의 붕괴로 동서 냉전이 완화되고 중국이 개혁 · 개방 정책을 추진하면서 그리고 노태우 정부가 북방 외교를 전개하면서 1992년 9월 한국과 중국은 마침내 외교 관계를 정상화하고 공식적인 국가 간 접촉, 교류, 상호작용이 가능하게 되었다.

먼저 중국은 개방 정책을 추진하면서 국교 정상화 이전인 1985년 8월 지금까지 금지해오던 한국과의 직접 교역을 허용하였고 또 군사적으로 전용이 가능한 전략 물자 수출 금지 조치를 1985년 철회하였다. 그 뿐만 아니라 중국은 한국과의 교역에 가해졌던 여러 제한 조치들도 크게 완화하였다.[207) 한국도 1988년 2월에 출범한 노태우 정부는 북방 외교로 중국, 소련 등 사회주의 국가들과 정상적인 외교 관계를 수립하기 위해 한국 외교의 폭을 넓혔다. 그런 가운데 1988년 7월 한국의 외교부장관이 '중공(中共)'이라고 부르던 호칭을 중국이라고 변경하기로 하였다고 공표하였다(중공은 중국공산당을 지칭하는 것이다.).

1980년대 후반 중국의 개방 정책 추진과 한국의 북방 외교가 어울려 한 · 중 관계의 발전은 매우 순조롭게 전개될 수 있게 되었다. 1989년 1월 중국국제촉진회(CCPIT)는 한국무역진흥공사(KOTRA)에 중앙 정부 차원의 무역 사무소 설치를 위한 교섭을 제의하였다. 양측은 교섭을 통해 상호 무역 대표부를 교환 설치한다는 데에 합의하였다. 그리하여 1991년 1월 중국 북경에 대한무역진흥공사 '주북경대표처(駐北京代表處)'가 설립되었고, 4월에는 중국국제상회 '주서울무역대표처'가 서울에 설립되었다. 그리고 양국은 무역 거래를 더욱

207) 明新(홍콩), 1985年9月4日.

활성화하기 위해 1991년 12월 무역 협정을 체결하여 1992년 1월부터 발효되었고, 1992년 6월 투자 보장 협정도 발효시켜 수교전임에도 불구하고 양국의 경제적 교류는 매우 활발하게 전개되었다. 그리고 드디어 한-중 양국은 1992년 8월 한국의 외무장관이 북경으로 가서 한-중 외교 관계 정상화 공동성명에 서명함으로써 한국과 중국의 외교 관계는 공식적으로 정상화되었다.

국가 간의 외교 관계의 정도를 상징하는 징표중의 하나는 국가 원수 등의 교환 방문 및 정상회담이다. 한국과 중국은 1992년 8월 외교 관계를 정상화한 직후인 9월 한국의 노태우 대통령이 중국을 공식 방문하여 중국 국가 주석과 정상회담을 가졌고, 그리고 1994년 3월에는 김영삼 대통령이 또 1998년 11월에는 김대중 대통령이 중국을 방문하였다. 그리고 1994년 10월에는 중국의 이붕 총리 그리고 1995년 11월에는 국가 주석 강택민이 한국을 방문하여 정상 회담을 가졌다. 1992년 8월 수교 이후 2007년 5월까지 한국과 중국은 총 20회의 정상 회담과 17회의 준정상회담을 개최하였고 또 양국의 외교장관급 회담도 69회 개최되었다.[208]

한국과 중국과의 관계 중 핵심 관계는 경제 관계이다. 중국은 14억 인구의 거대한 시장을 갖고 있고 중국의 최고의 과제는 경제 발전이다. 중국은 경제 발전을 위해 외국의 협력과 지원이 절실히 요구되었다. 이러한 과정에서 중국에게 한국은 필요한 국가이다. 한국은 지리적으로 중국에 이웃하고 있고 경제 발전을 경험한 한국이 경제적으로 중국보다 많이 발전하고 있어 중국의 욕구를 충족시킬 수 있는 국가로 한국이 부상하였다. 과거 한국이 수출 주도형 경제 발전 모형을 통해 경제 발전에 성공했는데 중국도 한국과 같은 형태의 경제 발전 모형을 채택하여 한국과의 경제 교류는 중국에게는 유익한 모범 답안이 되었다. 그렇기 때문에 한국과 중국의 경제 교류는 양국 모두에게 유익한 것이었다.

실제로 한국과 중국 간의 경제 교류 내용을 보면 먼저 무역 분야에서 한-중 외교 관계가 정상화된 1992년에는 64억 달러였고 2012년에는 2,151억 달러로 약 33배 이상 증가하였다. 투자에서도 1991년만에는 6,500만 달러였고 2012년

208) 김애경, "중 · 한관계," 한국국제정치학회 중국분과(편), 중국 · 현대국제관계, p. 218.

에는 404,8억 달러로 증가하였다. 이 액수는 한국 전체 해외투자의 18.6%였다.

1992년 한-중 수교 이후 양국은 경제 교류를 중심으로 다양한 교류를 통해 관계 발전을 모색해왔다. 실제로 한국과 중국은 외교 관계를 격상시켜왔다. 1992년 수교 당시 노태우 정부와 강택민 정부는 우호 협력 관계를 수립한다는 데에 견해를 같이 하였다. 그리고 1998년 김대중 정부는 '협력적 동반자관계', 2003년 노무현 정부와 호금도 정부는 '전면적 협력동반자관계', 그리고 2008년 이명박 정부는 '전략적 협력 동반자 관계'를 구축하였다. 이처럼 한국과 중국은 새로운 정부가 출범하면 양국의 외교 관계의 위상과 격을 높여왔다. 이와 같은 양국 관계의 격상이 형식적이고 상징적인 의미를 담고 있기는 하지만 모든 국가가 외교 관계의 격을 항상 높이는 것은 아니다. 한국과 중국과의 이러한 외교 관계 격상은 명실상부(名實相符)하게 양국 관계를 발전시켜왔고 앞으로도 발전될 것을 기대해도 좋을 것이다.

2015년 박근혜 대통령과 시진핑 중국 주석은 9월 3일 북경에서 개최된 중국 전승기념 열병식에 참석하고 정상 회담을 가졌다. 이 자리에서 박대통령은 "2015년 8월 한반도에서 긴장상태가 발생했을 때 이 긴장을 해소하기 위해 긴밀히 소통하고 건설적으로 역할을 해 주신데 대해 감사하다."고 말했다.[209] 이러한 사실은 한-중 관계가 매우 긴밀하고 협조적이라는 것을 보여주는 것이다. 한국과 중국은 외교 정책 노선 및 외교 정책 목표를 다르게 갖고 있지만 적어도 상호 상대 국가의 핵심가치 및 이익을 침해하는 외교 정책이나 외교 행위는 하지 않을 것이다. 수교 이후 한 · 중 양국은 이러한 외교 기조를 유지하여 왔다. 그러므로 한국과 중국은 소극적이기는 하지만 협조 관계를 갖고 있는 국가라고 말할 수 있다.

한국과 중국은 먼저 경제적인 필요성에 근거해서 긴밀한 관계를 갖고 있다. 즉 양국은 경제적으로 상대국의 필요성 때문에 외교 관계의 격을 높여왔다. 중국과 한국은 정책을 조정하고 조율할 정도로 긴밀한 협조적 외교 관계를 갖고 있지는 않지만 양국의 상대 국가의 가치 및 이익을 침해하지 않으며 경제 관계를 유지하고 있다.

---

209) 朝鮮日報, 2015.9.3.

한국과 중국은 여러 형태의 동반자 관계를 설정한 바 있다. 그러나 2016년 7월 한국 정부의 사드(THAAD) 배치 결정으로 1년 이상 중국 정부는 한국 기업들의 활동을 제한하고 보복성 제재를 가하였다. 국가 간 어떠한 경우에도 보복을 가하고 상대 국가에 피해를 입게 한다면 이러한 국가 간의 외교 관계는 절대로 협조적 관계를 가진 국가라고 말할 수 없다. 한 국가가 다른 국가에 대해 피해를 입게 하는 행위를 한다면 국가 간 협조 관계 설정은 불가능하다. 오늘날 한-중 관계가 여기에 해당된다.

북한과 미국과의 관계

동아시아 국제정치의 주체인 미국과 북한은 외교적으로 군사적으로 적대적 관계를 갖고 이다. 미국과 북한은 공식적으로 외교 관계를 정상화하지 않고 있고, '6 · 25전쟁'의 당사국으로 현재 휴전 상태에 있다. 북한 당국은 미국을 최대의 적대국이라고 지칭하고 있다. 그렇기 때문에 미국과 북한은 외교적으로 공식적 교류 · 접촉을 가질 수 있는 바탕을 갖고 있지 못했고 실제로 공식적 외교 행위는 전개되지 못했다.

외교적으로 적대적 관계를 유지해오던 미국과 북한이 공식적 접촉을 갖게 해준 요소는 북한 핵 관련 문제였다. 북한이 자체적으로 핵 개발 프로그램을 추진하면서 미국이 이에 관심을 갖게 되었고 이것이 북한과 미국과의 접촉을 가능케 하였다. 미국은 기본적으로 핵 확산을 반대하고 이 확산을 막으려 노력하여왔다. 북한의 핵 개발은 미국의 관심을 끌어냈고 접촉을 갖게 만들었다.

북한의 핵 문제가 국제적 문제가 된 것은 1993년 2월 국제원자력기구(IAEA)가 북한 영변에 핵폐기물을 저장하고 있는 곳으로 추정되는 두 개의 지역에 대한 특별 사찰을 요구하면서였다. 북한은 이 요구를 거절하고 1993년 3월 12일 '핵확산금지조약(NPT)'에서 탈퇴하였다. 이에 대해 핵 문제에 민감한 미국이 핵 문제 논의를 위해 북한에 협상을 제의하여 1993년 6월부터 북-미 간 공식적 및 공개적 정부 당국자 간 교섭이 시작되었다. 그리고 북한으로 하여금 핵 개발을 포기시키기 위한 미국의 노력이 계속되었다. 그의 일환으로 1994년 6월 미국의 카터(Jimmy Carter) 전 대통령이 북한을 방문하여 김일성을 면담하기도 하였다. 그리고 미국은 북한 핵 개발을 저지하기 위해 적극적으로 대응하였다. 북한의 NPT 탈퇴 선언부터 미국과 북한은 1993년 6월 제1차 양측 고위급 회담을 시작했고, 1993년 7월 제2차 고위급 회담 그리고 제3차 양측 고위급 회담이 1994년 8월에 개최되었고 8월 13일 양측은 합의문을 발표하였다. 이 합의문에는 5MW원자로 가동중단, 50MW · 200MW 원자로 건설 중단, IAEA 감시활동 협력, NPT복귀, 한반도 비핵화 이행 및 남북 대화 재개, 미국 연락사무소 설치 등이 포함되어 있다. 미국과 북한은 1993년 3월 북한의 NPT 탈퇴 선언 이후 시작된 북미 핵 협상은 1년 7개월이라는 협상 과정을 통해 양측은 1994년 10월 21일 제네바에서 합의문을 교환하였다.

이와 같은 상황을 볼 때 북한이 핵을 개발하려는 목적이 여러 가지가 있겠지만 그 중에서 북의 핵 개발은 미국과의 접촉 및 관계 발전을 모색하는 것도 핵 개발 목적의 하나라고 생각된다. 북한 정권은 2000년 말 조명록 북한 국방위원회 제1부위원장을 특사 자격으로 미국에 파견하여 미국 대통령을 면담케 하였고 이어서 미국 국무장관 올브라이트(Madeleine Albright)도 북한을 방문하여 김정일 위원장을 면담하기도 하였다. 이러한 상황은 모두 북한이 핵 개발프로그램을 추진하면서 전개되었던 일들이었다. 또 2002년 10월에 미국은 케리(James Kerry) 국무부 차관보를 북한에 보내어 북한의 강석주 외교부 부상과 면담하여 핵문제를 논의하기도 하였다.

그 후에도 북한의 핵 문제를 논의하기 위해 2007년 1월 미국과 북한은 베를린에서 양자 회담을 갖기도 하였다. 또한 2009년 8월 클린턴 전 대통령이 북한을 방문하여 김정일 위원장을 면담하였고 그 해 12월에는 미국의 대북정책 특별 대표인 보스워즈를 평양에 보내어 강석주 북한 외무성 제1부장과 만나 '6자 회담'의 필요성과 9 · 19 공동 성명 이행의 중요성에 대해 논의하기도 하였다. 2011년 7월에 미국과 북한은 협상을 재개하여 2012년 2월 29일 북측은 핵실험과 장거리 미사일 발사 중단을 약속하였고 미국은 북한에 식량을 지원한다는 합의 즉 소위 '2 · 29합의'를 만들어냈다.

지금까지 제시된 사실들이 미국과 북한의 공식 접촉의 내용들이다. 여기에서 볼 수 있는 것은 북한이 핵 개발이 미국의 관심을 끌었고 이것이 미국과 북한의 공식적 접촉의 전부였다. 다시 말하면 미국과 북한은 외교 관계도 정상화하지 못했고 핵 관련 접촉 이외에 상호 양측의 관계를 발전시킨다든가 또는 자신들의 주요 이익을 증대시키기 위한 접촉 및 교류는 없었다. 이러한 현상은 매우 비정상적인 현상이다.

미국과 북한과의 관계를 상징적으로 나타내는 미국의 입장이 있다. 2002년 1월 30일 부시(George W. Bush)대통령은 연두교서에서 북한을 '악의 축(axis of evil)' 그리고 그는 2007년 제62차 유엔총회에서 북한을 '야만 정권(brutal regime)'이라고 하였다. 이러한 표현이 미국과 북한과의 관계를 잘 설명해주고 있다. 미국과 북한은 외교 관계 정상화도 되어 있지 않고 적대적 행위도(여러 명의 미국 국민을 강제 구금하고 인권침해 행위 자행) 행해져 왔기 때문에 미-북 관계는 적대적 관계이다. 이 관계는 상대 국가의 가치 및 이익을 침해할 수 있는 관계이다. 미국의 북한에 대한 개별적인 금융 제재 등은 북한의 중대한 이익을 침해하는 것이다. 또한 북한은 핵과 미사일을 개발하면서 미국 영토를 공격할 수 있다고 호언하고 있다. 이처럼 북한과 미국 간의 관계는 기본적으로 그리고 항상 적대적으로 일관하고 있다.

북한과 일본과의 관계

제2차 대전 이후 세계적으로 또 아시아 지역에 냉전 구도가 형성되어있는 가운데 사회주의 체제를 채택하고 있는 북한과 자유 민주주의 체제를 갖고 있고 미국과 동맹 관계를 갖고 있는 일본은 외교적으로 긴밀한 관계를 가질 수 없었다. 그리하여 북한과 일본은 공식적으로 접촉 및 교류는 거의 없었다. 그뿐만 아니라 북한과 일본은 외교 관계를 증진시킬 필요성도 갖고 있지 않았다. 북한은 언제나 소련 및 중국에 치중하는 외교를 추구하였다. 이런 가운데 1991년 소련이 해체되는 등 냉전적 체제가 붕괴되면서 일본 내 진보 계열의 정당이 북한과의 관계개선을 모색하기 시작하였다. 그리고 소련 붕괴 이후 세계적으로 냉전 상황이 완화되면서 미국이 공산권 국가에 대한 입장이 달라지게 되었고 따라서 일본도 북한에 접근이 어느 정도 용이하게 되었다. 특히 1990년대 북한의 핵 개발 및 미사일 개발이 본격화 되면서 일본 역시 북한에 관심을 크게 갖기 시작하고 이에 대한 대응이 시작되었다.

먼저 일본의 북한에 대한 적극적인 접근으로 1990년 9월 일본의 자민당 · 사회당 의원이 북한을 방문하여 김일성 주석과 회담하고 조선노동당-자민당-사회당 3당이 '3당 공동 선언'을 채택하였다. 이 선언에 입각하여 북일 당 관계자들은 1991년 1월부터 1992년 11월까지 8차례 회담을 가졌으나 아무런 성과도 얻지 못했다. 그 후 북한의 핵 개발 의혹 등으로 북미 관계가 냉각되면서 미-일 공조 체제에 입각해서 일본도 대북 강경 노선으로 돌아서게 되었고 북일 관계는 진전될 수 없었다. 그러나 1994년 9월 미-북 제네바 기본 합의에 따라 북-미 간 경색 국면이 어느 정도 완화되었다. 일본은 미국과 동맹 관계를 갖고 있고 미국의 외교 정책 노선을 따르고 있는 국가이다. 그리하여 일본도 북한과의 대화를 재개할 수 있는 환경이 조성되었기 때문에 1995년 3월 무라야마 도미이치(村山 富市)총리가 연립 정권을 구성하고 일본의 자민당, 사회당 등의 의원들로 구성된 대표단을 북한에 보내 조선노동당과 북일 국교 정상화를 위한 '4당 합의서'를 채택하였다. 그러나 1996년 1월 하시모토(橋本 龍太郎) 연립 내각이 들어서면서 북일 관계는 소강상태에 접어들었다.[210]

특히 1999년 8월 북한이 대일 관계 개선 3원칙을 발표하면서 북한과 일본 간의 경색국면은 점차 완화되기 시작하였다. 북한이 제시한 3원칙은 다음과 같다. 첫째, 일본의 북한에 대한 압살정책 포기, 둘째, 식민 통치에 대한 일본의 사죄와 적절한 보상, 그리고 셋째, 무력을 통한 대응 중지였다. 이 원칙에는 일본과 관계 개선을 위한 대화 재개를 희망한다는 암시적 의미를 담고 있었다.[211]

북한의 이러한 원칙이 발표된 다음부터 일본은 대북한 강경조치들을 점차적으로 해제하기 시작하였고 그 첫 번째 조치가 무라야마 전 총리를 단장으로 하는 일본국회의원단의 방북이었다. 1999년 12월 무라야마 전 총리 등 의원단이 방북하여 조선노동당과 회담하여 국교정상화 교섭의 재개, 상호교류 및 왕래 강화 등에 합의하였다. 그리고 일본정부는 1999년 12월 북한에 대한 식량중단조치를 해제하고 2000년 3월 북한에 쌀 10만 톤을 무상지원

210) 이기완, 일본 외교와 동아시아, pp. 93-95.

211) 위의 책, pp. 98-99에서 인용.

한다고 발표하였다. 1992년 이래 중단되었던 북일 국교 정상화 교섭을 2000년 4월에 재개하여 제9차 북-일 회담을 평양에서 개최하였고 2000년 10월 제11차 국교정상화 회담을 하였으나 양측은 더 이상 회담을 계속하지 않았다. 2002년 9월 고이즈미(小泉純一郎) 총리가 북한을 방문하여 김정일 국방위원장과 회담을 가졌다. 일본과 북한은 정상회담 후 '북 · 일 평화선언'이라는 공동선언문을 발표하였다. 이 선언에서 양측은 북 · 일 외교 관계정상화회담을 재개하기로 하였다. 그러나 일본 내에서 북한에 대한 여론이 악화되어 북 · 일 외교 관계 정상화는 진전이 없었다. 그러나 북한은 2002년 10월 납치되었던 일본인 17명 중 5명을 귀국시켰다. 또 고이즈미 총리는 교착상태에 빠진 북-일 관계를 개선하기 위해 2004년 5월 북한을 두 번째 방문하였다. 고이즈미 총리는 김정일 위원장과 회담하고 이 자리에서 김정일은 미사일 발사 실험을 동결하겠다는 입장을 분명히 했다. 그리하여 고이즈미 총리는 25만 톤의 대북식량 지원을 약속했고 북한은 피랍된 일본인 잔류가족을 본국으로 송환하였다. 이어서 일본정부는 북한이 약속을 지킨다면 경제제재를 발동하지 않을 것이며 약 11억 엔 정도의 의약품도 제공하겠다고 발표했다.

고이즈미 총리는 2004년 7월 치러진 참의원 선거에서 국민적 지지를 얻기 위해 그 해 5월 22일 북한을 재차 방문하였다. 고이즈미 총리는 대북식량 지원을 대가로 북한에 생존해있는 피랍 일본인의 본국 송환을 성사시켰다. 그리고 일본은 북한이 평양 선언을 준수하면 경제 제재를 발동하지 않을 것이며 약 11억엔 상당의 의약품도 제공하겠다고 발표하였다. 그런데 북한이 2005년 11월 일본에 보낸 요코다 메구미(横田めぐみ)의 유골의 DNA를 감정한 결과 이 유골은 다른 사람의 유골로 판명되었다. 그러자 일본 내에서 북한을 비난하는 여론이 확산되었고 일본 정부의 대북 정책은 강경 노선으로 선회하였다. 그 후 일본은 2006년 6월 북한인권법을 제정하였다.[212]

1990년부터 일본과 북한 간 관계 발전을 위한 접촉 내용은 다음과 같다.

먼저 양측은 1990년 9월부터 1992년 11월까지 8차례 수교를 위함 회담을 가졌고, 또 2000년 4월부터 10월까지 3차례 수교회담을 가졌고, 2002년 10

212) 위의 책, pp. 102-103에서 인용.

월에 12차 수교회담을 가졌다. 그리고 고이즈미 총리가 2002년 9월 그리고 2004년 5월 2차례 북한을 방문하며 김정일과 회담하였다.[213)]

그러나 북한은 2006년 7월 사전 통보 없이 미사일을 발사하였고 그 해 10월에는 핵 실험을 감행하였다. 그러자 일본은 대북 제재 조치를 강화하였다.[214)] 2008년 4월 일본은 대북 제재 조치를 연장한다고 발표하면서도 2008년 6월부터 8월까지 북-일 실무진 회의를 개최하고 일본인 납치 문제 해결을 모색하기로 하고 일본은 인적 왕래 규제완화, 전세기 취항 금지해제, 그리고 인도적 지원 물자 수송을 위한 북한 선박의 입항 허용 등의 조치를 취하면서 북-일 관계는 호전되기 시작하였다. 그런데 북한은 2009년 4월 5일 '은하 2호'를 발사하였다. 그러자 일본정부는 4월 10일 대북 제재 조치를 1년 연장하기로 하였다.

2014년 5월 아베 정부는 북한과의 접근을 모색하였다. 일본과 북한의 고위 관리는 스웨덴 스톡홀름에서 정부 차원의 공식 접촉을 갖고 북한과 일본이 일본인 납북자를 재조사하는 대가로 대북 제재를 해제하기로 합의하였다. 이와 함께 북한과 일본은 국교를 정상화하는 문구도 합의문에 삽입하였다. 이에 대해 한 · 미 양국은 한-미-일 3국 간에 구축된 대북 정책 공조를 위태롭게 할 수 있다고 판단하였고 미국 정부는 아베 총리의 북한 방문에 부정적인 입장을 표명했다.

지금까지 북한과 일본과의 접촉 및 교류 상황을 살펴보았다. 일본과 북한은 외교 관계를 정상화하지 못하고 있는 비정상적인 관계를 갖고 있다. 그럼에도 불구하고 양측은 미사일과 납치문제를 매개로 접촉을 계속해 왔다. 그러나 양측의 관계는 발전되고 있지 않다. 양측은 사회 체제를 달리하고 있고 또 일본은 미국의 동맹국이고 일본은 미국과 정책 공조를 유지해야하는 국가이다. 그렇기 때문에 북일 관계 발전은 한계를 가질 수밖에 없다.

이처럼 미사일과 일본인 납치 문제로 북한과 일본의 당국자 간 접촉이 있었지만 일본은 북한정권을 국가로 인정하고 있지 않으며 따라서 외교 관계

213) 김성철, 일본 외교와 동아시아 국제관계, p. 113 참고.
214) 위의 책, pp. 104-105 참고.

를 정상화 하지 않고 있다. 이런 현상은 외교적으로 적대적 관계를 갖고 있다고 말할 수 있다.

북한과 중국과의 관계

북한과 중국은 원천적으로 사회 체제를 같이 갖고 있고, 국경을 접하고 있다. 1948년 9월 9일 조선민주주의인민공화국이 수립되었고, 1949년 10월 1일 중화인민공화국이 수립하였다. 그리고 중국은 탄생 5일 후인 10월 6일 북한을 국가로 승인하고 대사급 외교 관계를 수립하였다. 1950년 '6 · 25전쟁'에 중국은 인민군을 파견하여 북한을 지원하였고 1961년 7월에는 '우호 · 협력 · 상호원조 조약'을 체결하여 중국과 북한은 동맹 관계를 갖게 되었다. 이 조약 제2조에는 다음과 같이 규정하고 있다. "계약 쌍방은 어느 일방에 대한 어떠한 국가로부터의 침략이라도 이를 방지하기 위해 모든 조치를 공동으로 취한다. 일단 체약 일방이 어떠한 한 개의 국가 또는 몇 개의 국가들의 연합으로부터 무력 침공을 당함으로써 전쟁상태에 처하게 되는 경우에 체약 상대방은 모든 힘을 다해 지체없이 군사적 및 기타 원조를 제공한다." 이러한 사실은 북-중 관계가 우호적이고 적극적 협조적 관계를 갖고 있다고 말할 수 있는 근거가 된다.

1950년 대에는 공산 국가의 종주국인 소련 휘하에서 북한은 중국과도 협조적인 관계를 갖고 있었다. 그러나 1960년 중소분쟁이 발생하면서 북한은 중국과 소련 중간에서 외교적으로 어려운 처지에 놓이게 되었다. 1960년대 중국의 문화 혁명이 진행되는 동안 북한은 중국과 다소 거리를 두고 소련과 많은 교류를 가졌다. 또한 1972년 중국이 미국과 관계 개선을 함으로써 북한과 중국과의 관계는 긴밀하지 못했다. 1980년대 중국과 소련의 관계가 다소 호전되면서 북한은 중국과의 관계도 많이 개선되었다. 중국이 개혁 · 개방 정책을 실시한 1982년부터 1992년 6월까지 약 10년 동안 양측 고위층 인사 상호 방문이 많이 있었다. 북한 고위층 인사의 중국 방문은 71회 그리고 중국 측 고위 인사의 북한 방문은 14회로 양측의 상호 방문은 모두 85차례 있었다.[215] 이러한 인적 교류는 1980년대 북한과 중국간의 관계를 단적으로 보여주는 것으로 양측의 외교 관계는 매우 우호적이라고 말할 수 있다. 또한 중국과 북한은 1971년 9월 '중국의 북한에 대한 무상 군사 원조 협정,' 1977년 3월 및 1982년 10월 '중 · 조 장기 무역 협정,' 1985년 1월 '중국의 북한에 대한 경제원조 제공 협정,' 등 중국이 북한을 지원하는 것을 주요 내용으로 하는 여러 협정을 체결하였다. 1984년 3월 중국공산당 총서기 호요방은 북한 노동신문 대표와의 회견에서 "만일 어떤 국가가 북한을 침공한다면 중국은 그 침략자를 물리치기 위해 모든 힘을 다하여 북한을 지원할 것이다."216) 라고 말하였다.

1990년대 북중 관계는 다소 냉담하였다고 말할 수 있다. 왜냐하면 1992년 중국은 한국과 외교 관계를 정상화하였기 때문이다. 한 · 중 수교는 북한에게는 받아들이기 어려운 것이다. 또 1994년 7월 김일성 주석의 급작스런 사망도 북한 대외 관계에 영향을 미쳤을 것으로 생각된다. 한편 1992년 중국과 북한은 새로운 무역 협정을 체결하였다. 이 협정에서 지금까지 행해오던 물물 교환 방식 대신 외환 결제 방식으로 바꾸었다. 이에 따라 북 · 중 무역 규모는 1993년 8억 9,000만 달러, 1994년에는 6억 2천만 달러 그리고 1995년에는 5억 5,000만 달러로 크게 줄었다.217)그리고 인적 교류에 있어서도 1992년 4월 양상곤(杨尚昆) 국가 주석의 북한 방문 이후 1999년 6월 김영남 최고인민회의 상임위원장이 중국을 방문할 때까지 약 7년여 간 북중 양측의 고위 인사의 상호 방문은 한 번도 없었다. 특히 1993년 3월 북한이 중국과 사전 협의 없이 '핵 확산 방지 협정(NPT)'를 일방적으로 탈퇴한 것(이 사건을 소위 1차 북핵위기라고 함)도 북-중관계를 매우 어렵게 만들었다고 생각된다.

2000년 및 2001년 1월 김정일 위원장이 두 차례 중국을 방문하여 중국과 정상회담을 가졌다. 그리고 2001년 9월에는 강택민(江泽民) 중국 국가 주석으로서는 11년 만에 북한을 방문하였다. 이 때 북-중 정상간의 회담에서 중국은 북한에 20만 톤의 식량과 3만 톤의 중유를 무상으로 제공하기로 약속하였다.218)

---

215) 전병곤, "중 · 북관계," 한국국제정치학회 중국분과(편), 중국-현대국제관계(서울: 오름, 2008), p. 182에서 인용.

216) Beijing Review, no.15(April 9. 1984), p. 9.

217) 전병곤, "북중관계," p. 183.

218) 위의 글, p. 184.

북중 양측 최고위 인사의 상호교환 방문으로 2000년대 접어들면서 양측 관계는 크게 호전되었다. 2004년 4월에는 김정일 위원장이 중국을 방문하였고 2005년 10월에는 호금도(胡锦涛) 중국 국가 주석이 북한을 방문하였다. 또 김정일 위원장은 2006년 1월 4번째 중국을 공식 방문하였다. 김정일은 2000년 5월부터 2011년 5월까지 11년 동안 중국을 7차례 방문하였다. 북한 최고 권력자가 이렇게 여러 차례 중국을 방문하였다는 사실은 북-중 관계를 긴밀하다고 말할 수 있다. 국가 원수의 외국 방문 및 정상 회담은 상징적으로나 실질적으로 의미를 부여하여도 좋을 것이다.

북한은 2006년 7월 5일 미사일 시험 발사를 단행했고, 같은 해 10월 9일에는 처음으로 핵실험을 감행하였다. 이 때 중국 외교부는 매우 불쾌하다는 의미를 담은 성명서를 발표하였다.[219] 그리고 중국은 2006년 7월 15일 그리고 10월 15일 유엔 안전보장이사회의 대북 제재에 찬성하였다. 그러나 다른 한편 2007년 '2 · 13합의'에 따라 북-중 관계는 다시금 호전되어 중국의 대북 투자 및 금융 거래를 포함해 북-중 경제 교류 및 협력관계가 회복되었다. 실제로 2000년대 북한이 미사일을 개발하고 핵 프로그램을 진행하였지만 중국과 북한의 무역 거래는 증가하였다. 2001년 북한의 대중국 무역 비율은 27.6%였는데 그 후에도 꾸준히 증가하여 2006년도에는 39%로 증가하였다.[220] 한편 북한이 2006년 9월 처음으로 핵 실험을 하였을 때, 중국 외교부는 '2006.10.9. 북한 핵 실험에 관한 외교부 성명'을 발표했다. 중국 외교부는 이 성명에서 북한의 핵 실험은 국제 평화와 안전을 명백히 위협한다고 비난하였고, 유엔 결의안 1718을 찬성하였다. 그리고 북한이 2009년 5월 25일 2차 핵 실험을 하였을 때에도 중국 외교부는 북한의 핵실험은 유엔결의 위반이고 국제적 핵 비확산 체계를 훼손하고 지역 평화 및 안정을 저해한다는 성명을 발표하고 유엔 안전보장 이사회 결의 1874호에 찬성하였다. 북한은 또한 2009년 4월 장거리 미사일 '광명성 2호'를 발사했고 같은 해 5월 25일 2차 핵 실험을 단행하였다. 이때에도 유엔 안전보장 이사회는 북한 제재 결의

219) 위의 글, p. 185에서 인용.

220) 위의 글, pp. 194ff.

안 1874호를 채택하였다. 중국도 이 1874호 제재 안에 찬성하였다. 그러나 북한의 2차 핵 실험 직후에도 중국은 북한과 여러 면에서 긴밀한 관계를 유지했다. 2009년 6월부터 북한과 중국은 고위급 인사의 상호 방문이 이루어졌고, 또한 중국은 단동과 신의주 사이의 북한 영토인 황금평 및 위화도 개발까지 합의하며 북-중 경제 협력을 확대해 나가기로 하였다. 또한 2009년 10월 온가보(温家宝) 중국 총리가 북한을 방문하여 김정일과 회담을 갖고 수천만 달러의 대북 원조 제공과 경제 교류의 활성화, 관광 교류의 활성화 등의 협정을 체결함으로써 중국은 북한에 대한 제재와 압박보다는 협력에 무게를 두었다. 또한 천안함 폭침사건 이후인 2010년 8월 김정일 북한 국방위원장을 면담한 호금도 중국 국가주석은 상호 이익을 확대하는 경제 협력을 추진한다는 제안을 하였다.[221] 김정일 국방위원장은 2010년 및 2011년 2년간 4차례 중국을 공식 방문하였다. 또한 라선 경제 특구 및 황금평, 위화도 경제특구 등 북-중 경제 협력 역시 활성화되었다. 북한의 두 번째 핵 실험 이후에도 북-중 관계는 긴밀하였다.

중국 당국의 이러한 태도는 북한의 핵 실험, 천안함 폭침 등을 용인하는 것으로 해석된다. 세계의 수 많은 국가들이 북한을 비난하고 제재를 가하고 있음에도 중국은 북한을 지원하였다. 이것은 중국과 북한의 관계가 매우 긴밀한 적극적 협조관계를 갖고 있는 것으로 판단된다. 김정일 사망 후 북한은 2012년 4월 제4차 당 대표자 대회와 제5차 최고 인민 회의를 통해 김정은을 조선노동당 제1비서로 그리고 국방위원회 제1위원장에 추대하였다. 그러자 중국은 김정은 체제를 지지하는 성명을 발표하였고 쌀 100만 톤, 원유 50만 톤, 비료50만 톤을 무상제공하기로 하였다.[222]

북한은 경제가 어려워지면서 중국에 대한 경제 의존도가 점점 높아지고 있다. 그 추이를 보면 2006년까지 북한의 중국 경제 의존도는 50% 내외였으나 2007년에는 67.1%, 2010년에는 83%, 그리고 2011년에는 90%에 이르게 되었다.[223] 그리고 2016년 중국과 북한 간의 수출입 내용을 보면 다음과 같

221) 김관옥, 동아시아 '불일치 딜레마' 외교, p. 280.

222) 위의 책, pp. 282-283.

다. 2016년 기준 북한의 주요무역대상국의 거래내용을 보면 중국과 북한의 불평등한 무역 상황을 알 수 있다.

이런 상황이 북 · 중 혈맹 관계를 명확히 하는 동시에 북한의 대중국 경제 의존의 심각성을 보여주고 있다. 이 경제 의존은 정치 및 정책 의존으로 발전된다. 이러한 불평등 의존 관계는 힘의 원천(a source of power)이 되고, 여기에서 생겨나는 힘-즉 영향력은-자원을 지배하게 되고 결과를 지배하게 된다.[224] 북한의 이와 같은 대중국 의존은 북-중 간 정치적 종속관계를 창출할 것이다.

순위	국가	수출입합계 (달러)	비중(%)
1	중국	60억 6천만	92.7
2	러시아	7,700만	1.2
3	인도	6,000만	0.9
4	태국	5,000만	0.8
5	필리핀	4,500만	0.8

자료: KOTRA, 朝鮮日報, 2017.11.17.

북 · 중 관계를 잘 보여주고 있는 예는 2016년 초에 있었던 사실을 통해 분명히 볼 수 있었다. 2016년 1월 6일 북한은 제4차 핵 실험을 단행하였고, 2월 7일 탄도 미사일을 발사하였다. 유엔도, 미국도 일본도 북한 제재에 돌입하였고 한국 정부는 2016년 2월 10일 개성 공단을 완전 폐쇄하고 공단에 근무하는 한국인을 모두 철수 시켰다. 한국 정부는 북한의 핵 실험 및 미사일발사에 대한 응징차원에서 그리고 이러한 무기의 개발을 포기시키기 위해 개성 공단을 완전 폐쇄시켰다. 미국 및 일본도 각기 북한 제재 조치를 결정하였다. 그러나 중국 당국은 북한 제재를 반대하고 평화적인 방법으로 이 문제를 해결해야 한다고 주장하고 있다. 이것이 북 · 중관계의 현주소이다. 북한과 중국은 동맹 관계를 갖고 있다. 그러므로 북한과 중국은 적극적 협조관계를 갖고 있다고 말할 수 있다. 2017년 3월에도 중-북관계가 매우 돈독하다

223) KOTRA, 2011년도 북한의 대외무역동향(서울: KOTRA, 2012), p. 11.

224) Robert O. Keohane and Joseph S. Nye, Power and Interdependence, 2nd ed.(Glenview, Illinois: Scott, Foresman and Company, 1989), p. 11.

는 사실을 우리는 확인할 수 있다. 지금도 북한이 핵 실험 및 미사일 발사 실험으로 유엔의 제재를 받고 있다.

더욱이 2017년 2월 북한의 김정은 위원장의 이복형 김정남이 말레이시아 수도 쿠알라룸프루에서 북한 관리들의 사주를 받은 동남아 여성들에 의해 독극물에 의해 살해되었다. 이러한 때에 북한 외무성 부상인 리길성이 중국을 방문하였다. 중국의 외교 부장 왕이(王毅)는 2017년 3월 1일 리길성을 접견하였다. 이 자리에서 왕이는 다음과 같이 말했다고 중국 외교부가 밝혔다. "한반도 비핵화와 평화 체제의 목표를 위해 새로운 노력을 해나가길 바란다. 중국과 북한은 산수(山水)가 이어져 있는 나라로 전통적인 중-북 우호 관계를 견고하게 하는 것은 중국의 일관된 입장이다. 북한과 소통을 강화하고 양국 관계의 건강한 발전을 바란다."[225]

오늘날 북한은 세계적으로 고립무원(孤立無援)의 상태에 놓여 있는데, 유독 중국만이 북한의 입장을 지지하고 북한을 지원하고 있다. 이러한 현상이 북-중 관계가 긴밀하고 돈독하다는 것을 보여주고 있는 것이다. 시진핑 국가 주석은 2017년 7월 독일에서 한국 대통령과 회담하는 자리에서 "중국은 북한과 혈맹 관계를 맺어왔다. 한국과는 25년 전에 수교를 하였고 그 뒤 많은 변화가 있었지만 북중 관계는 근본적으로 변하지 않았다."라고 언급하였다.[226]

국가 간 관계 가운데 외교 관계 못지않게 중요한 관계는 경제 관계이다. 중국과 북한 간 경제관계의 단면을 보면 다음과 같다. 국가 간 경제 관계 가운데 중요한 요소 중이 하나는 무역이다. 중국과 북한 간의 2000년대 무역 현황은 다음과 같다.

북한의 대중국 수출현황을 보면 2001년 대중수출은 북한 전체 수출의 26%, 2005년은 50%, 2010년은 78.8%이고 그리고 2012년은 약 86.4%이다. 북한이 중국으로부터 수입하는 양은 2001년 35.1%, 2005년은 54%, 2010년은 85.7% 그리고 2012년은 89.8%였다. 그리고 '7 · 1 경제관리개선조치'와 함께 시작된 북한의 외자 유치로 그리고 2004년 중국의 해외 진출 전략이 본

225) 朝鮮日報, 2017. 3. 3.

226) 朝鮮日報, 2017. 7. 7.

격화되면서 중국의 대북 투자는 2000년대 크게 증가하였다. 2001년에는 26만 달러였고 2004년에는 1,400만 달러, 2008년에는 4,123만 달러 그리고 2011년에는 5,595만 달러로 크게 증가하였다.[227)]

특히 2012년부터 중-북 경제 협력 사업이 크게 활기를 띄기 시작하였다. 예를 들면 나진-훈춘(琿春)간 고속도로 개통, 접경 지역에 국가 차원의 변경 경제 합작구 건설 추진, 투먼(圖們)시에 북한전용 공업단지 조성, 북한 경제 기술관료 1,000명 중국 파견, 나진항 50년 사용권 부여, 훈춘에 북-중-러 국제협력 모델 지구 건설, 만포-지안(集安) 국경 다리 공동 건설, 북한 노동자 4만 명 중국 파견 합의, 북한에 의한 중국 헤이룽장(黑龍江)성 유휴지 수십 만 정보 경작 합의, 황금평 · 나선 관리위원회 출범 합의, 중국 국가전력망공사의 북한 나선 지구에 전력 공급, 북한은 중국 관광객의 무비자 북한 관광 합의 등의 경제 협력에 박차를 가하였다.[228)]

2000년대 북-중 경제 관계를 살펴보았다. 주목할 만한 것은 양측의 경제 협력이 2000년대 들어 크게 활발해졌고 그 내용을 보면 북한이 중국에 크게 의존하고 있다는 것을 알 수 있다. 중국과 북한의 이러한 의존 관계는 외교 관계에서 주종 관계를 형성하게 되어 불평등한 관계가 형성될 것이다.

한국 - 북한 관계

원칙적으로 또 국제법상 외교 관계는 주권 국가 간에만 형성될 수 있다. 한국 정부는 북한을 주권 국가로 인정하지 않고 있다. 헌법상 한반도 및 그 부속 도서가 한국의 영토이다. 북한 정권은 한국 영토인 한반도에 그어진 휴전선 북쪽을 임의로 점령한 불법 정권이다. 그러므로 한국과 북한은 외교 관계가 존재할 수 없다. 일본과 미국도 북한을 외교적으로 주권국가로 인정하지 않고 일본과 미국도 북한과 외교 관계를 정상화하지 않고 있다. 그렇기 때문에 이들 국가 간에도 공식적 외교 관계는 존재하지 않는다. 물론 중국은 북한을 주권 국가로 인정하고 외교 관계도 정상화하였다.

---

227) 신종호, "북한은 왜 중국과 경제협력을 하려고 하는가?," 성균중국연구소(편), 북중관계(서울: 다산출판사, 2015), pp. 82-83.

228) 위의 글, pp. 87-88.

한국과 북한은 원천적으로 양립이 불가능하다. 한국도 북한을 국가로 인정하지 않고 있고 북한은 한국을 타도의 대상으로 삼고 적화 통일을 주장하고 있다. 주지하는 바와 같이 북한은 1950년 '6 · 25전쟁'으로부터 1968년 1월 청와대 습격, 2010년 천안함 폭침 및 연평도 포격 등 끊임없이 한국의 안전을 위협하고 있다. 한반도는 1953년 7월 27일 이후 지금까지 정전(停戰)상태에 놓여있다. 정전 협정이 체결되면서부터 지금까지 한반도에서는 휴전선을 사이에 두고 무장한 수 많은 군이 총부리를 겨누며 대치하고 있다. 이러한 상황에서 한국과 북한 당국자 간에 평화적인 접촉 및 교류가 전개되는 것은 매우 어려운 일이다.

그럼에도 불구하고 한국과 북한은 불가근 · 불가원(不可近·不可遠)의 관계에 있다. 그 이유는 남북이 통일 되어야 하고 또 북한에 살고 있는 북한 주민이 우리와 핏줄이 같은 겨레이기 때문이다. 1950년대 및 1960년대는 세계적으로 동서 냉전의 절정기였다. 그러하였기 때문에 한국과 북한 간에는 건설적인 관계의 형성은 어려웠다. 더욱이 북한은 한국의 전복을 위해 간첩 및 무장 세력을 끊임없이 남파시켜 우리 사회를 교란시키려 하였다. 1968년에는 무장 세력을 남파하여 청와대를 공격하려는 시도를 감행하였다.

1970년대 접어들면서 동서 진영 간 그리고 미국과 소련 간 긴장이 완화되고 데탕트적 분위기가 조성되기 시작하였다. 미국에서 닉슨이 대통령에 취임하고 키신저(Henry Kissinger)가 국가 안보 보좌관에 임명되면서 미국은 대소련 봉쇄에 새로운 방법으로 접근하였다. 미국은 이러한 상황을 공식적으로 데탕트라고 명명하였다. "데탕트란 경쟁자간 서로의 다른 점을 줄이고 규제하며 경쟁이 아니라 협력으로 새로운 이익을 창출하려고 노력하려는 분위기이다."[229] 세계적으로 데탕트 분위기가 조성되어 가면서 1970년 8월 15일 박정희 대통령은 경축사에서 남북한 간 선의의 체제 경쟁을 제의했으며 북한이 유엔에 참석하는 것을 반대하지 않는다고 언급하였다. 또한 남북한은 물 밑 접촉을 가졌고 그리고 1971년 9월부터 남북 대화가 시작되었다. 박정희 정부는 남북 대화를 남북 적십자 회담에서부터 시작하여 고위 정치 회담

229) Charles W. Kegley, JR. and Eugene R. Wittkopf, American Foreign Policy, p. 65.

으로 진전시켰고, 남북 고위급 인사의 상호 방문에 이어 1972년 7월 4일 '남북 공동 성명'을 발표하였다. 이 공동 성명에서 남한과 북한은 자주 · 평화 · 민족 대단결의 통일 3대 원칙에 따라 통일을 추진하기로 합의하였다. 또한 박정희 대통령은 1973년 6월 23일 '평화 · 통일에 대한 외교 정책 특별 선언'을 발표하였다. 이어서 박정희 정부는 1974년 1월 17일 남북 불가침 협정의 체결을 제의하였고 1974년 8월 15일에는 평화 정착, 문호 개방과 신뢰 회복 및 통일 성취라는 '평화통일 3대 기본원칙'을 발표하였다.

전두환 정부는 통일 문제에 대해 적극적인 자세를 보여 여러 차례 다양한 대화를 제의하였다. 1981년 1월 남북 고위 당국자의 서울-평양 상호 방문과 같은 해 6월에는 남북 고위 당국자 회담을 거듭하였다. 이어서 전두환 정부는 1982년 2월 '20개 시험 실천 사업'을 제의했으며 수재(水災)지원 물자 교류도 이루어졌다.

1984년 11월 15일에는 분단 40년 만에 처음으로 판문점에서 경제 회담을 개최하였다. 이 회담은 1984~1985년에 걸쳐 5차례 개최되었고 또 서울과 평양을 오가며 남북 적십자 회담도 3차례 개최되었다. 그리고 적십자 총재를 단장으로 하는 151명 규모의 남북 이산가족 고향 방문 및 예술 공연단의 남북한 교환 방문이 성사되기도 하였다. 남북한 관계를 한 단계 발전시킬 수 있는 조치는 1991년 12월 31일 채택된 '남 · 북 화해와 불가침 및 교류 협력에 관한 합의서'를 만들어낸 것이다. 그리고 1992년 9월에는 '남북화해 불가침 · 교류 협력 부속 합의서'도 채택되었다.

이 부속 합의서 가운데 남북 교류 협력 부문 제1조에는 "남과 북은 민족경제의 통일적이며 균형적인 발전과 민족 전체의 복리 향상을 도모하기 위하여 자원의 공동 개발, 민족 내부 교류, 합작 투자 등 경제 교류와 협력을 실현 한다."고 규정하고 있다. 그리고 남과 북은 상대방의 정치, 경제, 사회, 문화 체제를 인정하고 존중한다고 규정하고 있다.

1990년대 초에는 남북한이 이러한 내용에 합의할 정도로 남북 관계는 매우 양호하였다. 1992년 5월 5일 제7차 남북한 고위급 회담에서 '판문점 연락사무소 구성 운영에 관한 합의서 및 군사, 경제, 사회 문화 교류 협력 공동

위원회 구성에 관한 합의서'에 서명하였다.

북한이 핵 무기를 개발하면서 핵은 남북한 관계 발전에 최대의 걸림돌이었다. 그런 가운데 남북한 간에 '북 핵 문제에 대한 극적인 합의'가 1995년 6월에 이루어졌다. 그리고 1995년 9월 30일부터 미국 뉴욕에서 한반도 에너지개발기구(KEDO)와 북한 간에 대북 경수로 공급 협정을 위한 협정이 체결되었다. 이로써 북한 핵 문제 해결에 새로운 국면이 형성되었다.

그러나 북한은 남북한 간에 합의된 내용을 제대로 이행하지 않고 핵무기 개발을 계속하였고 마침내 대북 경수로 사업도 원만하게 이루어지지 못하고 결국 이 대북 경수로 사업은 실패로 끝났다. 따라서 남북 관계는 다시 경색 국면에 접어들게 되었다.

1998년 2월 김대중 정부가 들어서면서 남북 관계는 또 한 번 변신을 하게 된다. 기본적으로 김대중 정부는 '안보와 화해 협력 병행추진'을 대북 정책의 기조로 삼았다. 1999년 6월 서해상에서 양측 해군 간 교전이 있기 전까지 남북한 당국자간에 공식적 및 비공식 접촉이 꾸준히 이루어졌었다.

1999년 6월 15일 남북한 간 서해에서 교전이 있었음에도 불구하고 그 해 6월 22일부터 26일까지 그리고 7월 1일부터 3일까지 북경에서 1차 및 2차 남북 차관급 회담이 개최되었다. 그리고 김대중 대통령은 2000년 1월 3일 신년사에서 남북 경제 공동체 구성을 제의했고 3월 9일에는 북한에 대한 경제 지원 이산가족문제 해결, 남북 당국 간 대화 및 특사교환 촉구 등을 내용으로 하는 '베를린 선언'을 발표했다. 2000년 6월에는 김대중 대통령이 평양으로 가서 처음으로 남북 정상 회담이 개최되었다. 한국의 김대중 대통령과 김정일 국방위원장이 회담을 가졌다. 남북한은 정상 회담을 가질 정도로 양측의 관계가 안정적이었다. 남북한은 이산가족 상봉 등 양측 정상 간의 합의 내용을 구체화하기 위해 2000년 6월 27일부터 30일까지 금강산에서 제1차 남북 적십자 회담이 개최되었고, 이어 7월 26일에는 태국 방콕에서 남북 외무장관이 만났고 7월 29~31일 제1차 남북 장관급 회담이 서울에서 개최되었다. 2000년 8월에는 제1차 이산가족 방문단이 서울과 평양을 동시에 방문하였다. 그리고 2000년 9월에는 제주도에서 제1차 남북 국방장관 회담이 개최되었고 남북 군사 실무 회담과 남북 경제 협력 실무 접촉 등이 꾸준히 이루어졌다. 2000년 8월 12~14일 제7차 남북 장관급 회담을 개최하고 남북한이 안고 있는 여러 문제들을 논의하였다.

실제로 김대중 정부는 1998년 4월 30일 남북한 간의 교류 및 협력을 활성화하기 위해 '남북 경협 활성화 조치'를 통해 기업의 자율적 판단에 따른 민간 주도의 경제 협력을 유도하였다. 또한 1998년 김대중 정부 출범 이후 2001년 8월 말 현재 북한을 방문한 한국인은 22,002명(금강산 관광객 제외)으로 1989년 이후의 방북인원 24,919명의 88%에 달했다. 북한 주민의 남한 방문도 크게 증가하여 현 정부 출범 이후 913명으로 1989년 이후 총 방문자 1,488명의 61%에 달했다.[230] 1998년 11월 18일부터 금강산 관광이 반 세기만에 시작되어 2001년 8월 말 현재 연 인원 417,096명이 금강산을 관광하였다.[231]

김대중 정부 하에서는 남북한 교류 협력 및 물자 교환도 상당한 실적을 쌓았다. 김대중 정부는 민간 기업에 대한 남북 협력 기금 지원 활성화를 위해 1999년 10월 '남북 교류 협력에 대한 남북 협력 기금 지원 지침'을 재정하고 지원 범위와 규모를 확대하였다. 남북한은 2000년 12월 제4차 장관급 회담에서 투자 보장, 이중 과세 방지, 청산 결재, 상사 분쟁 해결 절차 4개 합의서에 공식 서명하였다. 남북 교역은 1989년 약 1,800만 달러, 1999년 3억 달러, 2000년에는 4억 2,500만 달러에 달했다.[232]

김대중 정부는 대북 정책의 기조로 '햇볕정책'을 표방하며 대북 포용 정책을 추진하였다. 김대중 정부는 그 어느 정부보다 대북 경제 지원 및 경제 교류를 활발하게 전개하였다. 그리하여 한반도는 비교적 평온하였다.

그런 가운데 1999년 및 2002년 서해상에서 남북한 해군간의 교전이 있었고 양측 모두 적지 않은 인명 피해가 있었다. 남북한 간에 모처럼 정치, 경제적으로 화해 분위기가 고조되어가고 있는 가운데 서해에서의 교전은 쉽게 이해하기 어려운 일이었다. 김대중 정부가 적극적인 대북 포용 정책을 추진

---

230) 북한연구소, 대북포용정책, 2001, 12.20.

231) 위의 책, p. 81.

232) 위의 책, pp. 87-88.

하였으나 남북 관계에 근본적인 변화는 이루어지지 않았다.

1998년부터 2002년까지 김대중 정부 하에서 북한에 제공된 현금 규모는 다음과 같다.

김대중 정부의 대북한 현금제공 규모 (단위: 달러)

연도	상업적 교역	관광대금(금강산·개성)	사회·문화교류	합계
1998	4,000만	2,500만	94만	6,594만
1999	5,200만	1억 8,501만	60만	2억 3,761만
2000	6,000만	1억 4,000만	4억 5,565만	8억 5,565만
2001	1억 700만	4,013만	76만	1억 4,789만
2002	1억 9,700만	2,347만	349만	2억 2,396만
소계	4억 5,600만	4억 1,361만	4억 6,144만	13억 3,100만

2003년에 출범한 노무현 정부도 김대중 정부의 대북정책 기조를 대체로 그대로 계속했다. 노무현 정부 역시 대북 포용 정책을 추진한 증거는 북한에 대한 현금 제공 규모이다. 그 내역은 다음과 같다.

노무현 정부의 대북한 현금제공 규모

연도	상업적 교역	관광대금(금강산·개성)	개성공단	사회·문화교류	합계
2003	1억 6,900만	1,576만	0	242만	1억 8,718만
2004	1억 6,800만	2,276만	1,339만	83만	2억 498만
2005	2억 2,100만	2,568만	417만	1,135만	2억 6,220만
2006	3억 2,500만	2,270만	970만	291만	3억 6,031만
2007	5억	3,839만	1,703만	108만	5억 5,650만
소계	13억 8,300만	1억 2,529만	4,429만	1,859만	15억 7,117만

노무현 정부의 이와 같은 현금 지원 규모가 단적으로 그 당시 남북한 관계를 보여주고 있다. 노무현 정부의 이러한 현금 제공 등의 결과 2007년 10월 노무현 대통령이 평양을 방문하고 소위 '10 · 4 남북 공동 선언'을 발표하였다.

이런 가운데 북한은 2006년 10월 제1차 핵실험을 감행하였다. 북한의 이러한 핵 실험은 1998년 2월부터 2007년 12월까지 10년 간 한국 정부의 경제 지원의 결과물이라고 하여도 과언은 아닐 것이다. 이 10년 간 한국 정부가 북한에 제공한 지원금은 다음과 같다.

	남북협력기금 사업비	인도적 대북지원	10년간 대북식량지원	합계
김대중 정부	2조 2,014억 원	5,990억 원	7,840억 원	8조 6,178억 원
노무현 정부	3조 7,472억 원	1조 2,882억 원		

(출처: 朝鮮日報, 2008.1.1.)

북한은 제1차로 2006년 10월 핵 실험을 한 다음 2016년 9월 9일 제6차 핵 실험을 하였다. 이러한 사실은 남북한 관계의 발전을 저해하였고 한반도의 긴장을 고조시켰다. 그렇기 때문에 이명박 및 박근혜 정부는 북한과의 경제 교류를 자제하였다. 특히 북한의 핵 실험에 대한 유엔의 제재가 가해지기 시작하였고 더욱이 북한의 미사일 실험으로 대북 제재는 더욱 강화되었다. 따라서 남북한 관계는 더욱 경직되었고 한반도에는 전쟁의 위험성까지 제기되었다. 한국 정부도 대북한 경제교류 및 경제 지원이 모두 중단되고 개성 공단도 2016년 폐쇄되었다.

이것이 오늘의 남북한 관계이다.

동아시아 국제정치 주체간의 외교 관계

동아시아 국가들 간의 외교 관계를 정리해보면 한국, 일본 그리고 미국 3개국은 직접 및 간접적으로 동맹 관계를 갖고 있기 때문에 대외 정책의 공조가 이루어지고 있다. 이 3국은 적어도 동아시아 역내 문제에 대해서는 언제나 동일한 정책 노선을 견지하고 동일한 정책을 결정해왔다. 그렇기 때문에 이 3개국은 공존 공영을 대전제로 하고 있고 각 국의 이익을 존중한다. 그러므로 이 3국 중 어느 한 국가가 다른 국가의 중대한 이익을 침해하는 일은 없었다. 이 3개국의 외교 관계는 '적극적 협조관계'를 갖고 있다.

한편 중국과 한 · 미 · 일 3개국과의 관계 역시 공존 공영을 전제로 하고 있다. 특히 1972년 중국과 미국과의 관계 개선 그리고 중국과 일본과의 외교 관계 정상화 이후부터 이들 4개국은 상호 상대 국가의 존재를 인정하였다. 특히 중국의 1980년대 개혁 개방 정책 추진 그리고 1991년 소련 와해 이후 냉전적 상황이 완전히 해소된 다음부터 이들 4개국의 외교 관계는 돈독해졌다. 특히 이들 국가들은 경제적으로 상호 의존관계가 심화되면서 서로를 필요로 하게 되었고 이들 국가 간의 외교 관계도 크게 발전하게 되었다. 그리고 중국과 한-미-일과는 대외정책의 공조에는 한계가 있지만 이들 4개국 상호 간에는 협조적인 자세를 견지하고 있다. 그러므로 중국은 이 한·미·일 3개국과 제한적 협조관계인 '소극적 협조관계'를 갖고 있는 것으로 판단된다.

중국은 한국 및 일본과 사회 체제를 달리하고 공산당 일당이 중국을 통치하고 있다. 그러나 이 3국은 외교적으로 긴밀한 유대 관계를 갖고 있다. 국가 간 외교 관계의 정도를 가늠할 수 있는 기준 중의 하나는 정상회담이다. 이 3국은 특히 21세기에 접어들면서 잦은 정상 회담을 개최하였다.

먼저 1999년 11월 ASEAN+3 정상 회담 참석을 계기로 일본 측이 한-중-일 3중 정상 간 비공식 조찬 회동을 제의함으로써 첫 번째로 3국 정상의 회동이 이루어졌다. 2000년 11월 제2차 한·중·일 정상 조찬 회동에서 한국이 정례화를 재차 제의하고 중국이 기존 입장을 바꿔 이를 수용함으로써 정례화에 합의하였다. 그 후 2002년 11월 제4차 회의부터는 조찬 형식에서 벗어나 공식 회의를 개최하게 되었다. 2003년 10월 제5차 회의는 인도네시아 발리에서 개최되었다. 이 회의에서 한·중·일 3국간 외교안보, 경제, 문화 등 제 분야의 포괄적 협력 기본 틀을 마련하기 위한 3국 협력 공동 선언을 채택하였다. 3국 정상은 3국간 협력 심화가 3국간의 안정적인 양자 관계 및 동아시아 평화·안정·번영에도 기여할 것임을 확신하고 3국 협력이 동아시아의 협력 강화, 지역 및 세계 평화와 번영 수호를 목적으로 한다는 데에 견해를 같이 하였다. 이 5차 3국 정상 회담에서는 처음으로 무역, 투자, 환경, 과학 기술, 국제 문제 등 14개 분야 협력 강화에 합의하는 공동 선언문을 발표하였다. 2007년 1월 제7차 한·중·일 정상 회담이 싱가포르에서 ASEAN과는 별도로 개최되었다. 이 정상 회담에서 한·중·일 협력 사이버 사무국의 구축 등 13개 성과 사업을 채택하였다. 2008년 12월에도 일본 후쿠오카에서 정상 회담을 개최하고 한 · 중 · 일 동반자 관계를 위한 공동 성명 등을 채택하였다. 그리고 2009년 10월 중국 베이징에서 3국 정상회담을 개최하고 한 · 중 · 일 협력 10주년 기념 공동 성명을 채택하고 지난 10년간 3국 협력 평가 및 향후 발전 방향을 제시하였다. 2010년 5월 한국 제주도에서 한 · 중 · 일 정상회담을 개최하였다. 이 회담에서 상설 사무국 설치에 관한 각서, 한 · 중 · 일 '협력비전 2020' 등의 공동 성명을 발표하고 3국 협력의 발전 방향, 기후 변동, 동아시아 지역협력, 군축, 국제경제, 금융, 유엔 개혁, 북한 정세 등에 관해 논의하였다.[233] 그리고 2011년 5월 일본 도쿄에서 한 · 중 · 일 정상 회담을 가졌다. 이 회담에서 3국 정상은 3국 관계 발전을 위해 한 · 중 · 일 협력 사무국을 서울에 설치하고 3국 협력의 제도화를 구체화 하였다. 2011년까지 한 · 중 · 일 3국은 매년 정상회담을 개최하여 왔으나 그 후 4년간은 정상 회담이 개최되지 못했다. 그 이유는 일본의 과거역사의 왜곡 때문이었다. 그러나 한 · 중 · 일 3국은 2015년 11월 서울에서 4년 만에 정상 회담을 가졌다. 한 · 중 · 일 3국은 무엇보다도 3국의 협력과 관계 발전이 중요하다고 생각했기 때문이라고 생각된다. 이처럼 동아시아의 3개 국정정치의 주체가 어느 국가와의 관계 못지않게 이 3국의 관계 발전이 중요하다는 데에 인식을 같이 한다는 것은 3국 관계가 상당한 협력적 관계를 갖고 있다는 것을 보여주고 있다.

미국과 중국은 통상적 외교 관계를 갖고 있다고 말 할 수 있다. 미국과 중국은 적대적 의식 없이 평범한 외교 관계를 유지하고 있다. 양국은 상대국의 가치, 중요이익을 적극적으로 침해하는 정책을 결정하거나 행위를 하지 않는다. 또 양국은 서로를 필요로 한다. 먼저 미국은 전략적으로 중국을 필요로 한다. 특히 동아시아에서 미국이 중국과 적대적으로 대립하고 충돌한다면 그것은 누구에게도 이익이 없을 것이다. 군사 대국인 미국과 중국이 갈등적으로 정책을 결정하고 행위 하는 일은 동아시아에서 긴장을 고조시키고 소모적인 국력의 낭비를 촉진할 뿐이다. 특히 중국은 경제적으로 미국을 필요로 한다. 미국은 중국에게는 크고 중요한 무역 시장이다. 수출 · 입 주도형

233) 김성철, 일본 외교와 동아시아 국제관계, pp. 465-469.

경제 구조를 갖고 있는 중국이 미국과 대립하고 충돌한다면 중국은 수출입에 나쁜 영향을 미칠 것이다. 또한 중국이 미국과 대립하고 충돌한다면 미국과 정책 공조를 하고 있는 한국 및 일본과의 외교 관계 및 경제 관계에도 나쁘게 작용할 것이다. 그러므로 중국은 미국과의 관계를 중요시하고 돈독한 관계유지를 필요로 할 것이다.

앞에서 지적한 바와 같이 북-중은 동맹 관계를 갖고 있고 상당한 경제관계도 갖고 있다. 그러므로 북-중 관계는 혈맹 관계로 양측은 최고의 외교 관계를 유지하게 될 것이다. 한국 · 미국 · 그리고 일본과 북한 간의 관계를 외교의 형식에 있어 외교 관계를 정상화하지 않고 있다. 이러한 관계는 형식상 적대 관계라고 말 할 수 있다. 실제로 북한과 한 · 중 · 일 3국은 어떠한 정상적인 접촉 및 교류도 이루어지지 않고 있다.

북한은 한국과 군사적으로 대치하고 있고 미국과도 정전(停戰)상태에 놓여 있다. 그러므로 북한과 한 · 미는 적대 관계를 유지하고 있다고 말할 수 있다. 그 뿐만 아니라 북한은 한국의 안전을 위협하고 또 미국의 영토인 괌(Guam)도에 포격도 위협하고 있다. 그리고 북한은 일본 근해를 향해 미사일 발사 실험을 하고 있다. 그리고 핵무기를 개발하고 있다. 북한의 이러한 행각은 한 · 미 · 일 3국과 관계를 발전시킬 수 없는 정도로 북한은 동아시아 질서를 위협하고 각 국의 안전을 위협하고 있다.

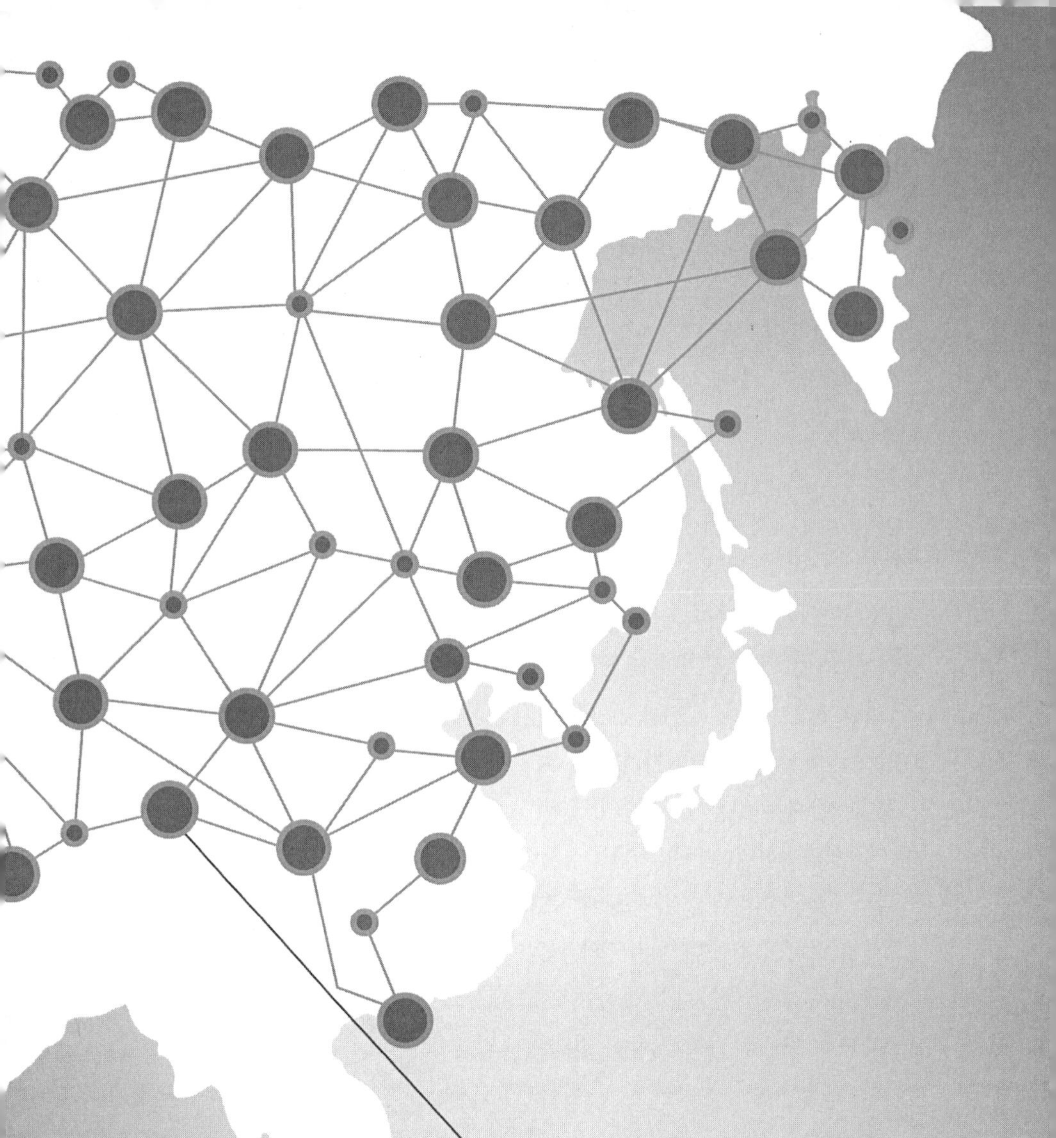

제 3 부

동아시아 국가 간 국제정치적 상호 작용

1. 상호 작용의 의미

국제정치의 주된 행위자인 주권 국가들은 다른 국가의 특히 주변 국가들의 정책, 행위 등에 항상 관심을 갖고 주의를 기울이고 있으며 필요하다고 생각되면 그에 대해 적극적으로 또는 소극적으로 반응하고 대응한다. 한 국가가 하나의 외교 정책을 실현하기 위한 외교 행위를 할 때, 그 국가의 외교 정책 및 외교 행위가 자국의 중대한 이익에 직·간접적으로 영향을 미칠 수 있다고 판단되면 대상 국가는 전자 국가의 외교 정책 및 외교 행위에 대해 반응하고 대응하면서 국가 간의 상호 작용이 시작된다.[1] 예를 들면 전자 국가의 A라는 외교 정책과 B라는 외교 행위에 대해 후자 국가는 X라는 외교 정책과 Y라는 외교 행위로 반응하고 대응하면서 양국 간에 국제정치적 상호 작용이 시작된다. 한 국가가 다른 국가의 외교 정책 및 외교 행위에 반응하고 대응한다는 것은 그 국가의 정책 및 행위에 자국의 이해(利害)가 존재한다는 것을 의미한다. 다른 국가의 정책이나 행위가 자국의 이익에 어떠한 형태로든 영향을 미친다고 판단될 때 국가는 그것들에 반응하고 대응한다. 어떤 국가의 정책이나 행위가 자국의 이익에 어떠한 영향도 미치지 않는다면 그것에 대해 후자 국가는 반응하지 않고 대응도 하지 않을 것이다. 이러한 경우라면 국가 간에 상호 작용은 전개되지 않을 것이다.

국가 간의 상호 작용에는 간접적인 상호 작용도 있고 직접적인 상호 작용도 있다.

간접적인 상호 작용이란 한 국가의 외교 정책 및 외교 행위에 대해 그의 대상 국가가 일방적인 외교 정책을 결정하거나 일방적인 외교 행위로 대응하는 것이고 그리고 직접적 상호 작용이란 외교 정책 결정 및 외교 행위를 하는 전자 국가의 관리들과 그것들의 대상 국가인 후자 국가의 관리들이 직

---

1) Raymond Tanter, "International System and Foreign Policy Approach: Implication for Conflict Modeling and Management," in Raymond Tanter and Richard H. Ulman(eds.), Theory and Policy in International Relations(Princeton, New Jersey: Princeton University Press, 1972), p. 8; K.J. Holsti, International Politics, 5th ed.(Englewood Cliffs, New Jersey: Prentice-Hall International, Inc., 1988), pp. 140ff.

접 접촉하고 교류하며 대응하고 반응하는 것을 말하는 것이다.

국가 간의 상호 작용은 국가 간 상호 이해(利害)가 존재하고 이 이해가 국가에게 크고 작은 영향을 미칠 때 시작된다. 특히 국가 간에 존재하는 이해가 크고 중요하면 중요할수록 상호 작용은 빈번하고 적극적으로 전개된다. 상호 작용은 국가 간에 공유해야 할 가치가 존재하거나 또는 양립할 수 없는 가치가 존재하거나 또는 새로운 이해가 등장했을 때 어느 일방이 그 가치에 대해 정책을 결정하고 의사 표시 또는 의사 전달이 구두나 서면으로 또는 정책이나 실제 행위로 나타나면 이에 대해 그의 대상 국가가 전자 국가에 대해 행하였던 것과 같은 형태로 반응하고 대응해서 특정 가치를 중심으로 국가 간에 상호 작용이 전개된다.

또한 국가 간에 문제가 발생했을 때에도 그 문제의 해결을 위한 상호 작용이 전개된다. 국가 간에 무역이 중요한 문제로 대두되면서 관세 문제, 수입 물량 할당제 등에 대해 쌍방이 같이 해결해야 할 문제가 있다고 인식되면 이 문제의 해결을 위해 이들 국가 간에 직접적인 상호 작용이 전개된다. 직접적인 상호 작용에서 어느 일방이 보다 많은 것을 차지하기 위해 상대방에 커다란 희생이나 양보를 강요한다면 이 상호 작용은 경쟁적이거나 갈등적으로 전개될 것이고, 각 당사국이 어떤 가치나 문제를 공정하고 공평하게 해결하여 모든 이해를 균등하게 나누어 가지려 한다면 그 상호 작용은 협조적 상호 작용이 될 것이다. 그러나 어느 일방이 독점적으로 또는 배타적으로 문제 해결을 도모한다면 그 상호 작용은 갈등적으로 전개될 것이다. 협조적 상호 작용이란 국가 간 정책 등을 조율하고 조정하며 공정하게 문제를 처리하는 상호 작용이고 갈등적 상호 작용이란 정책의 조율 및 조정 없이 각 당사국이 마주 보고 달리는 기차와 같이 갈등, 충돌로 일관하게 되는 것을 말하는 것이다. 이처럼 상호 작용에는 협조적 상호 작용도 있고 갈등적 상호 작용도 있다.

국가 간의 상호 작용이 협조적으로 전개될 것인지 아니면 갈등적으로 전개될 것인지의 여부는 우선적으로 국가 간에 존재하고 유지해 온 외교 관계가 중요하게 작용할 것이다. 국가 간의 외교 관계가 전통적으로 긴밀하게 그리고 우호적으로 유지되어 왔다면 이 국가 간의 상호 작용은 대체로 협조적으로 전개될 것이고 국가 간 외교 관계가 갈등적이라면 상호 작용도 갈등적으로 전개될 가능성이 많다. 국가 간의 외교 관계가 돈독하다면 타협할 수 없는 갈등적 문제들을 생산하지 않을 것이다. 그러므로 국가 간 외교 관계의 정도는 국가 간 상호 작용의 질을 결정하게 된다.

국가 간 상호 작용은 국제정치의 주체 간에는 상호 이익을 극대화하기 위해 전개되는 상호 작용도 있고 상호 불이익을 최소화하기 위한 상호 작용도 있다. 한 국가의 외교 정책 및 외교 행위가 처음부터 상호 이익을 도모하기 위한 것이라면 당연히 협조적인 상호 작용이 전개될 것이고 반대로 외교 정책 및 외교 행위가 상대 국가의 가치 및 이익을 훼손시키는 것이라면 그 상호 작용은 당연히 갈등적으로 전개될 것이다. 국가 간 외교 관계가 우호적이고 긴밀하게 유지되어 왔다면 양국은 다른 국가의 이익을 해칠 수 있는 외교 정책을 결정하지 않을 것이고 그러한 외교 행위도 하지 않을 것이다. 그러므로 국가 간 상호 작용은 국가 간 외교 관계가 중요하게 작용할 것이다. 그리고 국가 간의 외교 관계가 국가 간 상호 작용의 양과 질을 결정하게 될 것이다.

원칙론적으로 말해서 국가 간 외교 관계가 긴밀하고 돈독하다면 이 국가 간의 상호 작용은 협조적으로 전개될 것이고 그와는 달리 갈등적이라면 이 국가 간의 상호 작용은 배타적으로 전개될 것이다.

돈독한 외교 관계를 가진 국가 간의 협조적인 상호 작용은 다른 국가와 정책을 조율해서 목적 또는 가치를 공유하게 만든다. 또한 협조적인 상호 작용은 합의된 규칙과 공식에 따라 공동의 목표를 위해 상호 수용할 수 있는 구도를 만들고 다양한 규칙, 규범 및 규정을 만들어 문제 해결을 도모하게 된다.[2] 이러한 과정이 이상적인 협조적인 직접적 상호 작용이라고 말할 수 있다.

갈등적 상호 작용은 우선 국가 간 외교 관계가 갈등적인 국가 간에 전개된다. 국가 간의 외교 관계가 갈등적이라는 것은 국가 간에 강도 높은 갈등이 장기적으로 지속되는 경우, 또는 무력 충돌이 자주 또는 산발적으로 일어

2) K.J. Holsti, International Politics, pp. 433ff.

나는 경우, 또는 분쟁이 명백하게 종결되지 않는 경우를 말한다.[3)]

국가 간의 외교 관계가 갈등적인 상태인 경우 이러한 국가 간에는 목적 또는 가치를 공유할 의사가 존재하지 않을 것이다. 그러므로 이러한 관계를 갖고 있는 국가 간에는 이해(利害)를 나누어 가지려는 직접적인 상호 작용은 전개되지 않을 것이다. 오히려 상호 작용을 통해 상대 국가의 이익을 침해하려 할 것이다. 갈등적 외교 관계를 갖고 있는 국가 간에는 한 국가의 정책이나 행위가 부정적으로 표출 될 것이고 또한 그 대상국가의 반응 및 대응도 당연히 부정적으로 행해질 것이다. 그러므로 이러한 상호 작용은 필연적으로 갈등적으로 전개될 수밖에 없다.

국가 간의 상호 작용에는 평등상호 작용도 있고 불평등상호 작용도 있다. 평등상호 작용은 상호 작용의 주체 국가들이 상호 의사, 또는 정책 등을 간접적으로 표시하거나 또는 직접 전달하거나 직접 교환하여 문제의 해결을 도모하고 이해의 공정한 분배를 도모하는 상호 작용이다. 불평등 상호 작용이란 한 국가에 의해 다른 국가에 대한 정책이나 행위가 표출되었을 때 이의 대상 국가가 전자 국가의 정책 및 행위에 대해 적극적으로 대응하지 않거나 대응하지 못하고 소극적으로만 의사를 표현하여 소극적인 상호 작용이 전개되도록 하며 전자 국가의 정책 및 행위를 후자 국가가 일방적으로 수용하는 상호 작용을 불평등 상호 작용이라 한다. 이와 같은 상호 작용은 강대국의 정책 및 행위에 대해 약소국가가 소극적으로 대응하여 그것들을 수용하는 것을 불평등 상호 작용이라고 한다. 이러한 불평등 상호 작용은 한 국가가 다른 국가에 안전 보장, 경제 등을 크게 의존하고 있는 경우에 전개된다. 불평등 상호 작용은 기존의 국가 간에 의존적이고 불평등한 국가 간 관계가 확립되어 있는 국가 간에만 있을 수 있는 상호 작용이다. 이러한 불평등 상호 작용의 전개에서는 이해의 공정한 분배가 이루어지지 않는 경우도 있다.

---

3) Charles S. Gochman & Zeev Maoz, "Militarized Interstate Dispute, 1816-1976," Journal of Conflict Resolution, vol.28 no.4(1984), pp. 585ff; 송영우, 현대외교론 (서울: 평민사, 2003), pp. 174ff 참고.

2. 국가 간 상호 작용의 행태

미국과 중국 간의 상호 작용

자유 민주주의 체제를 갖고 있는 미국과 사회주의 체제의 중화인민공화국(이하 중국)이 동서 냉전이 지속되고 있던 1955년 8월 처음으로 양국의 관리가 국가 이름으로 접촉을 가졌다. 처음에 영사급의 회담으로 절차적인 문제를 논의하였고 이어서 대사급 회담으로 격상시켜 여러 문제들을 논의하였다. 그리고 미국과 중국은 제네바 및 바르샤바에서 1955년부터 1971년까지 16년 동안 131차례 대사급 회담을 가졌다. 미국과 중국의 대사급 회담은 중국의 문화 혁명 기간 중 중단되었다. 그러나 중국과 미국은 1970년 2월 20일부터 3월 20일까지 중단되었던 대사급 회담을 재개하였다. 1970년 미국의 캄보디아 침공을 이유로 중국은 1970년 5월 20일 개최될 예정이었던 회담을 취소하는 등 우여 곡절이 있었다. 그 후 1년 여 동안 미-중 대사급 회담은 개최되지 않았다. 그러나 닉슨 대통령과 모택동 주석은 양국의 회담의 필요성을 인정하고 물밑 접촉을 계속하였다. 동시에 중국은 미국과의 직접 접촉을 갖는 동시에 간접적인 방법으로 그의 대미 관계 개선 의사를 표현하였고 양국은 각 국의 의사를 주고받는 간접적인 상호 작용도 전개하였다.

중국과 미국 간의 간접적인 상호 작용은 중국의 행위(action) 즉 작용으로부터 시작되었다. 1970년 10월 8일 중국공산당의 전쟁 승리를 기념하는 군열병식에 모택동은 미국인 기자이며 그의 오랜 미국 친구인 스노우(Edgar Snow)를 그이 옆자리에 세우며 중국의 미국에 대한 호의적 의사를 표시했고 그리고 주은래 수상은 루마니아 그리고 파키스탄을 통해 미국과 관계 개선 의사를 전달했다. 또한 중국은 일본에서 개최된 세계탁구선수권 대회에 참가한 미국 탁구팀을 중국으로 초청하였고 미국은 중국의 행위인 초청에 대한 반응(reaction)으로 그 초청을 수락하여 미국 탁구팀은 1971년 4월 14일 중국을 방문하였다. 그리고 인민 대회당에서 주은래 수상이 미국 탁구팀을 영접하였다. 주은래 수상은 이 자리에서 "여러분들이 미국인과 중국인과의 관계에서 새로운 장을 열었다. 여러분들은 그렇게 생각하지 않는가."라고 말했다.[4] 이렇게 중국과 미국은 간접적 상호 작용을 전개하며 관계 개선을 도모하였다. 이러한 간접 상호 작용을 통해 미국과 중국은 마침내 관계 개선을 가능케 하였다.

1971년 5월 10일 미국은 닉슨을 초청한다는 주은래 수상의 초청장을 접수하였다. 그리고 미국은 중국측에 미-중 정상 회담을 위한 예비 회담을 위해 키신저 안보 보좌관을 중국에 파견하겠다고 통보하였고 미국은 6월 2일 주은래의 답신을 접수하였다. 이러한 일들은 모두 비밀리에 이루어졌다. 그리고 미국은 키신저를 팀장으로 하여 미국 대표단이 1971년 7월 9일 북경에 도착하였다. 북경의 조어대에서 주은래와 키신저는 역사적인 미 · 중 고위 인사의 회담을 가졌다. 이것이 미국과 중국 간에 이루어진 공식적인 그리고 최초의 직접 상호 작용이었다. 그리고 1972년 2월 미국 닉슨 대통령이 중국을 방문하고 '상해 공동 성명'을 발표하면서 미국과 중국은 적대관계를 해소하고 양국은 관계 개선(rapprochement)에 성공하였다. 이제 중국은 자유 민주주의 · 자본주의 종주국이고 냉전 구도 하에서 양극 체제의 한 축인 미국과 공식적인 관계를 가질 수 있게 되었다. 이러한 상황은 중국으로 하여금 미국이 주도하고 있는 동아시아 국제 질서에 참여하게 만들었고 이것은 중국으로 하여금 미국의 패권에 종속하지 않을 수 없게 하였다. 다시 말하면 중국은 적어도 동아시아에서 미국의 패권을 인정하지 않을 수 없게 되었다.

중국은 1969년 3월 진보도(珍宝島, 다만스키)에서 소련과 무력 충돌하며 중국은 1970년대에 접어들면서 소련과 군사적으로 갈등과 대립을 피할 수 없게 되었다. 그리하여 중국은 우선 안보상으로 미국과의 협력이 절실하게 요구되었다. 이러한 배경이 중국으로 하여금 미국과의 간접적 및 직접적 상호 작용의 필요성을 크게 느끼게 만들었다. 이제부터 중국은 미국이 만들어 놓은 동아시아의 전략적 구도 하에 살지 않을 수 없게 되었다. 뿐만 아니라 중국은 미국과 관계 개선을 함으로써 서양의 규범을 채택하고 서양이 지배하는 국제 체제에 참여하여 중국이 비상(飛上)할 수 있는 터전을 갖는 계기가 되었다. 미국이 만들어놓은 미국의 전략적 구도란 먼저 미국이 일본 및 한국과

4) Henry Kissinger, On China(New York: The Penguin Press, 2011), pp. 215ff.

체결한 방위 조약을 인정하고 그리고 북한을 제외한 동아시아 국가들이 행하고 있는 경제 행위에 필요한 경제적 규범 등을 말하는 것이다. 예를 들면 여러 국제기구들이 규정하고 있는 무역의 규칙, 투자 등에 관련된 규범, 규칙 등을 중국이 준수하게 되었다는 것이다.

미국과 중국은 1972년 2월 양국이 관계 개선을 한 다음인 7년 만에 1979년 1월 1일 양국은 외교 관계를 정상화하였다. 그리고 1979년 7월 미국은 중국에게 무역에서 최혜국 대우(MFN)를 제공하기로 하였고 무역 협정도 체결하였다.

1981년 6월에는 헤이그(Alexander Haig) 미 국무 장관이 중국을 방문하여 중국공산당 부주석 겸 당중앙군사위 주석인 등소평 및 국무원 총리 조자양(趙紫陽)과 회담을 갖고 처음으로 미국이 중국에 대해 무기를 공급하기로 합의하였다.[5] 1982년 5월 부시(George H.W. Bush) 미국 부통령이 중국을 직접 방문하여 "미국은 1979년 1월 1일 미 · 중 국교 수립 성명을 존중한다."는 레이건 대통령의 친서를 전달하고 양국의 대만에 대한 무기 판매 문제를 협의하기로 약속하였다. 그 후 미국과 중국은 협의 끝에 미국 정부는 대만에 대한 무기 판매의 질과 양을 점진적으로 감소시킬 것이며 일정 기간을 거쳐 최종적으로 해결할 것을 약속했고 대만에 대한 무기 판매는 당분간 1979년 전후의 수준을 유지한다는 내용의 공동 성명을 1982년 8월 발표하였다.[6]

중국은 미국과 외교 관계 정상화 이후 미국과의 무역 역조를 해소하기 위해 중국의 주요 수출품인 섬유 제품을 미국에 보다 많이 수출하려고 미국과 교섭하였으나 실패하였다. 그리고 미국은 1983년 1월 일방적으로 중국으로부터의 섬유 수입량을 줄였고 이에 대한 보복 조치로 중국은 미국으로부터의 곡물 구매를 취소하였다.[7]

1983년 4월 미국은 중국의 테니스 선수 후나(胡娜)에게 정치적 망명을 허용하였다. 그러나 중국은 1983년 일 년 동안 계획되었던 19개 항목의 공식

---

5) Washington Post, June 17. 1981.

6) Beijing Review, no.35(August 30, 1982), p. 25.

7) John F. Copper, "US-China Trade: China's Unconvincing Case," Christian Science Monitor(February 8, 1983), p. 23.

적인 스포츠 및 문화 교류 계획을 취소하기도 하였다.[8] 1980년대 초반 미국과 중국은 정치적인 문제가 아닌 다른 문제에 대해 양국은 이처럼 갈등적인 간접적 상호 작용을 전개하기도 하였다.

이즈음 중국과 소련의 관계가 증진되면서 미 · 중 양국은 더 이상의 관계 악화가 양국 모두에게 유익하지 않다고 판단하고 양국은 직접 상호 작용을 통해 관계 증진을 모색하였다. 1983년 2월에는 슐츠(George Shultz)국무 장관이, 5월에는 볼드리지(Malcolm Baldrige)상무장관이 그리고 9월에는 국방장관 와인버거(Casper W. Weinberger)가 중국을 방문하여 양국의 관계발전을 도모하였다. 그리고 중국 측에서도 1983년 10월 오학겸(吳學謙)외교 부장이 그리고 1984년 1월에는 중국 총리 조자양(趙紫陽)이, 4월에는 장애평(張愛萍) 국방 장관이 미국을 방문하였다. 그리고 1985년 7월에는 중국 국가 주석 이선념(李先念)이 국가 원수로는 처음으로 미국을 방문하였다. 그리고 1984년 4월 미국의 레이건(Donald Reagan) 대통령이 중국을 방문하였다.

1984년부터 1988년까지 미국과 중국의 관계는 여러 분야에서 매우 빠르게 발전하였다. 이 기간에 미국은 사상 처음으로 중국에 많은 양의 무기를 판매하였고 또 레이건 정부는 중국에게 고급 기술을 이전할 수 있도록 중국의 지위를 '우호 · 비동맹국가(friendly, non-aligned nation)'로 격상시켰다.[9] 미국 정부의 이러한 결정은 미-중 관계 및 미-중 상호 작용을 매우 우호적으로 전개될 수 있는 바탕을 마련한 것이다. 특히 미국이 중국에게 무기를 판매한다는 것은 양국 관계가 매우 좋다는 것을 상징적으로 보여주는 상호 작용이다. 레이건 대통령은 1984년 중국 방문 이후 중국 군부와의 관계를 크게 확대하였고 미국은 중국의 핵 프로그램 계획을 지원하고 그리고 중국에 대한 고급 기술 제한 조치를 크게 완화하였다.[10]

1989년 '6 · 4천안문'사태 발생 이후부터 1992년까지 중국은 대미 무역에

---

8) New York Times, April 8, 1983, p. 1.

9) David Shambaugh, "Patterns of Interaction in Sino-American Relations," in Thomas W. Robinson and David Shambaugh(eds.), Chinese Foreign Policy(Oxford: Cardon Press, 1995), p. 205.

10) Ibid., p. 219.

서 상당한 흑자를 기록하였다. 실제로 중국의 대미 무역 흑자는 1989년에 60억 달러, 1990년에 104억 달러, 1991년에는 127억 달러 그리고 1992년에는 183억 달러였다.[11] 중국의 대미 무역 흑자 액수는 매우 크게 증가하였다. 그러나 중국의 무역흑자 시기는 세계가 경악했던 반인륜적 행위(천안문 사태)가 감행되었던 직후부터인 1990년부터 중국은 미국과의 무역에서 상당한 흑자를 기록하였다. 이러한 일은 많은 국가들이 중국의 잔인한 처사에 분노하여 중국에 제재를 가하고 있던 시기였다. 미국과 중국 간의 이러한 무역 상황은 양국의 관계가 매우 돈독하다는 것을 보여주고 있고 따라서 미국과 중국 간 협조적 상호 작용의 실체를 보여주는 것이다. 미국은 중국과 외교 관계 정상화 이후 미국의 많은 연방정부 고위 관료가 중국을 방문하여 중국 관료들과 많은 생산적인 협정을 체결하는 '여행 외교(trip-driven diplomacy)'를 전개하였다.[12]

1989년 6 · 4 천안문 사태가 발생하였을 때 부시(George H.W. Bush)대통령은 사건 발생 다음 날인 6월 5일 중국에 대해 다음과 같이 조치를 취하였다.

- 정부 대 정부 차원의 군수 물품 판매 및 군수 물자의 민간 수출 중지
- 중국과 미국과의 군부 인사 교환 방문 중지
- 미국 적십자사의 중국에서 중국 지원 활동 중지
- 미국에 유학중인 중국 학생의 체류 기간 연장 요청 재검토
- 여러 가지 중국-미국 프로그램 교류 활동 재검토

다른 한 편, 부시 대통령은 1989년 7월 1일 백악관 안보 보좌관 스코우크라프트(Brent Scowcraft)와 국무차관 이글버거(Lawrence Eagelburger) 두 사람에게 특수임무를 부여해서 비밀리에 중국을 방문케 하였고 그리고 그 해 12월에는 공개적으로 또 다시 중국에 특사를 파견하였다. 천안문 사태 이후 미국 의회는 중국에 대한 최혜국 대우(MFN)를 박탈하는 입법을 두 차례나 의결하였으나 부시 대통령은 두 번이나 비토권을 행사하여 의회의 결정을

11) Ibid., p. 209.
12) Ibid., p. 217.

무산시켰다.[13)]

1989년 6월 21일 중국을 방문한 스크로우 크로프트와 이글버거는 중국공산당 중앙군사위원회 주석 등소평, 총리 이붕 그리고 외교 부장 전기침과 회동하고 스크로우 크로프트는 "부시 대통령은 등소평에게 서신을 보냈다. 그 서신에는 '미-중 양국의 돈독한 관계는 양국의 전략적 및 경제적 이익을 증진시킬 것이다.'라고 언급하였다."[14)] 또한 클린턴(Bill Clinton) 대통령은 1994년 앞으로 중국에 대한 무역최혜국 대우(MFN)와 중국의 인권 문제를 연계시키지 않을 것이라고 선언했다.

1995년 대만의 이등휘(李登輝) 총통이 미국 코넬대학 방문을 희망하였다(이등휘 총통은 1958년 코넬대에서 경제학 박사 학위를 받았다.). 미국의 상원과 하원에서는 이등휘 총동의 미국 방문을 압도적 다수로 찬성하였다. 그리고 그는 코넬대에서 공적이 아니라 개인적 입장에서 연설을 하였다. 미국의 이러한 이등휘 총통의 방미에 대해 중국 당국은 다음과 같이 반작용하였다. 중국 정부는 주미 중국 대사를 소환하였고, 주중 미국대사 세이서(James Sasser)의 승인을 늦추었고 그리고 중국 관리들의 미국 관리들과의 접촉을 취소하였다.[15)] 1996년 3월 중국은 대만 당국에 위협을 가하기 위해 대만 근해에서 미사일 발사 훈련을 하였다. 중국의 이러한 행위에 미국은 2개의 원자력 추진 항공모함 전단을 파견하여 중국의 위협 행위에 대응하였다.

미국 무역 대표부(USTR)의 대표 직무 대행 샬린 바세프스키는 1996년 5월 15일 "44차례 고위 관료회담 등에서 지적재산권 분쟁 해결을 위한 노력이 아무런 성과를 거두지 못했다." 미국 정부는 30억 달러 상당의 중국산 의류 및 전자 제품 등에 대한 100% 보복관세 등을 포함한 중국에 대한 예비 보복 조치를 발표했다. 이번 조치는 유예 기간을 거친 다음 1996년 6월 17일부터 시행하기로 하였다. 특히 보복관세품목 중에는 미국 섬유 시장의 70% 점유하

---

13) Judith F. Komberg, "Comprehensive Engagement: New Framework for SinoAmerican Relations," The Journal of East Asian Affairs, vol.X no.1(Winter/Spring 1996), pp. 15-16.

14) Henry Kissinger, On China, pp. 416ff.

15) 위의 책, p. 473.

고 있는 물품들이 포함되어 있다.[16)]

미국 정부의 이러한 조치에 맞서 중국 정부도 1996년 5월 16일 농산물을 비롯한 미국의 대중국 수출품에 대해 100% 보복 관세 부과 방침을 발표하였다. 중국의 보복 관세가 적용되는 품목은 농축산물, 식물성 식용유, 자동차, 통신 장비, 카메라 등이었다. 또한 중국의 대외무역 경제부는 미국산 영화, TV드라마, 비디오, 오디오 제품의 수입을 중단하고 아울러 미국의 농약과 의약품의 내 사용 허가의 신청과 심사를 보복 관세 발효일로부터 중단한다고 발표하였다.[17)]

이처럼 미국과 중국이 각기 보복 조치로 갈등적 상호 작용을 전개하였으나 이러한 조치들이 실제로 철저하게 이행되지는 않았다. 미국과 중국 간 갈등적인 조치들은 간접적 상호 작용으로 끝나고 말았다. 미국과 중국의 이러한 상호 작용은 실제 행위로 옮겨지지 않고 선언적으로만 끝났다.

1990년대 미국과 중국의 국가 정상들은 계속해서 정상 회담을 가졌다. 1995년 10월 강택민 중국 국가 주석은 미국을 방문하여 클린턴 대통령과 정상 회담을 가졌다. 미국을 방문한 강택민은 과거 등소평이 말한 것과[18)] 같은 대미국 자세를 언급하였다.[19)] 중국은 이와 같은 자세를 갖고 미국과 상호 작용한다는 것을 천명한 것이다. 클린턴 대통령은 1997년 및 1998년 강택민 중국 주석과 정상 회담을 갖고 '건설적인 전략적 동반자 관계'를 유지하기로 하고 양국 간 포용과 확대 정책을 전개할 것을 천명하였다. 그리고 21세기에 부시(George W. Bush)대통령도 중국을 동반자 관계를 갖도록 하고 양국의 긴밀한 협력 관계를 유지하기로 하였다.[20)]

2005년 11월 부시 대통령이 중국을 방문하였을 때 중국은 중거리용 보잉 737 여객기 70대를 구매하기로 결정하였다. 그리고 추가로 중국은 80여 대

---

16) 朝鮮日報, 1996.5.16.

17) 朝鮮日報, 1996.5.17.

18) 人民日報, 1993年5月24日.

19) 人民日報, 2001年1月19日.

20) 주형민, "미국과 중국의 상호인식," 김병국, 전재성, 차두현, 최강(공편), 미중관계 (서울: 동아시아연구원, 2012), p. 37.

를 구입하기로 하였다.[21] 또한 2007년 5월 중국은 130여개 기업 고위간부 180여명으로 구성된 미국 상품 구매단을 샌프란시스코 등 미국 주요도시에 파견하고 최고 160억 달러 상당의 구매계약을 체결하였다. 이 때 중국은 국무원이 직접 해당 기업들과 구체적인 구입 물품 목록을 작성하는 등 철저한 쇼핑 준비를 해온 것으로 알려졌다. 2006년 4월에도 호금도 국가 주석이 미국 방문에 즈음해 200여 명의 구매 사절단을 미국에 보내 보잉 여객기 80여대 등 162억 달러 상당의 미국 상품을 구입하였다.[22]

2009년 호금도 중국 국가 주석과 오바마 대통령은 정상 회담에서 "양국이 처한 문제를 해결하기 위해 공동 분모와 이해를 확대할 것을 다짐하였고 지난 40여 년간 양국의 협력과 공동 책임의 중요성이 지속적으로 증가해왔음을 확인하고 전략적 신뢰에 기초한 협력을 강화하는 것이 양국에게 모두 이익이 된다는 데에 견해를 같이 하였다."고 밝혔다.[23]

2009년 11월 미 · 중 정상 회담에서 호금도 국가 주석은 양국 간에 중요한 것은 상대국의 핵심적 이익과 중대한 관심을 존중하는 것이라고 강조하였고 정상 회담 후 발표된 공동 성명에서도 상호 양국의 핵심적 이익을 존중한다는 구절이 중국 측의 요구에 의해 공동 성명에 명기되었다. 중국 당국의 공식 싱크 탱크는 중국의 핵심 이익을 다음과 같이 명시하였다. 첫째, 중국의 국가 제도에 도전하는 것으로 인권 문제 또는 종교문제로 중국의 내정에 간섭하는 행위, 둘째, 국가의 안전 보장을 위협하는 행위로 중국 주변 지역에서 미국이 군사적 감시 활동을 하는 행위, 셋째, 중국의 주권에 도전하는 행위로 대만, 남중국해, 티베트, 신장(新疆) 문제에 대해 이견을 제시하는 행위, 그리고 넷째, 해외에서 중국의 합리적인 경제 활동을 비판하고 정치 문제화하는 것이다.[24]

실제로 미국과 중국 간에는 갈등을 야기시킬 수 있는 일들이 있었다.

---

21) 朝鮮日報, 2005.12.6.

22) 朝鮮日報, 2007.5.7.

23) 주형민, 앞의 글, p. 42에서 인용.

24) 김성철, 일본외교와 동아시아 국제관계(서울: 한울, 2015), p. 498에서 인용.

1992년 미국은 대만에 F-16전투기 150대를 판매하였고, 1995년에는 대만의 이등휘(李登輝) 총통의 코넬대학 방문, 클린턴 대통령의 무역상 최혜국 대우(MFN)와 중국 인권 문제 연계, 1999년 5월 미국 전투기가 베오그라드 주재 중국대사관을 신유고연방의 병참 본부로 오인하여 폭격하였다. 그리고 2001년 4월 중국의 하이난섬 남동쪽 공해상에서 미 해군의 EP-3 정찰기와 중국군의 F8전투기가 공중에서 충돌하여 중국 전투기가 추락하고 조종사가 사망하였다. 미국 정부의 이러한 결정 및 행위들은 중국 정부로 하여금 적극적이고 부정적으로 대응하고 반작용 할 수 있는 사건들이었다. 그러나 이 사건들이 발생하였을 때 중국 정부는 적극적으로 그리고 부정적으로 대응하고 반작용하지 않았다. 이 사건들은 미국과 중국 간에 어떠한 상호 작용도 전개시키지 않았다. 또한 오바마 정부는 2010년 1월 대만에 67억 달러 규모의 무기수출 계획을 발표했다. 오바마 정부가 대만에 판매를 결정한 무기는 신형 패트리어트 요격미사일(PAC-3) 114기, 블랙호크 헬리콥터, 지상 및 함상 발사가 가능한 하푼미사일 12기 그리고 다기능 정보 유통 시스템이 포함되어 있다. 또한 오바마 정부는 2011년에 다시 대만에 F-16개량형 145대 58억 달러 규모의 전투기 판매를 결정하였다. 그리고 커트 켐벨(Kurt Campbell) 미국무부 차관보는 중국의 대만에 대한 위협이 상존한 상태에서 미국-대만 관계법에 근거하여 미국은 대만이 중국의 위협으로부터 안보를 확보할 수 있도록 대만의 역량을 강화해야 한다고 주장하였다.[25] 이번 사태에 대해 중국 정부는 과거와는 달리 단호하게 대응하겠다고 언급하였다. 미국이 대만에 무기 판매 행위는 중국의 중대한 이익을 침해하는 행위이므로 이것을 중지하지 않는다면 중국은 강력한 조치를 취할 수 있다고 언급하였다. 2009년 중국 외교부 부부장 대병국(戴秉國)은 중국의 핵심 이익은 중국의 체제와 안보, 주권과 영토 문제 그리고 안정적 경제성장과 사회 발전 문제라고 언급하였다. 중국은 미국의 대만에 대한 무기 판매에 대한 대응 조치로 미국과의 군사교류를 중단하고 무기 판매에 관련된 미국의 군수 업체에 보복 조치를 취하겠다고 선언하였다. 그러나 이러한 선언들이 실제 구체적 행위로 이행되

25) 김관옥, 동아시아 '불일치 딜레마'외교(서울: 리북, 2013), pp. 59-60에서 인용.

지는 않았다. 또한 2010년 2월 오바마 대통령이 달라이 라마(Dalai Larma) 14세를 면담하였다. 이 때에도 중국공산당 중앙 통일 선전 공작부의 주유군(朱維群)부부장은 “오바마 대통령이 달라이 라마를 면담하는 일은 미 · 중관계의 정치적 기초를 심각히 훼손하는 일이다. 중국은 그에 대해 상응하는 조치를 취할 것이다.”라고 언급하였다. 그러나 그 후 중국은 실제로 미국에 아무런 대응 조치도 취하지 않았다.

미국의 이와 같은 대만에 무기 판매 행위는 명백하게 중국이 말하는 중국의 핵심 이익을 침해하는 행위임에도 불구하고 양국 간에는 명백한 갈등적인 간접적 상호 작용도 전개되지 않았다. 미국이 중국의 핵심 이익을 침해하였음에도 불구하고 중국이 실제 외교 정책이나 외교 행위로 적극적으로 대응하고 반응하지 않았다. 미국과 중국과 갈등을 야기하는 핵심적인 문제 중의 하나는 미국의 대만에 대한 무기 판매이다.

그러나 2010년 9월 24일 미국 하원 세입위원회가 중국을 겨냥해 중국이 그의 통화를 의도적으로 평가 절하하고 있다고 판단하고 미국 상무부가 중국에 대해 징벌적 관세를 부과하는 것을 허용하는 ‘환율 조작제재법’을 통과시켰다. 이에 대한 대응 조치로 중국 정부는 2010년 9월 27일 미국산 수입 닭고기에 대해 5년간 최대 105.4%의 반덤핑관세 부과를 결정하였다. 중국 정부의 이러한 보복적 대응 조치에 대해 다시 미국 상무부는 중국산 동파이프 2억 3,000만 달러어치에 대해 최고 60.85%의 반덤핑관세의 부과를 결정하였다. 이러한 시점에서 미국을 방문했던 원자바오(温家宝) 중국 총리는 오바마 대통령에게 “중국의 위안화 가치를 급격하게 올려야 할 아무런 근거가 없다”고 말하여 미국의 위안화 가치의 절상 압박에 대해 반대 입장을 분명히 했다.[26] 미국과 중국 간에는 이러한 부정적 및 간접적 상호 작용이 전개되기도 하였다. 2010년 9월 미국의 ‘환율 조작 제재법’에 대해 중국이 적극적으로 그리고 부정적으로 반응하고 대응하였다. 미국의 이 ‘환율 조작 제재법’은 현실적으로 중국 경제에 나쁜 영향을 미치게 될 것이기 때문에 그리고 중국이 인위적으로 환율을 조작하지 않았다는 것을 명확히 밝히기 위해 취한 조치

26) 위의 책, p. 128.

로 생각된다. 미국이 대만에 무기를 판매하는 행위도 중국의 핵심 이익을 침해하는 행위이지만 미국의 대만에 무기 판매 행위는 현실적으로 또 직접적으로 중국 경제를 어렵게 하지 않으며 또한 당장 미국의 그 무기로 대만이 중국의 안전을 위협하지도 않을 것이기 때문에 미국에 대해 부정적으로 또 갈등적으로 대응할 필요성을 크게 느끼지 않았을 것이다. 미국의 대만에 대한 무기 판매는 미-중 양국 간의 문제이지만 환율 조작문제는 세계적인 문제이기 때문에 적극적으로 대응하였다. 그러나 중국이 세계적으로 환율 조작국가로 낙인찍힌다면 미국 이외의 다른 국가와의 경제 관계에 있어서도 나쁜 영향을 미치고 또 국가의 명예도 크게 실추될 수 있기 때문에 적극적으로 대응한 것으로 판단된다. 이러한 사실로 미루어 보아 중국의 핵심 이익 중에도 현실적으로 그리고 직접적으로 중국에 영향을 미치는 사안에 대해서는 적극적으로 반응하고 대응하지만 현실적으로 직접 영향을 미치지 않는 사안에 대해서 중국은 상대적으로 소극적으로 대응하는 것으로 판단된다. 왜냐하면 중국은 가능하면 미국과 마찰, 대립, 갈등 등을 최소화하는 것이 중국에게는 도움이 되기 때문이다. 동시에 중국이 미국과 마찰, 대립, 갈등 등을 피하는 것은 등소평의 유지(遺志)이기도 하고 또한 2010년 란주에서 개최된 중국 국제 관계 협회 연례회의에서 도출해낸 결론이기도 하다. 실제로 중국의 미국 정책에 대한 반응에서 이러한 유지는 잘 나타나고 있다.

미국은 2017년 대만에 조기 경보기, 관련 부품, 대레이더 미사일, 어뢰, SM-2 미사일 부품 등 13억 달러 상당의 무기 판매를 결정하였다고 발표하였다. 미국의 이러한 결정에 대해 2017년 6월 29일 미국 주재 중국대사 최천개(崔天凱)는 "미국의 대만에 대한 무기 판매는 미-중 양국 간 신뢰를 해친다. 이는 하나의 중국 원칙을 해친다."고 언급했고 중국의 관영 매체인 환구시보(環球時報)도 "미국의 결정은 중국을 분노케 할 것"이라고 하였다.[27] 중국의 중대한 이익을 침해한다는 미국의 대만 무기 판매 결정에 대한 중국의 반응 및 대응 조치는 매우 취약하고 소극적이다.

2010년 란주(蘭州)에서 개최된 중국국제관계협회 연례회의에서 중국 각 지

---

27) 朝鮮日報, 2017.7.1.

역으로부터 모인 참가자들은 '도광양회 유소자위(韜光養晦, 有所作爲-낮은 자세로 때를 기다리며 준비하는 자세)'의 패러다임이 계속 유효한가에 대해서 뜨거운 논쟁을 벌였다. 이 회의에 참가한 사람들은 "이 원칙은 현재중국의 외교에서 아직 훌륭한 지침이다"라는 결론에 도달하였다. 이러한 거시적 결론의 결과로 참가자들은 아래와 같은 9개의 주요정책 권고사항을 도출하였다.[28)]

- 미국과 맞서지 말 것.
- 전반적인 국제사회의 체제에 도전하지 말 것.
- 국제 정책에 이데올로기를 개입시키기 말 것.
- '반(反) 서구진영'의 우두머리가 되지 말 것.
- 우리가 옳다고 생각되어도 다수의 국가들과 충돌을 피할 것.
- 협상과 양보하는 법을 배우고, 상호 이익을 줄 수 있는 원리를 익힐 것.
- 국가의 통일과 관련된 중국의 핵심적인 이해 관계에 대해서는 협상하지 말 것.
- 중요한 국제적 행사를 이용해 중국의 이미지를 바꿀 것.

이 정책 권고에서 강조된 내용은 미국과 충돌하거나 갈등을 야기 시키는 일들을 하지 말고 현존의 국제 체제를 수용하라는 것이다. 그와 함께 다른 국가들과도 충돌하지 말고 이익을 공유하라는 것이다. 이 권고 사항들은(제2부 2. 각 국 외교의 특성 참고) 국제 사회의 현상을 인정하고 그 속에서 다른 국가와 평화적으로 더불어 살아야 한다는 것이다. 2017년 1월 새로이 출범한 트럼프(Donald Trump) 정부의 백악관 대변인인 숀 스파이서는 1월 23일 언론브리핑에서 "남중국해 공해상의 섬들에 대한 중국의 일방적 점거를 용납하지 않겠다. 미국은 남중국해에서 미국의 이익을 보호할 것이며 남중국해 섬들이 공해(公海)에 있고 중국 본토이 일부가 아니라면 국제적 이익을 하나의 국가인 중국이 지배하는 것을 막아야 한다."고 말했다(남중국해는 7개의 인공섬을 조성해 군사 기지로 만들고 있다. 남중국해는 한국, 일본 등 동아시아 국가들의 무역로이자 에너지 수입항로이다.). 이에 대해 중국 외교부 대변인 화춘영(華春瑩)은 1월 24일 브리핑에서 "중국은 남중국해에서 주권과 이익을 결연히 지킬 것이며 미국은 남중국해 당사국이 아니다. 남중국해 평화와 안정을 훼손하지 않도록 언행을 신중히 하라"고 경

28) 박영준 · 홍승현(옮김), 중국, 세계로 가다(서울: 아산정책연구원, 2014), pp. 51-52.

고했다.[29] 남중국해 문제는 미국 및 중국 양국에 중대한 국가 이익과 직결되어 있지는 않다. 특히 미국은 국제법 차원에서 접근하고 있다. 이 문제에 대해 미국과 중국 간에 전개되는 부정적이고 갈등적인 간접 상호 작용은 상투적인 것이며 서로 외교에서 기선을 제압하기 위한 평범한 외교적 행위이다. 그러므로 남중국해 문제는 현재와 같은 간접적 상호 작용 이상의 외교적 행위로 발전되지는 않을 것이다.

중국의 미국 외교 정책 및 외교 행위에 대한 대응은 즉 상호 작용은 한마디로 말하여 미국과 갈등 및 마찰이 심화되지 않는 범위 내에서 소극적으로 이루어지고 있다. 미국이 중국의 핵심 이익에 나쁜 영향을 미치는 것들에 대해 무대응으로 일관하는 것은 중국의 명예에 손상을 가하는 것이다. 그러므로 중국은 미국의 외교 정책 및 외교 행위에 대응하되 등소평, 중국 국제관계협회 등의 권고에 따라 미국을 크게 자극하지 않는 범위 내에서 소극적으로 대응하고 있다. 중국의 미국에 대한 기본 자세는 공존과 공생을 전제로 한다. 따라서 미국의 외교 정책 및 외교 행위에 대한 중국의 대응은 대체로 긍정적이고 소극적이다. 중국은 그의 외교 정책 및 외교 행위에서 등소평에 의해 제시된 도광양회(韜光養晦: 때를 기다리며 능력을 감추고 드러내지 않는다.)는 기본자세를 견지하고 있다.

중국은 앞으로도 얼마 동안은 등소평이 제시한 대미 외교 정책의 기조를 유지할 것이다. 중국은 등소평의 이러한 지침을 30여 년간 지켜왔고 이 지침은 중국을 발전시킨 최선의 조건으로 만들어진 성공적인 방책이었다. 오늘날 등소평의 대미 외교 정책 지침은 다소 시대착오적인 측면이 있지만 그러나 그 지침은 중국의 경제 성장을 지속할 수 있는 최상의 조건을 보장하였고 미국과 돈독한 관계를 유지할 수 있게 하여 주었다. 이러한 등소평의 대미 외교 정책 지침은 오늘날 중국의 발전에 기여할 수 있는 지침이라고 중국은 생각하고 있다.[30]

---

29) 朝鮮日報, 2017.1.25.

30) David Shambaugh, "Coping with Conflicted China," The Washington Quarterly, Winter 2011, pp. 18-19.

중국이 갖고 있는 미국과의 간접 및 직접 상호 작용은 기본적으로 협조적 기조를 유지하며 전개되었다. 중국의 이러한 기조는 앞으로도 유지될 것이다. 미국도 중국과의 상호 작용에서 미국의 중대한 이익에 관련되어 있는 문제가 있다면 미국은 중국에 대해 적극적으로 행위하고 대응할 것이다. 그러나 미국과 중국은 중대한 이익이 관련된 현안들이 노출되지 않고 있다. 양국이 특히 중국이 미국의 중대한 이익과 관련된 문제를 발생시키지 않도록 노력할 것이다.

미국과 일본 간의 상호 작용

주지하는 바와 같이 미국과 일본은 일찍이 1951년 9월 8일 샌프란시스코에서 전쟁 상태를 끝내는 강화 조약(평화 조약)과 안보 조약(1952년 4월 28일 발효)을 각각 체결하였다. 이 두 개의 조약은 전후 일본 대외 관계의 기초인 동시에 미국과 일본 간 외교 관계의 근본이 되었다. 일본은 헌법상 군대를 보유할 수 없게 되었다. 그렇기 때문에 일본은 그의 안전 보장을 미국에 크게 의존하고 있다. 2007년 현재 일본 영토 내에는 39,750명의 미국 육군, 해군 및 공군이 주둔하고 있다.[31] 그리고 브레제진스키가 지적한 것처럼 "일본은 미국의 안보상 보호국(security protectorate)이다."[32] 이 말은 일본이 그의 안전 보장을 미국에게 크게 의존하고 있다는 것을 의미하는 것이다. 한 국가가 그의 안전 보장을 다른 국가에 의존하고 있다는 것은 매우 많은 것을 그 국가에 의존하고 있는 국가라고 말할 수 있다. 한 국가가 다른 국가에 많은 것을 의존하고 있다는 것은 국가 간의 관계가 불평하다는 것을 의미한다.

불평등한 의존 관계는 힘의 원천(a source of power)이다. 이 힘은 다른 행위자로 하여금 무엇인가를 하게 만들기도 하고 무엇인가를 하지 못하게 하는 능력을 창출한다.[33] 일본과 미국은 이러한 관계를 갖고 있으므로 두 국가는 외교적

---

31) Martin Jacques, When China Rules The World 2nd ed.(London: Penguin Books, 2012), p. 402.

32) 양기호(옮김), 미국은 동아시아를 어떻게 지배했나(서울: 메디치 미디어, 2013), p. 76에서 인용.

33) Robert O. Keohane and Joseph S. Nye, Power and Interdependence, 2nd. ed.(Glenview, Illinois: Scott, Foresman and Company, 1989), p. 11.

으로 최상의 유대 관계를 갖고 있다고 말할 수 있다. 이러한 관계를 갖고 있는 미국과 일본이 각각 상대 국가의 중요한 국가 이익을 침해하는 외교 정책을 결정하거나 상대 국가에 부정적인 외교 행위를 감행한다는 것은 생각하기 어렵다. 그러므로 미국과 일본의 상호 작용은 항상 협조적일 수 밖에 없다.

일본은 미국의 '안보상 보호국'이라는 말이 나올 정도로 실제로 일본은 그의 안전 보장을 미국에 의존하고 있다. 일본은 헌법 제9조에 의해 군대를 보유할 수 없고 전쟁도 수행할 수 없는 국가이다. 그러므로 일본이 그의 안전을 보장하려면 미국의 지원이 절대적으로 필요하다. 일본의 이러한 상황은 실제로 또는 내면적으로 평등한 상호 작용을 전개하는 데에는 상당한 제한을 가하게 된다.

1957년 2월 제56대 일본 총리에 취임한 기시노부스케(岸信介)는 미 · 일 안보 조약이 불평등조약이라고 생각하고 그것을 개정하려고 생각했다. 그는 샌프란시스코 조약으로 일본이 정치적으로 독립했지만 미 · 일 관계는 불평등하다고 생각하였다. 미군의 점령은 형식적으로 끝났지만 점령기에 남은 일종의 응어리는 일본인의 머릿속에 남아있었다. 이것을 완전히 제거해야 미일 관계가 대등하게 된다고 기시 총리는 생각하고 있었다. 1957년 6월 기시 총리는 미국을 방문하여 덜레스(John Foster Dulles) 국무 장관에게 다음과 같이 말하였다. "말로만 대등한 미 · 일관계라고 하면서 현행 안보 조약은 너무나 미국에 유리하다. 미군이 점령한 상태나 진배없다. 미 · 일 안보 조약은 쌍무적인 평등 계약도 아니다."[34)]

미국은 일본의 요구를 수용하여 양국 정상은 기존의 '미 · 일 안전 보장 조약'을 재검토하기로 합의하였다. 그 후 일본과 미국은 협의를 거쳐 1960년 6월 새로운 안보 조약인 '신 미 · 일 안보 조약'을 체결하였다. 그러나 조약체결 직후 일본 내에서는 미국 주도의 신 미 · 일 안보 조약을 반대하는 대규모 시위가 전개되었다. 신 미 · 일 안보 조약 역시 불평등하다는 주장이었다. 그러나 신 안보 조약은 미 · 일 합의대로 결정되었다. 신 미 · 일 안보 조약은 50년이 지난 오늘까지도 단 한 글자도 바뀌지 않은 채 계속 유지되고 있다.

---

34) 양기호(옮김), 미국은 동아시아를 어떻게 지배했나, pp. 202ff.

신 미 · 일 안보 조약은 불평등한 조약이며 이 조약은 현재 미 · 일 관계의 기초를 이루고 이다.[35] 일 · 미 간에 이러한 불평등조약이 체결되었다는 사실은 미국과 일본 간의 외교 관계가 불평등하다는 것을 보여주는 것이다. 미국도 그리고 일본도 독립적으로 주권을 행사하는 국가 이지만 안전 보장을 미국에 크게 의존하고 있는 국가인 일본은 그의 안전을 보장하고 있는 미국과 외교 정책 및 외교의 측면에서 동등한 지위를 누릴 수는 없다. 미국에 안전을 크게 의존하고 있는 일본은 미국에 의해 그의 안전이 보장되므로 일본은 미국에게 응분의 정치적으로 대가를 지불하여야 할 것이다. 일본이 미국에게 치러야 할 대가는 미국과의 상호 작용에서의 불평등을 감수하는 것이다. 일본이 감수해야 할 불평등의 대가는 미국의 외교 정책 및 외교 행위에 소극적으로 대응하고 미국에 협조하는 것이다. 일본은 미국과의 상호 작용에서 어떤 경우에는 불이익도 감수하여야 할 것이다. 왜냐하면 미국과 일본 간에는 불평등 상호 작용이 전개될 근거가 있기 때문이다.

1999년부터 2002년까지 3년간 이란주재 일본 대사를 역임했던 마고사키 우케루(孫崎享)는 그의 저서 '미국은 동아시아를 어떻게 지배했나'에서 다음과 같은 술회하고 있다. "이란의 하타미 대통령은 일본을 방문한 보답으로 이란의 '다자데간 유전' 개발권을 일본에게 주었다. 추정된 원유 매장량은 약 260억 배럴로 세계 최대 규모였다. 그러나 이란과 적대적 관계를 갖고 있던 미국은 '일본이 이란과 긴밀한 관계를 갖는 것은 건방진 일이다. 아자데간 유전 개발에 협력해선 안 된다"고 압력을 가해왔다. 일본은 이 압력을 피하고자 무던히 애썼지만 결국에 일본은 유전 개발권을 포기해야 했다.[36] 이것이 곧 일본에 의해 미국에 지불해야 할 정치적 대가이다.

이 예에서 보는 것처럼 미국의 부정적인 반응 및 대응에 대해 일본은 아무런 결정이나 행위를 하지 못하고 미국의 이런 반응에 굴복하고 미국의 대응을 수용하였다. 이처럼 일본과 미국 간에는 불평등한 간접적인 상호 작용이 전개되었다.

35) 위의 책, pp. 201ff.
36) 위의 책, pp. 32-34.

일본과 미국은 군사 동맹 관계를 갖고 있고 동일한 외교 정책 노선을 갖고 있는 국가로서 양국은 돈독한 외교 관계를 갖고 있는 국가이다. 그러므로 일본과 미국 간에는 근본적으로 협조적인 상호 작용이 전개될 수 있는 바탕을 갖고 있다. 그러나 일본과 미국 간에는 안보상 불평등한 관계가 설정되어 있어 양국 간에 불평등한 상호 작용이 전개될 수 있는 바탕도 존재하고 있다. 만약 일본이 미국과의 불평등한 상황을 인정하지 않는다면 미국과 일본 간에는 협조적인 상호 작용의 전개는 어려울 것이다.

앞에서 살펴 본 바와 같이 2014년 7월 미국무 장관 제임스 켈리(James Kelly)는 일본의 아베 총리가 북한에 갈 경우에 "아베 총리가 북한에 간다고 우리에게 통고할 것이 아니라 사전에 우리와 충분히 협의하기 바란다."고 일본 외상에게 말했다. 이 말 속에는 아베 총리가 북한에 가려면 미국의 동의를 얻어야 갈 수 있다는 의미를 담고 있다. 미국의 이러한 태도는 미국과 일본 간의 외교 관계가 평등하지 않다는 것을 보여주는 것이다. 미국과 일본의 이러한 관계는 양국 간의 직접 및 간접 상호 작용에서도 재현될 것이다.

미국과 일본 간에는 갈등적인 직접 또는 간접 상호 작용을 전개한 일이 없었다. 미 · 일 양국은 어느 국가도 상대 국가의 중대한 국가 이익을 침해하는 외교 정책이나 외교 행위를 단행한 일이 없었다. 그렇기 때문에 미-일 간에는 언제나 협조적인 상호 작용으로 일관하고 있다. 미국의 압력으로 일본은 이란의 유전 개발권을 포기하였다. 이것은 일본 정부가 미-일 간 외교 관계의 기본을 망각하였고 또 미국의 동맹국으로서 일본이 미국과 이란간의 전략적 관계를 무시한 결과이다. 일본은 미국과 갈등 관계를 갖고 있는 이란과 협조적인 상호 작용을 갖는 것은 일본 정부의 실책이다.

일본은 안보상 미국의 보호국이므로 미국과의 상호 작용 뿐만 아니라 미국 이외의 다른 국가와의 상호 작용에서도 미국과의 외교상 불평등 관계를 먼저 고려하여야 할 것이다.

미국과 북한 간의 상호 작용

현재까지도 미국과 북한은 외교 관계를 정상화하고 있지 않지만 양측은 1970년대부터 직접적 및 간접적 상호 작용을 전개하여 왔다. 상호 작용의 역사적 과정을 살펴보면 다음과 같다.

1973년 4월, 북한 최고 인민 회의는 전보문을 미국 의회에 보냈다. 전보문의 내용은 다음과 같다. "분단된 한반도 상황을 개선하고 주한 미군의 철수를 논의하자는 것"이었다. 그러나 미국 의회는 이 전보문에 대해 응당하지 않았다. 이 전보문은 미국과 북한 간의 직접 및 간접적인 의사 소통의 계기를 마련하였다. 그러나 미국과 북한 간에는 간접적 상호 작용이 전개되지 않았다. 1976년 11월 카터(Jimmy Carter)가 대통령에 당선된 직후 김일성은 파키스탄 대통령을 통해 새로운 대통령 당선인에게 직접적인 접촉을 요구하는 개인적 편지를 보냈다. 그리고 1977년 2월에는 북한 외무상 허담(許錟)이 파키스탄에 있는 미국 대사관을 통해 "북한은 미국과 적대적 대치(對峙)를 원하지 않으며, 평화적 통일을 추구하고, 한국을 제외하고 미-북 평화 대화를 개최하자"는 내용의 서한을 미국무 장관 벤스(Cyrus Vance)에게 보냈다. 미국은 이 서한에 대해 만일 북한이 한국의 참여를 허용한다면 항구적인 휴전 협정의 논의를 포함해서 북한과 대화할 수 있다는 답신을 북한에 보냈다. 미국과 북한 간 간접 상호 작용이 전개된 것이다. 또 김일성은 1977년 5월 가봉의 봉고(Bongo) 대통령을 통해 카터 대통령에게 서한을 보냈고, 1977년 10월에는 유고슬라비아 티토(Josip Broz Tito) 대통령을 통해 그리고 1978년 4월에는 루마니아의 차우세스쿠(Nicolae Ceausescu) 대통령을 통해 카터 대통령에게 앞에 말한 내용이 담긴 서한을 보냈다. 김일성은 모든 서한에서 한국 정부를 제외할 것을 요구하고 있었다. 그러나 카터 대통령은 한국이 참여하여야 북한과 교섭할 수 있다고 회답하였다.[37)]

북한이 미국과 양자 회담을 요구하여 1988년 12월 북경에서 북한 외교관과 주중 미국 대사관의 정무참사관 버크하트(Raymond Burkhardt)가 회담을 하였다. 1988년 말에 개최된 미국측과 북한측의 회담은 최초의 공식적인 직접적 상호 작용이었다. 이 때 미국측 외교관들은 이 회합은 교섭(negotiation)이 아니라 단순한 의사 교환(communication)이었다고 말했다. 이 때에도 미국 외교관

37) Don Oberdorfer, The Two Koreas(Reading, Massachusetts: Addison-Wesley, 1997), pp. 45, 95.

들은 분단된 한반도 문제를 다룰 때에는 한국 정부가 반드시 참여해야 한다고 계속해서 주장하였다. 이 회합은 1988년 12월부터 1993년 9월까지 중국 북경에 있는 국제클럽에서 34차례 개최하였으나 아무런 성과는 없었다.[38)]

그 후 북한이 1993년 3월 핵 확산 금지 조약(NPT)으로부터 탈퇴를 선언하고 또 북한은 1990년 국제원자력기구에 플루토늄 90g을 이미 생산하였다고 보고하였다. 1993년 11월 클린턴 대통령은 "북한의 핵 무기 개발을 용인할 수 없다. 미국은 군사적 행동을 취하여 북한의 핵 무기 개발을 저지하겠다"고 언급하였다.[39)]

1994년 7월 8일 김일성이 사망한 다음 미국과 북한은 북한의 핵 문제를 해결하기 위해 그 해 8월 5일 교섭을 시작하여 6주 정도 교섭을 중단하였다가 9월에 교섭을 재개하였다. 이 교섭이 원만히 진행되어 1994년 10월 제네바에서 미국과 북한은 북한의 핵 문제 해결을 위한 '미-북 기본 합의서'에 서명하였다. 그리고 북한은 1994년 11월 핵 활동 동결을 선언하였다.

북한의 김일성은 1991년, 1992년 그리고 1993년 세 차례 미국의 전 대통령 카터에게 평양을 방문해달라고 요청하였다. 김일성은 클린턴 당시 대통령에게도 평양 방문을 희망한다는 내용의 편지를 보냈다. 클린턴 대통령은 고어(Albert Gore) 부통령 등 참모들의 조언을 듣고 카터 전 대통령을 미국 관리가 아니라 민간인 신분으로 평양 방문을 허락하였다. 카터 전 미국 대통령은 1994년 6월 평양으로 가서 김일성을 면담하였다. 그러나 이 때 전직 대통령 카터와 김일성의 회동은 미국과 북한간의 정부 차원의 공식적 상호 작용은 아니었다. 그러나 미국과 북한은 대화의 창구를 갖고 있었다. 북한이 1993년 3월 핵 확산 금지 조약(NPT) 탈퇴를 선언하자 미국이 적극적으로 북한에 접근하여 미국과 북한은 1년 7개월 동안 협상을 통해 1994년 10월 미국과 북한은 '제네바 합의'를 이루었다. 북한은 핵 개발을 중지하고 그 대가로 한반도 에너지 개발 기구(KEDO)를 설립하고 한국과 일본의 자금 지원으로 북한에 경수로 2기를 건설하고 이것이 완료될 때까지 매년 중유 50만 톤

---

38) 위의 책, p. 196.

39) 위의 책, p. 295에서 인용.

을 지원한다는 데에 미국과 북한은 합의하였다. 그러나 북한이 이 합의에도 불구하고 핵 개발을 중지하지 않아 이 미-북 합의는 폐기되고 말았다.

미국과 북한은 2000년 3월, 8월 그리고 10월 세 차례의 직접 상호 작용으로 국제테러가 세계 안보와 평화에 용납할 수 없는 위협이고, 화학, 생물학, 핵 장치 및 핵물질을 이용한 테러 행위를 포함한 모든 형태의 테러리즘은 거부되어야 한다는 내용의 공동 성명을 발표하기도 하였다.

미국의 클린턴 행정부는 북한에 대해 매우 유연한 태도를 보였다. 미국은 2000년 6월 미국의 대북 경제 제재를 일부 해제하였고 7월에는 태국 방콕에서 처음으로 미국과 북한 외교장관회담이 개최되었다. 그리고 2000년 10월 북한의 총정치국장 조명록(趙明祿)이 미국을 방문하여 클린턴 대통령을 면담하였고 그 직후 미국 국무 장관 올브라이트(Madelelin Albright)가 북한을 방문하여 김정일을 직접 면담하였다. 조명록이 미국을 방문해서 '미-북 공동 성명'을 발표하였다. 이 성명의 내용은 미국과 북한은 상호 적대적 의지가 없다는 것이었다. 클린턴 행정부는 미국의 역대 어떤 정부보다 북한에 대해 호의적으로 접근하였다. 미국과 북한은 외교 관계를 정상화하지 않았지만, 고위급 인사들의 직접 상호 작용이 전개되었다.

그러나 2002년 10월 북한을 방문했던 켈리(John Kelly)에 의해 북한의 핵 개발 계획이 북한 당국에 의해 인정되었다고 발표되고 2003년 1월 10일 북한이 핵 확산 금지 조약 탈퇴 선언으로 미국과 북한 간의 직접적 상호 작용은 전개되기 어렵게 되었다. 특히 2003년 4월부터 2007년까지 6자 회담이 개최되면서 미-북 관계는 냉각기를 갖게 되었다.

북한이 2006년 10월 제1차 핵 실험을 감행한 다음 미국은 북한과의 접촉을 거부하여 왔다. 그러나 미국은 북한으로 하여금 핵을 포기시키기 위해 북한과의 접촉을 다시 시작하였다. 그 결과 미국은 북한과 대화를 갖고 2007년 소외 '2 · 13합의'를 도출하였다. 그리고 미국은 북한을 테러 지원국 명단에서 제외하였고 중유 5만 톤 지원 등 경제적 지원을 약속하였다. 또한 미국은 북한과 베를린 양자 회담을 가졌고 북한이 요구하는 방콕델타아시아 은행(BDA)문제 해결과 6자 회담 재개에 합의하였다.[40] 그리고 2007년 12월 3일 부시 대통령은 힐 차관보로 하여금 그의 친서를 김정일 국방위원장에게 직접 전달하기를 희망하며 그를 북한을 방문토록 하였다. 그러나 북측은 김정일에게 부시의 친서를 직접 전달하는 것을 허락하지는 않았다. 김정일이 부시의 친서를 직접 받지는 않았지만 12월 6일 친서 접수 사실을 공개하였다.[41]

오바마 대통령은 당선 직후인 2008년 11월 뉴욕에서 그의 안보 보좌관과 북한 관리와의 회담을 허락하였다. 오바마 정부는 2009년 8월 클린턴 전 대통령을 북한에 보내어 김정일을 면담케 하였고 그리고 오바마 대통령은 2009년 12월 처음으로 보즈워스를 대북 정책 특별 대표로 임명하고 그를 북한에 파견하여 강석주 북한 외무성 제1부부장과 만나 "6자 회담의 필요성과 '9 · 19공동 성명'이행의 중요성에 대해 공동의 이해에 도달하였다"라고 발표했다. 또한 오바마 정부는 2011년 10월 북한과 식량 지원을 위한 대화를 가졌으며 이 과정에서 미-북 고위급 회담과 6자 회담을 재개한다는 데에 합의하였다. 그리고 2011년 12월 17일 김정일 국방위원장의 사망 이후에도 뉴욕에서 미-북 간 접촉은 계속되었다. 오바마 정부는 미-북 대화를 계속하면서 2012년 '2 · 29베이징 합의'를 도출하였다. 이 합의는 김정은 체제 이후 처음으로 이루어진 합의였다.

오늘날까지 미국과 북한은 외교 관계를 정상화하지 않고 있지만 1973년 4월 북한이 미국 의회에 전문을 보내면서 미국과 북한은 직접 및 간접적인 상호 작용이 수시로 이루어졌다. 미국과 북한 간의 상호 작용은 북한이 미국보다 적극적이었다.

1970년대는 과거에 비해 동서 간에 긴장이 완화되고 1972년에는 미국 대통령으로서는 처음으로 닉슨 대통령이 소련을 방문하였고 동시에 미국과 소련은 전략 무기 제한 회담(SALT) 그리고 미사일 방어 체계(ABM)조약을 체결하는 등 동서간에 데탕트 분위기가 조성되는 시기였다. 또한 중국과 소련은 심각한 갈등 관계를 겪고 있었고 중국 국내는 문화 혁명이 소용돌이 속에 싸여있었다. 이런 때에 북한은 고립무원(孤立無援)이었기 때문에 북한은 미국을

40) 김관옥, 동아시아 '불일치 딜레마' 외교, pp. 274-275.
41) 송민순, 빙하는 움직인다(서울: 창비, 2016), p. 456.

필요로 하였고 그리하여 북한은 적극적으로 미국에 접근을 도모하였다. 이렇게 시작된 북한과 미국의 접근은 북한이 핵 무기를 개발하며 이번에는 미국이 북한의 핵 개발을 저지하기 위해 미국이 북한에 적극적으로 접근하게 되었다. 미국과 북한의 접근 및 상호 작용은 합목적(合目的)이었기 때문에 미-북의 상호 작용은 한계가 있었다.

미국과 한국 간의 상호 작용

한국과 미국은 최상의 외교 관계를 갖고 있다고 말할 수 있다. 한국과 미국은 서로 상대 국가를 국제정치적으로 또 전략적으로 필요로 하고 있다. 미국은 태평양을 국제법적이 아닌 전략적으로 또 국제정치적으로 그의 영해로 간주하고 있다. 앞에서(1부-1-가) 지적한 바와 같이 미국은 태평양 지역을 정치적 또 전략적으로 매우 중요하게 생각하고 있다. 미국은 태평양 지역의 수호를 그의 본토 수호 못지않게 중요시하고 있다. 이러한 태평양 지역을 수호하는 첫 번째 방호 벽이 한반도이다. 미국이 한반도를 외부 세력으로부터 안전하게 지키는 일이 곧 태평양 지역의 안전을 보장하는데 필요한 첫 번째 과제이다. 1953년 10월 1일 미국 워싱턴에서 서명하고 1954년 11월 17일 발효된 한-미 상호 방위 조약 서문에는 " … 태평양 지역에 있어서의 평화 기구를 공고히 하고 … ", 또 " … 태평양 지역에서 당사국 중 어느 일국이 고립되어 있다는 생각을 어떠한 잠재적 침략자도 가지지 않도록 외부로부터의 무력 공격에 대하여 자신을 방위하고자 하는 공통의 결의를 공공연히 또한 정식으로 선언할 것을 희망하고, … 태평양 지역에서 더욱 포괄적이고 효과적인 지역적 안전 보장 조직이 발달될 때까지 평화와 안전을 유지하고자 집단적 방위를 위한 노력을 공고히 할 것을 희망하여 다음과 같이 동의한다."고 밝히고 있다. 그리고 한 · 미 상호 조약 제3조에서도 " … 태평양 지역에 있어서의 무력 공격을 자국의 평화와 안전을 위태롭게 하는 것이라고 인정하고 공통의 위험에 대처하기 위하여 … "라고 규정하고 있다. 이 한 · 미 방위 조약은 한국과 미국이 태평양 지역의 안전을 도모하기 위한 조약이라고 말할 수 있다. 그러므로 미국은 한반도를 절대적으로 필요로 하고 따라서 한국의 안전을 보장하는 것이 미국에게는 절대적인 과제이다. 즉 한국의 안전이 곧 태평양 지역의 안전이기 때문에 미국은 한국의 안전을 보장할 것이다. 2016년 10월 미국 워싱턴에서 한국과 미국의 외교 장관 및 국방 장관 회의에서도 미국은 한국에 대한 '확장억제전략' 공약을 재확인하였다. 두말 할 나위도 없이 한국에는 2007년 현재 육군, 해군, 공군 그리고 해병 3만 6,630명이 주둔하고 있다.[42] 이러한 사실이 단적으로 한미 관계가 매우 돈독하다는 것을 보여주고 있다.

한편 한반도는 휴전선으로 남북이 분단되어있고 군사적으로 대치하며 항상 남북한 일촉즉발의 위기에 직면해있다. 이러한 상황에서 북한은 핵 무기와 미사일을 개발하고 있다. 그리하여 한국은 독자적으로 국민의 안전과 영토의 안전을 보장할 수 없다. 그렇기 때문에 한국은 그의 안전 보장을 위해 미국의 적극적인 군사적 지원이 필요하다. 이처럼 한국과 미국은 서로 상대국을 필요로 하기 때문에 한국과 미국의 외교 관계는 돈독하지 않을 수 없다. 한국과 미국은 서로 상대 국가를 절대적으로 필요로 하기 때문에 양국 외교 관계는 언제나 최고수준을 유지한다.

이러한 상황 하에서 한국과 미국의 상호 작용은 필연적으로 최상의 협조적 상호 작용이 전개되지 않을 수 없다. 한국과 미국의 외교 관계가 60여 년 이상 긴밀한 외교 관계를 유지하여 왔는데 어느 한 국가가 상대 국가의 중대한 이익을 침해하는 외교 정책 또는 외교 행위를 추진한 경험은 매우 희귀(稀貴)하다.

1970년대 미국이 한국에 대해 그의 결정을 강요한 일이 있었다. 즉 미국이 한국 정부의 결정을 거두어들일 것을 강제한 일이 있었다.

1970년 닉슨 행정부는 박정희 대통령의 적극적인 반대에도 불구하고 한국에 주둔하고 이는 미 육군 제7사단의 철수를 결정하였다. 그 후 박정희 대통령은 핵 무기의 보유를 생각하게 되었다. 그리고 1972년부터 한국 정부는 프랑스와 원자탄의 생산을 위해 공동 작업을 시작하였고 1974년부터는 양국은 일 년에 20kg의 플루토늄(plutonium)을 생산할 수 있는 장치를 준비하였다. 그리고 한국 정부는 미국 등 해외로부터 원자탄 제조에 종사할 수 있는 한국인 과학자들을 불러들이기 시작하였다.

---

42) Martin Jacques, When China Rules The World, p. 402.

1974년 11월 주한미국대사관은 한국의 핵 무기 개발 프로그램 사실을 인지하고 본국에 알렸다. 이러한 사실을 확인한 미국 정부는 직접 또는 간접 등 여러 방법을 통해 한국에 압력을 가하기로 결정하였다. 이러한 급박한 상황에서도 미국 정부는 '한-미 동맹의 중대한 위협' 없이 한국의 핵 개발을 저지하는 방법을 강구하였다. 먼저 미국은 프랑스 당국에 한국에 핵 무기 개발 시설의 판매를 포기할 것을 요구하였으나 프랑스 당국은 미국의 요구를 거부하였다. 1975년 7월에는 주한미국 대사 스나이더(Richard Sneider)는 한국의 과학 기술부 장관에게, 다음에는 외교부 장관에게 그리고 그 다음으로는 대통령 비서실장에게 핵 개발의 포기를 종용하였다. 그러나 미국 정부는 처음부터 한국 대통령에게 핵 개발 포기를 강요하지 않았다. 그 이유는 한국 대통령의 명예를 고려하였기 때문이다. 이러한 요구가 한국 정부에 의해 받아들여지지 않게 되자 1975년 8월 미 국방장관 쉬레진저(James Schlesinger)가 박정희 대통령에게 직접 한국의 핵 개발은 한-미 양국 관계를 위태롭게 할 것이라고 말했다. 그리고 하비브(Philp Habib) 동아시아태평양 국무차관보가 한국을 직접 방문하여 한국 정부에 프랑스와 체결한 재처리 시설 도입 계약의 취소를 요구하였으나 박대통령은 이 요구를 거부하였다. 이 때 미국 정부는 한국에 대해 프랑스와 체결한 계약을 취소하면 미국은 한국에서 민간인이 핵 개발에 이용할 수 있는 재처리 시설을 제공하겠다고 제의하였다. 그리고 마지막으로 스나이더와 하비브는 "한국이 핵 개발을 계속한다면 미국에 의해서 한국에 제공되는 모든 안전 보장관계는 재고될 것이다"라고 엄중하게 경고하였다. 그리고 1976년 5월 미국의 새로운 국방장관 럼스펠트(Donald Rumsfeld)는 한국의 국방 장관에게 한국이 핵 무기 개발을 계속한다면 안전 보장 장치 및 경제 관계를 포함하여 "미국은 한국과의 모든 관계를 재검토할 것이다"라고 경고하였다. 한국은 미국 정부의 강한 반대에 직면하게 되자 박정희 대통령은 프랑스와 체결한 핵 무기 개발을 위한 재처리시설 도입 계약을 취소하였다.[43] 1970년대 한국은 미국에 의해서 절대로 용인될 수 없는 핵 무기 개발을 비밀리에 추진하였다. 그러나 미국은 한국에 대해 처음부터 한국

43) Don Oberdorfer, The Two Koreas, pp. 68ff.

정부에 압력을 가하거나 또는 극단적으로 위협을 가하지 않고 간접 방법과 순차적으로 한국으로 하여금 핵 개발을 포기하도록 조심스럽게 종용하고 마지막으로 엄중하게 경고하면서 한국 정부의 핵 개발 포기를 이끌어냈다. 이와 같은 미국의 접근은 한미 관계가 중요하고 긴밀한 유대 관계를 갖고 있었기 때문이다. 그러나 한 · 미 간의 상호 작용은 불평등하게 전개되었다.

카터(Jimmy Carter) 행정부가 출범하면서 미국과 한국의 외교 관계는 과거 미국의 다른 행정부 시절과 비교해서 크게 나빠졌다. 먼저 카터는 대통령 후보시절 주한 미군의 감축 의사를 표명하였다. 카터는 1975년 5월 말 미국-유럽-일본 3국 위원회 회의에 참석하기 위해 일본 동경을 방문하였다. 이 때 카터 대통령은 몇몇 기자들에게 약 5년 내에 한국으로부터 미국의 지상군 및 공군을 철수하는 것에 찬성한다고 말했다. 그로부터 며칠 뒤 카터는 한국에서 지상군만을 철수하겠다고 말을 바꾸었다. 그리고 카터 대통령은 취임 6일 후 주요 안보 관련 기관들에 대해 미군의 감축을 포함해서 미국의 한반도 정책을 광범위하게 재검토하라고 지시하였다. 그리고 카터 대통령은 1977년 3월 다음과 같은 내용이 담긴 편지를 주한 미국 대사 스나이더와 주한 미군 사령관 베시(John Vessey)로 하여금 한국의 박정희 대통령에게 전달케 하였다. 카터의 편지 내용은 다음과 같다. "미국은 한국의 안전을 보장할 것이다. 그러나 주한 미군의 철수는 실시할 것이고 한국의 인권 문제를 개선하라"고 요구하였다. 그리고 카터 대통령은 박동진 외무 장관에게 다음과 같이 말했다. "첫째, 미 지상군은 철수될 것이다. 미 공군은 계속 한국에 주둔하게 될 것이다. 둘째, 미국 의회와 미국 국민들에 의해 형성되어진 것처럼 한미 관계는 언제나 좋지 않은 상태에 있다. 그리고 셋째, 만일 박정희 대통령이 정치범에 대해 변화를 보이지 않는다면 현재 제공되고 있는 군사 원조 및 인권에 대한 문제는 언제든지 재론될 수 있다." 그리고 카터 대통령은 박동진 외무 장관에게 주한 미군 철수를 그의 선거 공약이라고 말하고 주한 미군 철수 의지를 분명히 하였다.[44)]

카터 대통령의 주한 미군 철수 결정이 공식적으로 발표되었을 때, 박정희

44) 위의 책, pp. 86ff.

대통령은 카터의 철군 결정을 공개적으로 반대하지 않았다. 그 대신 북한군과 한국군의 군사력이 균형을 갖추게 되도록 미군의 철수를 보완할 수 있을 정도의 원조를 요구하였다. 박정희 대통령의 이러한 대응 자세는 1970년에 시행되었던 미육군 제7사단의 철수 결정에서 교훈을 얻었다. 이 당시에도 한국 정부는 미군의 철수를 반대하였으나 결국 철군은 이루어졌다. 그렇기 때문에 박정희 대통령은 공개적인 철수 반대를 하더라도 미국 정부의 결정은 바뀌지 않는다는 것을 알고 있었기 때문에 박 대통령은 주한 미군의 철수를 공개적으로 반대를 하지 않았다.[45] 실제로 박정희 대통령은 카터 대통령의 철군 결정에 적극적으로 대응하지 않았다. 카터의 주한 미군 철군 결정에 대해 양국 간에는 적극적인 직접적 상호 작용도, 적극적인 상호 작용도 없었다. 한국 정부가 미국의 일방적인 결정을 수용했을 뿐이다. 카터 정부의 주한 미군 철수 문제에 대해서도 한국 정부의 소극적인 대응으로 한-미 양국 간에는 간접적인 상호 작용만 있었다. 한-미 간의 이러한 상호 작용은 부정적 상호 작용이고 또한 불평등한 상호 작용이다. 한국 정부는 미국 정부의 일방적인 결정에 적극적으로 대응하지 못하며 적극적인 상호 작용이 전개되지 못했다. 한국정보가 미국 정부의 결정에 대해 적극적으로 대응하고 적극적인 상호 작용을 전개하지 못한 것은 불평등 상호 작용이라고 말할 수 있다. 미국 정부의 한국의 핵 개발 저지 및 주한 미군 철수 결정에 대해 한국 정부가 적극적으로 대응하였더라면 한-미간의 상호 작용은 갈등적으로 전개되었을 것이고 이 갈등적 상호 작용은 한국과 미국의 전통적 우호 관계를 훼손시킬 수도 있었을 것이다. 그 뿐만 아니라 미국은 한국에 대해 불이익을 가져다 줄 수도 있는 국가이다. 한-미간의 이러한 불평등한 상호 작용은 이례적이고 예외적이다. 한-미 양국은 동맹 관계를 갖고 있고 전통적으로 매우 돈독한 유대 관계를 갖고 있기 때문에 한미 간의 이러한 상호 작용은 흔하게 많이 있는 일이 아니다.

한국과 미국은 동맹 관계를 갖고 있고 같은 외교 정책 노선을 갖고 있다. 그러므로 한 · 미간에는 직접적이든 간접적이든 두 국가의 상호 작용은 협조

45) 위의 책, p. 91.

적 상호 작용이 전개될 것이다. 또한 한국은 그의 안전 보장을 미국에 크게 의존하고 있기 때문에 불평등한 상호 작용이 전개될 수 있는 바탕을 갖고 있다.

앞에서 언급한 것처럼 동맹 관계 등으로 돈독한 외교 관계를 갖고 있는 국가 간에는 상대 국가에 손해를 끼치거나 폐해를 주는 정책을 결정하거나 그러한 행위를 하는 경우는 매우 드물고 예외적인 일이다. 1970년대 한국 정부의 핵 무기 개발이나 카터 대통령의 주한 미군 감축 결정은 모두 어느 한 정부에 의해 일방적으로 결정될 수 있는 문제는 아니다. 이 두 문제는 동맹국 간에는 발생되어서는 아니 될 문제이다. 이 두 문제는 한 · 미 양국 모두에게 매우 민감하고 중대한 문제이다. 따라서 이 두 문제에 대한 상호 작용은 매우 이례적으로 전개되었던 것이었다. 이 사건 이후 한 · 미 간에는 갈등적이고 불평등한 상호 작용은 전개될 일이 없었다.

중국과 일본 간의 상호 작용

중국은 일본과 불행한 과거를 갖고 있다. 1895년 청 · 일 전쟁을 겪었고 청조가 전쟁에서 패배하여 대만 등을 일본에 빼앗겼다. 그리고 일본은 봉천(奉天)에 유조구 철도를 일본인이 폭파하고 이것을 중국군이 폭파한 것처럼 꾸며 1931년 9월에 관동군(關東軍)을 만주에 출병시켰다. 이것이 소위 '만주사변'이다. 만주를 점령한 관동군은 청나라 마지막 황제인 부의(溥儀)를 데리고 와서 장춘(長春)에 1932년 만주국을 수립하였다. 이어서 일본은 1937년에 중화민국 정부에 선전 포고를 하고 전쟁은 시작했고 1937년 12월부터 다음 해인 1938년 1월 장개석이 이끄는 중화민국의 수도인 남경(南京)을 점령하였다. 이 과정에서 일본군은 중국군 및 일반 시민 약 30여 만 명을 학살하는 소위 '남경대학살'을 감행하였다. 중국은 이러한 일본과의 불행한 과거를 갖고 있음에도 불구하고 중국의 반일적인 흔적은 찾아보기 어렵다. 중국 국민 및 중국공산당은 이러한 과거에 기초해서 일본을 혐오하거나 비난하는 일은 하지 않았다. 특히 중국은 소위 중국의 민족주의[46]를 내세워 일본을 적대시하는 일은

---

46) 민족주의란 공동의 과거 그리고 공동의 미래를 통해 사람들이 갖게 되는 집단적 공동 운명체 감정이다. John Stoessinger, The Might of Nations, 4th ed.(New York: Random House, 1970), p. 10.

하지 않았고 오늘날까지도 중국은 감정적으로 일본을 적대시 않고 있다. 그렇기 때문에 중국은 한국과는 달리 일본과의 관계 또는 대일본 정책에 있어 어떤 제한이나 한계는 갖고 있지 않다. 1949년 중국공산당이 집권한 이후 중국은 중-일 문제 또는 일본에 대한 정책을 결정함에 있어 반일본적 민족주의와 정책을 접목시키지 않았다.[47] 부시(Richard Bush)는 그의 저서 '근접의 위험 : 중-일 안전관계(The Perils of Proximity: China-Japan Security Relations)'에서 다음과 같이 언급하였다. "중국인들은 군국주의라는 호랑이가 무엇 때문에 중국인이 치를 떨 정도의 두려움을 안겨주는 방향으로 치닫게 되었는지와 같은 핵심적인 문제는 별로 건드리지 않았다. 중국인들은 제국주의 일본을 하나로 통합된 행위자로 보면서 중국 침략은 그러한 일본이 자신의 계획에 따라 감행한 침략 과정이라고 전제한다. 몇 안 되는 좀 더 심층적인 몇몇 연구들마저 일본 제국주의 문제는 간접적으로만 다루고 있을 뿐이다. 따라서 중국인들의 대일본 감정을 끓어오르게 하는 역사의 기억은 일본군의 침략으로 빚어진 결과에만 매달려있는 셈이다. 충분히 이해는 하지만 그 전쟁의 원인에 대해 어쩌면 그토록 무관심할 수 있을까 하는 의문을 떨칠 수 없다."[48] 이러한 설명이 하나의 예이지만 중국인들은 대체로 일본에 대해 감정적으로 대응하지 않고 있고 따라서 중국 당국도 중국 국민이 갖고있는 감정 및 정서에 따라 대일본 관계 또는 정책에서 냉철하게 그리고 이성적으로 처신하고 있다.

차이나 데일리, 북경대학 그리고 일본의 민간 비영리 단체인 NPO 3개 단체는 2005년부터 2009년까지 중국인들의 일본에 대해 가지고 있는 생각을 조사하였다. 그 내용은 다음 표에서 알 수 있다.[49]

중국과 일본과의 관계에 대하여 (단위: %)

조사시기	매우좋음 /비교적 좋음	보통 /어느쪽도 아님	별로 좋지 않음 /매우나쁨	무응답
2005.5~6월	10.5	30.7	54.9	4.0

47) 조진구(옮김), 중일관계(서울: 리북, 2006), pp. 48-49.
48) 김규태(옮김), 위험한 이웃, 중국과 일본(서울: 에코리브르, 2013), p. 20에서 인용.
49) 위의 책, p. 341에서 인용.

조사시기	매우좋음 /비교적 좋음	보통 /어느쪽도 아님	별로 좋지 않음 /매우나쁨	무응답
2006.5~6월	10.4	45.8	41.2	2.6
2007.5월	24.9	44.6	24.7	5.8
2008.6~7월	54.3	31.7	13.1	0.9
2009.5~6월	71.0	-	20.5	8.4

이 표에서 알 수 있는 것은 중국인들의 일본에 대한 생각은 시간이 갈수록 좋아지고 있다는 것이다. 그렇기 때문에 중국 당국은 일본에 대한 정책이나 행위에 크게 제한 받지 않을 수 있을 것으로 생각된다. 그리고 이와 같은 표의 결과에서 볼 수 있듯이 불행한 과거는 오늘날 중국인에게는 크게 영향을 미치지 않고 있다. 이와 같은 결과는 중국으로 하여금 일본에 대해 긍정적이고 적극적으로 접근하는 것을 가능케 하였다. 그러므로 중국과 일본의 상호 작용도 대체로 부정적이기 보다는 긍정적으로 전개될 수 있는 바탕을 갖고 있다.

1945년 8월 15일 제2차 세계 대전이 끝난 후 미국 군에 의해 만들어진 극동 군사 재판소에서 침략 전쟁을 주도한 일본인 28명을 A급 전범으로 판결하였다. A급 전범이란 극동 군사 재판에서 '평화에 대한 죄', 즉 침략 전쟁을 지도한 죄로 인해 피고가 되었던 28명을 말하는 것이다. 1948년 11월 12일 이전에 사망 등의 이유로 면소된 25명 전원이 유죄가 인정되었고 그 중 7명이 교수형에 처형되었다. 일본 정부는 1978년 10월부터 A급 전범들 14명을 야스쿠니(靖國)신사에 합사하였다.[50] 일본의 관리들이 이 야스쿠니 신사를 참배하는 것에 대해 중국은 부정적으로 반응한다. 그러나 중국 당국은 적극적으로 또 부정적으로 대응하지 않는다. 대체로 중국 국민들은 일본 관리들의 야스쿠니 신사 참배에 대해 민감하게 반응하지 않기 때문에 중국 당국도 이러한 일본에 대해 적극적으로 그리고 부정적으로 대응하지 않는다. 1985년 나카소네(中曽根 康弘)총리가 공식적으로 야스쿠니 신사를 참배하였을 때 중국의 인민일보는 다음과 같은 견해를 밝혔다. "중국 인민은 일본 인민이 침략 전쟁에서 잃은 친족들을 애도하는 방법에 대해 이해하고 양해하고 있다.

50) 조진구,(옮김), 중일관계, p. 191.

왜 침략 전쟁에서 심한 참화를 입은 다른 국가 인민들의 감정을 존중하지 않는가?"[51] 그리고 1996년 하시모토 류타로(橋本 龍太郎)총리가 야스쿠니 신사를 참배하였을 때 중국 외교부는 "매우 유감스럽다"라고 언급했다. 그리고 인민일보는 다음과 같이 언급했다. "하시모토 총리가 야스쿠니 신사를 참배한 것은 일본 군국주의 피해를 받은 아시아 국가 인민들의 감정을 심히 상하게 했다. 일본은 침략의 역사를 진지하게 직시하고 실제 행동으로 아시아 인민들의 신뢰를 얻어 평화적인 발전의 길을 걸어야 한다."[52] 그리고 2001년 8월 15일 고이즈미(小泉純一郎)총리가 야스쿠니 신사를 참배하겠다고 예고한 다음인 8월 14일 왕이(王毅) 중국 외교부 부부장은 아나미(阿南) 주중일본 대사에게 "일본은 극동 군사 재판을 받아들였다. A급 전범을 제사하는 신사에 대한 대응은 침략의 역사에 대한 일본 정부의 태도를 엿볼 수 있는 시금석이다. 이러한 참배는 중국이다. 아시아와 세계 인민들의 신뢰를 잃게 될 것이다"라고 말했다.[53] 이 후에도 일본의 고위 인사들의 야스쿠니 신사 참배가 계속되었을 때 중국은 외교부 대변인으로부터 시작하여 대사, 외교부 부장, 외교 부장으로 중국의 대일 비판은 격상되었다. 그리고 2004년 3월에는 원자바오(溫家宝)총리가 그리고 9월에는 후진타오(胡錦濤) 주석이 일본 총리의 야스쿠니 신사 참배를 비난하였다.[54] 이러한 사실들은 일본 관리의 야스쿠니 신사 참배에 대해 적극적이고 갈등적으로 대응하고 있지 않다는 것을 보여주고 있다.

1972년 2월 미국과 중국과의 관계 개선에 이어 중국과 일본은 1972년 9월 외교 관계를 정상화하였다. 그 이전까지 냉전시기 일본은 미국의 동맹국으로 그리고 중국은 소련의 동맹국으로 적대적 관계 하에 있었다. 그렇기 때문에 중국과 일본은 정부 차원의 접촉, 교류 등은 없었다. 그러나 중국과 일본은 수교 이후 2010년 까지 댜오위다오(釣魚島)/센가쿠열도(尖閣列島) 문제가 양국의 영토 문제로 부각될 때까지 중-일 양국은 우호적인 관계를 유지해왔고

51) 人民日報, 1986年7月7日.

52) 人民日報, 1996年7月30日.

53) 朝日新南, 2001年8月14日.

54) 조진구(옮김), 중일관계, pp. 194-195.

따라서 직접적 상호 작용이든 간접적 상호 작용이든 모든 상호 작용은 긍정적이고 협조적으로 전개되어왔다. 그러나 이 섬 문제에 대해서 양국은 모두 부정적 그리고 갈등적으로 간접적 상호 작용을 전개하고 있다.[55]

1972년 중국과 일본이 국교를 정상화할 때 주은래 중국 수상과 일본수상 다나카(田中角榮)는 양국 관계를 논의하는 자리에서 주은래 수상은 조어도/센카쿠열도 문제에 대해 "양국 관계 정상화가 긴급한 문제이며 이 문제는 다음에 다시 얘기하자"[56]고 언급함으로써 이 섬 문제는 뒤로 미루어졌다. 그리고 1978년 중 · 일 우호 조약 체결 당시 국무원 부총리였던 등소평도 소노다 스나오(園田 直) 일본 외상과 회담하는 자리에서 "쌍방은 조어도/센카쿠열도 문제를 잠시 보류하고 후세들이 해결하도록 남겨두자"하였고 일본도 동의하였다.[57] 1978년 양국 우호 조약을 체결하면서 조어도/센카쿠열도의 분쟁 지역화를 방지하기 위해 영유권 문제는 존재하지 않는다는 것으로 양국은 그의 입장을 정리하였다.[58] 그런데 1979년 일본이 조어도/센카쿠열도에 헬리콥터 이착륙 장의 건설을 시도하자 중국 선박들이 주변 해역에서 시위를 하면서 이 지역에서 양국의 물리적 대치가 처음 발생했다.

그러나 1980년대 전반 중 · 일 관계는 최고 정점에 도달했었다. 1982년 3월 조자양 중국 총리가 중국을 방문했고, 그리고 1983년 11월에는 호요방 중국공산당 총서기가 일본을 방문하여 양국의 외교 관계를 크게 발전시켰다. 그리고 1984년 3월에는 나카소네 총리가 중국을 방문하며 조자양 총리와 정상 회담을 갖고 4,700억 엔의 차관 제공을 발표하였다. 1990년에는 일본 해상방위청이 이 섬에 등대를 공식 항선 표지로 선포하자 중국인들 사이에 이 섬 문제를 반일감정의 문제로 비화시켰다.

---

55) 김기주 · 황병선, "센카쿠/댜오위다오 열도 영토분쟁을 둘러싼 일 · 중간 전쟁발발 가능성," 국제정치논총, 제53집 2호(2013), pp. 40ff.

56) 石家鑄, "釣魚島問題的現狀與中日關係," 毛澤東鄧小平理論硏究, 2004年, 第4期, p. 30.

57) 張良福, "中國政府對釣魚島主權爭端和東海劃界問題的基平立場和政策," 太平洋學報, 2005,8, p. 62.

58) 김관옥, 동아시아 '불일치 딜레마'외교, p. 181.

이러한 일본의 조어도/센카쿠열도에 대한 영유권 주장과 실효 지배 공고화 작업에 대해 중국은 1992년 2월 25일 개최된 전국인민대표대회에서 자국의 영토에 대한 법을 통과시키고 이 섬을 중국 영토에 편입시켰다.[59)]

2003년 일본 정부가 센카쿠열도를 임대하자 2008년 12월 이후 중국 정부가 직접 개입하게 되었다. 중국 해양선 2척이 조어도 열도 해역에 진입하여 9시간동안 항행을 강행하였다. 일본 해안보안청 순시선의 경고에도 불구하고 중국 조사선은 계속 항행하였고 이에 대해 손서현(孫書賢)중국 국가 해양국 함대 부대장은 "영유권 분쟁이 있는 지역에서의 국제법상 실효적 지배의 실적을 위한 행위였다"고 주장하였다.[60)] 이러한 가운데 2010년 9월 조어도/센카쿠열도 해역부근에서 중국 어선과 일본 해안 보안청 순시선 간에 물리적 충돌 사건이 발생하면서 양국의 갈등이 본격화되었다. 이 과정에서 중국 어선이 불법으로 일본 영해를 침범해 조업했다는 이유로 일본 순시선이 일본 국내법을 적용하여 중국 어선을 나포하고 선장 등을 구금하였다. 이에 대해 중국은 조어도/센카쿠열도는 중국의 영토이기 때문에 일본의 중국 어선 나포와 선원 구금은 불법이라고 주장하며 선원의 석방을 요구하였다. 이에 일본 정부가 중국이 요구를 수용하지 않고 선장의 억류를 결정하자 중국 정부는 이 사건을 외교 분쟁으로 비화시켰다. 중국은 주중 일본 대사를 불러 항의했고, 또 2010년 희토류의 대일수출금지조치를 단행했고 일본 관광 억제, 일본제품 불매 운동 등 다양한 수단을 동원하여 일본 처사에 강하게 대처하였다. 이 때 일본은 세계무역기구(WTO)에 제소하여 승소하였다. 이러한 가운데 일본은 중국의 요구를 수용하여 선장을 석방하여 귀국시켰다. 그러나 중국 외교부는 선장의 석방에도 불구하고 "중국의 영토와 주권, 중국 국민이 인권을 현저히 침해한 것에 대해 강하게 항의를 표명한다."라는 성명을 발표하고, 일본에 대해 사죄와 배상을 요구하였다. 2012년 5월 개최된 중-일 정상 회담에서도 원자바오 중국 총리는 조어도/센카쿠열도의 영유권을 중국의

59) Sujit Dutta, "Securing the Sea Frontiers: China's Pursuit of Sovereignty Claims in the South China," Strategic Analysis, vol.29, no.2(2005), p. 275.

60) 김관옥, 동아시아 '불일치 딜레마'외교, p. 182에서 인용.

'핵심적 이익'이라고 강조하고 노다(野田)일본 총리에게 "중국의 핵심적 이익과 중대한 관심을 존중하는 것이 중요하다"고 언급하였다. 이에 대해 일본 총리도 "센카쿠열도는 일본의 고유영토라고 강조하고 센카쿠열도를 포함한 해양에서 중국의 활동이 늘어나 일본국민의 감정을 자극하고 있다"고 주장했다. 이처럼 중국과 일본 양국 정상이 이 섬의 영유권을 둘러싸고 정면으로 충돌하는 장면을 연출했다.[61]

이렇게 중국과 일본이 첨예하게 대립하고 있는 가운데 일본 정부는 2012년 7월 센카쿠열도 5개 섬 중 민간인이 소유하고 있는 3개의 섬을 20억 5천만 엔에 매입하고 그 섬들을 국유화하였다. 이에 대해 중국은 2012년 9월 일본의 국유화에 맞서 조어도의 영해기선(領海基線)을 선포하였다. 이미 중국은 조어도/센카쿠열도의 영유권을 중국의 '핵심적 이익'이라고 하였다. 2012년 9월 10일 중국 외교학원 강연에서 "댜오위다오는 중국의 고유 영토이다. 주권과 영토 문제에서 중국 정부와 인민은 반보도 양보할 수 없다"고 말했다.[62] 그리고 중국은 2012년 9월 11일 댜오위다오 주변 해역에 해양 감시선 4척을 파견하였다. 또한 댜오위다오가 있는 동중국해 방어 임무를 담당하고 있는 난징(南京) 군구 공군의 최신예기 편대가 이 지역에서 훈련을 하였다.[63] 그리고 2016년 7월 1일 베이징 인민 대회당에서 개최된 중국공산당 창립 95주년 기념식에서 시진핑 국가 주석은 "어떤 국가도 중국의 핵심 이익을 거래 대상으로 삼거나 국가 주권과 안전, 발전을 스스로 훼손하는 결과를 감수할 것이라고 기대해서는 안될 것이다"라고 언급하였다.[64]

1972년 중국과 일본은 수교 이후 양국 관계는 언제나 우호적이고 협조적이었다. 앞에서 지적한 바와 같이 1972년 수교 당시 그리고 1978년 우호조약 당시 양국은 조어도/센카쿠열도의 영유권 문제는 존재하지 않는다는 데에 모두 동의하였다. 그러나 1979년 일본이 이 섬들에 대해 영유권을 행사

---

61) 위의 책, pp. 182-185.
62) 東亞日報, 2012.9.11.
63) 朝鮮日報, 2012.9.13.
64) 朝鮮日報, 2016.7.2.

하면서 양국의 영유권 분쟁이 시작되었다. 이 사안에 대해 양국은 부정적이고 갈등적인 간접적 상호 작용을 전개하였다. 조어도/센카쿠열도 문제는 중국과 일본 간에 존재하는 유일한 갈등 문제이다. 그러나 중-일 양국 간에 존재하는 이 문제는 양국의 결정적인 중요한 국가 이익이 아니다. 이 문제가 영토 문제이지만 중-일 양국에 생사를 걸고 싸워야 할 문제는 아니다. 그리고 이 문제가 유일한 갈등적 문제이므로 이 섬 문제가 양국의 외교 관계에 부정적으로 커다란 영향을 미칠 문제는 아니라고 생각된다.

중 · 일 양국 정부는 이 섬을 자국 영토라고 주장하면서도 이 문제의 해결을 위한 직접 상호 작용은 한 번도 전개된 일이 없다. 양국이 이 섬의 중요성을 강조하면서도 직접적으로 해결을 모색하지 않는 이유는 실제로 이 섬이 크게 중요하지 않기 때문이고 또 다른 하나는 이러한 문제 해결을 위한 중국과 일본 양국이 극단적으로 대립하고 갈등을 빚는 것은 양국 모두에게 크게 이익이 되지 않는다고 생각하기 때문이다. 과거 양국의 수뇌들이 말한 것처럼 현상태로 남겨두는 것이 양국 모두에게 이익이 된다고 생각하기 때문이다. 현재의 중 · 일관계가 양국 모두에게 유익하다고 생각하기 때문에 양국은 이 섬 문제에 관해 적극적인 상호 작용을 자제하고 있는 것으로 보인다. 조어도/센카쿠열도에 대한 양국의 대응 자세는 중국과 일본 간의 상호 작용의 전형적인 표본이라고 생각된다. 중국과 일본은 정치적 체제를 달리 갖고 있고 또 외교 정책 노선도 다르게 갖고 있지만 양국은 현재의 외교 관계를 유지하는 것이 모두에게 도움이 된다고 생각하고 있기 때문에 앞으로도 양국 간에는 양국 관계를 크게 훼손시킬 정도의 심각한 부정적이고 갈등적인 상호 작용이 전개될 가능성은 매우 낮다. 20세기 중엽 일본 제국주의로부터 많은 피해를 입었던 중국인들이 중국적 민족주의에 입각한 부정적 감정을 갖고 있지 않다. 그렇기 때문에 중국 정부의 대일본 정책 결정에 중국인의 감정을 의식하지 않고 모두 정책을 결정할 수 있고 중국과 일본 간에 전개되는 상호 작용은 심리적으로 전개될 것이다.

중국과 북한 간의 상호 작용

원칙적으로 그리고 일반적으로 국제정치 주체간의 상호 작용은 외교 관계를 정상화한 주체 간에 전개되는 것이 정상이다. 다시 말하면 외교 관계를 정상화하면 공식적으로 접촉 및 교류가 활발히 전개될 수 있는 바탕이 마련되고 활발한 접촉 및 교류는 국가 간 이익을 창출하고 공유할 수 있는 기회를 보다 많이 가질 수 있다. 그리하여 각 국은 많은 국가와 외교 관계를 정상화하고 있다. 동아시아 국제정치 주체 가운데 중국과 북한만이 외교 관계를 정상화하고 있다. 그리하여 중국과 북한 간에는 직접적이든 간접적이든 상호 작용이 활발하게 전개될 수 있는 바탕을 갖고 있다.

중국은 1949녀 10월 1일 건국을 선포한 지 6일 만인 10월 6일 북한과 외교 관계를 정상화하였고 건국한 지 1년 후인 1950년 10월 25일 한반도에서 전개되고 있는 '6 · 25전쟁'에 참전을 결정하였다. 이 두 사실은 중국과 북한 간의 관계가 얼마나 돈독한가를 잘 보여주고 있다.

1953년 11월 김일성이 중국을 방문하여 정상 회담을 갖고 공동 성명을 발표하였다. 그리고 중국은 '6 · 25전쟁'기간 북한에 제공되었던 모든 비용을 탕감하기로 하였고 더 나아가 인민폐 8억 위안 상당의 원조를 제공한다고 발표하였다.[65] 1958년 2월에는 주은래 총리가 북한을 방문하였고 김일성과 정상 회담을 가졌다. 같은 해 11월 김일성도 중국을 방문하고 정상 회담을 가졌다.

1961년 7월 김일성이 중국을 방문하고 중국공산당 중앙위원회 부주석 겸 국가 주석인 유소기와 정상 회담을 갖고 7월 11일 '북-중 우호 · 협력 및 상호 원조 조약'을 체결하였다. 그리고 1963년 7월에 유소기 국가 주석이 북한을 방문하였다. 이 시기는 모택동이 국가 주석 직을 유소기에게 넘겨주고 정치 일선에서 물러나있는 시기로 중국은 정치적으로 매우 혼란스러운 시기였다. 그럼에도 불구하고 유소기 국가 주석이 북한을 방문하여 북-중 동맹 관계를 명확히 하는 조약을 체결한 사실은 이례적인 일이다. 중국이 이러한 이례적인 북 · 중 직접 상호 작용을 전개한 이유는 소련 때문이었다. 이 시기는 중국과 소련이 실질적으로 모든 관계가 단절되었던 중 · 소 분쟁이 절정기였던 시기였다. 중국이 북한과 우호 · 협력 · 상호원조 조약을 체결하기 직전에 소

65) Home News Library of the Xinhua News Agency(ed.), China's Foreign Relations: A Chronology of Events(Beijing: Foreign Languages Press, 1989), p. 157.

련이 먼저 북한과 상호 원조 조약을 체결하였다. 그리하여 중국도 급히 서둘러 북한과 동맹 관계를 가졌다.

1963년 6월에는 북한 최고 인민 회의 상임의장 겸 노동당 중아위원회 부위원장인 최용곤이 중국을 방문하여 유소기와 회담을 가졌다. 그리고 같은 해 중국 국가 주석 유소기가 북한을 방문하여 김일성과 정상 회담을 가졌다. 1단계 문화 혁명[66]을 마무리한 중국총리 주은래가 1970년 4월 북한을 방문하여 김일성과 회담을 갖고 공동 성명을 발표하였다.

1971년 9월 중국이 북한에게 군사 원조를 제공한다는 조약을 체결하였다. 1975년 4월에는 김일성이 중국을 방문하여 모택동, 주은래 등 중국 인사들과 정상 회담을 가졌다. 그리고 1978년 5월에는 새로 취임한 중국공산당 중앙위원회 화국봉(華國鋒)주석이 북한을 방문하고 김일성과 정상 회담을 가졌다. 1978년 9월에는 중국공산당 부주석 겸 국무원 부총리인 등소평이 북한을 방문하고 김일성과 회담을 가졌다. 1980년대 중국공산당은 기존의 정치 세력을 몰아내고 등소평 중심의 새로운 정치 세력이 정권을 장악한 시기였다. 1981년 12월 새 정권의 총리인 조자양(趙紫陽)총리가 북한을 방문하여 김일성과 회담하였다 1983년 9월에는 중국공산당 정치국상무위원이며 전국 인민대표 대회 위원장인 팽진(彭眞)이 북한을 방문하였고 1984년에는 중국공산당 중앙위원회총서기 호요방(胡耀邦)이 북한을 방문하고 김일성과 정상 회담을 가졌다. 그리고 1984년 11월에는 김일성이 중국을 방문하고 중국공산당 중앙군사위 주석 등소평, 그리고 중국공산당 총서기 호요방과 정상 회담을 가졌다. 또 1985년에는 호요방 총서기가 북한을 방문하였고 1987년 5월 김일성이 중국을 방문하였고 중국의 조자양 총리와 회담을 가졌다. 중국과 북한이 각각 정권 수립 이후 약 40여 년간 양측의 국가 원수급 최고위층 인사들의 교

66) 중국 공산당은 1966년 5월부터 1976년 10월까지 10년을 문화 혁명기간으로 규정하고 있다. 제1단계는 1966년 5월부터 중국공산당 9차 전국대표대회가 개최된 1969년 4월까지, 제2단계는 1969년 4월부터 10차 전국대표대회가 개최된 1973년 8월까지, 그리고 제3단계는 1979년 8월부터 1976년 10월 문화 혁명의 주류파인 4인방이 제거될 때까지라고 규정하고 있다("關於建國以來党的若干歷史問題的決議," 人民日報, 1987年7月1日.)

류 및 접촉을 살펴보았다. 그간 중 · 북 간의 이와 같은 빈번한 직접 상호 작용은 양측의 관계가 매우 긴밀하다는 것을 실증적으로 보여주는 것이다.

1990년대 북 · 중 관계를 여러 가지 이유로 냉각기에 접어들었다. 먼저 1992년 중국은 한국과 외교 관계를 정상화하였다. 그리고 1992년 중국과 북한은 새로운 무역 협정을 체결하였다. 이 협정에서 지금까지 행해오던 물물교환 대신 외환 결제 방식을 채택하기로 하였다. 그 직후 북한은 1993년 3월 북한은 중국과 사전 협의 없이 독자적으로 '핵 확산 금지 협정(NPT)'으로부터 탈퇴하였다. 1994년 7월에는 김일성 주석이 사망하였고 김정일이 주석 직을 승계하였다. 이러한 변화들은 1990년대 중국과 북한 간 직접 상호 작용을 크게 감소시켰다. 1990년대 중국과 북한 간 직접 상호 작용은 1992년 4월 양상곤(楊尙昆)국가 주석이 북한을 방문하였고, 1999년 6월 김영남 최고인민회의 상임위원장이 중국을 방문하였다. 1992년 8월 한국과 중국이 외교 관계를 정상화한 다음 7년 간 중국과 북한 간의 고위 인사들의 교류는 없었다. 양상곤과 김영남은 각각 국내 정치적으로 아무런 권한도 영향력도 없는 사람들이다. 그렇기 때문에 이들의 상호 방문은 정치적으로 아무런 의미를 갖고 있지 않다. 그나마 이러한 인사들의 교환 방문도 7년 만에 이루어졌다.

2000년대에 접어들면서 중국과 북한 간에는 정치적으로 의미를 부여할 수 있는 인적 교류 및 접촉이 다시 이어졌다. 2000년 및 2001년에 김정일 위원장이 중국을 방문하여 정상 회담을 가졌고 2001년 9월에는 강택민이 중국공산당 총서기로서는 16만에 처음으로 북한을 방문하고 중-북 정상 회담을 가졌다. 김정일 위원장은 2001년에 이어 2004년 그리고 2006년 중국을 공식 방문하였다. 그리고 김정일은 2010년 5월 이래 2011년 10월까지 4차례 중국을 방문하였다. 김정일은 이렇게 빈번하게 중국을 방문하였다. 한편 2005년 10월 중국공산당 총서기 호금도가 북한을 방문하였다. 중국과 북한 간 이와 같은 국가 정상들의 직접 상호 작용은 북 · 중의 관계가 돈독하다는 것을 보여주기도 하지만 다른 한편으로는 북한이 중국에 지나치게 의존한다는 인상을 갖게 한다.

한편 북한이 일방적으로 핵 확산 금지 조약을 탈퇴하기 이전까지 중국과 북한 간에는 간접적 상호 작용이 전개되지 않았다. 왜냐하면 중국과 북한은 어느 측도 상대방의 입장 또는 정책 노선과 다른 정책이나 행위가 없었기 때문이다. 다시 말하면 중국과 북한은 갈등적인 간접 상호 작용이 전개되어야 하는 상황을 상호 창출하지 않았기 때문이었다. 그러나 북한이 핵 확산 금지 조약을 탈퇴하면서 중국은 이에 대해 소극적으로나마 간접적 상호 작용을 전개하게 되었다. 1993년 6월 북한이 핵 확산 금지 조약을 탈퇴하고 핵 무기 개발을 위해 핵 프로그램을 진행하여도 또 미사일을 개발하여도 중국은 이러한 북한의 처사에 대해 적극적으로 대응하지 않았다. 중국은 다만 표면적으로 북한의 핵 개발을 반대한다는 소극적인 의사 표시만 할 뿐 더 이상의 적극적인 의사 표시나 의사 전달 같은 외교행위는 행한 일이 없었다. 중국과 북한의 행태가 이러하기 때문에 양국 간에는 외교 정책 또는 외교 행위 차원의 부정적인 상호 작용은 존재하지 않고 있다. 중국은 북한의 핵 프로그램에 대해서 뿐만 아니라 북한에 대한 외교 정책 및 외교 행위를 추진하는 일도 없었다. 중국과 북한은 불평등한 상호 의존 관계를 갖고 있지만 양측은 오랫동안 우호 관계를 유지하여 왔기 때문에 중국과 북한 직접적이든 간접적이든 갈등적인 상호 작용은 전개하지 않는다.

실제로 1994년 3월 안전 보장 이사회에서 북한에 대한 강력한 제재 결의안을 채택하자고 미국이 제안했을 때 중국은 미국의 제안을 반대하고 구속력이나 영향력이 없는 의장 성명의 채택을 지지하며 북한을 지원하였다.[67]

2003년 1월 핵 확산 금지 조약 탈퇴를 선언한 날, 강택민 중국 주석은 부시(George W. Bush)미국 대통령과의 전화 통화에서 "중국은 북한의 NPT 탈퇴를 반대하며 다른 국가들과 북핵 문제의 조속한 해결을 위해 공동으로 노력할 것이다"라고 밝혔다. 2003년 1월 중국 외교부 대변인도 기자회견에서 "북한의 NPT의 보편성을 인정할 것을 촉구한다."고 말했다. 또 탕자쉬안(唐家璇) 외교 부장도 2003년 1월 20일 미국의 파월(Colin Luther Powell)국무 장관과 뉴욕에서 회동하여 "북핵 문제 해결을 위해 어떤 방안도 배제하지 않는다."는

67) 김애경, "중국은 북핵 문제 해결을 위해 어떠한 역할을 해 왔는가?," 성균중국연구소(편), 북중 관계 다이제스트(서울: 다산출판사, 2015), p. 45에서 인용.

입장을 밝혔다.[68)]

북한이 2006년 7월 대포동 2호 미사일 발사 실험을 강행하였을 때 중국은 북한의 미사일 발사를 규탄하는 유엔 안보리 결의안 1695호 채택에 찬성하였다. 그리고 7월 10일 회양옥(回良玉)이 북한에 갔으나 김정일 위원장은 그와의 면담을 거절하였다. 이것은 유엔 안보리에서 중국이 안보리 결의에 찬성한 것에 대한 반작용이었다.

실제로 2006년 9월 북한이 대포동 2호를 발사했을 때 중국은 북한에 대한 석유 수출을 일시적으로 중단하기도 하였다.[69)] 이러한 중국의 압박에도 부구하고 북한이 2006년 10월 제1차 핵 실험을 강행하였을 때 중국 외교부는 북한을 비난하는 성명을 발표했고 유엔 안전 보장 이사회 대북 제재 결의안 1718호에 찬성하였고, 대북 송유관 잠정 폐쇄, 1961년 체결한 '북중 우호 협력 조약'의 군사 동맹 부분의 삭제주장, BDA동결 자금 인출요청에 대한 거부 등 기존과 상당히 다른 행보를 보여주었다. 이후 북한의 3차 핵 실험 때까지 중국은 유엔의 대북 제재 결의안에 모두 동의하였다. 중국은 북한의 제3차 핵 실험 이후 북한에 대한 강한 제재조치가 포함된 유엔 결의안 2094호에도 동의하였다. 또한 과거와는 달리 대북 제재 결의안의 철저한 준수를 강조하였다. 중국 정부는 관련 산하 기관에 결의안의 엄격한 이행을 지시하는 통지문을 하달하였고, 이어 주요 은행들이 핵 · 탄도미사일 개발 자금으로 의심되는 북한 계좌를 폐쇄하였다. 중국의 북한에 대한 이러한 부정적인 대응은 흔히 볼 수 있는 대응은 아니다.[70)]

2009년 5월 북한의 2차 핵 실험 이후 유엔 결의안 1874호에는 찬성하였지만 북한에 대한 제재와 인도적 지원 및 정상적 경제 관계는 구분해야 한다고 강조하였다. 그리고 2009년 10월 원자바오 중국 총리가 북한을 방문하였고 그리고 2010년과 2011년 2년 간 북한 김정일 국방위원장이 4차례 중국을

68) 위의 글, pp. 46에서 인용.

69) "China Cut Off Exports of Oil to North Korea," New York Times, October 30, 2006.

70) 이기현, "시진핑 시기 중국은 북중 관계를 어떻게 보고있는가?, 성균중국연구소(편), 북중 관계 다이제스트," pp. 56에서 인용.

방문하였다. 김정일은 2010년 5월 단동, 대련, 베이징, 심양 등을 방문하고 후진타오 중국 주석과 정상 회담을 가졌으며, 양국 고위인사들의 교류를 통하여 실질적 경제 무역 협력에 합의하였고 또 김정일은 2010년 8월에도 길림, 장춘, 하얼빈 등을 방문하였으며 장춘에서 후진타오 주석과 정상 회담을 가졌다. 북한의 2차 핵 실험 이후 라선 경제구 및 황금평, 위화도 경제 특구 등 양국 경제 협력이 확대되고 활성화되기도 하였다. 중국은 단동 경제 협력 지구를 발표하였고, 2011년 황금평, 나선 경제특구 개발을 추진하였다. 북한이 2013년 2월 3차 핵 실험을 한 이후 양제츠 중국 외교 부장은 지재룡 주중 북한 대사를 초치하여 강하게 비판하였다. 중국 외교 부장이 북한 대사를 초치한 것은 처음 있는 일이다. 그리고 북한 제재의 강화조치를 담고 있는 유엔 안전 보장 이사회 결의안 2094호 채택에 찬성하고 중국 외교부가 각 부서에 이 결의안의 철저한 이행을 지시하는 통지문을 하달하였다. 그리고 5월 중국 은행은 북한 대외 무역 은행에 대해 계좌 폐쇄를 통지하고 이 은행 계좌의 자금 대체 업무를 중지하겠다고 발표하였다.

중-북한 경제 관계는 크게 달라지지 않았다. 북-중 정치 관계는 냉각되는 것으로 보여졌지만, 중국이 북핵에 관련된 유엔제재에는 동참하였음에도 불구하고 양국의 경제 관계는 큰 변화가 없었다. 2013년 기준 북한과 중국과의 교역은 북한 정체교역의 90% 차지하고 있다.[71] 또 중국은 장기 처리의 방식으로 북한에 원유를 공급하고 있으며 식량 등의 인도적 지원도 계속 하였다.

유엔이 그리고 세계 많은 국가들이 북한의 핵 실험을 비난하였다. 이것은 북한의 핵 실험이 잘못됐다는 것을 보여주고 있는 것이다. 북한의 핵 실험은 직접 중국을 겨냥한 직접적인 행위는 아니지만 북한의 이러한 행위에 대한 중국의 반응-대응은 2중성을 띠고 있다. 유엔 결의에 의한 대북 제재에는 동참하면서 개별적인 대응은 그것과 전혀 다르게 전개하였다. 중국의 이러한 2중적 대응은 중국과 북한의 외교 관계가 매우 돈독하다는 것을 보여주는 것이다. 북한은 2017년 2월 12일 '북극성 2형' 미사일을 시험 발사하였다. 이에 대한 중국의 반응과 대응은 다음과 같다. 중국 외교부 대변인 겅솽(耿爽)

---

71) 위의 글, pp. 7-9.

은 13일 브리핑에서 "중국은 북한이 유엔 안전 보장 이사회의 결의를 위반해 탄도 미사일을 발사한 것을 반대한다. 유엔 안보리 논의 과정에 책임을 갖고 건설적으로 토론에 참여하겠다." 이 논평은 북한의 미사일 발사를 반대하지만 중국이 독자적으로 북한에 대한 구체적인 조치는 취하지 않고 유엔 안보리 논의에 참여하겠다는 것이다. 이것은 중국이 독자적으로 북한에 대해 무게있는 조치를 취하는 것은 북한과의 관계에 나쁜 영향을 미칠 수 있고 또 북한을 어렵게 할 수 있기 때문에 중국의 독자적인 대북 조치는 취하지 않는다는 것이다.

중국의 관영 언론 매체인 환구시보(環球時報)는 2013년 12월 10일자 신문에서 북중 관계를 다음과 같이 쓰고 있다. 그 내용을 요약하면 다음과 같다. "북중 우호 관계는 중국의 전략적 외교자산이다. 중국이 강대해지면서 외교카드는 점점 많아지고 있지만, 북중 우호 관계가 아태지역에서 갖는 효과는 아직까지 그 무엇으로도 대체될 수 없다. 북증 우호 관계를 유지하는 것은 중국의 대북 관계 운영에 있어 주축이 되는 사상이며 북한에 비핵화를 촉구하는 일도 양국우호의 현실과 최대한 부합해야 한다. 북한과의 우호 관계 유지와 핵 무기 개발 반대 사이에서 균형을 이루는 일은 중국이 외교적으로 풀어야 할 과제이다."[72] 이 신문에서 표현한 내용이 곧 중국의 북한에 대한 기본 입장이라고 말할 수 있다. 그렇기 때문에 북한과 중국 간의 상호 작용은 근본적으로 협조적이지 않을 수 없다.

중국과 북한의 상호 작용은 그것이 직접적이든 또는 간접적이든 활발하지는 않았다. 왜냐하면 북 · 중 양측은 커다란 이해 관계에 연계된 사안이 많지 않았기 때문이다. 다시 말하면 북-중 양측이 중대한 이해를 다투는 사안이 존재하지 않기 때문에 양측 간 상대방에 대해 주의를 환기시킬만한 외교 정책이 결정되거나 또는 외교 행위가 전개되는 경우가 거의 없다. 중국과 북한은 국력이 크게 차이가 나기 때문에 그리고 북한은 정치적으로 또 경제적으로 중국에 크게 의존하고 있기 때문에 북한은 중국에 여러 면에서 순종적이다. 북한이 중국의 외교 정책이나 외교 행위에 저항하거나 부정하는 경우는 없다. 만

72) 위의 글, p. 12.

일 북한이 중국에 대해 부정적으로 정책을 결정하거나 그렇게 행위를 한다면 북한은 중국으로부터 얻는 것보다 잃는 것이 많다는 것을 잘 알고 있다.

중국은 북한의 핵 개발에 이중적 자세를 갖고 있다. 중국이 표면적으로는 북한의 핵 개발을 반대한다고 천명하고 있다. 또 유엔에서 핵 무기를 개발하는 북한에 대한 경제 제재에 참여하고 있다. 이 경제 제재에 중국이 참여하는 것은 표면적으로 반대 한다는 의사 표시이다. 그러나 중국은 인도주의적 차원이라는 미명 하에 중국에 대한 식량, 원유 등의 공급을 계속하고 있다. 중국이 북한에 대한 경제적 지원을 계속하고 있다는 사실은 근본적으로 북한의 핵 개발을 반대하지 않는다는 것을 반증하는 것이다. 그렇기 때문에 북한의 핵 개발에 대해서도 양측은 간접적인 상호 작용에서도 부정적이거나 갈등적으로 전개되고 있지 않다. 중국이 이렇게 하고 있는 이유는 중국과 국경을 맞대고 있는 사회주의 정권의 붕괴를 원하고 있지 않기 때문이다. 또한 중국은 북한의 핵 무기 개발을 장려할 일은 아니지만 북한의 핵 개발이 한반도의 안정을 위태롭게 하지 않고 또 동아시아의 기존 질서를 파괴하지 않는다면 북한 정권 및 체제를 붕괴시키면서까지 북한의 핵 개발을 반대할 의지가 없기 때문에 중국의 북한 핵 개발에 소극적으로 대응하고 있는 것으로 판단된다. 거듭 강조하거니와 북한과 중국과의 관계는 앞에서 제시한 환구시보가 극명하게 보여주고 있다. 북한은 중국이 전략적 자산이기 때문에 중국은 북한을 필요로 한다.

2017년 2월 중국 당국은 이례적으로 북한으로부터 석탄 수입을 중지한다고 발표하였다. 그러나 3월 초 북한은 중국에 희토류 수출을 금지한다고 발표하였다. 중국과 북한 간에 그 동안 유지되어 온 돈독한 우호 관계에 비추어 보면 양측의 이러한 조치는 매우 이례적인 부정적이고 비협조적인 간접 상호 작용이다. 이러한 와중인 2017년 3월 1일 북한의 외무상 리길성이 중국을 방문하여 중국 외교 부장 왕이와 회견하고 "양측의 관계가 건강하게 발전하기를 바란다"는 두 사람의 견해가 발표되었다.[73] 중국과 북한의 이러한 상황은 다른 국가 간에는 볼 수 없는 특별하고 기이한 상황이다.

---

73) 朝鮮日報, 2017.3.3.

중국과 한국과의 상호 작용

한국과 중국은 외교 관계를 정상화한 것이 1992년으로 양국이 외교적으로 접촉하고 교류한 기간이 2018년 현재 20 수년에 불과하다. 그 후 한·중 양국의 관계는 주로 경제 관계가 주류를 이루어왔다. 그리하여 양국은 2016년 7월한국 정부가 경상북도 성주에 사드(THAAD)배치를 결정하기 이전에는 정치적으로, 외교적으로 또 전략적 측면에서 중대하고 의미있는 접촉 및 교류는 없었다. 한국이나 중국이 정치, 외교, 군사적으로 직접적으로 서로 상대국을 겨냥한 구체적인 정책이나 행위를 만들거나 행하지 않았다. 실제로 양국 간에는 이러한 외교적, 군사적 측면에서 중대한 이해가 담겨져 있는 문제는 발생하지 않았다. 한국과 중국은 서로 상대국을 주된 대상으로 하는 외교 정책이나 외교 행위를 전개할만한 대상이 아니다. 중국과 한국은 외교적으로 또 군사적으로 직접적이거나 간접적인 상호 작용이 전개되는 상황은 발생하지 않았다. 중국과 한국은 정치, 경제, 사회 체제를 달리하고 있고 또 중국은 북한과 그리고 한국은 미국과 동맹 관계를 갖고 있지만 한국과 중국 양국은 서로 상대 국가를 적대국으로 생각하고 있지 않다. 양국은 경제적으로 상당한 교류와 협력을 하고 있다. 한·중 교역 액수는 1992년 64억 달러에서 2012년에는 2,151억 달러로 크게 증가하였다. 투자에 있어서도 1991년에는 6,500만 달러였으나 2012년에는 404.8억 달러로 증가하였다. 한국의 중국에 대한 수출은 2012년 현재 한국 전체 수출의 24.5%를 차지하고 있고 이 수치는 한국의 대미수출 10.7% 그리고 대일수출 7.1%를 합친 것보다 많다.[74] 그리고 한국과 중국은 자유무역 협정(FTA)도 체결하고 있어 양국의 경제교류는 점점 확대되어가고 있다.

역시 중국과 한국 간에는 경제적 분야에서 상호 작용이 활발하게 전개되었다. 2000년도 중반 한국 내 마늘 값이 크게 오르자 국내 마늘 값의 1/4도 안 되는 중국산 냉동 마늘이 밀려들어왔다. 이 중국 마늘 때문에 한국 시장에서 국내 마늘 값이 폭락하여 한국의 마늘 농가는 큰 어려움을 겪게 되었

74) 성균중국연구소(엮음), 차이나 핸드북(서울: 김영사, 2014), pp. 475ff.

다. 이 때 한국 정부는 2003년 5월까지 중국산 마늘에 대한 관세를 최고 315%까지 올리는 긴급 수입 제한 조치를 취하였다. 이러한 한국 정부의 결정에 대해 중국 정부도 즉각 반응하였다. 중국 당국은 한국산 휴대전화 및 폴리에틸렌에 대해 중국산 마늘 수입액의 50배에 달하는 관세를 부과하였다. 중국 당국이 이렇게 대응하자 한국 정부는 중국산 마늘이 관세를 30~50%로 낮추어서 매년 3만 5천 톤 씩 수입하기로 결정하여 중국의 대응 행위에 항복하는 모습을 보였다. 그리고 중국과 한국은 직접 상호 작용 과정을 전개하여 앞으로 긴급 수입 제한 조치의 발동가능 시한을 1년 단축하기로 합의하였다. 이로써 양국 간에 발생했던 마늘 파동은 일단락되었다.

이 사안은 한국과 중국의 핵심 이익에 대한 중대한 침해가 아니기 때문에 이 사안은 양국의 직접 상호 작용이 협조적으로 전개되어 이 문제는 한·중 양국 모두에게 만족할만한 결과를 낳으며 마무리되었다. 한국과 중국의 외교 관계가 동반자적 관계를 가질만큼 비교적 우호적이기 때문에 이러한 결과가 만들어진 것이다. 중국은 외교적으로 1990년대 중반부터 동반자 관계를 설정해놓고 인접 국가들과 동반자 관계를 갖고 있다. 앞에서(제2부 2에서) 지적한 바와 같이 한국과 중국은 '전략적 협력동반자 관계'를 갖고 있다. 한국과 중국은 이러한 동반자 관계를 갖고 있기 때문에 양국은 한국에 사드 배치 결정 이전까지 각각 상대 국가에 대해 부정적이고 갈등적인 외교 정책이나 외교 행위를 행하는 일은 없었다. 그리하여 양국 간에는 직접적이든 또는 간접적이든 부정적이고 갈등적인 상호 작용을 전개한 일이 없었다. 중국이나 한국은 국가 발전, 또 경제 발전에 초점을 맞추어 국가를 경영하기 때문에 양국 간에 외교적으로 어려운 상황은 만들어지지 않고 있었다. 그러나 2016년 7월 한국 정부의 사드 배치 결정은 한-중 간 처음으로 부정적이고 갈등적인 상호 작용의 전개를 이끌어냈다.

2016년 7월 한국과 미국은 한국 영토 내에 고고도미사일 사드(THAAD)를 설치한다고 발표하였다. 이에 처음에 중국 당국은 외교부 대변인을 통해 한국 내에 사드 배치를 반대한다고 하였다. 그 외에도 중국 외교 부장 등 몇몇 중국 당국자들이 한국에 사드 배치를 반대한다고 언급하였다. 이처럼 중국 정부로부터는 사드 배치에 반대 의사 표시만 있었을 뿐 구체적인 대응 조치는 이루어지지 않았다. 중국 언론의 부정적 기사가 발표되고 또 중국 내 한국 상품을 배척하는 언동이 있었으나 중국 정부 당국의 구체적인 조치는 이루어지지 않았다. 이처럼 한국과 미국은 사드의 배치를 발표했고 중국은 반대 의사 표명만 있었다. 2016년 7월 한국 내에 사드 배치가 발표된 다음 6개월이 지난 오늘날까지 위에 언급한 내용이 사드 문제에 대한 한국과 중국 간 간접적 상호 작용의 전부였다. 중국 당국이 한국 내의 사드 배치에 대해 어느 정도의 중요성을 부여하고 있는지는 알 수 없지만 지금까지 중국의 사드 문제에 대한 대응을 보면 중국은 실제로 사드로부터 크게 위협을 느끼지 않는 것으로 보여 진다. 만약 사드가 중국의 안전에 직접적으로 위해를 가한다고 판단했다면 중국은 더욱 민감하게 반응하고 적극적으로 초기에 대응 조치를 취했을 것이다. 그러나 중국의 대응은 지극히 소극적이었다. 특히 중국의 대응은 주로 민간 차원에서 보복이 이루어졌다.

그러나 2017년 2월 한국 국방부와 롯데가 경상북도 성주에 사드 배치를 위한 토지 교환 계약을 완료하자 중국 당국은 3월초부터 중국 여행사에게 한국 여행 상품을 판매하지 말도록 주문하였다. 중국의 사드 문제에 대한 이러한 반응은 이례적인 부정적인 대응이다. 중국은 대체로 다른 국가에 대해 부정적이고 갈등적인 대응은 적은 편인데 한국에 대한 이런 조치는 이례적이다. 그 뿐만 아니라 중국 내 한국 기업 '롯데' 등을 비롯한 여러 기업 제품의 불매 운동을 전개하며 사드 설치에 대해 보복적 조치를 취하고 있다. 그 뿐만 아니라 중국 국가 주석, 외교 부장, 언론 매체들도 공공연히 한국 내 사드 배치를 반대하는 의사를 표시하고 있다. 그리고 한국 기업에 대한 보복적 조치는 끊이지 않고 계속되고 있었다. 한국과 중국은 정치, 외교, 군사적으로 적극적 상호 작용을 전개할만한 사안이 없었고 이 사드 배치가 한·중 간에 있었던 상호 작용 가운데 가장 갈등적인 상호 작용이었다.

그러나 중국은 2017년 10월 제19차 중국공산당대표대회를 마치고 1년 이상 갈등적으로 대응해오던 조치들을 완화하기 시작하였다. 중국인의 한국 단체 여행금지, 한국 상품 불매운동 등도 완화되어가고 있다. 특히 2017년

11월에는 중국이 고위관리를 한국에 보내어 제19차 당대회 결과를 설명하도록 하였다.

한국과 중국 간에는 무역, 투자 등 경제 문제가 핵심적인 요소이다. 한국과 중국 간에는 국제정치적, 외교적으로 대립하고 충돌할만한 일들이 존재하지 않는다. 일반적으로 국가 간 정치적, 또 외교적 문제는 자칫 국가의 중대한 이익을 침해할 수 있다. 그러나 한국과 중국 간에는 이러한 중대한 이익에 직결되는 문제는 존재하지 않고 있다. 그렇기 때문에 한중간에 전개되는 상호 작용은 극단적으로 전개되는 일은 없다. 실제로 한반도에 사드 배치는 중국의 중대한 이익을 침해하는 것이 아니기 때문에 이에 대한 중국의 대응은 적극적이고 치열하지는 않았다.

일본과 북한 간의 상호 작용

일본과 북한의 상호 작용은 외교 관계의 정상화가 이루어져있지 않은 상태에서 이루어져 왔다. 그 뿐만 아니라 일본은 미국과 동맹 관계를 갖고 있고 북한은 중국과 동맹 관계를 갖고 있다. 이러한 상황은 양측의 상호 작용에 한계로 작용하지 않을 수 없다. 분명히 말하건대 일본은 대북 정책이나 대북 관계에서 미국의 그것들과 상충되는 결정이나 행위를 할 수 없다. 평화시의 동맹 관계를 갖고 있는 국가들은 동일한 외교 정책 노선을 갖고 외교 정책 목표를 공유한다. 그러므로 일본은 미국의 외교 정책 노선 및 외교 정책 목표와 일치하지 않는 정책을 결정하거나 외교 행위를 하는 것은 가능하지 않다. 한 예로 일본이 북한과 외교 관계를 정상화하는 일은 미국과 견해를 같이 할 때에만 가능하다.

일본이 북한에 대한 관심을 갖고 주의를 기울이게 된 시기는 1990년대에 접어들면서이다. 북한의 미사일이 일본의 안전을 위협할 정도로 발전되었고 또 핵 개발을 시작하면서부터 일본은 북한에 관심을 갖고 예의 주시하기 시작하였다. 먼저 일본은 정부 차원이 아니라 정당 차원에서 북한과 접촉을 가졌다. 각 국제정치 주체의 정당 차원의 접촉은 외교가 아니다. 외교는 국가의 이름으로 정부의 관리에 의해 행해지는 행위가 외교이다.[75] 1990년 9월 일본의 자민당 및 사회당 의원들이 북한을 방문하여 김일성 주석을 면담하고 이어서 일본의 정당 대표들은 북한 조선노동당 대표들과 회동하여 '3당 공동 선언'을 발표하였다. 이 선언에서 양측은 조속한 시일 내에 외교 관계 정상화 협상을 진행한다는 데에 합의하였다. 그 후 이 선언에 입각하여 북한과 일본은 1991년 1월 정권 차원의 회담을 가졌고 1992년 11월까지 8차례의 회담을 진행하였다. 그 후 1993년 5월 북한은 사정거리 1,000km의 노동1호를 발사하며 동아시아에 위기가 조성되면서 한국과 미국이 북한에 대해 강경한 입장을 갖게 되고 일본도 한국과 미국의 입장에 동조하면서 북한과 일본의 접촉, 및 교류는 중단되고 말았다. 그러나 1994년 9월 미국과 북한 간에 제네바 기본 합의가 이루어지고 미국과 북한 간 핵 문제 해결의 분위기가 조성되면서 일본도 1995년 3월 자민당, 사회당, 신당 대표로 구성된 대표단이 북한을 방문하여 조선노동당과 '4당 합의서'를 채택하였다. 이런 북-일 접촉은 정권 차원이 아니라 정당 차원의 접촉이었다.[76] 1998년 8월 북한이 대일본 관계 개선 3원칙을 발표하면서 북한과 일본은 접촉할 수 있는 계기가 마련되었다. 그 후 1999년 12월 무라야마(村山 富市) 전 총리를 단장으로 하는 의원단이 북한을 방문하였다. 이 일본의 방문단은 역시 조선노동당과 회담을 갖고 양측은 국교정상화, 양측 적십자 간의 협력, 상호교류 등에 합의하였다. 이러한 합의에 따라 1999년 12일 일본 정부는 식량 지원 중단 조치를 해제하였고 2000년 3월에 북한에 무상으로 쌀 10만 톤을 지원한다고 발표하였다. 그리고 2000년 4월에는 1992년에 중단되었던 국교정상화교섭 제9차 회담을 평양에서 재개하였다. 그러나 양측의 커다란 견해차이로 2000년 10월에 열린 11차 국교정상화회담 이후 북일 관계는 다시 경색되었다. 그런데 2002년 9월에는 마침내 고이즈미(小泉純一郎) 총리가 평양을 방문하여 김정일 국방위원장과 회담하였다. 북한과 일본은 외교 관계를 정상화하고 있지 않은 상태에서 양측이 정상 회담을 갖는 것은 매우 이례적인 일이다. 고이즈미 총리와 김정일과의 회담 후 '납치공작선의 활동 재발 방지, 미사일 발사 실험 동결연장', 그리고 북일 국교 정상화 교섭의 개시 등을 담은 '북-일 평양선

75) 송영우, 외교 정책 그리고 외교(서울: 교우사, 2014), pp. 223ff.

76) 이기완, 일본외교와 동아시아(서울: 매봉, 2009년), pp. 93ff 참고.

언'이 발표되었다. 또한 고이즈미 총리는 2004년 5월 두 번째로 평양을 방문하였다. 고이즈미-김정일 회담에서 김정일은 2002년 '평양선언'에서 밝힌 대로 미사일 발사실험을 하지 않겠다는 입장을 명확히 하였다. 그에 대한 보답으로 고이즈미 총리는 북한에 25만 톤의 식량을 지원하였고 북한은 납치된 일본인 잔류가족들을 일본으로 귀국시켰다.[77)]

일본 정부는 2007년 9월 및 2008년 4월 북한과 국교정상화, 일본인 납치문제 등을 해결하기 위해 일본과 북한은 직접적인 상호 작용을 전개하여왔다. 2014년 5월 일본과 북한은 스웨덴의 스톡홀름에서 정부 차원의 직접 접촉을 가졌다. 이 접촉에서 일본과 북한은 일본인 납북자를 재조사하는 대가로 대북 제재를 해제하기로 합의하였다. 동시에 양측은 불행한 과거를 청산하고 국교 정상화를 실현하기 위한 진지한 협의를 진행했다고 밝혔다. 북한이 일본인들을 납치하고 핵 실험을 하고 또 미사일 실험 발사를 계속하고 있었음에도 불구하고 일본은 북한과 직접적인 상호 작용을 통해 국교 정상화 문제, 일본인 납치문제 등을 협의하였다.

지금까지 살펴 본 바와 같이 일본도 북한과 외교 관계의 발전 및 교류, 접촉의 확대를 도모하여왔다. 그러나 북한의 핵 및 미사일 개발로 동아시아의 안전을 위협하고 있다. 이러한 상황은 미국으로 하여금 북한에 대해 부정적이고 강경한 입장을 취하게 만들기 때문에 미국은 일본과 북한과의 관계 발전에 부정적인 태도를 보이고 있다. 일본은 미국과 동맹 관계를 갖고 있고 또 일본은 미국의 안보상의 보호국이기 때문에 일본은 미국의 입장 및 태도와 다른 정책이나 행위를 할 수 없는 국가이다. 일본은 북한과 보다 깊고 폭넓은 관계를 갖기를 원하지만 미국의 동의 없이 일본은 북한과 건설적인 관계를 갖는 것은 불가능하다.

일본과 한국과의 상호 작용

흔히 하는 말로 한국과 일본은 가깝고도 먼 나라라고 한다. 한국과 일본은 지리적으로는 동일한 시간대에 살고 있는 인접한 국가이지만 양국 관계

---

77) 위의 책, pp. 100-102.

는 그리고 양국 국민 감정은 상당한 거리와 간격을 두고 있다. 양국 관계를 이렇게 만든 요인은 20세기 전반 일본의 한반도 침략 그리고 식민 통치라는 불행한 과거가 있었기 때문이다. 이러한 요소들이 한국과 일본이 독립 국가로 태어난 이후부터 오늘에 이르기까지 양국 관계는 항상 불안하고 불편하였다. 따라서 한국과 일본의 상호 작용도 불안하고 불편한 상황 하에서 전개되어 왔다. 이러한 불편한 상황은 근원적으로 북행한 역사 그리고 양국 국민의 감정에 기인한다. 한국과 일본의 관계에서는 민족주의가 작동한다. 민족주의란 공통의 과거와 공통의 미래 희망을 통해 갖는 국민들의 집단적인 공통운명체의식[78]이다. 한국과 일본의 국민들은 민족주의에 기초해서 상대 국가의 정책, 행위 등을 해석하고 평가하는 경향이 매우 농후하다. 민족이란 단일 종족으로서 단일 언어를 쓰고 단일의 역사적 문화적 배경을 가지면서 스스로 공동의 운명체라고 믿는 주민 집단이다. 한국의 민족이란 20세기에 들어 구래의 조선인이 일제의 식민지 억압을 받으면서 발견한 상상의 정치적 공동체이다.[79] 오늘날에도 한국인들은 하나의 민족으로 이러한 민족주의를 머릿속에 담고 있다. 일본 애기만 나오면 증오의 감정이 발로된다. 민족주의란 사람의 감정에 기초해서 발로된다. 다시 말하면 민족주의는 이성보다는 사람들의 감정에 기초하고 있기 때문에 민족주의에 기초한 견해, 행동 등은 자칫 문제의 본질을 왜곡(歪曲)시킬 수 있다. 한국인의 일본에 대한 부정적인 반응은 한국의 한국적 민족주의에서 기인하는 것이다. 그렇기 때문에 한국 정부의 대일본 정책은 많은 제한을 받는다. 예를 들면 이명박 정부에서 '한 · 일 군사비밀정보 보호협정(GSOMIA)'을 체결하려고 할 때 야당, 시민단체 등의 반대로 협정 체결이 무산되었고 박근혜 정부에서도 이 '협정'을 체결하려는데 야당 등이 크게 반대하였다. 이처럼 한국인들의 반일 감정이 매우 강하기 때문에 대일본 정책이나 일본의 대한국 정책에 대한 반응 등은 이성적이거나 합리적이기보다는 감정적으로 일관하는 경우가 많다.

---

78) John Stoessenger, The Might of Nations, 4th ed.(New York: Random House, 1973), p. 10.

79) 이영훈, 대한민국이야기(서울: 기파랑, 2007), pp. 20, 35.

한편 일본이라는 국가 이름으로 결정되는 정책이나 국가 이름으로 행해지는 외교 행위가 실질적으로 한국의 중대한 이익을 직접적으로 침해하는 일은 거의 없다. 일본 국민 중에도 한국인을 싫어하는 사람들의 반한(反韓)시위는 있지만 일본이라는 국가가 반한국적 외교 정책이나 외교 행위를 하는 경우는 찾아보기 어렵다. 한국 역시 국민의 일본에 대한 정서나 국민 감정은 나쁘지만 한국 정부가 국가이름으로 결정하는 대일본 외교 정책이나 외교 행위로 일본의 국가 이익을 침해하는 경우 역시 찾아보기 어렵다.

한국과 일본은 각기 미국과 동맹 관계를 갖고 있다. 그리하여 한 · 미 · 일 3국은 기본적으로 외교 정책 노선을 같이 갖고 있고 중요한 대외 문제에 대해 항상 협의한다. 그 뿐만 아니라 한국과 일본은 미국의 외교 정책 노선을 공유한다. 그리하여 한국과 일본은 상호 배타적인 외교 정책 또는 외교 행위를 행하지 않는다. 일본 및 한국은 상대국에 대한 정책이나 행위가 부정적인 경우는 많지 않다. 그렇기 때문에 상대 국가에 대한 국가 차원의 작용 및 반작용도 부정적이지 않다. 따라서 한국과 일본의 상호 작용은 총체적으로 말하며 갈등적이지 않다. 일본 내에 정치인 등의 야스쿠니 신사 참배 또는 역사 교과서 왜곡 문제 등이 한국과 일본의 주요 관심사이다. 엄밀하게 말하면 일본 정치인 등의 야스쿠니 신사 참배는 일본 정부의 공식적인 결정에 의해 이루어지는 것은 아니다. 그리고 일본이 역사 교과서도 국정 교과서가 아니라 검인정 교과서이다. 그러므로 엄밀히 말하면 역사 교과서 역시 일본 정부에 의해 만들어지는 것이라고 말하기 어렵다. 일본 국내에서 이러한 일들이 벌어지고 있는 것은 매우 유감스러운 일이지만 이것에 대한 한국인의 반응 역시 한국인의 민족주의에 기초해서 나타나는 현상이다.

한국과 일본은 동일한 외교 정책 노선을 갖고 있기 때문에 외교 정책 측면에서는 협조적이다. 한국과 일본은 기본적으로 미국의 외교 정책 노선과 목표를 공유한다. 한국과 일본은 각각 미국과 동맹 관계를 갖고 있고 한국과 일본은 그의 안전 보장을 미국에 크게 의존하고 있다. 그러므로 한 · 미 · 일 3개국은 대외 문제에 대해 정책 공조를 하여 왔다. 따라서 한국과 일본도 대외정책 측면에서 정책 공조를 이루어왔다. 한국과 일본은 외교 정책 및 외교의 측면에서 갈등적인 상황은 만들어지지 않았고 따라서 갈등적인 상호 작용은 전개되지 않았다. 다만 한국 정부의 일본의 외교 정책 및 외교 행위에 반응하고 대응하는데 한계가 있고 어려움이 있다. 왜냐하면 한국 국민의 대 일본에 대한 감정 및 정서가 매우 부정적이기 때문이다.

1973년 8월 일본 동경에 머물고 있던 야당의 중진정치인이고 대통령 후보였던 김대중씨가 한국 중앙정보부 요원에 의해 비밀리에 강제로 납치되어 한국에 돌아온 일이 발생하였다. 한국 중앙정보부 요원의 이러한 행위는 일본의 주권을 침해하는 행위이며 이러한 상황은 당연히 일본 정부를 크게 분노케 하는 행위이다. 이 사건은 한 · 일 관계를 크게 훼손할 수 있는 행위이다.

한국 정부의 이러한 행위에 대해 일본 정부는 9월로 예정되어 있던 한 · 일 정기 각료회담을 연기하였고 경제 원조와 차관을 일시적으로 중단하는 경제조치를 취하였다.[80]

일본의 이러한 대응 조치는 당연한 일이다. 일본의 주권이 한국 정부의 관리에 의해 침해되었기 때문에 일본의 이러한 과격한 대응은 충분히 예상할 수 있는 조치였다. 이에 대해 한국 정부는 김종필 국무총리를 일본에 파견하여 그 진상을 해명하고 이 사건에 관련된 한국 관리들을 처벌하였다. 이렇게 한국 정부가 일본에 사죄의 뜻을 전하며 한-일 관계는 더 이상 악화되지 않고 수습되었다.

1983년 1월 일본이 나카소네(中曽根 康弘)수상이 한국을 방문하여 전두환 대통령과 정상 회담을 갖고 한 · 일 경제 협력과 우호 관계를 다짐하고 양국 간 '핫라인'설치 등에 합의하였다. 이 때 양국 외무 장관 간에 40억 달러 규모의 경제 협력에 합의하였다. 이어서 1984년 9월 한국 대통령으로서는 처음으로 전두환 대통령이 일본을 공식 방문하여 일본 국왕을 면담하였고 일본 총리와 정상 회담을 가진 후 발표한 공동 성명에서 "한 · 일 우호 선린 · 우호협력 관계를 더욱 발전시키고 공고히 하기 위해 노력한다."는 약속을 하였다. 1983년과 1984년에 한 · 일 양국 정상의 상호 방문으로 양국 관계는 동아시아에서 미국을 중심으로 하는 한 · 미 · 일 3국 협력 관계를 공고히 하는 계

80) 이기완, 일본외교와 동아시아, p. 59.

기를 마련하였다. 그리고 1986년 9월에는 한국에서 개최되는 아시안게임 개막식에 참석차 한국을 방문한 나카소네 총리와 전두환 대통령은 정상 회담을 가졌고 두 차례의 외무 장관 회담, 그리고 12월의 정기 각료 회의 등을 가졌다. 그리고 1988년 노태우 정부가 출범한 다음 한 · 일 양국은 미래상을 정립하기 위해 '21세기 위원회'가 활발히 활동하였다. 또 1988년 2월과 9월 노태우 대통령과 일본의 다케시다 노보루(竹下登)총리와 정상 회담을 가졌다.

한국 대통령으로서는 처음으로 이명박 대통령은 2012년 8월 10일 독도에 갔었다. 독도는 한국과 일본 정부가 서로 영유권을 주장하는 섬이다. 이러한 가운데 한국의 대통령이 독도를 방문한 사실은 독도가 한국의 영토라는 것을 명시적으로 표시하는 행위이다. 한국 대통령의 이러한 행위가 당장 일본의 핵심적 이익을 침해하지는 않지만 이 행위는 일본 국민에게는 커다란 충격을 줄 수 있는 행위이다. 그렇기 때문에 일본 정부도 강경하게 반응하고 대응하였다. 먼저 일본 외무성은 주일 한국 대사를 불러 한국 대통령의 독도 방문에 대해 항의하였고 더 나아가 주한 일본 대사를 본국으로 소환하였다. 이러한 일본 외무성의 대응 조치는 명백한 부정적인 대응이다. 그러나 한국 대통령의 방문은 한국 정부 차원에서 행해진 행위로 이 행위는 일본 정부 및 일본 국민을 분노케 하는 행위였다. 이러한 일이 발생한 다음 일본 정부가 취한 대응 조치는 부정적이고 간접적인 상호 작용이 전개되었을 뿐 더 이상의 갈등적인 상호 작용은 전개되지 않았다. 한국과 일본 간에 전개되었던 이러한 상호 작용은 한국과 일본의 외교 관계가 매우 돈독하였기 때문이다.

2017년 1월 한국과 일본 간에 간접적인 갈등적 상호 작용이 전개되었다. 부산에 있는 일본총영사관 앞에 위안부를 상징하는 소녀상이 설치되어 있다. 이 소녀상은 한국 정부가 세운 것이 아니라 한국 시민들이 세운 것이다. 일본 당국이 한국 당국에 소녀상의 철거를 요구하였으나 한국 정부는 국민적 감정 및 여론 때문에 쉽게 철거하지 못하였다. 그런데 2015년 12월 28일에 만들어진 '한 · 일 위안부 합의' 내용 중에 한국 측은 "소녀상이 적절히 해결되도록 노력한다."라는 내용이 명시되어 있다. 그리하여 일본 정부는 부산 일본 영사관 앞에 있는 위안부 소녀상이 철거되지 않는 것은 '한 · 일 위안부 합의' 위반이라고 주장한다. 일본 정부는 한국측의 합의 위반에 대한 대응 조치로 2017년 1월 9일 주한 일본 대사 나가미네 야스마사(長嶺安政)와 부산총영사 모리모토 야스히로(森本康敬)을 일시 귀국시켰다. 그리고 한 · 일 고위급 경제 협의 및 한 · 일 스와프 협상을 중단시켰다. 일본 정부의 이러한 결정은 갈등적인 간접 상호 작용이다.

부산에 있는 일본 영사관 앞에 놓여있는 위안부를 상징하는 소녀상 문제는 정치적 또는 외교 정책 · 문제는 아니다. 일본 정부의 이 소녀상에 대한 반응 역시 민족주의적 색채를 띠고 있다. 한국과 일본의 민족주의적 감정은 한 · 일 양국 당국이 안고 가야 할 문제인 동시에 해결되기 어려운 문제이다.

한국과 북한 간의 상호 작용

한국과 북한 간의 상호 작용은 다른 동아시아 국가들이 북한과 전개하는 상호 작용과는 그 의미, 중요성 등에 다소 차이가 있다. 한국의 국방 백서에는 북한을 '적'으로 규정하고 있고 남북한은 적대관계를 갖고 있다.

한국에게 북한은 먼저 통일의 대상이고 또 핵 무기, 미사일 등으로 한국과 한국 국민의 안전을 직접 위협하고 있는 정권이다. 특히 북한이 보유하고 있는 대량 살상 무기는 1차적으로 그들이 호언하고 있는 한반도의 적화 통일의 수단이 될 수도 있다. 거슬러 올라가 보면 1950년 6 · 25전쟁부터 시작하여 북한 무력 세력의 청와대 습격, 끊임없는 공작원의 남한 침투, 대한항공기 폭파, 천안함 폭침 등 북한은 한국인도 동족이고 동포라고 하면서도 한국인의 안전을 위협하고 있다. 한국은 다른 동아시아 국가들과는 전혀 다른 남북한 대치 상황이 오늘 날에도 연출되고 있다. 휴전선을 사이에 두고 남북한의 상당한 무장 세력이 경계를 늦추지 않고 대치하고 있다.

1991년 한국과 북한은 유엔의 정식 회원국이 되었다. 국제법상 북한도 주권 국가이다. 중국은 일찍이 북한을 국가로 승인하였고 일본은 북한과 국교 정상화를 논의하기도 하였다. 북한 정권은 대한민국 영토의 절반을 무단으로 점령하고 있는 불량 정권이기 때문에 한국은 북한을 국가로 인정하고 있지 않다. 그러므로 원론적으로 말하면 북한은 한국 외교의 대상이 될 수 없다. 북한은 한국의 통일의 대상일 뿐이다. 모든 국가의 외교는 국가의 안전을 도모하고 국가의 이익을 증진시키기 위해 전개된다. 그러나 한국과 북한은 국가의 이익을 증진시키기보다는 일차적으로 한반도의 평화와 안전에 초점을 맞추어 접촉을 갖고 상호 작용을 한다. 그리고 한국과 북한은 서로의 이익을 증진시키기보다는 안전과 이익을 해치지 않도록 하기 위해 직접 또는 간접 상호 작용을 전개해왔다.

한국과 북한은 1953년 7월 27일 휴전 협정이 체결된 후 처음으로 1971년 8월 20일 남한과 북한 적십자 대표들이 자리를 함께하여 대화를 가졌다. 그러나 이 접촉은 아무런 성과를 거두지 못했다. 이 접촉은 양국 정부의 승인 하에 전개되었지만 형식상으로 말하면 정부 차원의 상호 작용은 아니었다. 그리고 여러 차례의 비밀 접촉 끝에 1972년 3월 28일 한국 적십자사 대표 정호진은 (정호진은 실제로 한국 중앙정보부의 국제부의 부책임자였다.) 자동차와 헬리콥터로 처음으로 평양으로 갔다. 그 후 한국 중앙정보부장 이후락은 1972년 5월 비밀리에 평양을 방문하여 김일성을 면담하였다. 그리고 1972년 7월 4일에는 북한 부수상 박성철이 서울을 방문하고 박정희 대통령을 면담하였고 남북 양측은 공동 성명을 발표하였다. 그 성명의 내용은 다음과 같다.

첫째, 통일은 외부 세력의 간섭없이 독자적 노선으로 성취시킨다.

둘째, 통일은 무력을 사용하지 않고 평화적으로 성취시킨다.

셋째, 남북은 같은 동포로서 민족의 통합은 서로 다른 생각, 이념 그리고 체제를 뛰어넘어 추진한다.

1972년 남북한 양측의 고위급 인사들의 교환 방문, 정권의 최고 책임자의 면담 그리고 성명서 발표는 냉전 시기 남북한 간에 전개되었던 역사적인 상호 작용이었다. 그러나 그 후 남북한 간의 긍정적인 직접적 상호 작용은 전개되지 못했다.

1980년대 접어들면서 남북한 간에는 관계 발전을 위한 상호 작용이 전개되었다. 1980년대 초반 남북 총리 회담을 위한 실무 접촉이 있었고 제23회 하계 로스엔젤레스 올림픽 단일팀 구성을 위한 체육 회담이 개최되었다. 그러나 아무런 결실을 보지 못했다. 1980년 1월에는 북한의 이른바 '조국평화통일위원회' 위원장 김일(金一) 명의로 그들이 임의로 선정한 한국의 각계 인사 11명과 북한 정무원 총리 이종옥(李鍾玉) 명의로 한국의 신현확 국무총리 앞으로 각 1통씩의 편지를 보냈다. 그리하여 남북 총리 회담을 위한 실무 대표들의 10여 차례접촉이 있었으나 남북한 체육 회담을 제의하여 3차례 회의를 가졌다. 그러나 이것도 성공하지 못했다. 그리고 1984년 11월 40년 만에 처음으로 판문점에서 남북 경제 회담이 2년에 걸쳐 모두 5차례 진행되었다. 이 회담도 아무런 성과를 내지 못했다. 한편 남북 적십자 회담은 남북한의 이산가족 고향방문 및 예술 공연단의 남북한 교환 방문을 성사시키기도 하였다.[81] 1991년 남북 분단 이후 두 번째 획기적인 남북한 간의 직접적 상호 작용이 이루어졌다. 1991년 10월 평양에서 남북한의 총리가 평양에서 회담을 가졌다. 그리고 같은 해 12월 북한의 총리를 단장으로 하는 북측 대표단이 서울을 방문해서 양측은 '남북사이의 화해와 불가침, 및 교류협력에 관한 합의서(약칭: 기본합의서)'에 서명하였다. 그리고 이 합의서는 1992년 2월 19일부터 효력을 발생하도록 규정하였다. 이 합의는 양측 정권 차원에서 이루어진 합의였다. 만약 합의가 이행된다면 남북한 관계를 새로이 설정하게 되고 한반도의 불안은 완전히 해소될 수 있고 남북 양측의 기존의 정책은 모두 새롭게 만들어지게 될 수 있는 합의였다. 그 합의 내용을 요약하면 다음과 같다.

- 양측은 상대방의 체제를 인정하고 간섭 및 비방을 중지하고 상대방을 전복시키려는 행위를 중지한다.
- 남북 양측은 휴전 상태가 끝날 때까지 계속해서 휴전 상태를 존중하며 현재의 휴전 상태를 확고한 평화 상태로 전환시키기 위해 노력한다.
- 남북은 상대에 대해 무력을 행사하지 않고 신뢰를 구축할 수 있는 조치를 강구하며 군비 축소를 실시한다.
- 경제, 문화 및 과학적 교류, 이산 가족 간 자유로운 통신 그리고 분단 이후 단절된 도로 및 철도의 재개

또 다른 하나의 남북한 직접적 상호 작용은 2000년 6월 김대중 대통령의 평양방문이다. 1945년 분단 이후 처음으로 한국 대통령의 방문이었다. 한국

81) 外交通商部, 한국외교50년, 1948-1988)外交通商部, 1999), pp. 103-104.

대통령은 북한 방문 그리고 북한의 최고 권력자 국방위원장 김정일과의 만남은 그 결과에 관계없이 역사적으로 기록될만한 사건이다. 김대중 대통령과 김정일 국방위원장은 '6 · 15공동 선언'을 발표하였다. 이 선언의 주요 내용은 다음과 같다. 첫째, 통일 문제의 자주적 해결, 둘째, 통일 방안의 공통성 인정, 셋째, 이산가족 및 비전향 장기수 문제 해결, 넷째, 경제 협력과 제반 분야의 협력 · 교류 활성화, 다섯째, 당국간 대화 그리고 여섯째 김정일 국방위원장의 서울 방문 등이다. '6 · 15 공동 선언'이후 남한은 비전향 장기수 전원을 북한에 보내주었고, 이산가족 교환 방문이 있었고, 장관급 회담, 군사회담, 경제실무회담이 개최되기도 하였다.

이러한 합의 내용 등은 실제로 효율적으로 이행되지 못했다. 공동 선언의 합의 정신이 이행과정에서는 제대로 작동되지 못해 합의 내용의 이행은 순조롭지 못했다. 특히 북한의 한국에 대한 도발적인 행위는 공동 선언의 합의를 무색케 하였다. 2002년 6월 서해에서 발생한 남북한 해군의 교전은 이러한 합의 이행을 불가능하게 만들었다. 더욱이 북한의 핵 무기 개발, 미사일 발사 등은 남북한 화해 분위기에 찬물을 끼얹는 행위가 되었다.

2007년 10월 노무현 대통령 역시 북한을 방문하여 김정일 국방위원장과 회동하였다. 이 회동에서도 '10 · 4 남북 공동 선언'을 채택하였다. 이런 합의도 역시 북한의 핵 실험 등으로 회동은 무의미하게 되었고 한반도에는 긴장이 고조되고 있었다.

이러한 남북한 최고 통치권자간의 합의도 이행이 되기 어려울 만큼 남북한의 상황은 불안하다. 이러한 합의가 이루어져도 언제, 어디서 무슨 일이 발생할지 모르는 것이 한반도의 실제 상황이고 남북 관계의 현주소이다.

남북한 간에는 여러 차례 고위급 정부 인사들의 교류 및 접촉이 있었고 또 합의도 있었지만 바람직한 결과는 얻지 못했다. 북한의 5차례의 핵 실험 그리고 여러 차례의 미사일 발사 실험은 남북한 관계를 근본적으로 얼어붙게 만들었다. 북한의 핵 실험 및 미사일 발사로 북한은 유엔의 경제 제재를 받고 있어 한국도 유엔의 대북 제재에 참여하고 있다. 그 일환으로 한국 정부는 2016녀 개성 공단을 폐쇄하였다. 북한에 대한 유엔의 제재로 한국 정부와 북한 간의 교류 및 접촉은 더욱 어렵게 되었다.

한국과 북한의 간접적 상호 작용은 다른 국가 간에 전개되는 것과는 매우 다르게 전개된다. 남북한은 비정상적인 관계를 갖고 있다. 오직 남북한은 배타적이고 적대적인 관계만을 갖고 있다. 그렇기 때문에 남북한 간에는 관계를 발전시키고 상호 이익의 증대를 도모하는 정상적인 정책이나 행위가 전개되지 않는다. 남북한 간에 전개되는 간접적 상호 작용은 다분히 비방 또는 적대적 감정의 표현이 대부분을 차지하고 있다. 근본적으로 그리고 기본적으로 한국과 북한은 앞에서 정의한 바와 같이 갈등적 관계를 갖고 있기 때문에 한국과 북한 간에는 협조적이고 건설적인 상호 작용이 전개될 수 있는 여지는 없다. 남북한 간의 직접적 상호 작용이 여러 차례 전개되기는 하였으나 그러나 이 직접적 상호 작용은 대체로 형식에 그치고 있어 어떠한 결과도 만들어내지 못하고 있다.

3. 상호 작용의 분석

제3부 첫 부분에서 설명한 바와 같이 국가 간에 전개되는 상호 작용에는 여러 유형, 행태 그리고 질이 있다. 첫째, 상호 작용의 유형에는 직접 상호 작용과 간접 상호 작용이 있다. 둘째, 상호 작용의 행태에는 긍정적이고 협조적인 상호 작용이 있고 다른 하나는 부정적이고 갈등적인 상호 작용이 있다. 그리고 셋째, 상호 작용의 질에는 평등한 상호 작용이 있고 불평등한 상호 작용이 있다. 국가 간에 다양한 형태의 상호 작용이 전개되는 데에는 다양한 이유, 배경 등이 있다. 이처럼 국가 간에 전개되는 다양한 상호 작용들을 분석하고 정리하면 국가 간에 행해지는 국가 간 정치 즉 국제정치를 더 정확히 이해하고 설명할 수 있을 뿐만 아니라 국제정치의 결과의 정확한 예측도 가능할 것이다. 우리가 예측할 수 있는 틀(model)을 갖고 있으면 국가는 어떠한 국제정치의 현상에 효율적으로 대응할 수 있을 것이고 이것은 국가의 이익 증대에 도움이 될 뿐만 아니라 하나의 국가 그리고 한 지역에 안정과 평화를 가져올 수 있게 될 것이다. 특히 북한을 제외한다면 동아시아에

위치하고 있는 국가들은 21세기에 대체로 국내적으로 안정된 기조 위에서 국가를 경영하고 있고 동시에 지역적으로 북한의 도발을 제외하면 동아시아 지역은 기존의 질서가 유지되는 데 큰 어려움이 없을 것이다.

동아시아 국제정치 주체 간의 직 · 간접 상호 작용은 국가 간 외교 관계에 의해서보다는 주체 간의 사안에 따라 이러한 상호 작용이 전개되어 왔다. 일반적으로는 국가 간의 외교 관계가 돈독해야만 상호 작용이 적극적으로 전개될 수 있을 것으로 생각할 수 있다. 그런데 실제로는 국가 간에 존재하는 외교 관계 못지않게 발생된 사안에 따라 국가 간 다양한 상호 작용이 활발하게 전개되었다.

미국과 중국 상호 작용의 분석

1972년 2월 미국과 중국이 상해 공동 성명을 발표한 이후 미국과 중국 간의 외교 관계는 매우 평범하고 정상적인 관계가 유지되고 있다고 말할 수 있다. 1949년 이후 오늘날까지도 미국과 중국은 상대 국가의 중대한 이익을 침해하는 외교 정책을 결정하거나 외교 행위를 감행한 경우는 많지 않다. 양국 간은 갈등적 상호 작용이 전개될 수 있는 소지(素地)를 만들지 않았다. 그렇기 때문에 미국과 중국 간에는 상호 작용이 활발하게 전개되지 않았다. 미국과 중국 간에는 특히 간접적 상호 작용이 많지 않았다. 미국과 중국은 상대 국가의 외교 정책 및 외교 행위에 민감하게 반응하고 적극적으로 대응하는 일은 매우 적었다. 특히 양국 정부를 대표하는 대변인들 간에도 부정적이고 갈등적인 간접적 상호 작용은 매우 적었다. 이러한 이유는 미 · 중 간 외교 관계가 돈독해서라기보다는 부정적이고 갈등적인 간접 상호 작용의 소지를 양국이 생산하지 않았기 때문이다. 일반적으로 미국과 중국은 이념과 사회 체제를 달리하고 또 경쟁의 대상 국가이기 때문에 중국과 미국 양국 간에는 부정적이고 갈등적인 상호 작용이 많을 것으로 생각할 수 있으나 실제로 양국 간에는 이러한 상호 작용이 매우 적었다. 미국과 중국 간에는 아직은 국력의 차이가 있다. 경제규모, 군사력 등에서 아직 중국의 증력은 미국에 크게 못 미치고 있다. 이러한 이유로 미국과 중국 간 상호 작용은 대립 · 갈등적으로 전개되지 않았다.

미국과 중국 간의 대표적인 갈등 사안 중의 하나는 미국의 대만에 대한 무기 판매이다. 미국이 대만에 무기를 판매하는 행위는 중국의 중대한 이익을 침해하는 행위라고 한다. 그럼에도 불구하고 미국은 꾸준히 대만에 무기를 판매해 왔다. 그러나 중국은 미국의 대만에 대한 무기 판매 행위에 대해 적극적으로 대응하지 않고 있다. 중국이 미국의 대만에 대한 무기 판매에 대해 구체적인 조치를 취한 일이 없다. 중국이 미국에 대해 이처럼 대응하고 있는 이유는 과거 등소평, 강택민 등 중국 실력자들의 충언(忠言)을 충실히 따르고 있기 때문이다.[82] 중국은 이 충언에 따라 미국과의 대립, 갈등, 충돌 등을 회피하려고 하기 때문이다. 특히 중국은 미국에 대해서 어떤 경우에도 부정적 및 갈등적으로 대응하지 않을 뿐만 아니라 중국 자체가 미국의 대부분 결정, 행위 등을 수용하고 있다.

2016년 7월 한국과 미국은 한국 영토 내에 고고도미사일방어체계(THAAD)를 설치한다고 발표하였다. 이 때 중국 당국은 한국 영토 내에 이 무기 체계의 설치를 반대한다는 성명을 발표하였다. 미 무기 체계는 미국군이 사용하는 무기 체계이다. 한국은 한미 상호 방위 조약 제4조에 근거하여 그 무기 체계의 기지를 제공하였을 뿐이다. 그러므로 중국은 당연히 미국에 대해서 이 무기 체계의 설치를 반대한다는 의사를 직접 알리는 것이 올바른 처사일 것이다. 그런데 중국은 미국 정부에 대해서는 그 무기 체계의 설치를 반대한다는 직접적인 또는 간접적인 상호 작용을 전개하지 않았다. 만일 중국이 미국에 대해 적극적으로 반응하고 대응한다면 양국 간에는 부정적이고 갈등적인 상호 작용이 전개되기 때문에 중국은 미국과의 협조적 관계 유지를 위해 미국에 대한 상호 작용을 자제한 것으로 판단된다. 중국은 미국과의 협조적 관계 유지가 중국의 발전에 절대적으로 필요하기 때문에 그리고 중국은 미국과 이러한 관계 유지를 지상(至上)의 과제로 생각하고 있기 때문에 중국은 미국과의 상호 작용에 있어 소극적인 입장을 견지하고 있다. 그리하여 중국은 미국과의 대립 및 갈등을 피하기 위해 적극적인 간접적 상호 작용을 자제하고 있는 것으로 보여진다.

82) 人民日報, 1993.5.24., 2001.1.19. 참고.

상호 작용의 질의 측면 즉, 상호 작용의 평등-불평등의 차원에서 미국과 중국과의 상호 작용을 비추어 보면 양국의 상호 작용은 불평등하다. 중국은 대체로 미국의 외교정책 및 외교 행위를 수용하는 편이다. 그러나 중국은 2010년 9월에 미국 의회가 제정한 '환율 조작제재법'에 대해서는 비교적 적극적으로 반응하고 대응하였다. 원자바오 총리도 직접 이 법에 반대한다는 의사를 오바마 대통령에게 직접전달하기도 하였다. 미국의 대만에 대한 무기 판매에 대해서는 소극적으로 대응하였으나 '환율 조작법'에 대해서는 비교적 적극적으로 대응하였다.

중국은 미국이 대만에 무기를 판매하는 행위가 중국의 중대한 이익을 침해하는 것이라고 하면서도 이에 대한 대응은 지극히 소극적이었다. 미국이 대만에 무기를 판매하는 것이 당장 중국이 안전을 직접적으로 위협하는 것이 아니기 때문에 미국에 대한 적극적이고 부정적인 대응은 자제하고 있다. 그러나 '환율 조작법'은 현실적으로 당장 중국 경제에 나쁜 영향을 미치기 때문에 중국은 미국에 대해 적극적으로 대응한 것이다. 중국 경제에서 수·출입 비중은 비교적 큰 편이다. 그렇기 때문에 환율 문제는 중국에게 매우 중요한 문제이다. 중국은 미국과의 상호 작용에 있어서 현실적으로 중국의 국가 이익에 결정적으로 영향을 미치지 않는 사안에 대한 미국의 외교 정책 및 외교 행위는 대체로 중국에 의해 수용되고 있다. 상호 작용의 질적 측면 즉 상호 작용의 평등-불평등차원에서 미국과 중국의 상호 작용은 중국 측면에서 보면 불평등한 상호 작용이 주류를 이루고 있다고 말할 수 있다. 미국의 대만에 대한 무기 판매로부터 대만의 이등휘 총통의 미국방문, 중국의 인권문제와 최혜국 대우를 연결한 경우 또 미국 대통령이 티베트의 정신적 지주 달라이라마를 접견하여도 중국은 미국의 이러한 결정 및 행위에 적극적으로 대응하지 않고 수용하였다.

중국이 일방적으로 남중국해 공해상에 있는 섬들을 점거한 행위에 대해 미국이 부정적인 반응을 나타냈다. 미국의 중국에 대한 부정적인 의사 표시를 하였다. 이에 대해 중국 외교부 대변인도 미국의 이러한 의사 표시에 경고성 대응을 하였다. 이것은 미국과 중국 간에 전개된 부정적이고 다소 갈등적인 간접적 상호 작용이다. 이 상호 작용의 직접 적인 사안은 특히 미국에게는 직접적인 영향이 없는 사안이다. 이 사안에 대해 중국이 비교적 적극적으로 대응하는 모습을 보였다. 중국이 이처럼 미국의 행위에 적극적으로 대응한 것은 이 사안이 미국 국가 이익에 직접 영향을 미치지 않는 사안이기 때문에 적극적으로 대응할 수 있었고 또한 미국에 대한 중국의 이러한 대응이 미중 관계에 직접 영향을 미치지 않는 사안이기 때문에 중국이 이러한 적극적인 상호 작용을 전개한 것이다. 중국은 미국에 대한 상호 작용에서 그 상호 작용의 사안의 경중(輕重)에 따라 가벼운 사안을 적극적으로 반응하고 대응하고 중대한 사안에 대해서는 신중하게 그리고 소극적으로 반응하고 대응하고 있다. 예를 들면 미국의 대만에 대한 무기 판매는 중국에게는 중대한 사안이므로 적극적으로 대응하여야 할 사안임에도 불구하고 중국은 거의 무대응으로 일관하고 있다. 이처럼 중국은 미국의 외교 정책 및 외교 행위를 수용하고 있다.

2017년 미국과 중국은 서신을 통한 상호 작용을 전개하였다. 중국의 시진핑 주석은 1월 20일 트럼프의 미국 대통령 취임을 축하하는 축전을 보냈다. 트럼프 대통령은 시진핑 주석의 서신에 대한 감사의 뜻을 전했다. 트럼프 대통령은 그의 서신에서 "중국 인민들이 즐거운 정월 대보름(음력 1월 15일)을 지내고 복된 닭의 해를 맞이하기를 기원한다. 시주석과 협력해 미 · 중 양국 모두에게 이익이 되는 건설적인 관계를 발전시켜 나가기를 기대한다"고 하였다.[83] 트럼프 대통령이 시진핑 주석에게 이러한 서신을 보내는 것 그리고 건설적 관계를 말하는 것은 양국 관계의 단면을 보여주는 것이다. 또한 이러한 서신 교환의 내용은 양국이 모두 현상(status quo)의 유지를 희망하는 뜻으로 해석된다. 미국과 중국의 역대 정권들은 끊이지 않고 상호 방문하고 정상 회담을 가져왔다. 국가 간의 정상 회담은 직접 상호 작용의 상징인 동시에 양국 관계가 긴밀하고 돈독하다는 뜻을 나타내는 징표이다. 중국과 미국 간의 정상 회담도 이러한 의미를 갖고 있다. 또한 정상 회담은 국가 간 직접 및 간접 상호 작용의 방향 및 지침을 제시한다. 그러므로 미국과 중국 간의 계속

83) 朝鮮日報, 2017.2.10.

된 정상 회담은 미국과 중국 간 상호 작용이 협조적으로 전개될 수 있는 길을 열어주는 외교 행위이다. 만일 국가 간 관계가 나쁘다면 정상 회담은 개최되지 않는다.

오늘날까지도 중국은 미국의 외교 정책 및 외교 행위에 대해 대체로 수용하고 소극적으로 대응하는 이유는 국력의 측면에서 또 영향력의 측면에서 중국은 미국에 뒤지고 있기 때문이다. 중국은 그 자신을 개발도상국가라고 한다. 실제로 중국의 모든 지표를 보아도 군사력에 대한 지표를 제외하면 중국은 분명히 개발도상국이다. 중국의 등소평, 또 강택민이 미국과 협조를 강조하고 갈등 · 마찰을 적게 하라는 것도 미국은 세계 최고의 선진국이고 중국은 아직도 개발 도상 국이기 때문에 이들은 미국에 대한 중국의 소극적인 자세를 주문한 것이다. 거듭 말하는데 개발 도상 국인 중국이 최고 선진국인 미국과 대립하고 갈등을 조장한다며 중국은 얻는 것보다 잃는 것이 많게 될 것이다. 그러므로 중국은 미국과 불평등한 상호 작용을 전개하지 않을 수 없다.

미국과 일본 상호 작용의 분석: 미국과 일본은 지극히 협조적인 상호 작용만이 전개될 조건을 갖고 있다. 미국과 일본은 상호 방위 조약을 체결하여 동맹 관계를 갖고 있고 2007년 현재 일본 영토 내에는 육군, 해군, 공군 그리고 해병 모두 39,750명 주둔하고 있다.[84] 1951년 2월 미국무성 고문인 덜레스(John Foster Dulles)는 "미국은 일본으로부터 미국이 원하는 만큼의 미군을, 원하는 장소에 그리고 원하는 기간만큼 일본에 주둔시킬 수 있는 권리를 확보했다"고 말했다.[85] 오키나와현 중심부에 위치하고 있는 미군기지 후텐마(普天間)기지를 시의 외각으로 이전시키는 것은 이곳 주민들의 오랜 숙원이다. 그런데도 불구하고 이 기지 이전은 현재까지 이루어지지 않고 그 자리에 그대로 위치하고 있다. 이러한 사실은 미국과 일본 간의 관계를 단적으로 보여주고 있는 것이다. 앞에서 언급한 바와 같이 일본은 안보상 미국의 보호국이라는 꼬리표를 달고 있다. 지금 지적한 사실들은 어떠한 경우라도 미국과 일

84) Martin Jacques, When China Rules the World 2nd. ed.(London: Penguin, 2012), p. 402.

85) 양기호(옮김), 미국은 동아시아를 어떻게 지배했나, p. 161.

본 간에 정상적인 상호 작용의 전개를 가능하게 하지 않을 것이다.

미국과 일본 간에는 진지한 직접적 상호 작용이 전개될 수 있는 상황은 발생하지 않는다. 미국과 일본은 중요한 외교 정책을 결정하거나 외교 행위를 해야 하는 경우에 대체로 사전에 논의하고 협의한다. 이 협의 과정에서 양국은 정책 및 행위를 조율하고 조정하기 때문에 두 국가 간에는 심각한 그리고 갈등적인 직접 상호 작용이 전개될 수 있는 소지가 근본적으로 발생하지 않는다. 앞에서 지적한 것처럼 아베 일본 총리의 북한 방문도 미국은 일방적 통보가 아니라 사전 협의를 요구하고 있다. 미-일 간에는 이러한 일들이 일상적인 일이기 때문에 그리고 어떠한 마찰도 또 갈등도 발생하지 않기 때문에 두 국가 간의 갈등적 상호 작용이 전개될 여지는 없게 된다.

미국과 일본은 어떤 정책을 결정하거나 행위를 하려 할 때 양국은 정부 차원의 사전 협의가 이루어져야 하기 때문에 양국 정부 당국자들 간에는 접촉 및 교류가 많다. 그렇기 때문에 어느 한 국가가 상대 국가의 외교 정책 및 외교 행위에 대해 일방적으로 자국의 의사를 표시해야하는 간접적 상호 작용도 전개되지 않는다. 미국과 일본 간에 간접적 상호 작용이 전개된다면 그것은 상대 국가의 정책 및 행위를 지지하고 찬성하는 것 뿐일 것이다. 미국과 일본의 상호 작용은 어떠한 경우에도 협조적인 상호 작용으로 일관하게 될 것이다.

미국과 일본의 상호 작용의 질은 불평등으로 전개되어 왔다. 일본이 미국의 외교 정책이나 외교 행위를 공개적으로 거부하고 부정하는 일은 없었다. 또 앞으로도 없을 것이다. 이렇게 말할 수 있는 근거는 이미 미국과 일본 간에 일본이 미국에 의존하는 불평등 상호 의존 관계가 설정되어 있기 때문이다. 한편 미국과 일본의 이러한 관계는 일본으로 하여금 미국의 외교 정책 및 외교 행위를 수용하지 않을 수 없게 하므로 미국과 일본의 상호 작용은 불평등하게 전개될 것이다. 1951년 9월 8일 일본은 샌프란시스코에서 미국과 전쟁 상태를 끝내는 강화 조약(평화조약)을 체결하던 날, 일본은 미국과 미 · 일 안보 조약을 체결하고 주일 미군의 주둔 및 기지 사용권을 전면적으로 허용하였다. 특히 이 안보 조약에 의해 일본은 미국의 대소 봉쇄 전략에 편입되어 '종속적인 독립 국가'로 출발하게 되었다.[86] 일본이 안전 보장 상

미국에 크게 의존하고 있다는 사실은 미국과 일본 간에 불평등한 의존 관계가 계속되고 있기 때문에 미국과 일본 간에는 불평등한 상호 작용이 전개될 수 밖에 없다.

미국과 북한 상호 작용의 분석: 21세기인 오늘날 국가 간에 외교 관계를 정상화하지 못하고 있는 관계라면 그 관계는 비정상관계이고 더 나아가서는 적대적 관계라고 말할 수 있다. 미국과 북한의 관계가 곧 이러한 관계일 것이다. 그렇다면 미국과 북한 간에는 정부 차원의 교류 및 접촉도 많을 수 없을 것이다. 외교 관계의 측면에서 보면 미국과 북한 간에는 상호 작용 역시 많지 않은 것이 당연한 일이다. 북한의 핵 무기 개발 문제를 제외하면 미국은 북한에 대해 큰 관심을 갖고 있지 않았다. 미국과 북한이 상대국의 관심을 끌만한 외교 정책을 결정하거나 외교 행위를 하는 경우가 거의 없기 때문에 양측 간 간접적 상호 작용이 전개되는 일은 없었다. 그러나 미국과 북한은 외교 관계와 관계없이 양측 간에 중대 사안이 발생하면서 미국과 북한 간에는 간접적 상호 작용보다 적극적 상호 작용이 적극적으로 전개된 일이 있었다. 바로 그것은 북한의 핵 문제였다.

북한은 1970년대 중반부터 미국과의 접촉 및 교류를 갖기 위해 여러 경로를 통해 북한의 뜻을 직접 또는 간접적으로 알렸지만 미국의 반응은 소극적이었다. 1970년대 및 1980년대 미국은 북한과 정부 차원의 공식적 접촉 및 교류의 필요성을 갖고 있지 않았다. 그렇기 때문에 미국은 북한의 추파에 냉담할 수밖에 없었다.

그러나 북한의 핵 개발은 미국으로서는 깊은 관심을 갖지 않을 수 없는 사안이다. 북한의 핵 개발은 세계적으로 핵 무기의 확산을 막아야 한다는 미국이 기본 전제에 정면으로 배치되는 일이다. 1990년 북한의 핵 개발이 대외적으로 알려지면서 미국이 북한의 핵 개발을 저지시키기 위해 미국이 적극적으로 북한과의 직접 상호 작용을 모색하였다. 미국의 클린턴 정부는 북한에 유연한 태도를 갖게 되면서 2000년 미-북 간 고위급 인사의 상호 교차

86) 이기완, 일본 외교과 동아시아, p. 19에서 인용.

방문 그리고 이들의 상대국 최고 책임자 면담 같은 획기적인 직접 상호 작용이 전개되기도 하였다. 이러한 일은 클린턴정부 시절에만 있었다. 이러한 미-북 간의 직접 상호 작용은 정치적으로 또 외교적으로 어떠한 결과도 만들어 내지 못한 현시적(顯示的)인 것에 불과하였다. 따라서 미국과 북한 간의 이러한 현시적인 상호 작용은 어떤 의미나 또는 가치를 부여할 수 없는 돌발적인 상호 작용에 불과하였다.

다만 북한의 핵 문제를 둘러싸고 전개되었던 미국과 북한 간 상호 작용은 구체적인 목표를 갖고 진행되었지만 이 역시 아무런 성과를 거두지 못한 일시적인 사건에 불과하였다. 미국과 북한은 평상시 접촉, 교류 등이 거의 없기 때문에 미-북의 상호 의존적 관계는 존재하지 않는다. 그러므로 미-북 간에는 평등 또는 불평등적인 상호 작용은 전개될 수 있는 관계가 존재하지 않는다. 동시에 미국과 북한은 협조적 상호 작용의 전개보다는 적대적이고 갈등적 상호 작용이 전개될 소지만 많이 남아있다.

기본적으로 미국과 북한은 외교 관계를 정상화하고 있지 않기 때문에 정상적인 외교상의 접촉 및 교류가 이루어지고 있지 못하다. 그렇기 때문에 미국과 북한 간에는 정상적인 상호 작용이 전개되지 않고 있다. 앞에서 지적한 바와 같이 북한이 하여서는 안 되는 핵무기 개발 같은 특수한 상황이 발생하지 않으면 미국과 북한 간에는 어떠한 형태의 상호 작용도 전개되지 않는다. 다른 비정상적인 측면에서 보면 북한은 미국 등과 정상적인 상호 작용이 전개될 수 없기 때문에 미국과 같은 강대국과 접촉, 교류 등을 통한 상호 작용을 갖기 위한 목적의 하나로 금지된 또 불법적인 핵 개발을 도모하는 것으로도 생각할 수 있다. 한편 북한은 경제적으로 어렵고 가난한 정권이지만 미국과는 어떠한 측면에서도 접촉 및 교류가 없기 때문에 미국과 북한 간에는 상호 의존적 관계가 없다. 더욱이 미국과 북한 간에는 불평등한 의존적 관계도 없다. 그렇기 때문에 북한은 미국으로부터 압력 또는 영향력 행사로부터 자유롭다. 그래서 북한은 미국을 의식하지 않고 핵무기 개발을 감행하고 있는 것이다.

미국과 한국 상호 작용의 분석

한국과 미국 간 전개되는 상호 작용의 바탕은 1945년 8월 15일 일본이 항복하여 우리 한국인이 일본 식민 통치로부터 해방되고 미군정이 시작되면서 마련되었다고 해도 과언이 아닐 것이다. 미군정은 1948년 8월 15일 대한민국 정부가 수립될 때까지 3년 간 실시되었다. 이 3년 동안 미군은 한반도 38도선 이남에 실질적인 통치 주체로 등장하여 미국은 자신이 가치 체계와 사회 규범을 남한 사회에 일방적으로 주입시키려 기도하였기 때문에 한국의 현대 정치와 행정의 기본 구조, 통치정향(統治定向) 및 이것을 뒷받침하는 경제 · 사회 · 문화의 모든 원형(原型)이 이 기간에 새롭게 형성되어 틀 지워졌다. 미군정은 한국 사회에서 반봉건적 제도를 철폐하고 미국식 민주주의 제도를 도입시키며 나아가서 대일 종속적 식민지 반봉건 체제로부터 새로운 대미 의존적 관료주의 체제로 이행할 수 있도록 하였다.[87)]

한국과 미국 간 상호 작용의 또 다른 하나의 바탕이 된 요소는 한국의 안전 보장과 미국의 역할이다. 먼저 1950년 '6 · 25전쟁'이 발발했을 때 미국의 전폭적인 지원이 있었다. 이 미국의 지원은 한국의 공산화를 막았다. 그리고 1953년 10월에 체결된 한 · 미 방위 조약은 한국으로 하여금 안전 보장을 미국에 크게 의존하게 만들었다. 2003년 현재 미국은 한국에 3만 7,489명의 군을 주둔시키고 있다.[88)]

'6 · 25전쟁'이 끝난 다음 1950년대 및 1960년대 한국은 미국의 경제 원조에 크게 의존하여 살았다. 1946년부터 1976년까지 미국이 한국에 제공한 경제 원조 및 군사 원조는 126억 달러였다. 하나의 예로 1958년 당시 한국의 국내 총 수입은 4억 5,600만 달러였다. 이 해에 미국이 한국에 제공한 원조액은 국내 총수입의 70%였다. 이처럼 한국은 한 때 미국의 원조로 살아온 '피후견국(client state)'이었다. 미국의 한국에 대한 이러한 원조는 한국의 필요 뿐만 아니라 미국의 필요에 의해서도 이루어졌다. 1950년대 미국의 아이젠하워(Dwight D. Eisenhower)대통령은 "우리가 한국에서 철수하는 것은 미국

87) 金雲奉, 美軍政의 韓國統治(서울: 博英社, 1992) pp. 171ff.

88) 東亞日報, 2003.1.17.

으로 하여금 극동에서의 지위 전체를 포기하는 대가를 치르게 될 것이다 … 우리가 한국을 잃는다면 우리는 극동에서 우리의 지위 전체를 상실할 위험성이 있다. 따라서 우리는 한국에서 우리의 임무를 계속 수행해야 한다."고 미국의 국가 안전 보장 회의에서 언급하였다.[89)]

지금까지 제시된 내용들은 한국이 미국에 크게 의존하여 살아왔다는 사실을 실증적으로 보여주는 것이다. 뿐만 아니라 21세기인 오늘날에도 한국은 안전 보장을 미국에 크게 의존하고 있다. 한국이 이처럼 미국에 크게 의존하고 있다는 것은 한·미 관계가 평등하지 않다는 것을 말하는 것이다.

한국과 미국의 관계가 불평등하다는 것은 한·미 간 상호 작용도 불평등하게 전개될 수 있는 밑바탕을 제공하는 것이다. 이러한 현상은 한·미 간 정상적인 직·간접의 상호 작용이 전개되기보다는 한국이 미국의 외교 정책 및 외교 행위를 수용하게 만드는 요소이다. 한 예로 1970년대 주한 미군의 두 차례의 철군 결정을 한국 정부는 그대로 수용하였다. 그 뿐만 아니라 한국 정부는 미국의 핵 개발 포기 요구도 수용하였다.

그러나 이러한 특수한 경우를 제외하고 미국의 외교 정책이나 외교 행위가 한국 정부에 의해 부정적으로 또는 갈등적으로 반응하고 대응하게 하는 경우는 없었다. 어떠한 경우에도 미국의 정책이나 행위가 한국으로서 수용할 수 없는 것들이 결정되거나 행해지는 경우는 많지 않았다. 한국 역시 핵 개발 이외에 미국 정부가 수용할 수 없는 외교 정책이나 외교 행위를 하는 경우는 없다. 한국과 미국은 동맹 관계를 갖고 있는 국가로서 언제나 이해(利害)를 공유할 수 있는 외교 관계를 갖고 있기 때문에 양국의 상호 작용은 언제나 협조적으로 전개되어 왔다. 한국과 미국은 최고의 협조적 외교 관계를 유지하기 위해 수시로 국가 원수 및 정부 당국자들이 접촉하고 교류하면서 여러 정책들을 협의하고 조율한다. 그렇기 때문에 한국과 미국 간에 비정상적인 반응, 대응, 교섭 등은 전개되지 않고 있다.

---

89) 우전은, "비합리성 이면의 합리성을 찾아서-이승만 시대 수입 대체 산업화의 정치경제학," 박지향, 김철, 김일영, 이영훈(엮음), 해방전후사의 재인식, ②(서울: 책세상, 2006), pp. 482ff에서 인용.

중국과 일본 상호 작용의 분석

모택동이 소련을 방문하여 1950년 2월 14일에 체결한 '중·소 우호동맹 상호원조조약' 제1조에는 일본 및 일본과 결탁하는 그 밖의 국가를 적대국으로 상정하였다. 그러나 중국과 일본 양국은 미국보다 먼저 1972년 9월 외교 관계를 정상화하였다. 그리하여 양국은 일찍이 경제적으로 정부 차원의 교류 및 접촉을 가졌다. 오늘날 양국 외교 관계에서 첨예한 갈등적 문제인 조어도/센카쿠열도 문제에 대해서도 양국이 외교 관계를 정상화할 당시 중국의 수상인 주은래와 일본의 수상인 다나카는 "양국 관계의 발전이 시급한 문제이므로 열도 문제는 다음에 얘기하기로 하자"는 데에 합의하였다. 그리고 1978년 중·일 우호협력조약 체결 당시에도 국무원 부총리였던 등소평과 일본외상 소노다 스나오(園田 直)도 회담하는 자리에서 "쌍방은 조어도/센카쿠열도 문제를 잠시 보류하고 후세들이 해결하도록 남겨두자"는 데에 합의하였다. 1970년대 중·일 양국은 관계증진·관계발전을 최우선시하였다. 특히 1970년대 말부터 중국이 본격적으로 경제 발전을 적극적으로 추진하기 시작한 시기였기 때문에 특히 중국은 일본과의 경제 협력이 절실히 요구되었던 시기였다. 중국과 일본의 관계는 매우 협력적이었고 따라서 양국의 상호 작용은 당연히 협조적이었다. 1970년대 일본과 중국 간에 갈등을 일으킬 만한 사안은 없었다. 그리하여 일본 역시 중국에 대해 부정적으로 반응하고 대응할 일이 없었다. 즉 중국과 일본은 각각 상대 국가의 이익을 침해하는 외교 정책을 결정하거나 외교 행위를 감행하는 일은 없었다.

중국과 일본 간의 간접적 상호 작용은 1978년 10월 야스쿠니 신사에 A급 전범이 합사되고 1980년대 일본의 총리 등 정치인들이 이 신사를 참배하면서 시작되었다. 중국은 일본 제국주의로부터 인적 및 물적 피해 뿐만 아니라 중국의 영토가 침탈되는 수모를 겪었다. 그런 중국이 일본 총리들의 야스쿠니 신사 참배에 대한 반응 및 대응은 지극히 느슨하고 약했다. 일본 총리 등의 이 신사 참배는 중국에게는 치욕적인 처사인데도 불구하고 그 대응은 중국 외교부의 성명 그리고 중국 국가 주석 및 총리의 유감표명 정도였다. 여기에서 중국 외교의 소극적이고 수동적인 측면을 엿볼 수 있다. 또 다른 한편으로는 중국이 일본과의 경제 협력이 절실하기 때문에 중국의 대응은 소극적이고 수동적이었다. 또 일본의 역사 교과서의 왜곡에 대해서도 중국 내 반일 시위와 우이(吳儀) 중국 부총리의 일본 총리 면담 취소가 중국의 일본에 대한 대응의 전부였다.

현재 중국과 일본 간의 주요 쟁점은 센카쿠열도/조어도 문제뿐이다. 양국은 이것을 영토 문제라고 한다. 그럼에도 물구하고 중국과 일본이 대응 자세는 양국 공히 대단히 미온적이고 소극적이다. 이 섬 문제에 대한 양국의 태도는 두 가지 측면에서 설명할 수 있다. 하나는 이 섬이 영토 문제라고 하지만 경제적으로 양국의 중대한 국가 이익을 침해하는 문제가 아니기 때문에 양국의 이 문제에 대한 태도는 소극적일 수 밖에 없다. 그리고 두 번째 이 섬들이 중 · 일 양국의 정치적 및 전략적으로 결정적인 국가 이익과는 직접 관련이 없는 섬인데 이 섬 문제로 인하여 양국의 관계가 악화되는 것이 모두에게 이익이 되지 않기 때문에 양국은 이 섬에 대해 미온적인 태도를 갖는 것이다. 지금까지 중국과 일본은 이 센카쿠열도/조어도 문제 해결을 위해 어떠한 적극적인 입장을 나타낸 경우는 없었다. 중국과 일본의 외교 관계는 기본적으로 협조적 관계에 바탕을 두고 있다. 따라서 두 국가의 상호 작용도 협조적으로 전개되고 있다. 중국과 일본은 협조적 외교 관계가 중요하고 협력이 중요하기 때문에 양국은 이 외교 관계와 협력을 훼손하는 외교 정책 또는 외교 행위를 행하는 일은 크게 자제하고 있다. 지금까지 살펴본 바와 같이 양국은 갈등적인 상황이 전개될 수 있는 경우에도 양국의 상호 작용은 신중하게 전개되어 왔다. 먼저 중국측의 입장에서 보면 중국과 일본 간의 갈등적 상호 작용은 양국 경제 협력에 도움이 되지 않을 것이고 또한 중국과 일본 간의 갈등적 상호 작용은 중국과 미국과의 관계에도 긍정적으로 작용되지 않을 것이다. 일본은 미국과 동맹 관계를 갖고 있다. 중국과 일본 간의 상호 의존적 관계는 어느 한 국가가 상대 국가에 크게 의존하지 않고 있어 대체로 양국은 대체로 평등한 상호 의존 관계를 갖고 있다고 말할 수 있다. 그렇기 때문에 양국의 상호 작용도 평등하게 그리고 정상적으로 전개되어 왔다. 중국과 일본은 불행한 과거를 갖고 있고 사회 체제를 다르게 갖고 있기 때문에 갈등, 대립이 많을 것으로 단순하게 생각할 수 있겠지만 현실은 그렇지 않다. 일본과 중국은 조어도/센카쿠열도 문제가 갈등을 야기 시킬만한 문제이지만 그러나 양국은 이 섬 문제보다 협조 관계를 훨씬 중요시하고 있기 때문에 중국과 일본은 협조적 외교 관계를 유지하고 협조적 상호 작용을 전개할 것이다.

중국과 북한 상호 작용의 분석

앞에서 지적한 바와 같이 중국과 북한의 관계는 순망치한(脣亡齒寒)의 관계이다. 현재 중국은 유일하게 북한과 동맹 관계를 갖고 있다. 다른 한편 북한은 먼저 경제적으로 중국에 절대적으로 의존하고 있다. 또한 외교적으로 북한의 최고의 우방국은 중국이다. 중국과 북한은 사회주의 체제를 갖고 있으며 중국은 국제 무대에서 언제나 북한 편에 서 있다. 이러한 중국과 북한의 정황은 근본적으로 또 기본적으로 모든 상호 작용이 협조적으로 전개될 수 밖에 없는 구조를 갖고 있고 또 현실적으로 북한이 중국에 대한 의존적인 관계를 갖고있기 때문에 북한은 중국에 대해 협조적일 수 밖에 없는 상황에 처해있다. 북한은 중국에 일방적으로 의존하고 있기 때문에 북한은 중국과 대립 및 갈등을 야기시킬 수 있는 대중정책을 결정하지 않았다. 그러므로 중국과 북한 간에는 갈등적 직 · 간접적 상호 작용은 없었고 앞으로도 없을 것이다. 그 이유는 북한이 중국에 경제적으로 크게 의존하여 북 · 중 간에는 불평등 관계가 형성되어 있기 때문이다. 21세기 중국과 북한 간의 무역현황은 다음과 같다.

북한의 전체수출 및 수입에서 중국에 대한 수출 및 수입 비율

대중국 수출비율	
	2000년: 0.7%
	2005년: 50%
	2010년: 62%
	2012년: 86%

중국으로부터 수입비율	
	2000년: 32%
	2005년: 54%
	2010년: 86%
	2012년: 90%

북한은 2001년 7월 1일 '7 · 1경제 관리 개선 조치'와 함께 시작된 북한의 외자 유치 내역은 다음과 같다. 2001년에는 26만 달러였고 2004년에는 1,400만 달러, 2008년 4,123만 달러 그리고 2011년에는 5,595만 달러를 기

록하였다.[90] 무역과 투자 측면에서만 보아도 북한의 중국에 대한 의존은 매우 크다는 것을 알 수 있다. 실제로 북한의 다른 국가와의 경제 관계 및 경제 교류는 그 구체적인 실적을 찾아보기 어렵다. 1990년을 전후해 동유럽 국가들의 민주화 그리고 소련의 해체는 북한의 대외 경제 관계를 크게 위축시켰고 중국에 대한 의존을 크게 심화시켰다.

주지하는 바와 같이 북한 땅에서는 원유가 생산되지 않는다. 그리하여 북한은 중국 원유에 크게 의존하고 있고 중국은 북한에 주요 원유 공급원(源)이다. 중국은 일찍이 1950년대 북한에 원유를 공급하기 시작하였다. 중국의 북한에 대한 원유 수출은 1971년 '중요 물자 상호 공급 협정'을 근거로 계속되어왔다. 2010년에도 북한은 중국으로부터 원유, 항공유 그리고 휘발유를 4억 3,100만 달러 상당을 수입하였고 이 수입은 중국으로부터 수입의 18.9%를 차지하고 있다. 그리고 2013년에도 중국으로부터 원유, 항공유 그리고 휘발유를 5억 4,900만 달러 상당을 수입하였다. 이 액수는 중국으로부터 수입되는 물량의 20.1%이다.[91]

1990년대 소련의 해체 및 동유럽 국가들의 민주화로 북한은 외교적으로 고립이 심화되고 있다. 이런 가운데 국제 무대에서 예를 들면 유엔 등 국제기구에서 북한을 적극적으로 지지하는 국가는 중국이다. 그렇기 때문에 북한은 외교적으로도 중국에 의지하고 있다.

북한의 중국에 대한 의존 관계는 절대적이다. 외교 관계가 절대적이라는 것은 상하 관계 또는 주종 관계를 의미한다. 그렇기 때문에 북중 관계를 불평등 관계의 극치(極致)의 경지에 이르고 있다. 중국과 북한 간의 상호 작용 역시 불평등하지 않을 수 없다. 상호 작용의 불평등이란 어느 한 쪽이 다른 한 쪽의 모든 것들, 예를 들면 다른 한 쪽의 외교 정책, 요구 등을 대체로 수용한다는 것을 의미하는 것이다. 북한은 중국의 대북 정책 등에 부정적으로

90) 신종호, "북한은 왜 중국과 경제 협력을 하려고 하는가?," 성균중국연구소(편), 북중 관계 다이제스트(서울: 다산출판사, 2015), pp. 82-83.

91) 박종철, "북중 간 경협은 어떻게 이루어지고 있는가?," 성균중국연구소(편), 북중 관계 다이제스트, pp. 104-108참고.

반응하거나 갈등적으로는 대응하지 못한다는 것이다. 동시에 중국은 북한으로 하여금 부정적으로 그리고 갈등적으로 대응하게 만드는 외교 정책 및 외교 행위는 하지 않는다.

북한의 핵 문제는 이러한 불평등관계에서 예외적인 위치에 놓여있다. 북한의 핵에 대한 중국의 의지 및 입장이 매우 미온적이다. 중국은 표면적으로 북한의 핵 개발을 부정적으로 평가하고 있고 또 유엔이 결의한 대북 경제 제재에 참여하고 있다. 그러나 앞에서 살펴 본 바와 같이 북한이 6차례나 핵 실험을 하고 미사일 개발을 위해 여러 차례 발사 실험을 하고 있는데도 불구하고 중국은 현재(2017년)까지 북한과 경제 교류, 경제 협력을 계속하고 있다. 중국의 이러한 대북 정책 및 자세는 근본적으로 혈맹이고 그의 중요한 외교 자산인 북한으로 하여금 핵을 포기하게 하려는 명확한 의지를 갖고 있지 않은 것으로 보인다. 중국과 북한 간에는 절대적인 불평등 관계가 존재하고 있으므로 중국이 북한으로 하여금 핵 개발을 포기시키려는 강력한 의사가 있다면 중국이 오늘날과 같은 미온적이고 소극적인 태도를 갖지 않을 것이다. 중국이 북한의 핵 개발에 대한 이러한 자세는 북한이 핵 무기를 가지고 북한 정권이 안정적으로 유지되는 것이 중국 국가 이익에 부합한다고 판단하고 있기 때문이다. 중국은 북한 정권의 안정 그리고 한반도의 안정을 중국 경제 발전에 필수 요건이라고 생각한다. 북한의 핵 무기가 중국의 이러한 필수 요건을 충족시켜준다면 중국은 북한의 핵 개발을 적극적으로 포기시키지 않을 것이다.

한국과 중국 간 상호 작용분석: 한국과 중국은 서로 다른 사회 체제를 갖고 있지만 양국의 상호 작용은 매우 정상적으로 전개되어 왔다. 한국과 중국은 1992년 수교 이래 서로 상대 국가의 명예를 훼손하거나 중요한 국가 이익을 침해하는 외교 정책이나 외교 행위를 추진한 일이 없다. 중국이 북한을 적극 지지하고 지원하지만 중국이 한국에 대해 적대적이거나 갈등적인 외교 정책을 결정하거나 이러한 외교 행위를 전개한 일은 없다. 중국과 한국 관계를 사회 체제의 측면에서 보면 상호 작용이 비협조적이고 갈등적인 것으로 관측할 수 있겠지만 실제로 중국과 한국 간에 비협조적이고 갈등적인 상호 작용은 없었다. 과거 한 · 중 간에 마늘의 수입 관세로 양국 간갈등적인 상호 작용이 있었으나 양국이 모두 수용할 수 있을 정도로 원만하게 해결되었다.

객관적으로 볼 때 중국은 여러 분야에서 한국보다 크고 강하다. 그러나 한 · 중 양국은 모든 분야의 관계 및 교류에서의 상호 의존 관계는 균형을 이루고 있다. 한국과 중국은 상대 국가에 영향력을 행사하거나 압력을 가할 수 있을 정도의 불평등한 의존 관계는 존재하지 않는다. 그러므로 양국의 상호 작용은 평등하게 이루어져 왔다. 또한 한국과 중국은 어떠한 정치적 의도를 갖지 않고 각각의 국가 이익을 위해서 정책을 결정하고 행위를 하기 때문에 양국의 상호 작용은 매우 정상적으로 전개되어 왔다.

2016년 7월 한국 정부가 한국 영토 내에 사드 배치를 결정하면서 양국 관계는 냉기류가 흐르고 있다. 특히 중국은 한국 정부의 사드 설치에 대해 매우 부정적으로 반응하고 대응하고 있다. 한국과 중국 간에 이러한 상황이 전개되는 이유는 양국의 협조 관계 및 협조적 구조가 대단히 취약하기 때문이다. 1992년 한 · 중 수교 이후 25년 간 쌓아온 한 · 중 관계는 사상누각 위에 놓여 있었고 모든 동반자 관계는 허구였다는 것을 이번 사드 문제에서 분명히 보여주고 있다. 상대 국가에 경제적 보복을 가하여 경제적 손실을 입게 한다면 그러한 국가 간의 관계는 갈등적 관례라고 말할 수 있다.

일본과 북한의 상호 작용 분석

오늘날 까지도 일본과 북한은 외교 관계를 정상화하지 못하고 있는 상태에서 직 · 간접적인 상호 작용이 전개되어 왔다. 이러한 상태 하에서 일본과 북한의 상호 작용의 질과 양은 한계가 있다. 그 한계는 양측 상호 작용의 실효성이 의문시 된다는 것이다. 특히 일본과 북한은 외교 관계를 정상화하고 있지 않기 때문에 정권 차원의 공식적 교류 및 접촉에 한계가 있다. 미국이 한-미-일 3개국이 대북공조를 강조하고 있기 때문에 일본의 대북한 접근은 많은 제약이 따른다. 일본이 북한과의 외교 관계 정상화를 희망하고 있으나 이것도 가능성은 거의 없다. 미국이 반대하기 때문이다.

일본과 북한 간 상호 작용의 핵심 요소는 북한의 핵 무기 개발과 미사일 개발이다. 일본은 북한의 이러한 무기 체계에 대해 큰 관심을 갖고 있어 이 문제에 대해 민감하게 반응하고 대응한다. 당연히 일본은 갈등적으로 반응하고 대응한다. 이러한 간접적 상호 작용은 갈등적이고 소모적이기 때문에 그 어느 측에도 도움이 되지 않는 상호 작용이다.

북한은 일본에 대해 관심을 갖는 분야는 없다. 북한이 일본의 어떤 정책이나 행위에 대해 반응하고 대응하는 일은 찾아보기 어렵다. 일본이 북한에 대해 어떠한 외교 정책이나 외교 행위를 거의 하지 않기 때문에 북한이 일본에 대해 반응하고 대응할 수 있는 기회조차 제공되지 않고 있다. 북한의 이러한 자세는 일본과 북한 간 상호 작용에 어떠한 의미도 부여할 수 없다.

일본과 한국 간 상호 작용 분석

한국인과 일본인의 상대국에 대한 국민 감정은 나쁘지만 양국 국가 차원에서 상대 국가의 중요한 이익을 침해하는 외교 정책이나 외교 행위를 하는 경우는 없다. 그렇기 때문에 한국과 일본 간의 상호 작용은 총체적으로 말하여 갈등적으로 전개된 일은 없다. 한국과 일본은 기본적으로 미국과 함께 외교 정책 노선을 공유하고 있다. 그렇기 때문에 한국과 일본의 외교 정책 및 외교 행위도 배타적으로 결정되고 감행되는 경우는 없다. 이러한 상황은 한국과 일본으로 하여금 협조적인 상호 작용의 전개를 유도하고 있다. 일본은 1950년대 말 재일 한국인들을 북한으로 이주시키는 방침을 결정하여 많은 재일 한국인이 북한으로 이송되었다. 재일 한국인의 북한 이주가 강제가 아니라고 하더라도 일본 정부의 이러한 결정은 한국 정부가 수용하기 어려운 결정이었다. 물론 당시 이승만 대통령은 강하게 일본을 비난하였다. 그러나 1965년 한국과 일본이 외교 관계를 정상화한 이후에는 이와 같은 일본의 일방적인 정책 결정은 없었다.

한국과 일본 간에는 갈등적 상호 작용을 야기 시키는 문제들이 있다. 한·일 간에 갈등을 야기시키는 문제는 주로 일본에 의해서 야기된다. 한국에 대한 일본의 과거사 사죄 및 위안부 문제, 독도 영유권 문제, 일본 정치인들의 야스쿠니 신사 참배, 역사 교과서 왜곡 문제 등이다. 이러한 일들이 발생하면 한·일 간에는 갈등적 간접적인 상호 작용이 전개된다. 이러한 일들이 발생하면 정부 차원의 반대 성명이 발표되기도 하고, 주재국의 대사 등을 외교부가 초치(招致)하여 항의 의사를 전달한다. 한 · 일 간에 갈등을 야기시키는 이러한 문제들은 역사성을 띠고 있기 때문에 하루 아침에 해소될 수 있는 문제는 아니다. 동시에 이러한 문제들이 현실적으로 한 · 일 양국의 중대한 국가 이익을 훼손하는 문제도 아니다. 이러한 문제를 제외한다면 한국과 일본 간에는 심각한 갈등적 상호 작용이 전개될만한 문제는 없다. 한국과 일본 간 정부 차원의 관료들은 상시 교류하고 접촉하고 있기 때문에 상호 국가 이익을 침해하는 외교 정책이 결정되거나 외교 행위가 감행되는 일은 발생하지 않았고 앞으로도 이러한 일들은 발생하지 않을 것이다. 오늘날 한국이나 일본이 상대 국가의 희생 위에서 국가 이익을 얻을 수 있다는 것은 상상하기 어려운 일이다. 그러므로 한국과 일본은 지금까지 외교 관계도 대체로 협조적으로 유지되어 왔기 때문에 양국의 상호 작용도 협조적으로 전개될 것이다.

한국과 일본 간에 갈등적 상호 작용을 야기 시키는 요소는 민족주의이다. 한국인과 일본인들은 민족주의적 의식을 갖고 상대 국가를 대면한다. 민족주의적 의식은 상대 국가를 적극적으로 증오하도록 만든다. 이러한 국민의 의식은 그 근저에 갈등적 의식을 깔아놓고 있다. 한국 국민들과 일본 국민들이 민족주의적 측면에서 상대 국가에 대응하려는 경향이 있기 때문에 양국 간에는 언제나 갈등적 상황이 발생할 수 있는 소지가 있다. 그렇기 때문에 한국과 일본 양국 정부는 상호 작용이 언제나 조심스럽고 어렵다.

한국과 일본의 상호 의존 관계는 평등하다. 어느 국가도 다른 국가에 일방적으로 크게 의존하고 있지 않다. 그러므로 한국과 일본 간의 상호 작용도 평등하게 전개되어 왔다.

한국과 일본 간의 상호 작용을 정리하면 양국의 상호 작용은 협조적으로 그리고 평등하게 전개될 것이다.

한국과 북한 간 상호 작용 분석

한국은 북한 정권을 주권 국가로 인정하지 않고 접촉하고 교류하여 왔다. 한국과 북한의 이러한 교류 및 접촉은 외교의 차원에서 전개되지 않는다. 한국과 북한 간의 이러한 직접적 상호 작용은 서로의 이익을 도모하고 증진시키기 위해서보다는 상대를 위협하지 않고 상대에 피해를 가하지 않게 하려는 데에 초점을 맞추어 전개되어 왔다. 이와 같은 현상은 남북한이 군사적으로 적대적 관계를 유지하고 있기 때문이다. 북한은 그동안 한국에 대해 여러 차례 무장 세력을 침투시키고 실제로 한국 국민과 군인을 희생시키는 일을 하였고 또 오늘날까지도 핵 무기 및 그의 운반 수단인 미사일의 고도화를 추진하며 한국인의 생명과 한국의 안전을 위협하고 있다. 이러한 정권과 한국 정부가 정상적인 상호 작용을 갖는 것은 비현실적이고 무가치한 것이다. 그렇기 때문에 한국과 북한 정권 간의 정상적 상호 작용을 논하는 것은 매우 적절하지 못한 일이다. 현실적으로 한국과 북한은 갈등적 관계보다 더 심각한 적대적 관계를 갖고 있다. 북한은 한국인의 생명과 한국의 안전을 위협하고 있다.

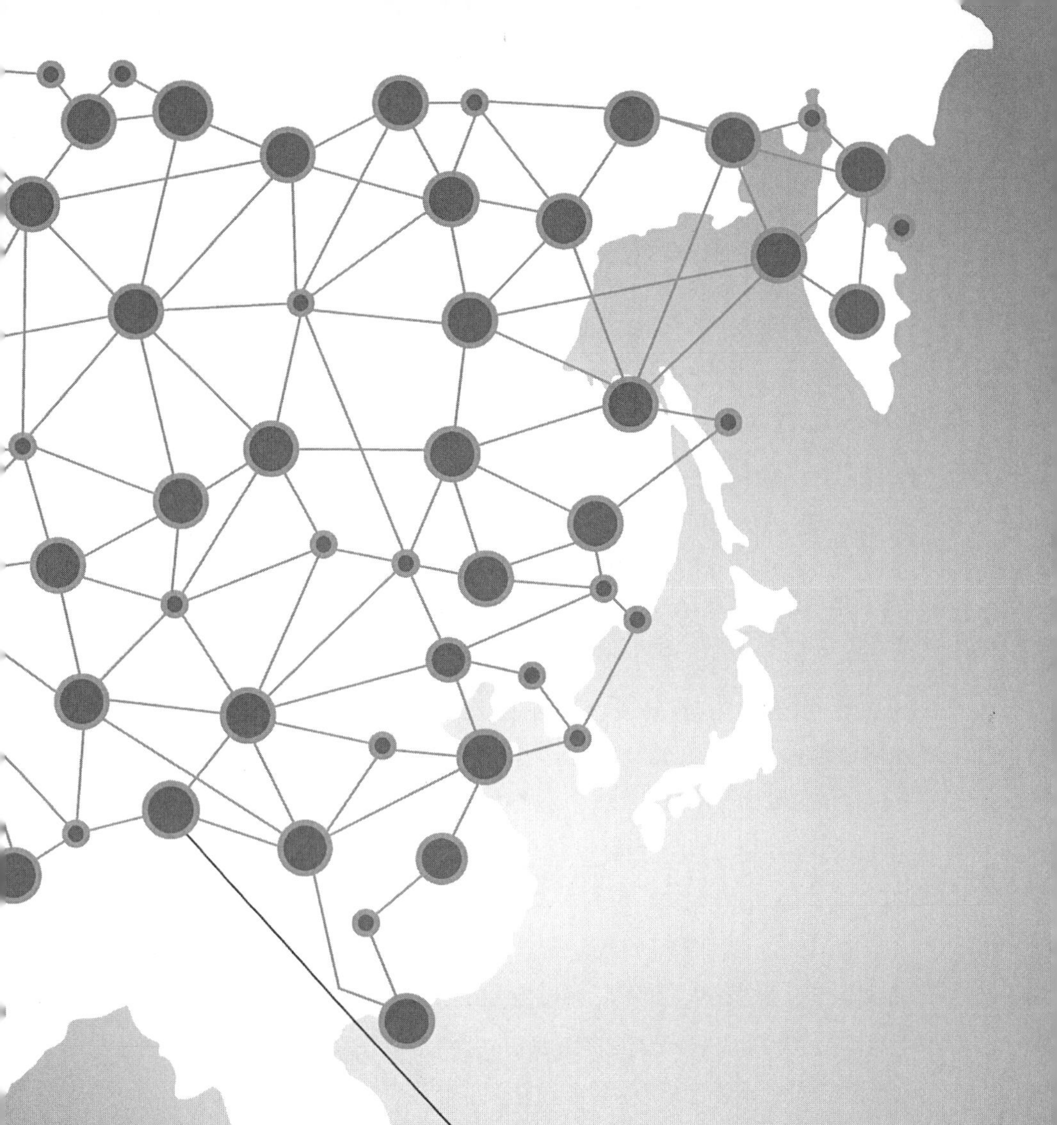

제 4 부

동아시아 국가들의 국제정치의 실체

1. 국제정치의 존재 의미

국가 간의 정치인 국제정치의 중요한 존재 의미 중의 하나는 다른 국가와 인적 및 물적 교류, 접촉 등을 통해 각기 국가의 안전을 도모하고, 상호 이익을 증대시키기 위해, 정책을 조율하고 조정하며 현안들을 해결하기 위해 필요한 결과를 도출해내는 과정이다. 이렇게 하기 위해서는 국가 간 일정한 구조를 갖는 것이 필요하다. 이러한 구조에는 국가 간 협의 및 합의를 통해 만드는 구조가 있고, 다른 하나는 하나의 국가에 의해 일방적으로 형성되는 구조가 있다. 전자는 '협조적 구조'이고, 후자는 '정책 제어 구조'이다. 국가 간에 이러한 구조를 갖고 있다면 국가 간 국제정치의 과정을 원활하게 전개할 수 있다.

먼저 '협조적 구조'는 국가 간 상대국을 신뢰하고 상대 국가의 가치 및 이익을 존중하며 국가 가 항상 여러 정책들을 협의하고 조율하고 조정하여 이익을 공유하는 구조이다. 이 구조는 국가 간 이해(利害)의 공유를 전제로 정책을 협의하고, 조율하고 조정하는 과정을 마련함으로써 이러한 '협조적 구조'를 갖게 된다. 일차적으로 '협조적 구조'는 국가 간 다양한 조약, 협정, 기구 등을 갖고 그것들을 통해 정책을 조율하고 조정하며 필요한 결과를 도출하게 되는 구조를 말하는 것이다. 이러한 '협조적 구조'를 갖고 있는 국가 간에는 각 정부의 관계자들이 정기적으로 또는 비정기적으로 회동을 갖고 국가 간 국제정치의 효율적인 과정의 전개를 모색한다. '협조적 구조' 내에서 전개되는 국제정치는 국가 간 상대 국가의 가치를 존중하고 상호 이익을 증대시키기 위해 국가 간 준수할 다양한 불문율(不文律), 관례, 전통 등과 명문화 된 규칙(rules), 규범(norms), 규정(regulations) 등을 만들고 그에 따라 정책을 조율하고 조정한다. '협조적 구조'는 이렇게 해서 국제정치의 각 당사국들이 필요로 하는 정책을 만들고 필요한 결과를 도출한다.[1)]

또 다른 하나의 국제정치 구조는 '정책 제어 구조'이다. 이 구조는 한 국가가 힘을 이용하여 상대 국가의 외교 정책 및 외교 행위를 제어하여 필요한

1) K.J. Holsti, International Politics, 5th ed.(Englewood Cliffs, New Jersey: Prentice Hall International Inc., 1988), p. 433.

결과를 얻어내는 구조이다. 한 국가가 상대 국가의 외교 정책 및 외교 행위를 제어한다는 것은 후자 국가로 하여금 전자 국가의 그것들에 적응하고 보조를 맞추게 하는 것을 의미하는 것이다. 이것이 국제정치에서 작동되는 '정책 제어 구조'이다.

한 국가가 다른 상대 국가의 외교 정책 및 외교 행위를 제어하는 힘은 영향력이다. 영향력이란 한 행위자가 다른 행위자로 하여금 앞의 행위자가 원하는 것을 하게하고 원하지 않는 것을 하지 못하게 하는 능력이다.[2)]

국가 간에 행사되는 영향력은 한 국가가 다른 국가에 유형 및 무형의 자산을 제공하여 후자 국가로 하여금 전자 국가에 크게 의존하게 만들면 이 국가 간에는 불평등 상호 의존 관계(asymmetrical interdependence)가 형성되고 이 관계는 영향력을 행사할 수 있는 바탕을 만들고 전자 국가로 하여금 후자 국가에 영향력을 행사할 수 있게 한다.[3)] 또한 국가 간의 불평등 상호 의존 관계는 한 국가가 자국의 안전 경제 등을 다른 국가에 크게 의존하는 경우에도 이러한 관계가 형성된다. 그 뿐만 아니라 특정 국가로부터 주요 에너지 자원인 원유를 전적으로 공급받는 경우 또는 특정 국가의 시장에 수출을 크게 의존하는 경우 등에도 불평등 상호 의존 관계가 형성될 수 있다. 이렇게 국가 간 불평등 상호 의존 관계가 형성되면 상대 국가에 조금 의존하고 있는 국가는 많이 의존하고 있는 국가에 대해 영향력을 행사할 수 있고 그 국가의 외교 정책 및 외교 행위를 제어할 수 있다. 불평등 상호 의존 관계를 주도적으로 형성한 국가는 이러한 '정책 제어 과정'을 통해 필요로 하는 결과를 도출한다. 국가 간 불평등 상호 의존 관계는 '정책 제어 구조'를 형성시킨다. 불평등 상호 의존 관계를 갖고 있는 국가 간 '정책 제어 구조'하에서 각 당사국이 필요한 결과를 도출하는 경우에 그 결과는 많이 의존하고 있는 국가보다는 조금 의존하고 있는 국가에 보다 유리하게 결과를 도출하게 될 것이다.

---

2) Bruce Russett and Harvey Starr, World Politics: The Menu For Choice(San Francisco: W. H. Freeman and Company, 1981), pp. 127-128.

3) 위의 책, pp. 126ff; Robert O. Keohane and Joseph S. Nye, Power and Interdependence, 2nd ed.(Glennview, Illinois: Scott, Foresman and Company, 1989), p. 11.

그러나 국가 간 '협조적 구조'를 갖고 있는 국가들은 당사국들이 필요로 하는 결과를 도출하는 경우, 불평등 상호 의존 관계를 갖고 있더라도 '협조적 구조'하에서 국제정치를 전개하기 때문에 도출되는 결과는 반드시 불평등하지는 않을 것이다. 왜냐하면 '협조적 구조'는 상호 상대 국가의 가치 및 이익을 존중하면서 국제정치 과정을 전개하기 때문에 '협조적 구조'를 갖고 있는 국가 간에 도출되는 결과는 대체로 공평할 것이다.

국가 간 '협조적 구조'도 없고 '정책 제어 구조'도 갖고 있지 않은 국가 간에는 효율적인 국제정치의 전개가 불가능하다. 이 국가 간의 국제정치는 각 당사국이 필요로 하는 결과를 도출하기 어렵기 때문에 이들 국가 간에 전개되는 국제정치는 항상 대립, 갈등, 충돌 등으로 점철될 것이다.

2. 동아시아 국가 간의 국제정치

미국과 중국 간의 국제정치

미국과 중국 간 국제정치는 동아시아뿐만 아니라 아시아 지역 그리고 전 세계 국제정치에 영향을 미칠 수 있다. 그 이유는 두 국가가 오늘날 세계적으로 정치, 경제, 군사 등 여러 분야에서 강대국으로 자리 매김하고 있기 때문이다. 이 두 국가의 외교 정책 및 외교 행위는 다른 지역 여러 국가에 영향을 미칠 수 있다.

먼저 이 글에서는 미국과 중국 간에 원하는 결과를 도출할 수 있는 과정의 차원에서 두 국가의 국제정치를 조명하려고 한다. 다시 말하면 국제정치의 존재 의미 차원에서 양국 간의 국제정치를 검토하려한다.

미국과 중국의 외교 관계는 사회 체제를 달리하고 있지만 또 두 국가가 강대국의 반열에 올라있지만 양국은 기본적으로 갈등적이거나 대립적이지 않고 평범하고 통상적인 외교 관계를 유지하고 있다. 미국과 중국은 1950년 '6 · 25전쟁' 이후 각기 상대국의 중대한 이익을 침해하는 외교 정책이나 외교 행위를 감행한 일이없다. 1989년 천인이 공노한(天人共怒)한 '6 · 4천안문사태'가 발생하였을 때에도 이 사건 약 한 달 후 양국은 막후 접촉을 갖고 돈독한 관계를 과시하였고 세계 많은 국가들이 중국에 여러 형태의 제재를 가하였지만 이 당시 미국의 중국에 대한 제재는 형식적이었다.[4] 중국은 미국의 대만에 대한 무기 판매는 중국의 중대한 이익을 침해하는 일이라고 한다. 그러나 미국은 계속해서 대만에 무기를 판매하고 있다.[5] 중국이 반대하는 티베트 독립을 주장하는 달라이 라마를 미국에 초청하여 미국 대통령과 면담하는 일도 중국이 크게 반대하는 일이다. 그러나 이러한 미국의 처사가 중국의 핵심적인 국가 이익을 직접 침해하는 일은 아니다.

한편 중국 역시 외교 정책이나 외교 행위로 미국의 중대한 국가 이익을 침해하는 일을 감행한 일은 없다. 그러나 미국이 중국에 대해 위와 같은 일을 하여도 중국은 미국에 대해 구체적인 외교 정책이나 행위로 대응하지 않았다. 다만 중국 당국의 대변인이 외교적 수사를 이용하여 소극적으로 대응하고 있다.

중국이 이러한 대미 자세를 취하는 이유는 미국을 필요로 하기 때문이다. 무엇보다도 중국은 미국이라는 수출 시장을 필요로 한다. 중국은 미국과의 무역에서 상당한 흑자를 얻고 있다. 미국은 중국과의 무역에서 2000년에는 903억 달러의 적자를 기록했고 2016년에는 3,470억 달러의 적자를 기록하였다.[6] 한편 미국도 중국의 값싼 소비재를 필요로 하고 있다. 미국과 중국의 이러한 무역현황은 미 · 중 모두에게 필요한 것이다.

또 다른 하나 중국이 미국을 필요로 하는 이유는 중국과 자본주의 선진국과의 경제적 관계 때문이다. 중국이 미국과 심각한 갈등 관계를 갖게 되면 중국은 동아시아에 위치하고 있는 일본과의 관계에도 나쁜 영향을 미치게 될 것이다. 그리고 미국과의 관계 악화는 세계 경제를 움직이고 있는 G7 국가들과의 관계에도 좋지 않은 영향을 미치게 될 것이다. 그렇기 때문에 중국은 미국에 매우 신중하게 접근하고 있다.

미국과 중국은 동아시아에서 국제정치적으로나 전략적으로 상호 극단적

4) 제2부, 3.동아시아 국가 간 외교 관계 참고.

5) 朝鮮日報, 2017.7.1.참고.

6) 朝鮮日報, 2017.8.16.

으로 갈등을 조장하고 충돌할만한 외교 정책이나 외교 행위를 자행하고 있지 않다. 미국과 중국 두 국가는 상호 갈등과 충돌이 모두에게 커다란 이익이 없다는 것을 잘 알고 있다. 그렇기 때문에 미국과 중국 양국은 상대국을 자극하는 정책이나 행위는 자제하고 있다. 미국과 중국은 기본적으로 동아시아의 현상을 유지하려는 의지를 강하게 갖고 있다. 양국의 이러한 의지를 알 수 있는 요소는 먼저 1972년 양국 관계 개선 이후 미 · 중 외교 관계는 변함없이 유지되고 있고 또 양국의 상대 국가에 대한 외교 정책 역시 상대국의 중요한 이익과 안전을 직접적으로 침해하는 결정은 만들어지지 않았다.

지금까지 살펴본 바와 같이 미국과 중국과의 외교 관계는 크게 갈등적이지 않고 평범하고 통상적(通常的)인 관계를 유지해 왔다.[7] 그런데 두 국가 간에는 결과를 필요로 하는 사안들이 있다. 예를 들면 무역 역조문제, 미국의 대만에 무기 판매, 또 지적 재산권문제 등이 미국과 중국 간에 해결해야 할 문제인데 두 국가는 해결에 다소 소극적이다. 이렇게 미국과 중국 두 국가 간 해결해야 할 문제들을 이처럼 방치하고 있는 이유는 해결할 수 있는 구체적인 수단, 방법 등을 갖고 있지 못하기 때문이다.

먼저 미국과 중국 간에 발생된 현안들이 양국의 국가 이익을 직접적으로 크게 침해하는 현안들이 아니기 때문에 이들 문제에 대한 해결에 소극적이다. 그 대신 두 국가는 상호 간의 의사표시로 소극적이고 경미한 보복을 가하고 있다. 예를 들면, 2010년 9월 27일 중국은 미국산 수입 닭고기에 대해 5년간 최대 105.4%의 반덤핑 과세 부과를 결정하였다. 이는 3일 전인 9월 24일 미국 하원 세입 위원회가 중국을 겨냥해 자국 통화를 의도적으로 평가절하하고 있다고 판단되는 국가에 대해 미국 상무부가 징벌적 관세를 부과하는 것을 허용하는 '환율 조작 제재법'을 통과시킨데 대한 보복적 조치이다. 또 미국은 중국에 대해 중국과 동파이프 2억 3,300만 달러 상당의 물품에 대해 최고 60.85% 반덤핑 관세 부과를 결정하였다.[8]

미국과 중국은 문제 해결에 앞서 상호 보복을 가하고 있다. 미국과 중국

---

7) 제2부-2, 미 · 중관계 참고.

8) 김관옥, 동아시아 '불일치 딜레마'외교(서울: 리북, 2013), p. 128에서 인용.

간에 이러한 행태가 작동되는 이유는 국제정치를 전개할 수 있는 구조를 갖고 있지 않기 때문이다. 즉 미국과 중국은 '협조적 구조'도 갖고 있지 않고 또 '정책 제어 구조'도 갖고 있지 않다. 그렇기 때문에 미-중은 문제의 해결을 도모하지 못하고 대립하고 갈등을 겪고 있는 것이다.

미국과 중국 간에 국제정치의 전개를 원활히 하고 양국이 필요한 결과를 도출하기 위한 구조인 '협조적 구조'를 갖는 일은 매우 어려운 일이다.[9] 미국과 중국은 상호 외교 관계노선도 다르고 외교 정책 목표도 다르게 갖고 있다(제2부 미-중 외교 관계 참고). 그렇기 때문에 미국과 중국은 동맹 관계도 가질 수 없다. 그 뿐만 아니라 미국과중국은 정치적으로 군사적으로 경쟁 상태에 있는 국가이다. 또 미국과 중국은 서로 경제적으로 보복 조치를 취하는 국가이다. 이러한 두 국가가 여러 정책을 조율하고 조정하여 협조적 관계를 갖고 '협조적 구조'를 갖는 일은 거의 불가능하다. 미국과 중국이 '협조적 구조'를 갖고 양국의 현안을 해결하는 일은 사실상 불가능하다.

미국과 중국 간 불평등 상호 의존 관계를 형성하여 '정책 제어 구조'를 만드는 일도 어려운 일이다. 미국과 중국은 서로 상대 국가에 크게 의존해서 불평등 상호 의존 관계를 갖는 일도 현실성은 크게 떨어진다. 그리하여 미국과 중국은 두 국가 간에 문제가 발생하면 양국은 그의 해결책을 갖고 있지 않기 때문에 경미하지만 대립, 갈등 충돌로 이어지고 있다.

중국은 1980년대 개방 정책을 실시하며 경제 발전을 도모하였다. 이러한 상황에서 중국은 어떤 특정 국가에 일방적으로 크게 의존하지 않았다. 중국은 사회주의 경제 체제를 유지하기 때문에 국가가 경제를 장악하고 모든 경제 행위를 통제하고 있다. 미국이 중국을 환율 조작 국가라고 하는 것도 환율을 시장에 맡기지 않고 국가가 환율을 통제하고 있기 때문이다. 또 중국은 금융에서도 국가가 돈을 전적으로 관리하고 있다. 중국은 5개의 국유상업은행(건설, 투자, 농업, 공상, 그리고 교통)을 설립하고 이 은행들이 금융권 대출자산의 70%를 점하고 있다.[10] 또한 중국은 1983년부터 외국의 투자를 받아들였다.

---

9) 국가가 '협조적 구조'를 가지려면 우선적으로 외교 정책 노선 및 외교 정책 목표를 동일하게 가져야 한다.

1995년까지 누적된 외국인 총투자는 22만 8,903건인데 그 중 화교 자본이 82%를 차지했고 실제 투자 금액도 화교 자본이 67%였다. 외국인 투자 총액 중 약 56%가 홍콩 및 마카오를 통해 유입되었다.[11] 중국은 이처럼 어떤 특정 국가에 크게 의존한다면 정치적으로 자유가 제한되기 때문에 다른 국가에 대한 의존을 철저히 억제해 왔다.

중국은 정치적으로 공산당 일당 체제와 국가 주도의 사회주의 경제 체제를 유지하고 있기 때문에 경제적으로 어떤 특정 국가에 크게 의존하는 일을 철저하게 방비(防備)하여 왔다. 그러므로 중국은 미국과도 불평등 상호 의존 관계를 형성할 수 없다. 중국은 수출 주도형 경제 구조를 갖고 있다. 특히 미국은 중국의 최대 수출 시장이다. 앞에서 지적한 바와 같이 미국도 중국의 값싼 소비재를 필요로 하고 있다. 그러므로 이러한 무역 역조로 미국과 중국 간에 불평등 상호 의존 관계가 형성되지는 않을 것이다.

미국은 중국과 효율적인 국제정치의 전개가 어려운 가운데 미국은 나름대로 미국이 필요로 하는 국제정치를 전개하기 위해 중국에 대해 미국의 일방적 조치가 행해지고 있다. 미국이 행사하는 조치는 영향력 행사가 아니라 '견제'라는 조치이다. 2012년 1월 5일 미국 오바마 정부는 미국의 새로운 국방 전략 가이드인 "미국 글로벌 리더십의 지속 : 21세기를 위한 우선순위(Sustaining US Global Leadership: Priorities for 21st Century)"라는 보고서에서 아시아-태평양 지역을 가장 중요한 지역으로 규정하고 미국의 기존 군사 역량을 아시아 지역에 집중하여 부상하는 중국을 견제하는 정책을 채택하는 것이 미국의 대중국 안보 정책이라고 하였다.[12]

미국과 중국의 국제정치 전개 과정에서 미국은 중국에 대해 '견제'라는 수단을 사용하고 있다. 미국은 중국에 영향력을 행사할 수 없기 때문에 그의 대체 수단으로 '견제'라는 수단을 사용하고 있다. '견제'란 한 국가가 아무런 근거에 의하지 않고 다른 국가의 외교 정책 및 외교 행위를 제어하려는 수단

10) 김기수, 중국경제 추락에 대비하라(경기, 파주시: 살림출판사, 2012), p. 145.
11) 위의 책, p. 650.
12) 김관옥, 동아시아 '불일치 딜레마'외교, p. 56에서 인용.

이다. 이러한 '견제'로는 다른 국가를 움직이는 일은 매우 어렵다. 왜냐하면 이 '견제'가 아무런 근거 없이 행해지기 때문에 위력은 없다. 이 '견제'는 상대 국가에 대해 주의를 환기시켜 일정한 외교 정책 결정이나 외교 행위에 어느 정도의 제동을 걸기 위해 행해지는 조치이나 이 '견제'조치는 상대국이 심기를 불편하게 하고 상대 국가를 의식하지 않을 수 없게 만든다. 미국이 중국에 대해 '견제'를 하기 시작한 것은 1990년대 초이다. 1992년 러시아가 탄생하면서 중국과 러시아는 긴밀한 관계를 갖게 시작하였다.

1992년 12월부터 1998년 11월까지 6년 동안 중국과 러시아는 양국 정상이 상호 교환 방문하여 6차례의 정상회담을 가졌다. 그리고 1992년부터 1996년 초까지 중국과 러시아의 양국 고위인사들은 1,000여회 이상 회합을 갖고 양국의 관계증진을 도모하였다.[13] 중국 당국에 의하면 1990년대 중국과 러시아의 관계는 역사상 가장 긴밀하였다고 한다.[14] 중국이 이처럼 러시아와 돈독한 관계를 갖게 된 배경은 미국이 그의 정책을 중국에 강요하였기 때문이다. 그리하여 중국은 러시아와의 관계를 과시함으로써 미국에게 주의를 환기시키려 하였던 것이다. 즉 중국이 미국을 견제하는 조치였다.[15] 1990년대는 중국이 개방 정책의 실시로 경제가 크게 성장하였고 따라서 중국의 국력이 신장되기 시작하였다.

중국과 러시아 간의 돈독한 유대 관계 그리고 중국의 급성장이 계속되고 있는데 미국은 이러한 상황을 좌시하고만 있지 않았다. 이때부터 미국은 중국에 대한 '견제'하는 조치들을 취하기 시작하였다. 미국이 이처럼 중국에 '견제'라는 조치를 강구하는 배경은 미국의 전통적인 동아시아 · 태평양 정책에 기인하는 것이다.

미국의 국무장관을 역임했던 키신저(Henry Kissinger)는 다음과 같이 그의 견해를 피력하였다. "세계에서 가장 많은 인구를 갖고 있고 거대한 자원을

---

13) FBISCHI, April 22, 1996, p. 22).

14) Beijing Review, May 5-11, pp. 10-11.

15) Jin-dong Yuan, "Sino-Russian Confidence Building Measures: A Preliminary Analysis," Asian Perspective, vol. 22 no. 1(Spring, 1998), pp. 95-96.

갖고 있는 국가의 존재는 미국의 이익과 양립할 수 없다. 이러한 이유로 미국은 아시아에 거점을 확보하고 이 지역에서의 전략적 목표는 하나의 강대국이 될 것으로 예상되는 국가가 자국을 중심으로 하여 아시아 국가들과 함께 미국에 비우호적인 블록을 형성하려는 기도를 막아야 한다."[16] 부시(George W. Bush) 정부에서 백악관 안보보좌관 및 국무장관을 역임했던 라이스(Condoleezza Rice)도 200년도에 발표한 논문에서 다음과 같이 주장하였다. "중국은 미국 중심의 아시아의 기존 질서를 타파하려는 국가이다. 이에 대응해 미국은 아시아에서 군사력을 강화하고 한국, 일본 등과 군사 협력을 강화해야 한다."[17]

동시에 중국의 경제 성장이 군사력의 강화로 이어지면서 미국 내 신보수주의자들을 중심으로 중국 '견제'의 필요성이 강하게 제기되고 있다.[18] 이처럼 미국 내에서 중국에 대한 '견제'론이 크게 대두되는 이유는 미국이 중국에 대해 영향력을 행사할 수 없다는 것을 실증하는 것이다.

미국의 중국에 대한 '견제'는 다양한 형태로 행해지고 있다. 1993년 미국 의회는 2008년 북경 하계 올림픽 개최를 반대하는 결의안을 채택하였다. 1995년 7월 미국은 중국과 국경을 맞대고 있는 베트남과 외교 관계를 정상화하면서 미국이 캄란만(Cam Ran Bay) 사용권을 명문으로 규정하였고, 1996년 6월에 미국과 몽골(Mongolia)은 상호 안전을 위해 협력한다는 협정에 서명하였다. 미국의 이와 같은 행각은 중국을 심리적으로 불편하게 하고 미국을 의식하게 만든다.

또한 1990년대 말 미국은 대만에 대한 안보 공약을 재확인하고 티베트 문제에 관여하는 등 중국 '견제'전략을 가동하였다. 미국은 중국에 대한 '견제' 전략으로 대만에서 개최되는 경제회의 참석 명목으로 미국 장관급 인사로서는 4년만에 처음으로 빌 리처드슨 에너지 장관이 1998년 11월 10일 대만을

---

16) Henry Kissinger, Does American Need a Foreign Policy(New York: Simon & Schuster, 2001), p. 112.

17) Condoleezz Rice, "Campaign 2000: Promoting National Interest," Foreign Affairs, vol. 79, January/February 2000).

18) 김관옥, 동아시아 '불일치 딜레마'외교(서울: 리북, 2013), pp. 340ff 참고,

방문하고 "대만에 대한 미국의 지지와 안보 공약은 확고하다. 냉전 종식 후 상황 변화가 있기는 하지만 옛 친구는 옛 친구로 남을 것이다"라고 강조하였다. 그리고 리처드슨 장관은 이등휘(李登輝) 총통을 예방하고 "미국은 대만의 안전을 보장하고 대만과 안정적으로 관계를 유지할 것이다."라는 클린턴 미국 대통령의 약속을 전달하였다.[19)]

1995년 7월 초 중국 부총리 전기침(錢其琛)은 전 미국 국무장관 키신저에게 다음과 같이 말했다.

"키신저 박사, 우리는 미국과 정상적인 관계를 회복하고 관계가 발전되기를 희망합니다. 그러나 미국 정부는 다음과 같은 점을 분명히 하여야 할 것입니다. : 우리는 대만 문제에 원칙을 갖고 있습니다. 우리는 대만에 대한 우리의 원칙을 결코 포기하지 않을 것입니다."[20)] 중국이 말하는 대만에 대한 원칙은 '하나의 중국론'이다. 대만은 중국의 일부이고 대만은 중국의 영토라는 것이다. 중국의 관영 매체인 '베이징리뷰(Beijing Review)'는 다음과 같이 미국을 비난하였다.

"미국은 입으로는 '하나의 중국(One China)'을 말하면서도 실제로는 '두 개의 중국론(Two-China on One China and one China and one Taiwan)'입장을 견지하고 있다. 실제로 미국은 1992년에 대만에 F-16 전투기를 판매하였고, 1995년에는 이등휘 대만 총통의 미국 방문을 허용하였고 1996년 봄에는 대만 해협에 미국의 핵 추진 항공모함 두 척(Independence호와 Nimity호)을 파견하였다. 이러한 미국의 행위들은 중국과 미국과의 관계를 저해하는 처사들이다. 더욱이 미국은 인권 문제, 티베트 문제, 중국에 대한 무역 최혜국 대우 문제를 포함하여 중국을 비난하고 있다. 미국은 지금까지(1997년 10월까지) 유엔 인권 회의에서 6차례에 걸쳐 중국의 인권 문제를 제기하였다. 그리고 티베트의 독립을 주장하는 달라이라마(Dalai Lama)를 지지하고 있다. 미국이 이와 같은 정책을 계속해서 추진한다면 미국과 중국과의 관계는 발전되지 않을 것이다. 중국은 미-중 관계를 가장 중요한 정책 중의 하나로 생각한다. 그러나 미국

---

19) 東亞日報, 1998.11.12.

20) Henry Kissinger, On China(New York: The Penguin Press, 2011), p. 474.

이 중국과 함께 동의하고 발표한 3개 '미중공동 성명'의 준수는 미-중 관계의 전제 조건이다."[21] 중국의 이러한 입장 표명은 중국도 미국의 중국에 대한 '견제'조치가 어떤 것인지를 잘 알고 있다는 것을 보여주고 있는 것이다.

중국이 경제 발전으로 그의 국력이 크게 증대되기 시작하는 시기에 미국은 중국에 대한 '견제' 수단으로 1994년 클린턴 대통령은 중국에 다음과 같은 사항들을 충족시켜 줄 것을 요구하였다.[22]

① 잭슨 · 바니크 수정안(Jackson–Vanik Amendment)을 준수할 것
② 1992년 미국과 중국이 체결한 형무소 노동 협정을 준수할 것
③ 세계 인권 선언(Universal Declaration on Human Rights)을 준수할 것
④ 정치범에 대해 설명할 것
⑤ 국제적십자 관계자들로 하여금 정치범에 대한 방문을 가능케 할 것
⑥ 티베트의 문화적 및 종교적 전통을 보호할 것
⑦ 국제 방송의 전파 방해를 중지하고 지적 재산권을 보호할 것
⑧ 비차별적 무역을 실시할 것
⑨ 핵확산방지조약(NPT) 및 미사일 기술 통제 체제(Missile Technology Control Regime)를 준수할 것

이러한 사항들은 미국이 중국을 견제할 때 상시 이용하는 사항들이다. 특히 미국이 가장 중요시하고 중국이 가장 기피하고 싶은 사항은 인권 문제이다. 중국의 인권 상황이 미국이 중국에 대한 '견제'가 필요할 때 언제나 사용하는 요소이다. 미국은 2017년 6월 27일 중국에 대한 '견제'로 '2017년 인신매매 보고서'를 발표했다. "중국이 국제적 인신 매매 퇴치를 위한 최소한의 기준을 맞추지 못하고 있다. 인신 매매는 미국의 국가 안보와 연결되는 문제

21) ①1972년 2월 28일 발표된 'Shanghai Communique', ②1979년 1월 1일 발표된 'Joint Communique on the Establishment of Diplomatic Relations between the PRC and USA'그리고 ③1982년 8월 17일 발표된 'Joint Communique August 17, Communique') Beijing Review. October 20-26, 1997, pp. 10-11; Beijing Review, June 29-July 5, 1998, pp. 203ff.

22) Judith F. Komberg, "Comprehensive Engagement: New Framework for Sino-American Relations," The Journal of East Asian Affairs, vol. X no. 1(Winter-Spring 1996), pp. 20-21.

이다. 중국이 다시 최악의 인신 매매 국가로 강등된 것은(강제 노역에 노출된) 북한 노동자 고용이 원인이다." 이 보고서에서 미국은 중국을 인신 매매국가 1~3등급 중 가장 낮은 3등급 국가로 분류하였다. 미국은 2014-2016년에 중국을 2등급으로 분류했으나 이번에 다시 2013년 이전 수준으로 떨어뜨린 것이다(3등급 국가는 중국, 북한, 러시아, 콩고 등 23개국이다.).[23] 미국의 이러한 조치들은 중국에 대한 견제 조치이고 중국을 불량 국가로 만드는 조치이다. 실제로 중국은 중국공산당 일당 독재 국가이다. 중국은 이 독재 체제를 유지하기 위해서는 인권, 국민의 기본권 등을 보장할 수 없다. 중국공산당은 초법적, 탈법적으로 인민을 통치하고 있다. 중국이 인신 매매 3등급 국가로 분류된 것은 중국을 비도덕적, 비인간적 국가로 낙인찍히게 하는 것이고 중국을 불량 국가로 불리게 하며 중국의 국가 명예를 크게 훼손시키는 일이다.

미국이 중국의 심기를 불편하게 하고 중국을 괴롭히는 '견제' 수단 중의 하나는 미국의 대만 정책이다. 앞에서 지적한 바와 같이 중국은 대만을 중국 영토의 일부분이라고 주장한다. 미국은 1979년 1월 1일 중국과 외교 관계를 정상화할 때 대만과 단교하였고 대만과 체결한 양국의 상호 방위 조약도 폐기하였다. 미국은 중국과 수교하면서 양국이 발표한 공동 성명에서도 중국을 유일 합법 정부로 인정하였다.

그 후 미국과 중국은 1982년 8월 17일 발표한 공동 성명 제6항에는 다음과 같이 규정하고 있다.

"대만에 대한 무기판매는 질 및 양에 있어 최근에 대만에 공급된 것을 초과해서는 안 된다. 그리고 중국과 미국은 대만에 대한 무기 판매를 점진적으로 감축한다." 그러나 대만에 대한 무기 판매는 계속되고 있다. 21세기에 미국의 대만에 대한 무기 판매 내용을 간단히 정리하면 다음과 같다.

2004 - 초고주파 장거리 조기 경보레이더
2005 - AIM-9M 및 AIM-7M 공대공 미사일
2007 - 구축함용 SM-2 대공미사일, P3C 대잠초계기 등

23) 朝鮮日報, 2017.6.29.

2010 - 패트리엇 미사일 및 UH-60 블랙호크 헬리콥터 60대
2015 - 퇴역 구축함 2척, 로우 대전차 미사일, 스팅어 지대공 미사일 등
2017 - 13억 달러 상당의 무기 판매, 조기 경보 레이더 관련 제품, 대레이더 미사일, 어뢰 SM-2미사일 부품 등.[24)]

오바마 정부는 2011년에도 대만에 F-16 개량형 145대 38억 달러 규모의 전투기 판매를 결정함으로써 대만 군사력 강화를 통해 중국을 견제하겠다는 의지를 표명하였다. 또한 오바마 정부의 국무부 차관보 커트 켐벨(Jurt Campbell)은 미국 하원 외교위원회 청문회에서 "중국의 대만에 대한 위협이 상존하는 상황에서 '대만 관계법'에 근거하여 미국은 대만이 중국이 위협으로부터 안전을 보장할 수 있도록 대만의 역량을 강화해야 한다."고 주장하였다.[25)]

오늘날 미국이 대만의 안보를 염려하고 대만에 무기를 판매하는 등의 일은 중국이 절대로 양보할 수 없는 '하나의 중국론'에 정면으로 배치(背馳)되는 일이다. 미국의 이러한 행보는 중국의 핵심 이익을 침해하는 것이다. 그러나 미국의 대만에 대한 정책은 직접적으로 중국의 이익을 침해하는 것은 아니다. 중국에 대한 미국의 이러한 정책들은 중국에 대한 미국이 기본 입장을 알리는 일이고 미국의 외교 정책에 순응할 것을 요구하는 행위로 간주된다. 또한 미국이 중국을 어렵게 하고 불편하게 하는 것은 미-중 무역 역조이다. 실제로 1990년 이후 중국은 평균적으로 미국 전체 무역 적자의 24%를 차지하여 왔으나, 그 적자 폭이 증가하여 2006년에는 28%, 2007년에는 31% 그리고 2009년에는 45%를 차지하게 되어 미국의 대중국 무역 불균형은 심각하다.[26)] 미국 재무부는 미-중간 이러한 무역 불균형은 중국 당국의 인위적 환율 조작에서 기인한 것이라고 판단하여 중국을 환율 조작국 명단에 올려놓겠다고 압박을 가하고 있고 미국 상원은 2011년 10월 12일 '환율 조작국 보복 법안'을 통과시켜 중국의 환율 정책에 대한 직접적인 제재를 가시화하였다. 그리고 오바마 대통령은 임기 마지막 국정 연설에서 중국의 인위적 위

24) 朝鮮日報, 2017.7.1.
25) 김관옥, 동아시아 '불일치 딜레마'외교, pp. 59-60에서 인용.
26) 김동훈, "미-중 무역관계 2025," 김병국, 외공편, 미중관계(서울: 동아시아연구원, 2012), p. 113.

안화 평가 절차와 무역 불균형에 대해 지적하고 이를 조사하기 위한 무역관행단속부서(Trade Enforcement Unit)의 창설을 선언하였다.[27] 미국의 이러한 결정들은 중국 당국을 불편하게 하고 미국의 정책들을 의식하여 정책을 결정하고 행위하게 만들려는 미국의 대중국 '견제'조치들이다.

2010년 9월 중국과 일본 간에 영토 분쟁 사안인 댜오위다오(釣魚島)/센카쿠(尖閣) 열도에 대한 중-일간 영토 분쟁이 수면위로 부상하였다. 오바마 정부는 타국의 영토 분쟁 불개입의 전통에서 벗어나 힐러리 클린턴 국무장관은 센카쿠 열도가 미·일 안보 조약 제5조(일본영도 방위의무)에 해당하는 지역이라고 강조하며 센카쿠 열도의 일본 영유권을 지지한다는 입장을 표명하였다. 이러한 미국의 입장 표명은 중국으로 하여금 더 이상 이 섬의 영유권을 주장하지 말라는 미국의 압력으로 이것 역시 미국의 대중국 '견제'이다. 2011년 미국과 일본은 외무+국방장관 회담(2+2) 회담을 공식화하였다. 미국과 일본은 중국을 지역 안보 환경을 불안하게 하는 국가로 규정하고 중국은 국제적 행동 규범을 준수해야한다는 합의문을 발표하였다.[28]

미국 국무부는 2017년 3월 24일 북한, 이란 등에 대량 살상 무기(WMO)개발을 지원한 혐의로 중국의 기업 및 개인 7곳을 제재한다고 밝혔다. 이 제재는 대량 살상 무기 확산 방지법에 따라 이루어졌다. 이 제재 대상자는 미국과 금융 및 무역 거래를 할 수 없다. 이 제재는 중국을 견제하는 차원에서 2017년 6월 28일 미국 상원 군사 위원회에서 '2018 국방 수권(NDAA)'개정안을 통과시켰다. 이 개정안은 대만 내 여러 항구에 미 해군 함정의 기항을 허용하는 내용을 담고 있다. 미국은 1979년 1월 1일 대만과 단교한 이후 미국 해군 함정을 대만에 정박시킨 일이 없다. 이러한 미국 상원의 결정에 대해 중국 외교부 대변인은 6월 29일 브리핑에서 "이 법안은 중국에 대한 내정 간섭이다."라고 미국을 비난하였다.[29] 또한 2017년 6월 29일 미 국무부가 대만에 무기 판매를 승인한 직후 미국 주재 중국대사 최천개(崔天凱)는 "미국의

27) 김관옥, 동아시아 '불일치 딜레마'외교, pp. 53-54.

28) 위의 책, pp. 59-61에서 인용.

29) 朝鮮日報, 2017.6.30.

대만에 대한 무기 판매는 미국과 중국 간 신뢰를 해친다. 이는 하나의 중국 원칙을 해친다."라고 미국을 비판하였고 중국의 관영 매체인 환구시보(環球時報)도 "미국의 결정은 중국을 분노케할 것이다."라고 미국을 비난했다.[30)]

동아시아에서 미국이 중국을 '견제'하는 또 다른 하나의 수단은 군사력의 투사이다. 오늘날 미국은 세계에서 가장 막강한 군사력을 갖고 있다. 동시에 미국은 세계 최고의 군사력의 투사 능력을 갖고 있다. 군사력의 투사(power projection on force projection)능력은 한 국가가 군사적 수단 또는 위협 등을 이용하여 자국의 영토로부터 멀리 떨어진 해외에서 자국의 대외정책을 수행할 수 있는 능력을 말한다. 군사력의 투사 능력이란 국제 관계에 있어서 국가의 힘을 구성하는 중요한 요소로 간주되며, 미국 국방부가 발간한 군사 용어에는 다음과 같이 그 개념을 정의하고 있다. "해외에서 위기 상황이 발생하는 경우 전쟁 억지력을 확보하고 지역 안보를 강화하기 위해 신속하고 효과적으로 군사력을 파견하고 유지할 수 있는 능력"이라고 한다. 미국은 동아시아 지역에 군사력을 전진 배치하고 있다. 태평양 지역 및 동아시아 지역 주둔 미군은 10만 이상이며 하와이에 있는 태평양 총사령관이 지휘한다.[31)] 2017년 현재 미국은 동아시아에 한국, 일본 그리고 괌에 미군을 주둔시키고 있다. 그리고 서태평양 지역을 담당하고 있는 미 제7함대 사령부에 23,400여 명의 미군을 배치하고 있다. 미국이 한국, 일본 그리고 괌에 배치된 미군 병력은 다음과 같다.[32)]

	한국	일본	괌
육군	27,500	1,900	40
해군·해병	300·130	5,200·19,200	1,850
공군	8,700	13,550	1,850
합계	36,630	39,750	3,740

30) 朝鮮日報, 2017.7.1.

31) 민병오, 김영신, 이상율, 차채권(옮김), 현대 동아시아의 이해(서울: 명인문화사, 2008), pp. 214-216.

32) Martin Jacques, When China Rules The World, 2nd 2.(London: Penguin Books, 2012, p. 402).

그리고 미국은 일본에 핵 추진 항공모함 전단을 운영하고 있다. 그리고 미국은 2017년 현재 11척의 핵 추진 항공 모함 전단을 운영하고 있으며 필요한 지역에 언제든지 이 항공모함 전단을 파견하고 있다. 미국은 2017년 11월에도 3개의 원자력 추진 항공모함 전단을 한반도 동해에 파견하여 훈련하고 있다.33)

이러한 군사력의 투사 능력과 함께 중요한 것은 실제 군사력의 행사 의지 및 경험이다. 미국은 1946년부터 1984년까지 미국에 의해 행해진 무력 외교(gunboat diplomacy)는 약 300회였다. 그리고 미국은 1950년 한국의 '6 · 25전쟁'에 참전한 것을 시작으로 1994년 아이티(Haiti)에 군사적으로 개입하였다. 이 기간 동안 미국의 군사적 개입은 8차례 있었다. 미국은 다른 국가의 행위를 변경시키는데 그리고 외교 정책 목표를 성취시키는데 군사력을 사용하는 무력 외교를 실시한다.34) 미국이 이처럼 동아시아에 군사력을 투사하고 있는 목적은 먼저 이 지역에서 미국이 무력 외교를 전개하기 위해 그리고 이 지역에서 중국이 힘을 확장하려는 의도를 꺾으려는 데에 있다. 한 마디로 말하여 미국이 이 지역에서 누리고 있는 기득권을 유지하려는 것이 그의 목적이다.

미국이 동아시아에 이처럼 상당한 군사력을 투사하는 목적은 먼저 미국의 국제정치적 및 전략적 영해로 생각하고 있는 북서태평양을 수호하고, 한국 및 일본 두 동맹국의 안전을 보장하고 그리고 동아시아에서 중국의 세력 강화를 저지하려는 것이 주된 목표이다. 미국이 이렇게 커다란 군사력을 투사하는 것은 이 지역에서 중국이 미국을 위협하거나 미국의 동아시아 정책 수행을 가로막는 것을 미연에 방지하려는 것도 미국의 주요한 목표이다.

이러한 미국의 전략의 하나로 대만에 큰 관심을 갖고 있다. 이것 역시 미국이 중국을 '견제'하는 행위이다. 1995년 6월 대만의 총통 이등휘(李登輝)가 미국을 방문하고 그이 모교인 코넬대학에서 연설을 하였다. 이 때 중국은 이등휘 미국 방문의 항의표시로 1996년 가을부터 대만 근해에서 미사일 발사

---

33) 朝鮮日報, 2017.11.11.

34) Charles W. Kegley, JR. and Eugene R. Wittkopf, American Foreign Policy, 5th ed.(New York: St. Martin's Press, 1996), pp. 97-100.

훈련을 실시하였다. 이 때 미국은 즉각 2개의 항모 전단을 대만해역에 파견하였다.[35] 또한 미 해군 미사일 구축함 스테텀호는 2017년 7월 2일 남중국해 파라셀군도(중국명 시사 군도)내의 트리톤섬(중국명 중젠다오) 12해리 안쪽 바다를 항해하였다. 이 트리톤섬은 중국, 베트남, 대만 등이 영유권 분쟁을 벌이고 있는 지역인데 1975년 중국이 이 섬을 점령하였다. 트럼프정부는 지난 5월에 이어 두 번째로 '항해의 자유'작전을 전개한 것이다. 미국의 이러한 행위는 군사력을 통한 중국에 대한 견제이다. 미국의 이러한 행위에 대해 중국 외교부 대변인 루캉(陸慷)은 "시사 군도는 중국의 고유 영토로 중국 정부는 1996년 시사 군도의 영해 기선을 선포하였다. 미국은 중국법과 국제법을 위반하고 중국 주권을 심각하게 침범하였다. 미국은 중국 주권을 엄중히 침범하고 중국의 안전을 위협하는 도발행위를 즉각 중단하기를 강력히 촉구한다."라고 미국을 비난하였다.[36]

중국도 미국과 불평등 상호 의존 관계를 형성하여 미국에 대해 영향력을 행사할 수 있는 바탕을 갖고 있지 않다. 중국도 미국을 중국의 의지대로 미국의 정책이나 행위를 제어할 수 있는 능력을 갖고 있지 않다. 그러므로 중국도 미국을 견제하는 일이 필요하다. 그러나 지금까지 중국이 미국을 견제하는 정책이나 행위는 찾아보기 어렸다. 중국은 미국을 '견제' 해야 할 수 있는 대상이 쉽게 발견되지 않는다. 미국은 국내적으로나 국제정치 측면에서 심각하게 거론되어야 일들을 찾기 어렵다. 그렇기 때문에 중국의 미국에 대한 '견제'는 쉽게 이루어지지 않는다.

중국이 미국에 대한 '견제'가 이루어지기 어려운 주요 이유 중의 하나는 중국 외교 정책의 소극적 특성 때문이다. 중국의 개혁 개방을 주도했던 등소평의 지침에서 그 특성을 찾을 수 있다. 등소평은 그의 후계자들에게 다음과 같은 외교 정책의 지침을 남겨주었다. "냉정하게 관찰하고, 발판을 견고하게 다지고, 몸을 낮추어 대응하며 재능을 감추고 드러내지 않아야 한다."(冷靜觀察, 稳住阵脚, 沉着应付, 韬光养晦).[37] 또한 등소평은 대미 관계에 대해서는 항상 갈등

35) 김규태(옮김), 위험한 이웃, 중국과 일본(서울: 에코리브르, 2013), p. 37.
36) 朝鮮日報, 2017.7.4.

을 피하고 협조할 것을 강조하고 있다.[38] 오늘날까지도 중국공산당의 지도자들은 등소평의 이러한 지침을 잘 준수하고 있다.[39] 이와 같은 중국 외교 정책의 기조가 중국의 대미 정책 및 대미 대응을 소극적으로 수동적으로 만들고 있다. 그리고 정치, 경제, 군사, 문화 등 여러 측면에서 미국과 중국의 국력을 비교해 볼 때 우선 객관적인 측면에서 미국의 국력이 중국보다는 더 크고 강하다는 것은 부정할 수 없는 사실이다. 등소평의 대미 정책 지침 및 국력의 취약성으로 중국은 미국에 대해 영향력을 행사할 수 없다. 그 뿐만 아니라 중국은 미국에 대해 '견제'라는 수단도 강구할 수 있는 여지도 없다.

미국과 중국 간에는 불평등한 상호 의존 관계는 형성되어있지 않다. 중국은 경제 발전을 도모하면서도 강대국 특히 미국에 크게 의존하는 어떠한 관계도 형성하지 않았다. 그 결과 미국과 중국 간에는 '정책 제어 구조'도, 그러한 관계도 형성되어있지 않다. 그러나 지금까지 살펴본 바와 같이 미국과 중국 간에 전개되는 국제정치는 대체로 미국에 의해 주도되고 있다고 말할 수 있다. 미국의 대중국 접근은 능동적이고 적극적이고, 중국의 대미 접근은 상대적으로 수동적이고 소극적이다. 이러한 현상은 미국과 중국 간에 전개되는 국제정치에서 미국은 주(主)된 행위자이고 중국은 종(從)된 행위자로 나눌 수 있다.

결론적으로 미국과 중국은 국제정치를 원활하게 전개해서 두 국가가 필요로 하는 결과를 도출할 수 있는 관계 및 구조를 갖고 있지 않기 때문에 두 국가는 대립, 갈등, 충돌 등으로 일관하지 않을 수 없다. 그러나 동아시아에서 미국과 중국은 상대 국가의 존재를 부정하거나 무시하는 존재도 아니다. 동아시아에서 미국과 중국은 극단적으로 충돌하지는 않지만 두 국가는 경쟁, 대립으로 그러나 현존 동아시아의 국제정치 환경을 유지하며 강대국으로서 서로를 상대할 것이다.

---

37) "Deng Initiates New Policy 'Guiding Principle,'" FBIS-CHI-91-215; 楊公素, 中華人民共和國 外交理論论与实践(北京: 勵志出版社, 2002), pp. 275-276.

38) 人民日報, 1993.5.24.

39) David Shambaugh, "Coping with Conflicted China," The Washington Quarterly, winter 2011, pp. 18-19.

미국과 중국은 국제정치적으로 경쟁 관계를 유지하고 있다. 그러나 1972년 미국과 중국이 관계 개선 이후 중국은 미국의 외교 정책을 적극적으로 수용하지는 않지만 적어도 중국은 미국의 외교 정책을 적극적으로 반대하거나 또 미국의 정책에 반(反)하는 정책을 결정하거나 반하는 외교 행위를 감행하지는 않았다. 한 예로 한국 성주에 설치된 사드(THAAD)는 미국의 무기 체계인데 중국은 미국에 대해 직접적으로 항의하거나 미국을 비난하지 않고 그 대신 한국 기업들을 상대로 보복을 가하였다. 즉 중국은 한국에 보복하며 우회적으로 미국에 불만을 표시한 것이다. 이처럼 중국은 등소평의 유지대로 언제나 미국에 공개적으로 그리고 직접적으로 대항하지 않고 있다.

미국과 한국간의 국제정치

한국과 미국은 1945년 8월 15일 일본이 항복하면서 긴밀한 관계를 갖기 시작하였다. 이 시작부터 한국과 미국은 불평등한 위치에서 양국 관계가 시작되었다. 미국은 한반도 38도선 이남에 군정을 실시하면서 미군정과 한국인은 실질적으로 주종관계를 형성하게 되었다.[40] 실제로 미군정은 군사적 목적 외에 한국 사회에 자본주의 경제 질서를 확립하고 민주주의 정치체제를 수립하고 국내의 급진정치세력을 억제하고 군정의 기본정책을 수행하기 위해 강력한 관료제 체제로 조직화할 수밖에 없었다.[41]

미국은 1945년 9월부터 1948년 8월까지 남한에 군정을 실시하면서 미국 땅에서 성장한 나무를 이 땅에 옮겨 심었다. 즉 미 군정은 미국 토양에서 미국의 물 먹고 자란 나무를 이 땅에 이식함으로써 한국에서 미국의 나무가 자라도록 하였다. 그리하여 남한을 정치, 경제, 사회 등 모든 면에서 미국을 빼어닮은 국가건설을 모색하였다. 이렇게 하여 미국은 한국으로 하여금 미국에 의지해서 미국의 것을 먹고 살게 만들었다. 한국은 20세기 전반 일본의 식민지배로 경제적 자립능력을 완전히 상실하였다. 그리고 3년 간의 '6 · 25 전쟁'으로 국토는 피폐되어 전쟁이 끝난 다음 이 땅에 살고 있는 한국인은

---

40) 金雲奉, 美軍政의 韓國統治(서울: 博英社, 1992), pp. 187-188.

41) 위의 책, pp. 173-174.

초근목피(草根木皮)로 연명하지 않을 수 없었다. 그런 가운데 한국인의 생명과 건강을 유지하는 데 그리고 한국 경제 발전에 크게 도움을 제공한 것은 미국의 원조였다. 미국의 원조는 해방된 직후 남한에 군정이 시작되면서 제공되었다. 미국의 한국에 대한 원조는 '점령 지역에 대한 정부 원조 및 구호(Government Aid and Relief in Occupied Areas: GARIOA)' 프로그램에 의해 1945년부터 1948년까지 4억 달러의 원조가 제공되었다. 이 원조에는 식량, 의류, 연료, 여러 소모품 그리고 비료가 90%를 차지하고 있었다. 그리고 6 · 25전쟁 3년간 미국은 약 10억 달러의 원조를 부담하였다. 그리고 1953년부터 1970년 중반까지 미국은 한국에 약 60억 달러 상당의 경제원조를 제공하였고 그리고 70억 달러 상당의 군사 원조를 제공하였다.[42]

한 국가의 안전 보장은 국가의 '절대적 가치'이다. 국가의 안전이 보장되지 않고서는 국가의 존립은 불가능하다. 한 국가가 자력으로 그의 안전을 보장하지 못한다면 그의 존립을 위해 다른 국가의 도움이 필요하다. 다른 국가의 도움으로 국가의 안전이 보장된다면 도움을 받는 국가는 도움을 주는 국가에 절대적으로 의존하지 않을 수 없다. 이러한 의존은 앞에서 말한 바와 같이 영향력 또는 압력 행사의 근거가 된다. 한 국가가 그의 안전 보장을 다른 국가에 크게 의존한다는 것은 다른 어떤 의존보다 영향력 또는 압력 행사의 가장 확실한 근거가 된다.

한국은 1953년 미국과 상호 방위 조약을 체결하였다. 그로부터 한국은 그의 안전 보장을 미국에 크게 의존하고 있다. 한국은 휴전선을 사이에 두고 남북한이 군사적으로 대치하고 있는 상태이다. 그러므로 한국은 항상 북한의 위협에 노출되어있다. 그렇기 때문에 한국이 그의 안전 보장을 미국에 크게 의존하고 있다는 사실은 정치적으로 미국의 한국에 대한 영향력 또는 압력 행사의 확실한 근거가 되고 있다. 국가의 안전 보장문제는 경제를 포함한 그 어느 영역보다 더 우선시된다는 것은 인정된 사실이다.[43]

---

42) Donald Stone Macdonald, The Koreans, (Baulder: Westeview Press, 1988), pp. 183ff.

43) Katherine Barbieri and Jack S. Levy, "Sleeping with the Enemy," Journal of Peace Research, vol.34, no.4(1999).

미국은 한국에 대해 제2차 세계 대전이 끝난 직후부터 38도선 이남에 미군정을 실시하며 미국의 정치, 경제, 교육 등 여러 분야에 걸쳐 미국의 것들을 한국에 이식시키고 뿌리를 내렸다. 미국이 한국에 심어놓은 미국적인 제도들은 오늘날에도 그 맥을 유지하고 있다. 이러한 현상은 한국을 미국의 휘하에 들어오게 만들었다. 그리고 한미 방위 조약에 의한 한국 안보의 미국 의존은 한국으로 하여금 더욱 미국의 그늘 아래서 살지 않을 수 없게 만들었다. 미국은 한국 땅에 미국의 제도를 이식시켜 뿌리내리게 하였고, 한국의 안전 보장은 미국의 힘을 절대적으로 필요하게 만들었고 과거 한국에 경제원조 제공 및 경제적 지원으로 한국은 경제적으로도 미국으로부터 자유롭기 못하게 되었다. 미국의 이러한 행각은 미국의 영향력 또는 압력 행사의 기반을 조성하였다. 이것이 미국이 한국에 '절대적 가치'를 구축하는 과정이다. 그리하여 한국은 미국에 크게 의존하게 되어 한국은 미국과 불평등한 상호의존 관계를 갖고 있고 이 의존 관계는 미국이 주체 국가가 되고 한국이 객체 국가가 되는 '불평등 협조구조'를 형성하게 되었다.

한국과 미국과의 관계에서 언제나 미국이 일방적으로 그리고 주도적으로 모든 일들이 처리되어 왔다는 것은 주지의 사실이다. 그 동안의 한-미 관계의 역사를 보면 이러한 현상은 당연한 일이라 아니할 수 없다. 구체적인 사안으로 앞에서도 살펴 본 바와 같이 1970년대 박정희 정부 시절 한국의 핵무기 개발이 미국에 알려졌을 때 미국의 한국에 대한 처사가 한-미관계를 극명하게 보여주고 있다. 1970년대 한국은 안보 · 경제면에서 미국에 크게 의존하고 있던 시기였다. 이러한 시기에 미국이 한국과의 모든 관계를 재검토한다는 것은 핵 무기 개발보다 훨씬 중요하다. 한국이 핵 무기를 개발한다고 한국의 안보 및 경제 문제가 해결되는 것은 아니다.

1970년대 한국의 핵 무기 개발을 저지하기 위해 미국은 공식적으로 그리고 공개적으로 압력을 행사하였다. 미국의 이러한 압력 행사는 매우 이례적인 경우이다. 미국의 한국에 대한 영향력 또는 압력 행사는 기본적으로 비공식적이고(informal) 그리고 포착하기 어려운 방식(relatively subtle means)으로 행해진다. 또한 미국의 한국에 대한 영향력 행사는 수동적이다. 미국의 자산

자유 그리고 군사력은 한국인들이 눈에는 미국의 위대함으로 보이고 있다. 따라서 미국의 정치적 및 사회적 행위는 미국의 정부 또는 미국 관리에 의해 공개적으로 행해지지 않더라도 한국에게는 영향력으로 또는 압력으로 작용할 수 있다.[44)]

한국과 미국은 상호 방위 조약을 체결하여 동맹 관계를 갖고 있다. 한국과 미국과의 동맹 관계는 양국 간 2개의 국제정치 구조를 형성하도록 하였다. 하나는 미국의 상호 방위 조약은 한국으로 하여금 그의 안전 보장을 미국에 크게 의존하고 만들어 양국 간 불평등 상호 의존 관계를 형성시켰다. 이 불평등 상호 의존 관계는 상대국에 조금 의존하고 있는 국가가 상대 국가에 많이 의존하고 있는 국가에 영향력을 행사할 수 있는 바탕을 제공하고 '정책 제어' 구조를 만들고 있다. '정책 제어 구조'란 상대국의 외교 정책 및 외교 행위를 제어할 수 있는 구조를 의미하는 것이다. 한국과 미국 간에는 '정책 제어 구조'를 형성하고 있다.

또 다른 하나는 평시에 국가간 동맹 관계는 공동의 외교 정책 목표를 설정하고 외교 정책 및 외교 행위를 조정하고 조율하여 동맹국들이 서로의 국가 이익을 증진시키기 위한 협조적 상호 작용을 가능케 하는 '협조적 구조'도 형성한다. 한국과 미국 간에도 '협조적 구조'가 형성되어 있다. 이처럼 한국과 미국 간에는 불평등 상호 의존 관계가 형성되어 미국이 한국의 정책을 제어할 수 있는 '정책 제어 구조'도 있고 그리고 상호 국가 이익을 증진시킬 수 있는 '협조적 구조'도 갖고 있다.

한국과 미국 간에 형성되어 있는 2개의 구조 가운데 일상적으로는 협조적 구조 하에서 국제정치과정이 전개된다. 양국 간에 '정책 제어 구조'가 있다고 하여 정책의 제어가 항상 전개되는 것은 아니다. 한국과 미국은 국가 원수로부터 시작하여 양국의 여러 계층의 관료들 간에 수시로 여러 경로를 통해 의견을 교환하기도 하고 또 자리를 함께하여 여러 현안들을 논의하며 정책을 조율하고 조정하는 구조를 갖고 있다. 예를 들면 북한의 핵과 미사일 문제에 효율적으로 대응하기 위해 양국의 국방장관의 회동, 또 한국 청와대의 안보

44) Donald S. Macdonald U.S.-Korean Relations from Liberation to Self-Reliance, p. 183.

실장과 미국 백악관 안보 보좌관 간의 회동 등으로 정책을 조율하고 정하는 일련의 과정이 전개된다. 이러한 전개 과정은 협조적 국제정치과정이고 이것이 양국 간 협조적 구조를 공고히 하는 과정이다.

전쟁 시의 동맹국들은 공동의 적에 대항하게 되고 평시의 동맹국들은 공동의 외교 정책 목표를 갖고 있다. 동맹국들이 공동의 외교 정책 목표를 설정하였다면 이 동맹국들은 이 목표의 달성을 위해 정책을 조율하고 정책을 조정하게 될 것이다. 이러한 경우에 동맹국간 협조적 정신과 '협조적 구조'가 작동되지 않는다면 공동의 외교 정책 목표를 성취하기 어려울 것이다. 그러므로 평시에 동맹 국가들은 정책의 조율 및 조정이 반드시 필요하고 이러한 조율과 조정은 국가 간 형성되어 있는 '협조적 구조' 하에서 전개되어야 할 것이다. 한국과 미국이 갖고 있는 공통의 외교 정책 목표는 넓게는 세계 평화, 민주주의 가치 수호, 테러 방지 등이 있고 좁게는 동아시아의 안정, 북서 태평양의 안전, 동아시아에 있어서 미국 중심의 질서 유지 및 그에 대한 도전 세력의 경계 등에 있다. 한국과 미국은 이러한 목표들을 양국의 공동 외교 정책 목표라는 것에 동의하였을 것이고 이것을 위해 한 · 미 양국은 돈독한 동맹 관계 유지하자는 데에도 명시적 또 묵시적으로 합의하고 있다. 한국의 대통령들은 물론 미국의 역대 대통령들도 한미 동맹의 중요성을 항상 강조하고 있다. 이와 같은 사실은 오늘날에도 입증되고 있다.

2017년 1월에 출범한 트럼프(Donald Trump) 정부는 취임이후 2개월 내에 부통령, 국무장관 그리고 국방장관 3사람을 한국을 방문케 하였다. 이들 인사들의 연이은 한국 방문은 한국을 중요시하고 또 한미 동맹의 중요성을 강조한 것이다. 이렇게 미국이 한국을 그리고 한미 동맹을 중요시하는 이유 및 목적은 한국과 미국이 외교 정책 목표를 공유하고 있고 그것을 성취하는데 양국의 협조가 필요하다는 것을 강조한 것이다. 미국 정부의 고위 인사들이 한국을 방문하여 한국이 고위 인사들과 회동하여 의견을 교환하고 정책을 조율하고 조정하는 일은 양국 간 협조적 상호 작용의 구조를 더욱 공고히 하는 일들이다.

현실적으로 우리가 부정할 수 없는 사실은 한국의 외교 정책 및 외교 행위는 미국이 외교 정책 기조 및 노선을 준수하여야 한다는 것이다. 한국과 미국이 협조적 구조 하에서 국제정치 과정을 전개하지만 여기에는 한국이 미국의 외교 정책 기조 및 노선을 준수할 때 양국이 협조가 가능하다. 왜냐하면 한국과 미국 간에는 한국이 미국에 보다 많이 의존한 불평등 상호 의존 관계를 갖고 있기 때문이다.

미국과 일본 간의 국제정치

제2차 세계 대전 종전 이전과 이후의 일본은 외형적으로 일본이라는 이름의 국가는 다르지 않지만 내면적으로 일본은 전혀 다른 국가로 거듭 태어났다. 종전 이전의 일본은 천황 중심의 군국주의 국가였다. 그러나 종전 이후의 일본은 자유민주주의 이념과 자본주의 체제를 갖춘 입헌군주국가로 새롭게 태어났다. 이러한 새로운 일본은 일본 국민에 의해 만들어진 것이 아니라 일본으로 하여금 항복을 선언하게 만든 미군정에 의해 탄생되었다. 미군정은 6년 반 동안 일본을 통치하였다.[45)]

제2차 대전이 끝난 다음부터 약 6년 반 동안 미군 점령기간 일본에 천황도 정부도 있었다. 물론 수상도 있었다. 그러나 천황이나 수상은 허울이었을 뿐 정부가 방침을 결정하거나 정책을 집행할 권한은 없었다.[46)] 1945년 9월 2일 오전 9시 항복문서 서명식이 있었고 그 날 오후 4시 연합국 최고사령부 참모차장 마샬 소장은 스즈키 공사를 불러 다음과 같은 명령을 하달하였다. "내일 오전 10시 3개 조항의 포고문을 내린다. 사전에 문서를 보낼테니 공포 절차를 준비하라."고 하였다.

미군이 일본에 내린 3개 조항이 포고문은 다음과 같다.

첫째, 일본 전역의 주민은 연합국 최고사령관의 군사 관리 하에 둔다. 행정, 입법, 사법의 모든 기능은 최고사령관의 권한 하에 둔다. 영어를 공용어로 한다.

둘째, 미군에 대한 위반 행위는 미국 군사재판에서 처벌한다.

---

45) 양기호(옮김), 미국은 동아시아를 어떻게 지배했나(서울: 메디치 미디어, 2013), pp. 382-383에서 인용.

46) 위의 책, p. 51.

셋째, 미국 군용 수표를 법정 통화로 한다. 그러나 이 포고문은 일본의 시게미쓰 장관이 맥아더 사령관을 설득하여 이 포고문은 취소되었다.[47] 이 포고문은 취소되었지만 이러한 포고문을 만들 정도는 6년 반 동안 일본의 모든 것이 미군정에 의해 지배되었다고 할 수 있다.

미국과 일본은 1951년 9월 8일 샌프란시스코에서 양국의 전쟁 상태를 종결짓는 강화 조약과 미일안보 조약을 각각 체결하였다. 이 두 개의 조약은 전후 일본의 주요 정책 결정에 기초가 되었다. 특히 미일 안보 조약의 체결로 주일 미군의 주둔 및 기지 사용권을 전면적으로 미국에 허용하게 되었고 이 안보 조약에 의해 일본은 미국의 대소 봉쇄 전략에 편입되어 국제정치적으로 종속적인 독립 국가로 출발하게 되었다. 이러한 미일 안보 체제 하에서 일본은 외교의 자주적 선택권을 상실하고 군사적으로는 근대적 국민 국가의 근간인 지휘 · 통제권을 결여한 특수 국가로 전락하게 되었다. 결론적으로 전후 특수 국가는 평화 헌법과 미국의 경제적 지원 하에서 일본의 군사력을 주로 미일 안보 체제에 의존하며 경제의 성장과 발전노선을 추구하게 되었다.[48]

일본이 국제정치적으로 종속적인 독립 국가로 출발하여 외교의 자주적 선택권을 상실하였다는 사실을 실증적으로 보여준 예가 있다. 2014년 7월 7일 케리 미국무장관은 기시다 후미오(岸田文雄)일본외상에게 전화로 다음과 같이 언급하였다. "아베 총리가(납치자 송환을 위해) 북한을 방문할 경우 북한의 핵과 미사일 문제와 관련한 한 · 미 · 일 공조가 흐트러질 수 있다 … 아베 총리가 방북할 경우에 간다고 통고할 것이 안이라 그에 앞서 우리와 충분히 협의하기 바란다."[49] 이와 같은 사실들은 미국의 일본에 대한 영향력 행사의 바탕을 매우 크게 그리고 강하게 갖고 있다는 것을 보여주고 있는 것이다. 일본은 미국과의 관계에서 특수 국가로 전락하면서 미국과 일본은 불평등 상호 의존 관계가 형성되어 있고 이 관계는 미-일 간에 미국에 의한 대일본 정

47) 위의 책, p. 54-57.

48) 위의 책, pp. 135ff; 이기완, 일본의 외교와 동아시아(서울: 매봉, 2009), pp. 19-20에서 인용.

49) 朝鮮日報, 2014.7.17.

책 제어 구조도 형성시켰다.

일본에서 미군정을 지휘하는 연합국 최고사령관 맥아더장군은 1946년 2월 13일 그의 측근 참모인 연합국 총사령부[50]의 민정국장 휘트니를 통해 요시다(吉田 茂)외무 대신을 비롯한 일본 정부 관계자들에게 미군정이 만든 헌법을 받아들이라고 강하게 요구하였다. 휘트니는 "일본 측이 작성한 헌법 초안을 완전히 무시했을 뿐만 아니라 미군 측 초안을 받아들이지 않는다면 천황을 전쟁 범죄자로 만들겠다고 협박하였다. 이 초안을 받아들여야 당신들이 권력에서 살아남을 수 있다. 이것이 유일한 길이라는 것은 아무리 강조해도 지나치지 않다. 만일 일본 정부가 연합국총사령부가 만든 헌법 초안을 받아들이지 않는다면 천황이 전범으로 처형될지 모르고 요시다 외상을 비롯한 현 정부의 각료도 권력에서 쫓겨날 것이라고 협박했다." 결국 일본 정부는 연합국 최고 사령부의 초안을 받아들였고 일본 헌법 문제는 마무리되었다. 그리고 쇼와(昭和)천황은 전범으로 처벌받지 않았다.[51]

정치, 경제, 사회, 법 등 모든 분야의 근간이 되는 일본의 헌법이 미 군정에 의해 거의 일방적으로 제정되었다. 이러한 사실은 실질적으로 일본의 모든 것의 근본은 미국의 것이었고 이것은 일본으로 하여금 미국을 추종하게 만들었다고 해도 과언은 아니다.

일본은 소위 '평화 헌법'을 채택하였기 때문에 일본은 미국의 정책 노선을 추종하지 않을 수 없게 되었다. 일본에서 정책적으로 독자적인 자주 노선을 선택한 정치인 또는 공무원은 대부분 미국으로부터 배척당했다. 전후 일본에서 수상급이나 외무상급에서 자주 노선을 추구한 사람들은 그 자리에서 모두 물러났다. 예를 들면 시게미쓰 마모루(重光 葵), 아시다 히토시(芦田 均), 하토야마 이치로(鳩山 一郎), 이시바시 탄잔(石橋 湛山), 다나카 가쿠에이(田中 角栄), 호소가와 모리히로(細川 護煕), 하토야마 유키오(鳩山 由紀夫) 등이 자주 노선을 주장하다가 모두 퇴출되었다.[52]

---

50) GHQ(General Head Quarters).

51) 양기호(옮김), 미국은 동아시아를 어떻게 지배했나, pp. 93-94에서 인용.

52) 위의 책, p. 35.

2009년 9월부터 2010년 5월까지 하토야마 유키오 수상은 오키나와 후텐마(普天間)기지를 오키나와 현 밖으로 이전한다는 내용을 암시한 적이 있다. 하토야마 수상의 이러한 주장은 반세기 이상 지속되어 온 일본의 대미 기본 노선에 대한 근본적인 도전이었다. 그러자 하토야마 내각은 붕괴되고 말았다. 일본은 60년 전 덜레스가 결정한 방침에서 조금도 벗어나지 못했다는 사실을 증명하고 있는 것이다.[53] 오키나와 후텐마 미군 기지를 교외로 이전하는 일은 이 곳 주민들의 오랜 숙원사업이다. 그럼에도 불구하고 일본 정부는 이 미군 기지 이전을 못하고 있는데 이것이 곧 미국의 일본에 대한 절대적인 영향력이 지금도 행사되고 있다는 것을 보여주고 있는 증거이다. 그리고 이것은 미국에 의해 일본에 '절대적 가치'가 심어져있고 미 · 일 간 '불평등 협조 구조'하에서 상호 작용이 전개되기 때문이다. 1960년 안보투쟁이 있은 후 반세기 동안 미국과 일본 관계를 근본적으로 바꾸려는 움직임은 전혀 일어나지 않았다. 미국의 압력과 정권 붕괴라는 기본 패턴이 현재까지 계속 이어지고 있다. 다른 것은 그 응용에 지나지 않는다.[54]

한편 미-일 동맹 관계는 미국과 일본 간의 '협조적 구조'로도 작용한다. 양국은 동맹 관계를 갖고 있기 때문에 양국은 외교 정책 노선 및 외교 정책 기조를 공유하게 되고 또 동일 보조를 취하게 한다. 그러나 외교 정책 노선에서 일본의 독자적인 자주 노선이 미국의 외교 정책 노선과 기조에 어긋난다면 미국은 일본의 그것을 용납하지 않을 것이다. 일본의 외교 정책 노선과 기조는 미국의 그것들과 조화를 이루어야 한다.[55] 미국과 일본 간의 이러한 상호 작용의 결과는 미-일간 '불평등협조구조'에 의해서 이루어진 결과이다. 여기에서 볼 수 있듯이 일본은 이란과의 관계에서 미국의 적대적인 대이란 정책을 따라야 한다는 것을 보여주고 있다. 일본이 미국의 외교 정책 노선 및 기조를 준수할 때에만 미-일 간의 '협조적 구조'가 작동될 수 있다.

미국과 일본은 2005년 미군과 일본군의 일체화를 추진하는 미-일 동맹 강화

53) 위의 책, p. 161.
54) 위의 책, p. 235.
55) 위의 책, p. 33-34.

방안인 "미 · 일 동맹: 미래를 위한 변환과 재편(US-Japan Alliance: Transformation and Realignment for the Future)"이라는 합의문을 채택함으로써 중국의 지역패권 세력으로 등장하는 것을 견제하기 시작하였다.[56)]

일본과 미국은 미-일 안보 조약으로 동맹 관계를 갖고 있다. 이 조약은 미국과 일본 관계의 근간이며 일본 외교 정책의 기본 원칙이 되어있다. 미국과 일본 간에 체결된 미-일 안보 조약은 양국의 '협조적 구조'도 형성시켜주었고 또한 미국에 의한 '정책 제어 구조'도 형성시켰다.

미국과 북한 간의 국제정치

국가 간 국제정치가 원활하게 그리고 정상적으로 전개되기 위해서는 기본적으로 외교 관계를 정상화하고 이 외교 관계를 증진시키기 위해 상호문호를 개방하고 접촉 및 교류가 활발하게 이루어져야 한다. 미국과 북한 간에는 국제정치를 정상적으로 전개할 수 있는 이 모든 요건들을 전혀 갖추고 있지 못하다. 특히 북한은 오늘날까지 중국 및 구소련 그리고 러시아와는 긴밀한 관계를 갖고 교류하고 접촉하였으나 서방의 주요 국가들과는 교류 및 접촉을 제한적으로 가져왔다. 특히 미국은 북한이 타도하여야 한다고 주장하는 주요 대상 국가였다. 그리하여 미국과는 정상적인 국제정치를 전개할 수 없었다. 미국과 북한 간에는 모든 관계가 정상적으로 형성되어있지 않고 있다. 그렇기 때문에 미국과 북한 간에는 두 당사자가 필요로 하는 결과를 도출할 수 있는 '협조적 구조'도 없고 '정책 제어 구조'도 없다. 미국과 북한은 항상 대립, 갈등, 충돌 등으로 점철되어 왔다. 한 마디로 말하여 미국과 북한 간에는 국제정치의 존재 의미가 존재하지 않는다.

미국이 북한에 관심을 갖기 시작한 것은 1993년 북한의 핵 개발 사실이 알려지고 북한이 핵 확산 금지 조약(NPT)을 탈퇴하면서 부터이다. 이때부터 미국은 북한의 핵 개발을 저지시키기 위해 적극적으로 북한에 접근하였다. 미국은 개별적으로 북한에 접근하여 1994년 10월 제네바 합의문을 교환하기도 하였고 6자회담도 개최하였다. 그러나 북한은 핵 실험과 미사일 발사

---

56) 김관옥, 동아시아 '불일치 딜레마'외교, p. 343.

를 계속하였다. 북한 정권이 탄생된 1948년부터 1992년까지 미국과 북한은 공식적인 교류, 접촉 등은 거의 없었다. 양측은 국제정치적 차원의 관계는 수립되지 않았다. 북한의 핵 개발이 알려진 다음 핵에 관련된 미-북 접촉이 양측 관계의 전부였다. 미국과 북한은 제네바 합의 이 외에도 '2 · 13합의'도 있었고 '2 · 29베이징합의'도 있었지만 북한은 2017년에도 6차 핵 실험을 하고 대륙 간 탄도 미사일(ICBM) 발사 실험을 계속하고 있다. 이처럼 북한은 공식적 합의도 일방적으로 방기하고 있어 미국과 어떤 약속도 합의도 더 이상 존재할 수 없게 행사하고 있다. 그러므로 북한은 특정 국가를 제외하고는 미국뿐만 아니라 다른 국가들과 정상적인 국제정치를 전개할 수 없는 국가로 단정하지 않을 수 없다.

중국과 북한과의 관계

중국과 북한은 1949년 10월 6일 대사급 외교 관계를 수립하였다. 중국은 1950년 '6 · 25전쟁'이 발발했을 때 중국식 표현으로 '항미원조(抗美援朝)' 즉 미국에 대항하고 북한을 지원한다는 의미를 가진 '중국 의용군'을 한반도에 파견하였다. 그리고 1961년 7월 11일 중국과 북한은 소위 '중 · 조 우호협력 및 상호 원조 조약'을 체결하여 중-북은 동맹 관계를 갖게 되었다. 북한은 이 조약으로 중국에 의해 그의 안전을 보장받게 되었다. 중국은 북한을 외부 침공으로부터 보호할 것이라고 공개적으로 천명하였다.[57] 중국과 북한은 1981년 1차로 그 조약을 갱신하였고 2001년에는 그 효력을 2021년까지 연장하기로 합의하였다.

중국과 북한은 1970년 10월 경제 및 기술 제공 협정을 체결하였고 1971년 9월에는 중국이 북한에 군사 원조 제공 협정을 체결하였다(제 2부 북중 관계 참고). 이로부터 북한은 중국으로부터 많은 경제 지원 및 경제 · 군사 원조를 제공받았다.

중국의 북한에 대한 지원과 원조는 모든 것을 뛰어넘어 제공되고 있다. 2000년대 북한이 여러 차례 핵 실험을 하고 미사일 발사 실험을 하고 유엔

57) Beijing Review, no. 15(April 19. 1984), p. 9.

안전 보장 이사회의 다양한 제재 결의가 이루어지고 있지만 중국의 북한에 대한 경제적 지원은 계속되고 있다. 2010년 8월 호금도 중국 국가 주석은 김정일 북한 국방위원장과 회담을 갖고 경제 협력을 확대하기로 합의하였다. 특히 중국과 북한은 라선 경제 특구 및 황금평 위화도 경제 특구를 활성화시키고 있다. 그리고 북한의 중국에 대한 경제의존정도를 보면 2006년에 50%, 2007년 67.1%, 2010년 83% 그리고 2011년에는 90%에 달하고 있다.[58]

지금까지 살펴 본 바에 의하면 북한은 그의 안전 보장도 그리고 경제도 중국에 크게 의존하고 있어 북한에 크게 의존하고 불평등 상호 의존 관계를 형성하고 있다. 이러한 관계는 중국에 의해 북한의 정책을 제어할 수 있는 '정책 제어 구조'를 형성시켜놓고 있다. 이러한 구조는 북한이 중국의 정책 기조를 따르고 동시에 중국을 북한의 정책을 다스릴 수 있는 구조가 북중 간에는 형성되어 있다는 것을 알 수 있게 한다. 중국과 북한의 이러한 구조는 중국과 북한 간 국제정치에서 우선적으로 중국이 필요로 하는 결과를 도출 할 수 있는 구조가 마련되어 있다고 말 할 수 있다.

그 뿐만 아니라 중국과 북한은 동맹 조약으로 중국이 북한의 안전을 보장하게 되므로 정책적으로 북한은 중국을 일방적으로 따르게 되어있다. 중국과 북한이 이러한 구조들을 갖고 있으므로 북한은 중국의 외교 정책 노선, 기조 목표 등을 공유하게 된다. 이러한 양상은 중국과 북한이 완벽한 '협조적 구조'도 형성되어 있기 때문에 중국과 북한 간에는 국제정치적으로 갈등, 충돌 등은 존재할 수 없을 것이다. 현재 북한의 핵 실험으로 세계 많은 국가들이 유엔 안전 보장 이사회, 제재 결의에 찬성하고 그 결의를 이행하고 있다. 그러나 중국은 대북 제재에 지극히 소극적이다.

중국과 북한 간에는 안전 보장에 의한 불평등한 상호 의존 관계 그리고 경제적 의존에 의한 불평등한 상호 의존 관계를 북-중 간에 갈등, 충돌 등을 만들지 않는다. 이러한 의존 관계로 북한은 모든 면에서 중국에 적응하고 순응할 것이고 중국은 북한의 안보 및 경제를 책임지게 될 것이다.

중국과 북한 간에는 북한이 중국에 크게 의존하는 절대적인 불평등 상호

58) KOTRA, 2011년도 북한의 대외무역동향(서울: KOTRA 2012), p. 11.

의존 관계가 견고하게 형성되어 있고 동시에 '정책 제어 구조'도 형성되어 있다. 그리고 중국의 안전을 보장하는 동맹 조약도 형성하여 '협조적 구조'도 갖고 있다. 중국과 북한 간에는 이러한 국제정치 전개에 필요한 두 개의 구조가 형성되어 있다. 중국과 북한 간에는 대립, 갈등, 충돌이 전혀 없다. 이 같은 사실은 북-중 간에는 위에서 말한 두 개의 국제정치 구조가 효율적으로 작동하고 있다는 것을 보여주는 것이다. 2017년 3월 1일 중국 외교 부장 왕이(王毅)는 북한 외무성 부상인 리길성을 접견하는 자리에서 "한반도의 비핵화와 평화체제의 목표를 위해 새로운 노력을 해나가길 바란다. 중-북은 소통을 강화하고 양국 관계의 건강한 발전을 바란다."고 말했다고 중국 외교부가 밝혔다. 더욱이 중국 국가 주석 시진핑은 2017년 7월 독일에서 한국 대통령과 회담하는 자리에서 "중국은 북한과 혈맹 관계를 맺어왔다. 한국과는 25년 전에 수교하였고 그 뒤 많은 변화가 있었지만 북-중 관계는 근본적으로 변하지 않았다"라고 말했다(제 2부, 3.동아시아 국가 간 외교 관계 참고).

시진핑 주석 그리고 왕이 외교 부장의 발언은 어떠한 경우에도 중국은 북한 정권의 이익, 안전 등에 피해를 입게 할 수 없다는 뜻을 매우 극명하게 나타내고 있다.

중국은 한반도의 비 핵화를 말하고 있고 유엔 안전 보장 이사회에서 상임이사국으로서 대북한 제재 결의에 찬성하고 있다. 그러나 중국은 실제로 북한에 대한 대북 제재는 매우 소극적이다. 즉 중국은 북한의 핵 개발을 적극적으로 저지하지 않고 있다. 중국과 북한 간에 두 개의 국제정치 전개의 구조를 갖고 있다. 이 구조가 제대로 작동만 한다면 중국은 북한의 핵 개발 등 북한의 정책들을 충분히 제어할 수 있는 능력도 갖고 있고 구조도 갖고 있기 때문에 중국이 필요하다고 판단하면 중국이 원하는 결과를 충분히 도출할 수 있을 것이다. 중국이 북한의 핵 개발 저지에 소극적인 이유는 북한의 핵 개발 저지는 중국이 원하는 결과가 아니라는 것을 만 천하에 말하고 있는 것으로 판단된다. 또한 중국이 북한의 핵 개발 및 미사일 개발 저지에 소극적인 이유는 북한의 그것들을 중국의 전략 자산으로 생각하고 있는 것으로 판단된다. 북한의 핵과 마사일의 보유는 동맹국인 북한이 전략 무기를 보유하는 것이며 이것이 중국에게는 어떠한 위협도 없고 또 어떠한 피해도 가져오지 않기 때문에 중국으로서는 북한의 핵과 미사일 보유를 적극적으로 막을 이유가 없는 것이다. 북한이 이러한 전략 무기를 보유하는 것은 중국의 경쟁국가인 미국에 강력하게 대응할 수 있는 힘을 갖는 것으로 중국은 생각하고 있는 것으로 보인다. 북한이 이러한 전략 무기를 보유하는 것은 중국에게 도움이 될 수 있을지언정 중국에 피해를 가져오는 일은 없다고 중국은 생각할 수 있다.

한편 트럼프 대통령, 미 국방장관 등은 북한에 대한 군사행동 가능성을 연일 언급하고 있다. 그러나 북한은 미국의 이러한 미국의 언급에도 불구하고 핵 포기는 생각하고 있지 않는 것으로 보인다. 북한은 중국의 엄호 하에 살고 있다. 과거 미국은 이라크를 공격하고 사담 후세인을 처형하였다. 그러나 북한은 이라크와는 다르다. 이라크는 누구로부터도 엄호를 받지 않고 있었고 북한은 중국의 엄호를 받고 있다. 그렇기 때문에 미국이 북한을 상대하는 것은 과거 이라크를 상대하는 것과 크게 다르다.

중국과 한국 간의 국제정치

2016년 7월 한국과 미국에 의해 한국 경상북도 성주에 사드(THAAD) 배치를 결정하면서 중국의 한국에 대한 보복은 일 년 이상 계속되고 있다. 이러한 사실은 국가 간 갈등, 충돌이 계속되고 있다는 것은 이야기이다. 이렇게 계속되는 갈등, 충돌이 계속되고 있다는 사실은 국가 간 이 분쟁에서 각 당사국이 원하는 결과를 도출할 수 없다는 것이고 이 같은 사실은 한국과 중국 간에는 어떤 결과를 도출 할 수 있는 관계도 없고 구조도 없다는 것을 실증하는 것이다. 실제로 한국과 중국 간에는 이러한 구조들이 없다. 이렇게 한-중 간에 갈등이 오랫동안 계속되고 있는 국가 간의 외교 관계는 갈등 관계이다.[59)]

한국과 중국 간에는 어느 한 쪽에 치우치는 불평등 상호 의존 관계가 존재하지 않는다. 그러므로 양국 간에는 '정책 제어 구조'가 존재하지 않는다. 또 한국과 중국 간에는 '협조적 구조'도 없다. 한국과 중국 간에는 외교 정책 기조, 노선, 목표 등을 다르게 갖고 있다(제2부 동아시아 국가들의 국제정치적 행태 참고).

---

59) Charles S. Gochman and Zeev Maoz, "Militarized Interstate Dispute, 1816-1976," Journal of COnflict Resolution, vol. 28, no. 4(December 1984), pp. 585ff.

이러한 중국과 한국 간에는 외교 정책을 조율하고 조정할 수 있는 구조를 가질 수 없다. 그 뿐만 아니라 한국은 미국과 동맹 관계를 갖고 있고 한국 영토 내에는 미군이 주둔하고 있다. 사드는 한국 영토 내에 설치되지만, 그것이 설치되면 그 기지는 치외 법권 지역이 된다. 한국의 성주지역에 설치되는 무기는 미군이 운용하는 무기 체계이기 때문에 이 기지에는 한국의 주권이 미치지 못한다. 이 사드는 방어용 무기인데 중국은 사드가 그의 안전을 위협한다고 주장하고 있다. 한국이 중국의 안전을 위협한다고 중국은 주장하는데, 한국이 중국의 안전을 위협한다면 중국과 한국은 양국이 필요로 하는 결과를 도출 할 수 있는 '협조적 구조'의 형성은 불가능하다.

한국과 중국 간의 국제정치를 어렵게 하는 큰 장벽은 북한이다. 시진핑이 언급한 것처럼 중국과 북한은 혈맹 관계를 갖고 있다. 북한과 한국은 적대적 관계인데 중국이 한국과의 관계를 긴밀하게 갖는 데에는 한계가 있다. 한국에 배치된 사드도 우선 북한이 크게 반대하고 있다. 중국도 사드의 한국 설치를 반대한다. 북한과 중국이 동시에 반대하므로 중국의 사드 배치에 기인한 보복은 쉽사리 해결될 수 없는 문제이다. 특히 중국과 혈맹 관계를 갖고 있는 북한이 반대하고 있기 때문에 중국의 한국 내 사드 반대는 지속될 것이다. 그러나 사드가 중국의 안전을 직접적으로 위협하는 무기 체계가 아니기 때문에 시간이 지나면 중국의 사드 배치 반대 강도는 어느 정도 완화될 것이다. 한국과 중국 간 사드 문제가 발생한지 약 1년 반이 지난 2017년 말에는 사드로 인한 한-중 갈등은 다소 완화되고 있다.

한국과 중국 간에는 무역, 투자 등 경제 분야에서는 어느 정도 이익의 공유 부분이 있다. 그러나 한 · 중 양 국은 정치적으로 또 외교적으로 공유할 수 있는 부분은 없고 갈등적인 요소는 상존하고 있다. 그러므로 국제정치적으로 한 · 중은 공유할 수 있는 부분은 없다. 그러므로 한 · 중 간에는 국제정치적으로 가치의 공유는 없고 갈등만이 존재하게 될 것이다.

한국과 중국 간에 상호 영향력을 행사할 수 있는 바탕은 없다. 그런데 양국 간에는 정치적 의미를 담고 있는 견제 조치도 취하고 있지 않다. 미국이 하는 것처럼 한국도 중국을 견제할 수 있는 요소가 있다. 중국의 인권 상황,

지적 재산권 문제 등을 이용하여 중국에 대해 견제 조치를 취할 수 있다. 그러나 한국은 중국에 대해 어떠한 견제 조치도 취한 일이 없다. 견제는 대립하고 경쟁 관계에 있는 경우에 가능하다. 국가 간 견제도 대립 · 경쟁 관계에서 우월한 지위를 갖고 있는 경우에 가능하다. 중국은 한국에 대해 어느 정도 우월적 지위를 갖고 있으나 중국이 한국을 견제하는데 필요한 요소는 존재하지 않고 있다. 그러므로 중국의 한국 견제는 효력을 기대하기 어렵다. 견제의 효과는 강도가 높아야 하고 특히 필요한 경우, 견제로 인해 상대 국가에 피해를 줄 수 있어야 한다. 한국은 견제 이후 중국이 어떠한 손해를 감수하게 할 수 있는 능력이 없다.

중국과 일본 간의 국제정치

국제정치 전개의 바탕이 되는 양국의 정치, 경제, 외교 관계를 보면 갈등적인 부분도 있지만 양국의 관계를 발전시킬 수 있는 요소들이 더 많았다.[60]

사회 체제를 달리하는 중국과 일본의 현재와 같은 국가 관계는 대체로 보통의 정상적 국가 관계라고 말할 수 있다. 그러나 국제정치 존재 의의 측면에서 중국과 일본 양국 관계를 보면 양국이 안전, 이익, 문제 해결을 위한 필요한 결과 도출 구조는 존재하지 않고 있다. 일본과 중국 간에는 필요한 결과를 도출하기 위해 정책을 조율하고 조정하는 기능도 구조도 없다.

일본과 중국 간에는 불평등 상호 의존 관계가 설정되어 있지 않아 어느 국가도 정책 제어를 할 수 없다. 동시에 중국과 일본은 외교 정책 노선, 기조, 목표 등을 서로 다르게 갖고 있기 때문에 양국 간에는 '협조적 구조'도 없다. 그렇기 때문에 중국과 일본 간에는 갈등, 충돌의 위험성은 상존하고 있다. 그 하나의 예가 댜오위다오/센카쿠 열도 문제이다. 이 섬 문제로 인해 중-일 양국은 자주 충돌하고 있다.

그럼에도 불구하고 중-일 양국은 이 섬 문제를 제외하고 크게 충돌한 일은 없었다. 앞에서 지적한 바와 같이 중-일 양국은 갈등하고 충돌할 수 있는 소지는 적지 않다. 그러나 중-일 양국은 문제가 발생하면 외교적 수사를 이용하여

---

60) 성균중국연구소(엮음), 차이나핸드북(서울: 김영사, 2014), pp. 214ff 참고.

상대 국가를 비난하는 것으로 그친다. 양국 간에는 그 이상의 갈등, 충돌은 전개되지 않는다. 양국은 갈등, 충돌의 확대를 자제하고 있는 것으로 보인다.

중국과 일본은 경제 규모로 세계2위 및 3위의 국가이다. 이렇게 거대한 경제 규모를 갖고 있는 두 국가가 정면으로 충돌하면 자칫 두 국가 모두에게 커다란 피해를 가져올 수 있다. 중-일간의 가장 큰 충돌은 2010년 9월 센카쿠 열도 주변해역에서 발생한 충돌 사건이었다. 이 사건도 크게 확대되지 않고 비교적 조기에 수습되었다. 경제대국인 중-일 두 국가 간의 충돌은 경제규모 만큼의 피해를 양국이 입게 될 수 있기 때문에 중-일은 이 충돌을 양국 어느 측에도 피해 없이 수습되었다.

양국이 경제대국이기 때문에 이 대국들이 충돌하면 양국이 몸집이 큰 만큼 양국이 입게 되는 피해가 크기 때문에 중-일 양국의 서로 몸싸움하는 충돌은 회피하고 있다. 국제정치적으로 충돌 및 갈등의 소지는 다소 있지만 양국은 대승적 차원에서 상호충돌 및 갈등을 조성할 수 있는 문제의 생산은 극도로 자제하여 왔다. 앞으로도 양국 간에는 심각한 충돌 및 갈등은 발생하지 않을 것이다. 조어도/센가쿠열도 문제도 잠시 중-일 양국의 정치적 문제로 비화할 듯 하였지만 곧 이 문제는 수면 아래로 가라앉았다.

일본과 북한 간의 국제정치

국제정치의 존재 의미의 측면에서 일본과 북한 간에 국제정치는 실질적으로 전개되지 않았다고 말할 수 있다. 일본과 북한 간에 안정을 도모하고, 이익을 공유하고 그리고 문제를 해결하기 위한 필요한 결과를 도출할 수 있는 여건이 하나도 조성되어 있지 않다. 일본과 북한이 상호 안전을 위해 접촉하거나 교류하는 일은 없다. 2017년 9월 북한은 예고도 없이 일본의 영공을 통과하는 미사일을 발사하였다. 이러한 상황은 일본과 북한 간의 관계가 갈등적이고 충돌의 가능성이 매우 큰 불안한 관계라는 것을 잘 보여주고 있다.

일본은 현재까지 북한을 국가로 인정하지 않고 있기 때문에 일본과 북한은 외교 관계를 정상화하고 있지 않다. 그 뿐만 아니라 북한은 미국을 적대국으로 간주하고 있는데 일본은 미국과 동맹 관계를 갖고 있다. 이러한 사실에 의해 북한과 일본의 관계는 적대관계를 유지하고 있다.

일본과 북한 간의 상호 의존 관계 역시 그 폭도 그리고 그 깊이도 한계를 갖지 않을 수 없다. 실제로 일본과 북한 간에는 정치, 경제, 군사 등 어떤 면에서 상호 의존적인 관계를 존재하지 않는다. 그러므로 일본과 북한 간에는 상호 이익을 도모하는 일은 전개될 수 없다.

한편 일본과 북한 간에 서로의 이익을 위해 정책을 조율하고 조정하는 일도 전혀 없었다. 그러므로 일본과 북한 간에는 '협조적 구조'도 존재하지 않는다. 특히 북한의 여러 차례 핵 실험과 미사일 발사는 일본을 위협하는 처사이기 때문에 일본과 북한의 관계 발전, 교류 확대 등이 더욱 어렵게 되었다.

일본의 일부 정치인, 수상 등은 북한과의 관계 발전을 희망하고 있는 것으로 보인다. 이 사람들은 여러 차례 북한을 방문하고 김정일 국방위원장도 면담하였다. 그러나 일본의 대북한 정책은 미국의 대북한 정책 범위 내에서만 결정될 수 있다.

일본과 한국 간의 국제정치

마키아벨리(Nicolo Machiavelli), 웨버(Max Weber) 등은 "정치의 핵심 요소는 힘(power)이다"라고 하였다.[61] 즉 정치는 힘에 의해 전개된다는 의미이다. 모겐소(Hans J. Morgenthau)는 "다른 정치와 같이 국제정치도 권력투쟁이다. 국제정치의 궁극적인 목표가 무엇이든지 힘(power)은 언제나 정치의 핵심목표이다. 그리고 국제정치는 필연적으로 권력정치이다."[62]라고 지적하였다.

국가 간에 전개되는 정치에서 힘보다 더 필요한 요소는 없다는 것이 많은 사람들의 생각이다. 그런데 한국과 일본의 국제정치에서는 힘 이상으로 작용하는 요소가 있다. 그것은 각 국의 국민 정서이다. 한국은 과거 36년간 일본의 식민 통치를 경험하였다. 한국인이 갖고 있는 일본에 대한 부정적 정서는 양국 관계에서 강하게 작용한다. 흔히 하는 말로 사람의 육체는 힘으로 지배할 수 있지만 사람의 마음은 힘에 의해 지배되지 않는다. 일본이 한국을

---

61) Roger Hilsman, the Politics of Policy Making in Defense and Foreign Affairs, 3rd ed.(Upper Saddle River, NJ: Prentice-Hall, INC., 2000), pp. 76-77.

62) Hans J. Morgenthau, Politics among Nations, 3rd ed.(New York: Alfred · A · Knopf, 1962), pp. 28ff.

식민 통치하는 동안 한국인의 육신은 힘으로 지배하였겠지만 한국인의 정신과 마음은 지배하지 못했다. 일본의 어떠한 힘으로도 한국인의 독립 의지는 일본 군국주의도 꺾지 못했다.

일본의 엄혹(嚴酷)한 식민 통치를 경험한 한국인의 일본에 대한 적개심은 오늘날에도 크게 식지 않고 있다. 오늘날에도 한국 내 일본 공관 앞에 위안부를 상징하는 소녀상을 설치하여 반일감정을 드러내고 있다. 한국의 대통령들은 일본을 방문하고 일본 국왕을 만났다. 한국과 일본이 외교 관계를 정상화한 지 반세기가 지났지만 아직 일본 국왕은 한국에 온 일이 없다. 이러한 것들이 오늘날 한국과 일본 간에 상존하고 있는 국민 정서를 나타내고 있는 것이다(참고로 중국도 부분적으로 일본의 식민 통치를 경험하였고 1937년 중-일 전쟁 중에 일본군이 당시 중국의 수도인 남경(南京)을 점령하는 과정에서 중국 군인과 중국 시민 30만을 학살하는 소위 '남경학살'을 자행하였다. 중국과 일본은 1972년 외교 관계를 정상화하였고 수교 20년 만에 일본 국왕이 중국을 공식 방문하였다.).

오늘날 한국과 일본 간의 관계에서 한국인의 일본에 대한 부정적 정서는 모든 것에 우선한다. 한국인의 일본에 대한 부정적인 정서는 한국의 대일본 정책에 매우 크게 작용한다. 오늘날에도 일본 정치인의 야스쿠니(靖國)신사 참배, 교과서왜곡, 독도 영유권 주장 등은 한국 국민에 의해 용서되지 않는다(제1부 4의 ㉮ 참고).

이명박 정부에서 일본과 군사 정보 교류 협정의 체결을 시도하였으나, 국민의 반대여론으로 인하여 협정체결이 무산되었다(그러나 박근혜 정부에서 일본과 이 협정을 체결하였다.). 2015년 12월 박근혜 정부가 일본과 위안부 협정을 체결하였지만 이에 대해 한국 내에서는 상당한 반대의 목소리가 있다. 이 협정에서 부산에 있는 일본 영사관 앞에 위안부를 형상화한 소녀상을 철거하기로 하였으나 이 소녀상은 철거되지 못하고 있다. 이러한 일들이 한국과 일본 간 현재의 국민 정서를 잘 보여주고 있는 것이다. 이러한 국민 정서가 한-일 정책 결정에 강하게 작용하고 있다.

한국과 일본 간의 국제정치에서는 다른 국가들에서는 찾아보기 힘든 특수한 힘이 작용하고 있다. 2017년 11월 한국의 동해 해상에서 미국의 원자력 추진 3개의 항공모함 전단과 한국 및 일본 3국 해군이 합동 해상훈련을 미국이 계획하였으나 한국 정부의 반대로 일본을 제외하고 미국과 한국 두 국가의 해군만이 합동해상훈련을 실시하였다. 한국 정부가 3국 훈련을 거부한 것은 정치적 고려가 아니라 한국의 국민적 정서에 기초한 결론이었다.

한국과 일본은 각각 미국과 상호 방위 조약을 체결하여 동맹 관계를 갖고 있다. 그렇기 때문에 한국과 일본은 미국과 외교 정책 노선 및 외교 정책 목표를 동일하게 갖고 있다. 따라서 한국과 일본은 동일한 외교 정책 노선 및 목표를 갖는다. 한국과 일본은 미국과 함께 동아시아 지역 및 동아시아 국가들에 대한 정책에 대해 조율하고 조정하는 구조를 갖고 있다. 이 3국은 정상회담뿐만 아니라 양국 정부 관계자들은 외교, 국방, 경제 등 여러 분야에 걸쳐 항시적으로 접촉, 교류, 회합 등을 통해 정책의 공조를 도모하고 있다. 2017년 7월에도 한-미-일 3국 정상은 회담을 갖고 "북한 핵 문제에 직면해 3국 안보협력을 지속적으로 발전시켜 나아가기로 약속하였다."는 내용을 담은 공동 성명을 발표하였다.

이러한 사실들은 한국과 일본이 동아시아 지역 및 동아시아국가 들에 대해 정책의 조율 및 조정을 하는 직접 동맹국에 버금가는 관계를 갖고 있는 국가라고 말할 수 있다. 한국과 일본 간에는 여러 형태의 정책 협의체를 갖고 상시적으로 접촉하고 교류하고 있다. 한국의 대통령과 일본의 총리는 필요시 전화 통화로도 정책 공조를 도모한다. 한국과 일본 간의 이러한 현상은 한국과 일본 간에는 '협조적 구조'가 형성되어 있다고 말할 수 있다. 한국과 일본 간에는 이러한 '협조적 구조'가 형성되어있기 때문에 외교 정책과 외교 측면에서는 대립적이고 충돌하는 국면은 존재하지 않는다. 한 · 일 양국 간에는 아직도 민족주의에 근거한 국민 정서가 작동하기 때문에 과거사에 관계되는 문제에 대해서는 상당한 갈등적 요소가 작동한다. 그럼에도 불구하고 미국과 동맹 관계를 갖고 있는 한국과 일본은 3국의 정책 공조 구조가 견고하게 이루어지고 있다. 국민 정서가 작동하더라도 이 3국 공조 구조가 그 정서보다 더 확실하고 일관되게 작동하고 있기 때문에 한국과 일본이 이 구조 하에서 정책 공조가 원만하게 이루어지고 있다. 한국과 일본 간에는 민족주의에 입각한 부정적인 정서가 상존하고 있지만 이 정서가 한·일간의 국제정치를 지배하는 것은 현실적이지 않다. 국가 간 감정에 의해 국가 간의 정치가 좌우된다면 그것은 현실을 무시하는 처사가 될 것이다. 정치는 현실이고 현실이 감정에 의해 지배된다면 이러한 현상은 국가에 큰 해악을 가져올 것이다. 어떠한 국가 간의 정치라도 정치는 감정이 아닌 현실에 기초해서 전개되어야 국가와 국민 모두에 유익할 것이다.

또한 한국과 일본은 경제적으로도 긴밀한 관계를 갖고 있다. 한국은 1960년대부터 수출 주도형 경제 정책을 추진하였다. 한국은 수출의 지속적인 성장을 위해서는 시장이 필요하였는데 그 시장은 미국과 일본이었다. 1964년 한국이 총 수출에서 대미 수출이 차지하는 비중이 30%였고 그 후 비율은 지속적으로 증가하여 1968년과 1969년에는 각각 52% 및 51%를 차지하였다. 이로써 미국시장은 한국의 제일 수출 시장이 되었다. 제2위의 수출 시장은 일본이었다. 양국이 외교 관계를 정상화한 1965년의 대일본 수출은 한국의 총 수출에서 26%를 차지하였다. 그 후 1970년대에도 평균 약 25% 내외의 시장 점유율을 유지하였다. 한국 수출의 미국과 일본에 대한 의존율은 1980년대까지 약 60%내외를 기록하였다. 그리고 수입에서도 1958년부터 1964년까지 미국이 한국의 수입시장 점유율은 연평균 약 50%였다. 1965년 한-일 외교 관계정상화 이후 일본이 한국 수입시장 점유율은 36%였다. 그 후 1970년대까지 일본의 한국 시장점유율은 40% 내외를 기록하였는데 그 추세는 현재까지도 계속되고 있다. 한국의 수입시장의 60%를 미국과 일본이 점유하고 있다.[63)]

한국이 경제 발전에는 외국의 자본과 기술이 필요하였다. 1959년부터 1971년까지 차관과 직접투자 등 외자도입 내용을 살펴보면 공공차관의 경우 미국계가 62%, 상업차관 34% 그리고 직접투자 62%를 차지하고 있다. 같은 기간 일본계 자본의 비율은 공공차관 22%, 상업차관 25% 그리고 직접투자 22%를 기록하고 있다. 미국과 일본으로부터의 자본도입이 총 외자에서 차지하는 비율이 68%를 차지하고 있다. 그리고 기술도입을 보면 1962년부

63) 김기수, 동아시아 역학구도(서울: 한울: 2005), pp. 418-419.

터 1976년까지 미국으로부터의 기술도입은 총 164건에 지불 가격 2,970만 달러이고 건수로는 22%, 가격으로는 26%의 비율을 보이고 있다. 일본으로부터는 총 494건이 도입되어 지불가격 6,370만 달러를 기록하여 건수로는 66%, 지불가격으로는 56%를 점하고 있다.[64)]

지금까지 살펴 본 바와 같이 한국은 미국 및 일본과 과거부터 긴밀한 경제 관계를 갖고 있다. 그러나 한국은 미국 및 일본과 경제 교류를 하였지만 그리고 한국은 일본과 상당한 정도의 경제관계를 갖고 있었지만 일본과 한국은 불평등한 상호 의존 관계는 존재하지 않고 따라서 한-일 간에는 '정책 제어 구조'도 존재하지 않는다.

한국과 일본 간에는 불행한 과거도 있고 따라서 민족주의에 기초한 반목(反目)의 감정도 있지만 양국 간에는 이익과 안전을 도모하고 정책을 조율하고 조정하는 '협조적 구조'를 갖고 있다. 특히 한국의 일본과의 경제 교류는 매우 중요하다. 한-일 경제 교류는 1960년대 한국의 경제 발전 추진 시기부터 깊은 관계를 갖고 있고 그 관계는 지금도 이어지고 있다. 국민 감정도 중요하지만, 한국의 안보, 경제도 매우 중요하다.

한국과 일본의 국제정치는 기본적으로 미국 중심의 한-미-일 3국 공조의 틀 속에서 전개된다. 한국과 일본 간의 국제정치는 한국과 일본의 정책 및 양국 관계만으로 전개될 수는 없다. 무엇보다도 한국과 일본은 각각 미국과 동맹 관계를 갖고 있고 미국이 한국과 일본의 안전을 보장하고 있기 때문에 기본적으로 미국 중심의 동아시아 국제정치 구도하에서 한국과 일본은 국제정치를 전개하여야 할 것이다.

한국과 북한 간의 국제정치

문자 그대로 국제정치는 주권 국가 간의 정치이다. 북한이 유엔 회원국이지만 한국은 북한을 주권 국가로 인정하고 있지 않다. 그러므로 한국의 입장에서 북한과의 국제정치를 논하는 것은 부적절하다. 더더욱 국제정치 존재 의미 측면에서 한국과 북한 간의 국제정치를 논하는 것은 어불성설이다. 앞에서

64) 위의 책, pp. 419-420.

언급한 바와 같이 건전한 국제정치의 존재 의미는 상호 안전을 도모하고 상호 이익을 증대시키기 위해 정책을 조율하고 조정하고 현안을 해결하는 과정이다. 한국과 북한 간에는 이러한 모습들이 존재하지 않는다. 북한은 항상 한국을 공산주의 혁명의 대상으로 그리고 타도의 대상이라고 주장하고 있다.

이런 가운데 한국 정부는 1973년 '6 · 23선언', 1974년 1월 불가침협정 체결 제의, 1991년 12월에 채택된 '남북기본합의서', 2000년 6월에 채택된 '6 · 15공동선언', 2007년 10월 발표된 '10 · 4선언' 등은 외형상 한국과 북한이 평화와 안정을 도모하려는 의도가 담긴 것으로 보이기도 한다. 그러나 현실은 이러한 것들과는 동떨어져 있었다.

북한은 1950년 '6 · 25전쟁'으로부터, 1968년 1월 청와대습격, 1980년대 아웅산 폭파, 대한항공기 폭파, 2000년대 천안함 폭침 등으로 한국과 한국인의 안전을 위협하였다. 더 나아가 북한은 핵 무기의 보유를 획책하고 장거리 미사일을 개발하며 한국과 동아시아의 안전을 위협하고 있다. 이와 같은 북한의 폭력적인 행각은 한국과 북한 간의 정상적인 국제정치의 전개를 불가능하게 만들고 있다. 북한의 이러한 행태는 남 · 북한의 공존을 불가능하게 할 뿐만 아니라 양측의 정상적인 국제정치의 전개를 철저하게 불가능하게 만들고 있기 때문에 남북한 간에는 항상 불안, 갈등 충돌의 위협이 상존하고 있다.

제 5 부

동아시아적 국제정치

1. 동아시아 국제정치의 특성

세계적으로 보면 각 지역마다 그 지역이 걸어 온 그 지역만의 독특한 과거를 갖고 있고, 또 다른 지역과 다른 그 지역 국제정치 주체들의 역사, 전통, 국민성, 주변 국가들과의 관계 등을 갖고 있다. 전 세계가 지역적으로 특이성을 갖고 있는 이유 중 가장 큰 이유는 과거 교통 · 통신이 발달하지 못해 지역 간 접촉 및 교류가 없거나 어려웠기 때문에 각 지역이 나뉘어지고 각 지역마다 특이성을 갖게 되었다. 21세기인 오늘날은 국제화 시대 또는 세계화 시대라고 한다. 이렇게 국제화 시대, 세계화 시대가 도래한 것은 두 말할 나위 없이 교통 · 통신의 발달에 있다. 오늘날은 세계 어느 지역에서나 전화통화는 물론 화상통화가 가능하다. 그뿐만 아니라 비행기로 지구의 한쪽 끝에서 다른 한 쪽 끝으로 가는데 소요되는 시간은 12시간 내외이다.

이처럼 교통 · 통신이 발달하여 전 지구가 세계화 · 국제화된 시기는 대체로 20세기 후반쯤으로 생각된다. 그러므로 각 지역, 각 국가는 외부 지역 및 다른 국가와 접촉 및 교류없이 각각 그들만으로 살아왔다. 그렇기 때문에 각 지역, 각 국가는 그들만 갖고 있는 것으로만 살아왔고 따라서 각 지역, 각 국가는 각각 특성을 갖고 있다. 이러한 상황이 각 지역, 각 국가의 특성을 형성시켰고 따라서 그들의 많은 것은 다른 지역, 다른 국가와 차별성을 갖게 되었다. 한국의 국토는 22만 ㎢ 불과하지만 지역 간 소통과 교류가 어려워 각 지역마다 방언이 있다. 중국 대륙은 그 넓이가 약 960만㎢이다. 중국의 각 성은 독특한 언어를 갖고 있어 공산 정권이 수립되어 학교 교육이 전국적으로 실시되기 이전까지 한 나라에 살면서 타지역 사람들과는 의사 소통이 이루어지지 못했다. 전 지구적으로 보면 각 대륙마다 언어, 문화, 의식 구조, 생활 양식, 정치 구조, 경제 체제가 모두 제 각각이었고 같은 지역에 있는 각 국가들도 역시 정치, 경제, 문화 등 많은 것들을 다르게 갖고 살아왔다. 지구상 각 지역에 위치하고 있는 각 국가들은 이렇게 많은 것들을 다르게 갖고 살아왔기 때문에 각 국가는 독특한 체제, 제도 등을 갖고 배타적으로 살아왔다.

특히 18세기 이후 유럽에서는 민족주의가 발로되어 민족 국가를 건설하면서 각 국가는 특별히 배타적으로 살아왔다. 민족 국가의 배타성은 침략 정복 전쟁으로 표출되어 세계는 문자 그대로 무정부 상태로 약육강식의 행태가 일반적으로 자행되었다. 그리하여 세계적으로 각 국가의 배타적, 적대적 의식 행태는 만연되어 갔다. 서양보다 뒤늦게 비서양 지역에서도 국가가 독립되었고 이들 신생 국가들도 민족 국가를 지향하면서 배타적 의식을 갖고 독특하게 국가를 경영하고 있다. 20세기 중반 이후 교통 · 통신의 발달로 국가 간 상당한 접촉 및 교류가 이루어지고 있지만 각 국가는 전통적으로 민족주의에 기초해서 국가를 경영하였기 때문에 오늘날에도 각 국가이 배타성은 여전히 작동하고 있다. 국가의 이러한 배타성은 각 국가의 특이성을 갖게 한다. 그리고 각 국가는 이 특이성에 기초해서 국내외 정책을 결정하며 국가를 운영한다. 이렇게 특성을 가진 국가들이 모여 지역의 국제정치를 전개하고 세계 정치를 전개한다. 원활한 국제정치의 전개를 위해 각 지역은 그 지역 나름대로의 지역적 국제정치를 전개하는 기본 틀을 형성하고 이 틀 속에서 국제정치를 전개한다. 이러한 틀은 구성원 가운데 힘 있는 강자에 의해 주도적으로 형성된다. 이 틀은 힘 있는 강자, 즉 강대국의 이익을 증대시키기 위해 일정한 틀, 즉 구조를 형성한다. 세계 정치 및 지역 정치에서 형성되는 틀은 곧 국제 정치 체제를 창출하게 된다.[1)]

이와 같은 현상은 19세기 국제정치적으로 강한 국가가 등장하면서 등장하였다. 그 후 국제정치에서 강대국이 바뀌게 되면 당연히 새로운 국제 정치 체제가 형성되었다. 이런 현상은 세계 정치 또는 지역 국제정치에서도 되풀이 되었다.

19세기 유럽의 세력 균형 체제는 나폴레옹 전쟁에서 승리한 국가들인 영국 등에 의해 형성되었고 제2차 세계 대전 이후에 양극 체제는 당대의 강대국인 미국과 소련에 의해 형성되었다. 이러한 국제정치 체제는 강대국의 이익을 증대시키기 위해 만들어진 것이다. 강대국들은 그들이 형성한 체제 하에서 그들의 이익을 증대시키기 위해 각 구성원의 행위, 정책, 상호 작용의

1) Robert Gilpin, War & Change in World Politics(Cambridge, Cambridge University Press, 1983), pp. 9ff.

범위와 한계를 결정지어준다. 강대국들은 그들에 의해 형성된 체제를 유지하고 그 속에서 그들의 이익을 극대화하기 위해 규칙, 규범 등을 제정한다. 전 세계적 차원에서 뿐만 아니라 지역적으로도 국제정치의 틀은 형성된다. 각 지역이 국제정치의 틀을 가지려면 그 지역의 국제정치 행위자 가운데 강한 힘을 갖고 있는 행위자가 있어야 한다. 그 지역의 강한 힘을 가진 행위자는 그의 이익을 증대시키기 위해 그 지역 국가들의 행위, 결정 등의 범위를 정하고 상호 작용의 규칙, 규범 등을 만든다. 이렇게 해서 지역에는 강대국에 의해 국제정치의 틀 즉 지역적 국제 정치 체제를 형성하게 된다. 국제 정치 체제는 이 체제의 강자에 의해 형성되고 이 체제는 강자의 이익을 보호하고 대변한다. 아프리카 대륙에는 강대국이 없어 오늘날에도 이 지역에는 지역 특유의 국제 정치 체제를 갖고 있지 않다.

동아시아에는 19세기 중엽부터 서양의 강국들이 중국 대륙을 분할 점령 지배하였다. 그리고 20세기에는 일본이 제국주의적 정책을 추진하며 한반도를 지배하였고 중국의 만주, 대만 및 중국 대륙의 일부 지역을 점령하기도 하였다. 그리고 아시아 대륙은 서양의 여러 국가에 의해 분할 점령되어 있었을 뿐 어떤 국가에 의해서도 체계적으로 국제정치가 전개될 수 있는 구조는 형성되지 못했다. 아시아 지역에는 일본과 태국을 제외하고는 모두 식민 통치를 받고 있어 주권 국가가 없었기 때문에 국제정치를 전개할 수 있는 주체 자체가 없었다. 제2차 세계 대전에 참여했던 모든 제국주의 국가들은 전쟁으로 국력을 크게 상실하여 모두 식민지를 포기하고 떠났다. 그리고 제2차 대전이 끝난 다음부터 이 지역의 국가들이 거의 대부분 독립을 하였다. 그러나 식민 통치로부터 벗어나 독립은 하였으나 모두 자립이 어려워 대외 활동을 할 수 있는 능력을 갖지 못했다. 주지하는 바와 같이 아시아 지역 가운데에는 종족, 종교, 문화 등을 다르게 갖고 있는 동남아시아, 서남아시아, 중동 그리고 동아시아로 구분되었고 각 지역은 서로 다른 길을 걷게 되었다.

그런 가운데 동아시아는 제2차 대전 이후 최대 강대국인 미국의 중요한 관심 지역이었다. 그 이유는 앞에서 여러 차례 지적한 바와 같이 서태평양지역이 미국의 주요한 정치적 및 전략적 요충지이기 때문이다. 그리하여 미국이 동아시아 지역을 정치적으로 그의 관할 하에 두어야 했고 따라서 한국 및 일본과 동맹 관계를 갖고 이 지역에 미국의 군사 기지를 설치하고 운영하게 되었다. 그리고 정치적으로 동아시아 지역에서 미국의 지위를 유지하고 그의 이익을 위해 동아시아적인 국제 정치 체제를 형성하였다. 그리고 동아시아에서는 미국 중심의 국제정치가 전개되었다. 이처럼 아시아 가운데 동아시아에만 국제 정치 체제가 존재하고 있다.

동아시아에는 2개의 정치적 블록이 형성되어 있다. 하나는 한-미-일 3개국이 형성한 블록이 있고 다른 하나는 군사 동맹 관계를 갖고 있는 중-북 블록이 있다. 이 지역에 국제정치의 주체는 5개인데 2개의 블록으로 나뉘어져 있다. 냉전 시기에 이 두 블록은 상호 배타적이고 적대적으로 맞서고 있었다. 이 시기에 동아시아에서 전개되는 국제정치는 주로 한-미-일 이 블록 내에서만 전개되었다. 냉전 이후 특히 미국과 중국이 외교 관계를 정상화한 이후에는 중국도 한-미-일 간에 전개되는 국제정치 과정에서 참여하게 되었다. 중국은 위의 3개국과 외교 관계를 정상화하고 외교적으로 접촉하고 교류하며 동아시아 국제 정치 과정에 동참하게 되었다.

북한은 시종 일관 중국을 추종하면 중국 일변도 외교를 전개하였고 고립 노선의 추구로 동아시아 국제 정치 과정에 참여하고 있지 않다. 동아시아 국제정치의 주체는 5개인데 북한을 제외한 4개국만이 이 지역의 국제정치 과정에 참여하고 있다. 중국이 동아시아의 국제 정치 주체의 하나로 이 지역 국제정치에 참여하고 있다는 것은 현상 즉 미국 주도의 이 지역 국제 정치 체제를 인정하고 있다는 것을 의미하는 것이다.

2. 동아시아의 국제정치 체제

제2차 세계 대전은 미국을 소련과 함께 강대국으로 만들었다. 그리하여 미국과 소련을 각각 주축으로 하는 양극 체제가 형성되었다. 제2차 대전 직후인 1940년대 후반 미국의 주된 관심 지역은 서유럽이었다. 유럽에서 동·서유럽이 대치하게 되었다. 그리하여 미국은 서유럽 수호에 역점을 두었다.

미국은 1947년 3월 '트루먼 독트린'을 선언하였고, 그 해 6월 '마샬 플랜(정식 명칭은 European Recovery Programs)'을 발표하였고, 그리고 1949년 북대서양조약기구(NATO)를 결성하였다.

한편 1940년대 후반 동아시아에는 중국 대륙에 공산 국가인 중국(중화인민공화국)이 수립되고 소련과 동맹 조약을 추진하고 한반도 38도선 북쪽에 소련이 공산 정권을 수립하며 동아시아에서 소련은 그의 세력을 강화하고 있었다. 그런데 미국은 1949년 한국에서 미군의 철수를 결정하였고 1950년 1월에 미국무장관 에치슨(Dean Acheson)은 소위 '에치슨 라인', 즉 한국을 미국의 방어 구역에서 제외하고 공개적으로 이 지역의 안전 보장을 포기한다고 선언하였다. 그는 "이 지역에 대한 군사적 공격에 대해 누구도 그의 안전을 보장하지 않는 것은 명확하다"고 선언하였다.[2] 이처럼 1950년 1월까지 미국에 의한 결정은 동아시아에 대해 어떠한 이해(利害)도 갖고 있지 않았다는 것을 표현한 것이다.

제2차 세계 대전 직후부터 1950년 6월 25일까지 미국의 한반도에 대한 결정은 마치 미국의 한반도 포기를 선언한 것으로 생각하게 만들었다. 그리하여 1950년 6월 25일 소련과 중국의 지지와 지원을 받은 김일성 정권의 북한군을 한반도를 분단해놓은 38선을 넘어 한국에 무력 침공을 감행하였다. 그러자 미국은 북한이 남침을 감행한 2일 후인 6월 27일 미국의 해군과 공군의 참전을 명령하였고 6월 30일 일본에 주둔하고 있던 미국 지상군 참전을 명령하였다. '6 · 25전쟁'의 발발로 미국은 새롭게 한반도의 전략적 가치를 인정하고 동시에 동아시아 지역의 전략적 가치를 인식하게 되었다. 그리하여 미국은 1951년 9월 일본과 안보 조약(이 조약은 1952년 9월 8일 발효)을 체결하였고 1953년 10월 1일 한미 상호 방위 조약을 체결하였다(이 조약은 1954년 11월 17일 발효). 미국은 이렇게 한국 및 일본과 동맹 관계를 가지면서 동아시아 지역 국가로 이 지역 국제정치에 적극적으로 참여하게 되었다. '6 · 25전쟁'이

---

2) Secretary of State Dean Acheson, "Crisis in Asia: An Examination of U.S. Policy," remarks before the National Press club, Washington, January 12, 1950 in U.S. Department of State Bulletin, vol.XXII, no. 551(January 23, 1950), p. 116.

끝난 다음에 미국은 일본과 한국의 정치 발전 및 경제 발전에 큰 관심을 갖고 두 국가를 여러 분야에 지원하였다. 그리고 한국과 일본은 안보는 물론 경제적으로도 미국에 크게 의존하게 되었다. 원래 국가 간 군사 동맹은 전시에 공동의 적에 대해 공동으로 대항하기 위해 만들어진다. 1950년대 이후는 국지적인 무력충돌이나 내전은 있었으나 지역적 또는 세계적 규모의 전쟁은 없었다. 동아시아에서도 한반도의 휴전 이후에는 전쟁이 없었다. 그럼에도 동아시아에는 한-미 그리고 미-일 군사 동맹이 형성되었다. 동아시아에는 잠재적인 적국은 있을 수 있지만 평화 상태가 지속되었다. 이러한 평시에 군사 동맹 체제를 갖추는 목적은 외교 정책 노선 및 외교 정책 기조의 공유를 목적으로 하고 또 정책의 공조를 갖기 위해서 동맹 체제를 갖는 것이다. 그러므로 국가 간 동맹 관계를 유지하는 동안 이들 동맹 국가들은 외교 정책 노선 및 외교 정책 기조를 공유하고 정책을 조율하고 조정하는 정책 공조 체제를 유지하고 활용하여야 한다. 만일 그렇게 하지 않는다면 동맹 관계는 원만하게 유지될 수 없을 것이다.

'6 · 25전쟁' 이후 미국은 한국과 일본의 맹주(盟主)로 자리 매김하고 한국과 일본은 안전 보장측면 및 외교 정책 측면에서 미국과 동일한 노선 및 기조를 갖게 되었다. 즉 한국, 미국 및 일본은 국가 원수로부터 여러 차원에서 상호 정책을 조정하고 조율하는 정책 공조의 기틀을 갖게 되었다. 이 3개국의 정책 공조는 물론 맹주인 미국 위주로 이루어진다. 이러한 미국 위주의 정책 공조는 부분적인 동아시아의 국제정치의 틀 즉 국제 정치 체제를 형성하게 되어 이 체제 속에서 3개국이 준수할 국제정치의 원칙, 규범 등을 만들고 이에 근거해서 정책 공조를 갖게 된다. 한 · 미 · 일 3국의 정책 공조는 1953년 '6 · 25전쟁'이후 시작되어 오늘날까지 계속되고 있다. 한국과 일본은 일차적으로 그의 안전 보장을 미국에게 거의 전적으로 미국에게 의존하고 있기 때문에 한국과 일본은 미국과 외교 정책 노선을 동일하게 갖지 않을 수 없다. 특히 한국은 휴전선을 사이에 두고 북한군과 대치하고 있고 그리고 한국은 독자적으로 그의 안전을 보장할 수 없기 때문에 한국은 독자적인 외교 정책 노선 및 외교 정책을 가질 수 없다. 일본 역시 제2차 세계 대전에서 패전국이 되어 미 군정 하에서 미 군정이 만든 헌법 제9조에 의해 군대를 보유할 수 없는 국가이기 때문에 일본 독자적으로 그의 안전을 보장할 수 없다. 그러므로 일본도 독자적인 외교 정책 노선 및 외교 정책을 갖지 못한다.

한국, 미국 그리고 일본 3국의 정책 공조는 미국의 외교 정책 노선을 따르고 미국의 외교 정책 기조와 맥락을 같이 하는 외교 정책을 결정하는 것이다. 미국의 외교 정책 노선 및 외교 정책은 미국의 국가 이익을 증대시키기 위해 만드는 것이다. 이러한 미국의 외교 정책 노선 및 외교 정책은 동아시아 3개국의 상호 작용의 범위를 규정하고 동시에 각 국가들이 전개하는 상호 작용에서 준수해야 할 규칙, 규범 등을 설정하게 된다. 이렇게 미국은 동아시아 국제정치의 틀 즉 동아시아 국제 정치 체제를 구축하였다.

제2차 세계 대전 이후 세계적으로 양극 체제가 형성되었고 그리고 동아시아에도 양극 체제의 한 축을 이루고 있는 미국에 의해 이 지역에도 지역적 국제 정치 체제가 확립되었다. 제2차 세계 대전 이후 1991년 소련이 붕괴되기까지 소위 냉전 시기 미국 외교 정책의 기조 및 노선은 반공 · 반소였다. 이 시기에 한국과 일본의 외교 정책은 일차적으로 반공 · 반소였다. 그 뿐만 아니라 미국이 정책 기조 및 노선에 따라 공산주의 국가들과의 대외 관계도 미국에 의해 형성된 국제정치의 틀 즉 국제 정치 체제의 구도 안에서 이루어졌다. 실제로 1972년 미국과 중국 간 관계 개선이 이루어진 다음 일본은 중국과 외교 관계를 정상화할 수 있었다. 냉전 시기뿐만 아니라 그 이후에도 한국과 일본은 공산 국가들과의 경제 관계도 제한을 받았다. 냉전 시기 미국 중심의 자본주의 국가들은 공산권 수출 통제 위원회(COCOM)을 만들어 공산 국가들과의 무역을 통제하였다. 이러한 것은 미국 외교 정책의 기조에 근거한 것이다. 세계적으로 그리고 지역적으로 미국에 의해 구축된 국제 정치 체제 하에서 미국과 정책 공조를 전개하는 한국과 일본은 당연히 미국의 외교 정책 기조에 따라 공산 국가와 무역거래를 제한받게 된다.

1991년 소련이 붕괴된 다음에도 한국과 일본은 미국이 구축한 동아시아 국제 정치 체제 하에서 상호 작용하고 외교 정책을 조율하고 조정하고 있다. 미국은 한때 이란, 이라크, 시리아 등과의 관계 악화로 이들 국가들과의 관계를 제한하였다. 동아시아 지역의 국제 정치 체제 하에서 미국과 정책을 조율하고 조정하며 정책 공조를 하고 있는 한국과 일본은 미국의 정책 노선을 따르지 않을 수 없다.

1965년 베트남전쟁에서 추가 병력이 필요하였다. 그리하여 1965년 4월 베트남 주재 미국 대사 로지(Henry Cabot Lodge)는 베트남에 한국의 파병이 필요하다는 미국의 존슨(Lyndon B. Johnson)대통령의 의사를 박정희 대통령에게 전달하였다. 그리고 1965년 5월에는 베트남 정부도 한국에 파병을 요구하였다.[3] 한국 정부는 미국의 요구를 수용하여 베트남에 파병하였다. 한국 정부의 파병 결정은 미국과의 정책 공조로 이루어졌다. 또한 2003년 미국은 이라크에 군사력을 행사하며 한국에 파병을 요구하였고 한국 정부는 미국의 요구를 수용하여 한국군을 이라크에 파병하였다. 이 때 일본은 국내법상 병력의 파병이 불가능하기 때문에 일본 정부는 전쟁비용을 제공하였다. 미국의 부시(George W. Bush) 대통령은 2001년 1월 연두교서에서 북한, 이라크, 이란 그리고 리비아를 '악의 축(axis of evil)'이라고 규정하였다. 부시 대통령은 연두교서에서 "대량 살상 무기를 생산하고 이 무기를 다른 국가에 판매하여 세계 평화를 위협하는 국가"라고 하였다. 미국이 주도하여 형성된 지역 국제 정치 체제 하에서 살고 있고 미국과 동맹 관계를 갖고 있는 한국과 일본은 역시 이들 '악의 축'이라는 국가들과 적대적 관계를 가져야 한다. 이렇게 하여야 국가 간의 정책을 조율하고 조정하며 정책 공조를 이룰 수 있다. 동아시아 국제 정치 체제 유지 및 운영을 위한 원칙, 규범, 상호 작용의 틀은 미국의 외교 정책 노선 및 기조에 의해 형성되고 이것들은 궁극적으로 미국의 이익에 부합하는 것이다. 미국의 주도하에 형성되어 있는 국제 정치 체제 하에서 살고 있는 국가가 미국의 외교 정책 노선 및 기조에 어긋나는 정책을 결정하고 외교 행위를 하는 것은 동맹국 간의 정책 공조에서 일탈하는 것이며 또한 미국의 이익을 침해하는 것으로 간주된다. 일본은 2001년 미국이 '악의 축'이라고 규정한 이란의 하타미 대통령을 초정하고 이란의 '아자데간'

---

3) Donald Stone Macdonald, U.S.-Korean Relations from Liberation to Self-Reliance(Baulder: Westview Press, 1992), pp. 109-110.

유전의 개발권을 획득하였다. 이 때 이란과 적대적 관계를 갖고 있던 미국이 그의 동맹국인 일본이 이란과 긴밀한 관계를 갖는 것은 미국을 무시하는 처사라고 판단하여 아자데간 유전 개발에 일본이 참여하여서는 안 된다고 일본에 압력을 가하였다. 그리하여 고무라 마사히코(高村 正彦) 외무 장관이 해임되고 유전개발권을 포기하였다.[4] 일본의 이란 유전 개발권 획득은 동아시아 국제 정치 체제를 벗어난 결정이고 미국과의 정책 공조를 무력화시키는 결정이고 더 나아가 미국의 국가 이익을 침해하는 결정이므로 미국은 당연히 일본의 결정을 폐기시킨 것이다.

북한 정권은 2006년부터 6차례 핵 실험을 감행하였다 북한의 핵 무기 보유는 미국 주도의 동아시아 국제 정치 체제 유지에 반하는 것이고 동시에 동아시아의 안전과 평화를 위협하는 것으로 미국은 판단하고 있다. 그리하여 미국 주도로 유엔 안전 보장 이사회에서 북한에 대한 경제 제재를 가하고 있고 물론 동아시아국가들도 대북 제재에 참여하고 있다. 2017년 5월에 출범한 새로운 한국 정부는 미국 주도의 대북 제재에 참여하고 있다. 미국이 강력한 대북한 제재를 강조하고 있는 가운데 한국 정부는 북한과의 대화를 통한 북한의 핵 문제의 해결을 강조하고 있다. 그리고 한국 정부가 대북 제재를 소홀히 한다면 그것은 한-미간 동맹국으로서의 정책 공조를 어렵게 할 수 있고 이런 상황이 실존한다면 한-미 관계에도 나쁜 영향을 미치게 될 것이다. 한미 관계가 나빠진다면 상대적으로 안보를 비롯한 여러 분야에서 상대적으로 미국에 대한 의존도가 높은 한국에 유익하지 않은 상황이 도래할 수 있다. 한국이 독자적으로 대외 정책을 구사(驅使)한다면 한 · 미 관계에서 얻는 것보다 잃는 것이 더 많을 것이다. 오늘날 한국은 미국에 의해 구축된 동아시아의 국제 정치 체제 속에서 미국과 정책 공조를 이루어 국가를 경영하는 것이 바람직한 일이다. 만일 한국이 미국의 정책 노선이나 기조와 달리 대북한 정책 또는 대중국 정책을 갖는다면 미국은 한국의 이러한 행각을 바라만 보고 있지 않을 것이다. 미국 대통령 또는 고위 인사들의 한국 안보 상

---

4) 양기호(옮김), 미국은 동아시아를 어떻게 지배했나(서울: 메디치미디어, 2013), pp. 33-34.

황 또는 한국 경제에 대한 부정적인 의사 표시 등은 한국에 나쁜 영향을 미칠 것이다. 미국의 한국에 대한 부정적인 의사 표시는 다른 국가들에게 한국에 대한 정책 또 외교 관계에도 부정적인 영향을 미치게 된다.

두 말할 나위 없이 군대도 없이 미 군정이 제정해준 헌법 하에서 살며 미국과 동맹 관계를 갖고 있는 일본도 철저하게 미국과 정책 공조를 이루며 국가를 경영하는 것이 일본 국익에 도움이 될 것이다. 일본이 경제 규모 세계 제3위의 경제 대국이라고 독자적인 외교 정책의 추진을 전개한다면 미국은 일본의 행각을 구경만 하고 있지 않을 것이다. 일본은 미국이 서태평양의 안전을 수호하는데 절대적으로 중요한 요충지이다. 가정이지만 만일 일본 땅에 미국과 경쟁 관계에 있는 국가에 의해 장악된다면 미국은 서태평양의 안전을 지키는데 커다란 어려움을 겪게 될 것이다. 특히 태평양에 연해 있는 미국의 영토가 안전을 위협받게 되고 미국은 이 영토의 안전을 지키기 위해 보다 큰 부담을 안게 될 것이다. 미국은 태평양을 전략적 요충지로 여기고 일본은 미국의 중요한 국가 이익과 연결되어 있다.

일본은 1945년 9월 2일 미주리 선상에서 항복문서에 서명하였다. 이후 일본 내에는 '미국추종 노선과 미국 자주 노선'이 등장하여 전후 일본에서는 이 두 노선에 대한 중대한 선택을 요구받았다. 특히 정치인들에게 이 두 노선 중의 하나를 선택한다는 것은 그들의 정치 생명을 결정지었다. 역사를 돌이켜보면 자주 노선을 선택한 정치가 또는 공무원은 대부분 배척을 당했다.

1960년대 미국 국무성은 "대중국 정책은 어떤 조치도 취할 수 없다 미국 의회나 정부에게 중국이라는 단어는 금기에 가깝다"라고 언급했다. 그런데 1962년 5월 이케다(池田) 정권에서는 중일(中日) 무역 확대 방침을 결정한다. 그러자 1962년 9월 26일 해리먼 국무차관보는 "자유 세계와 무역을 발전시킬 수 있는 많은 기회가 있는데 중국과의 교류는 이러한 많은 기회를 잃게 할 수 있는 위험한 일이다"라고 불쾌감을 표시하였다. 그리고 1962년 12월 3일 미국의 케네디 대통령은 미일 경제 합동회의 석상에서 "오늘 우리가 직면한 핵심 사안은 중국 내에 공산 세력이 증강되고 있는데 일본은 미국의 동맹국으로서 무엇을 해야 하는지를 알아야 한다."고 말했다. 그 후 1964년 10월 이케다 수상은 결국 사임하였다. 2009년 하토야마 유키오 수상은 오키나와 중심부에 위치하고 있는 후텐마(普天間)미군 기지를 오키나와현 외부로 이전시키겠다고 하자 하토야마 수상에 대한 공격이 빗발쳤다. 그러자 수상 재위 1여년 만에 그 자리에서 물러나야 했다. 일본의 수상이 미군 기지 이전을 공표하였다고 하여 수상직을 물러나야하는 것이 미국과 일본 관계의 현주소이다.[5] 위에 열거한 몇 가지 사례를 보면 외교 정책 측면에서 일본은 미국과 다른 노선이나 입장을 가질 수 없다는 것을 보여주고 있다. 일본은 미국과 평시 동맹 관계를 갖고 있으므로 일본은 미국의 외교 정책 노선 및 기조를 공유하고 정책 공조를 가져야한다. 이러한 위치에 있는 일본이 자주적이고 독자적인 외교 정책을 갖는 것은 미국과의 정책적 공조를 포기하는 것이며 더 나아가 미국이 중심이 되어 구축해 놓은 동아시아 국제 정치 체제로부터 일탈하겠다는 것을 의미하는 것이다. 일본의 이러한 행태는 동아시아에서 미국의 존재를 인정하지 않으려는 것으로 생각할 수 있게 한다. 미국은 이러한 일본을 용서하지 않을 것이다.

동아시아 국제정치 주체 중의 하나인 중국은 분명한 독자적인 외교 행보를 걷고 있다. 그러나 중국은 미국과 갈등적이거나 대립적인 정책도 갖고 있지 않다. 중국은 1972년 미국과 관계 개선을 한 다음 특히 동아시아 지역 정치에서 미국과 더불어 살고 있다. 중국이 동아시아 지역 정치에서 미국의 정책에 정면으로 배치되는 정책을 결정한 경우는 찾아보기 어렵고 미국과 동맹 관계를 갖고 있는 한국 및 일본에 대해서는 선제적으로 양국의 중대한 국가 이익을 침해하는 정책을 결정한 일이 없고 또한 심각한 외교적 갈등 관계를 조성한 일도 없다. 중국의 이와 같은 입장 및 태도를 견지한다는 것은 현존 동아시아의 국제 정치 체제를 존중하고 그 체제 속에서 다른 국가와 더불어 살겠다는 의지의 표현이다.

중국이 이러한 의지를 갖는 첫 번째 이유는 중국이 1949년에 태어난 신생 국가이고 동시에 개발 도상 국가이기 때문이다. 중국은 100여 년 이상 반식민지였고 또 정치 · 경제적으로 봉건국가 상태로 살아왔다. 그리고 중국은

---

5) 위의 책, pp. 16ff, passim.

수십 년 간 내전을 겪으며 살아왔기 때문에 마르크스-레닌주의에 기초한 국가로 탄생하였지만, 중국은 정치, 경제, 안보상 자립이 어려웠던 국가였다. 중국이 건국 후 30여 년간 대내외적으로 어려운 시기를 겪은 다음 1970년대 말부터 개혁 · 개방 정책의 실시로 30여 년이 지난 오늘에는 경제 규모 면에서 세계 2위의 국가가 되었다. 중국이 커다란 경제 규모를 갖고 있으나 이것을 국제정치에서 사용 가능한 힘으로 전환시키지는 못했다. 힘의 전환이란 행위자가 갖고 있는 잠재력을 실제 사용 가능한 힘으로 바꾸는 능력을 말하는 것이다.[6] 국제정치에서 실제 사용 가능한 힘이란 영향력이다. 영향력이란 다른 행위자의 행위에 영향을 미치는 능력이다. 다시 말하면 다른 행위자로 하여금 내가 원하는 것을 하도록 하고 원하지 않는 것을 하지 못하게 하는 능력을 의미한다.[7] 중국은 특히 동아시아에서 이러한 능력을 갖고 있지 않다. 그러므로 중국은 국제정치적으로 다른 국가에 영향력을 행사하여 중국이 원하는 결과를 얻을 수 있는 능력이 없다. 그러므로 중국은 국제정치적으로 강대국이라고 말할 수 없다. 특히 중국은 21세기 최고의 강대국인 미국에 영향력을 행사할 수 있는 능력은 없다. 중국은 미국에 의해 형성되어있는 동아시아 국제 정치 체제 하에서 국제정치를 전개하지 않을 수 없다. 실제로 중국은 그의 외교 정책, 그리고 동아시아 국가들과의 상호 작용에서 동아시아 국제 정치 체제에 적응하고 있다. 중국은 개혁 · 개방 정책 실시 이후 동아시아 국제 정치 체제를 부정하는 외교 정책을 결정하거나 대외 행위를 하는 경우는 찾아보기 어렵다. 중국은 조어도/센카쿠열도 문제로 일본과 마찰을 빚고 있고 또 한국과 사드 문제로 갈등을 겪고 있지만 중국은 일본 및 한국과 정상적인 외교 관계를 유지하고 있고 과거와 다름없는 상호 작용을 전개하고 있다. 특히 사드 문제로 한국과 다소 불편한 관계에 직면해 있지만 2017년 12월 한국의 대통령을 국빈으로 초청하여 정상 회담을 갖기도 하였다. 미국이

6) Joseph S. Nye Jr. “The Changing Nature of World Politics,” Political Science Quarterly, vol.105, no.2(Summer 1990), pp. 177ff.

7) Bruce Russett and Harvey Stars, World Politics: The Menu for Choice(San Francisco: W.H. Freeman and Conpany, 1981), pp. 127-129.

한반도 및 한반도 해역에서 미국의 핵추진 항공모함 전단 들이 미국 공군 비행기와 함께 장기간 훈련을 하여도 중국은 미국의 행위에 대해 직접적으로 말과 행동으로 대응하지 않고 있다. 중국의 이러한 태도는 미국 주도의 국제정치 체제 속에서 미국의 이익을 인정한다는 뜻으로 해석할 수 있다.

동아시아 국제정치의 구성원 중의 하나인 북한 정권은 세계적으로 그 유래를 찾아보기 어려운 존재이다. 북한은 오늘날 유엔 회원국이며 세계 여러 국가와 외교 관계를 정상화하고 해외 공관을 두고 있으나 실제로 그의 대외관계는 매우 편협하다. 실제로 북한 정권은 동아시아에서 중국과 유일하게 외교 관계를 정상화하고 있다. 미국, 일본 그리고 한국은 북한 정권을 국가로 인정하고 있지 않다. 즉 북한이 유엔 회원국임에도 불구하고 한 · 미 · 일 북한을 국가로 인정하지 않고 있다, 그리하여 한국, 미국, 그리고 일본은 북한 정권과 외교 관계를 정상화하고 있지 않다, 이러한 상태 하에서 한-미-일은 북한 정권과 공식적인 외교적 교류, 접촉 등을 크게 제한받게 된다. 북한은 근본적으로 문호를 개방하고 있지 않아 스스로 고립을 자초하고 있다. 북한 정권은 중국과 긴밀한 접촉 및 교류를 갖고 있을 뿐이다. 그렇기 때문에 북한 정권에게는 동아시아 국제 정치 체제와 관계없이 고립적인 행보를 걷고 있다. 북한 정권은 한 · 미 · 일과 어떠한 공식적 외교적 교류 또는 접촉을 갖지 않기 때문에 북한 정권을 국제 정치 체제의 규칙, 규범 등에 관심을 가질 필요가 없다.

세계적으로나 지역적으로 이미 형성되어 있는 국제 정치 체제를 변화시키려는 시도가 없다면 그 체제는 안정적이라고 말할 수 있다. 국제 정치 체제의 변화가 없다는 것은 그 체제를 인정하고 그 체제가 갖고 있는 규칙, 규범 등을 준수하고 현상 유지에 동참한다는 의미로 해석할 수 있다. 다시 말하면 국제 정치 체제의 기초인 규칙, 규범, 상호 작용의 행태 등은 모두 그 체제의 기초는 강자 이익을 반영하고 있는데 체제의 변경을 모색하지 않는다는 것은 그 체제의 구성원들이 국제 정치 체제의 내용을 수용한다는 의미이다.[8)]

국제 정치 체제의 형성도 또 그의 변경은 모두 당대의 최강자에 의해서

8) Robert Gilpin, War & Change in World Politics, pp. xiff, passim.

이루어질 수 있고 그렇게 할 수 있는 국가는 패권 국가(hegemon)이다. 패권 국가란 기존 질서를 유지하고 그 질서 속에서 그의 지위를 유지하기 위해 규칙을 만들고 그것을 강제하기 위해 절대적인 힘을 행사할 수 있는 유일한 군사적 및 경제적 강대국을 말하는 것이다. 이러한 패권국은 역사적으로 볼 때 세계적인 규모의 전쟁의 결과에 의해 탄생한다.9)

미국은 제2차 세계 대전의 승전국이 되면서 세계적으로 패권 국가가 되었고 그리고 동아시아 지역의 패권국이 되었다. 그리하여 동아시아의 국제 정치 체제는 패권국인 미국에 의해 형성되었고 동아시아 국제 정치의 규칙, 규범, 상호 작용의 행태를 구성하였다. 그리고 이 지역의 국가들은 이 체제 속에서 그리고 이 체제가 규정하고 있는 규율 속에서 국제정치를 전개하고 있다.

오늘날 동아시아의 국제 정치 체제는 매우 안정적이다. 제2차 세계 대전 이후 오늘날까지 동아시아에서 기존의 국제 정치 체제를 바꾸려는 움직임은 한 번도 없었다. 오늘날 동아시아에서 이 지역의 국제 정치 체제의 변경을 도모할 수 있다고 생각되는 국가가 있다면 그것은 중국일 것이다. 어느 지역에서도 국제 정치 체제를 변화시키려면 패권 국가의 지위를 가져야 한다. 한 시대에 세계적으로나 또는 지역적으로 패권 국가는 하나만이 존재할 수 있다. 새로운 패권 국가가 탄생하려면 기존의 패권 국가를 퇴출시키고 그 자리를 새로운 국가가 차지하여야 한다. 오늘날 동아시아에서 중국이 미국을 퇴출시키고 그 자리를 차지할 수 있는 가능성은 없다. 중국이 패권 국가가 되려면 첫째 미국이 스스로 패권을 포기하는 경우, 둘째 중국이 미국과 전쟁을 하여 승리하는 경우에 중국은 패권 국가가 될 수 있다. 그러나 위의 두 경우는 현실성이 크게 떨어진다. 이 두 경우의 발생 가능성은 지금으로서는 생각하기 어렵다. 중국이 패권 국가가 되어 동아시아에 새로운 국제 정치 체제를 구축하려면 중국의 국력이 미국을 능가하여야 한다. 이러한 일의 가능성은 현재로서는 예측하기 어렵다. 이러한 현실을 반영하듯 시진핑 중국 국가주석은 2014년 1월 외신기자와의 대담에서 "중국은 패권 유전자(DNA)가 없

9) Charles W. Kegley, JR. & Eugene R. Wittkopf, World Politics, 8th ed.(Boston: Bedford/ST.Marins, 2001), pp. 87, 432.

다"고 언급하였다.[10] 실제로 중국은 특히 동아시아에서 현상(status quo)을 뒤엎으려는 외교 정책을 결정하거나 외교 행위를 하는 일은 없었다. 중국은 패권의 욕망을 갖고 있지 않고 세계를 바꾸려는 의도도 없다. 중국은 서양 국가들에 의해 만들어진 규범을 수용하고 서양 강대국에 의해 형성된 국제 정치 체제에서 중국의 입지를 강화하려는 소박한 욕망을 갖고 있을 뿐이다.[11] 이러한 측면에서 볼 때 동아시아의 국제 정치 체제는 매우 안정적이라고 말할 수 있다.

21세기 오늘날 동아시아의 위험인자는 북한 정권이다. 북한은 일인 독재 정권이고, 인권도 없는 무법천지이고, 주민은 굶주리고 있지만 핵 무기와 장거리 미사일을 개발하고 외부 세계와 완전히 단절된 폐쇄적인 존재이다. 특히 무차별 핵 개발을 하고 예고도 없이 해상으로 미사일을 발사하여 여러 항공사의 정기노선 비행기가 항로를 바꾸어 비행을 하고 있다. 북한 정권의 이러한 횡포는 주변 국가들을 위협하고 때로는 이 지역에 긴장을 고조시키기도 한다.

북한 정권의 이러한 폭력적 행위는 동아시아의 국제정치 환경 및 국제 정치 체제에는 직접 영향을 미치지 못하고 있다. 북한 정권의 횡포가 주변 국가의 관심을 끌고는 있지만 이것들이 동아시아 국가들 간의 외교 관계를 변경시키지도 않았고 또 각 국가의 외교 정책이나 외교 행위에도 직접 영향을 미치지 않고 있다. 주변 국가들은 유엔 안전 보장 이사회의 결의에 따라 북한에 대한 경제 제재를 가하고 있다. 그리고 미국, 한국 그리고 일본은 대북한 정책 공조를 철저하게 강화하고 있고 또한 북한이 횡포를 억제하기 위해 이 3국은 합동으로 군사 훈련을 계속하고 있다.

미국이 동아시아 국제정치의 일원으로 참여하여 패권 국가로 군림하고 있어 '6 · 25전쟁' 이후에 형성된 동아시아의 국제 정치 체제는 오늘날까지도 지속되고 있다. 현재까지는 중국의 부상, 또 북한 정권의 횡포가 있지만 그러나 동아시아의 미국 주도의 국제 정치 체제는 변함없이 유지되고 있다. 동

---

10) 朝鮮日報, 2015.11.28.

11) Martin Jacques, When China Rules the World, 2nd ed.(London: Penguin Books, 2012), pp. 589-590.

아시아에서 미국의 패권적 지위가 유지되고 있는 한, 이 지역의 국제 정치 체제는 변함없이 유지될 것이다.

3. 동아시아 국제정치의 한계

국제정치는 각 주체의 외교 정책 및 외교 행위를 통해 구체적으로 구현되고 전개된다. 기본적으로 강한 국력을 가진 국가의 외교 정책 및 외교 행위는 국력이 약한 국가의 그것보다 매우 적극적이고 역동적인 외교 정책을 결정하고 외교 행위를 한다. 강한 국력을 가진 국가가 이렇게 적극적이고 역동적으로 정책을 전개하고 행위를 한다면 그 국제 정치 과정 역시 적극적이고 역동적인 과정이 될 것이다.

동아시아 국제정치 주체 가운데에는 정치, 경제, 군사 등 여러 분야에서 세계 제일의 강대국인 미국이 있다. 또 1980년 이후 개방정책으로 급속도로 경제를 성장시켜 경제 규모 제2위의 국가인 중국이 동아시아 국제 정치 주체 중의 하나이고 그리고 경제 규모 세계 3위인 일본도 이 지역의 국제정치 주체 중의 하나이다. 한국도 경제적으로 보면 경제 규모, 무역부분에서 10위권에 속하는 국가이다. 북한 정권은 경제적으로는 매우 빈곤한 정권이지만 그럼에도 불구하고 핵과 미사일을 개발하고 있다. 그러나 미국을 제외한 동아시아 국제 정치 주체들의 국제정치의 전개 과정은 그다지 적극적이거나 역동적이지 않다.

먼저 동아시아의 5개 국제정치 주체들은 서로 다른 이념과 정치 체제를 가진 두 개의 블록이 대치하고 있고 이들 간에는 접촉 및 교류에 한계를 갖고 있다. 동아시아에는 자유 민주주의 및 자본주의 체제를 갖고 있는 한국-미국-일본 3개국이 형성하고 있는 블록이 있고 다른 하나는 사회주의에 바탕을 두고 일당 독재체제를 유지하고 있고 또 동맹 관계를 갖고 있는 중국-북한 블록이 있다. 냉전 시기 이 두 블록은 철벽으로 가로막혀 소통이 이루어질 수 없었으나, 1970년대 미국이 봉쇄 정책을 버리고 소련 등과 갈등을 자제하고 경쟁이 아니라 협력으로 이익을 창출할 수 있는 분위기를 조성하기 시작하였다. 미국은 이러한 상황을 공식적으로 '데탕트(détente)' 라고 하였고 이런 분위기가 국제정치의 새로운 경향으로 대두되었다.[12)]

이렇게 세계적으로 데탕트가 확산되면서 동아시아에 있어서도 두 블록 간에는 소통이 가능하게 되었다. 이러한 분위기에 의해서 1972년 미국과 중국 간의 관계 개선(rapprochement)그리고 중국과 일본과위 외교 관계 정상화가 이루어졌다. 이렇게 해서 중국 및 소련을 제외하고 외부 세계와 관계를 끊고 사는 북한을 제외하고 동아시아 4개국은 국제정치를 전개할 수 있게 되었다. 물론 한국은 1992년 중국과 외교 관계를 정상화한 다음 공식적인 접촉 및 교류를 전개하였다. 이렇게 해서 동아시아 국가 간에는 국제정치가 정상적으로 전개될 수 있는 분위기는 조성되었으나 각 국가 간의 국제정치에는 한계가 있었다.

동맹 관계를 갖고 있는 미국과 일본, 그리고 미국과 한국은 각각 근본적으로 미국과 불평등 상호 의존 관계를 갖고 있다. 따라서 미국과 한국 및 일본의 국제정치도 불평등하게 전개되지 않을 수 없었다. 즉 미국 위주의 국제정치가 전개되었다. 국제정치는 각 국가의 외교 정책 및 외교 행위에 의해 구체적으로 전개된다. 평시에 동맹 관계를 갖고 있는 한 · 미 · 일 3개국은 원칙적으로 외교 정책 노선 및 외교 정책 목표를 공유한다. 그렇기 때문에 3개국은 외교 정책을 조율하고 조정하여 정책 공조를 유지한다. 이러한 과정에서 미국과 불평등 상호 의존 관계를 갖고 있는 한국과 일본은 미국의 입장 및 정책을 따르지 않을 수 없다. 그러므로 한국과 미국, 그리고 일본과 미국 간에 전개되는 국제정치는 미국 위주로 각 국의 외교 정책을 조율하고 조정된다. 한국과 일본의 외교 정책은 미국의 외교 정책 범위 안에서 결정되지 않을 수 없다. 앞에서 살펴 본 바와 같이 일본의 이란 정책은 미국 외교 정책의 범위 밖에 있는 것이다. 미국은 이란을 불량국가로 낙인찍고 있다. 한국의 대북 정책도 마찬가지이다. 미국은 북한을 테러지원국으로 불량국가로 간주하고 있기 때문에 한국 정부의 대북한 정책은 미국의 대북 정책 범위 안

12) Charles W. Kegley, JR. and Eugene R. Wittkopf, American Foreign Policy, 5th ed.(New York: St. Martin's Press, 1996), p. 63.

에서 결정되어야 한다. 그렇게 하지 않으면 동맹국 간의 정책 공조가 이루어질 수 없는 것이다. 이처럼 한국과 일본은 미국과 정책 공조를 하여야 하기 때문에 그리고 한국과 일본은 미국의 정책 노선을 따라야 하기 때문에 한국과 일본의 외교 정책은 독립성을 갖기 어렵다. 또한 한국과 일본은 각각의 외교 정책 목표를 수립하고 그것을 성취시키기 위한 외교 정책을 결정하는 데에도 한계가 있다.

미국은 중국에 대해 부정적 입장을 견지하고 있다. 예를 들면 미국 의회는 미국과 중국과의 군사 교류에 대한 제한을 입법화하였고, 중국에 대한 첨단 기술 수출 규제, 1989년 이후로 지속되는 안보 및 경제 제재 등의 제한을 가하고 있다.[13] 한국과 일본은 미국과의 정책 공조 차원에서 미국의 대중국 정책 노선을 따르지 않을 수 없다. 그렇기 때문에 한국과 일본도 대중국 정책에 그리고 대북한 정책에 제한을 받을 수밖에 없다.

한국과 일본은 미국과 정책 공조를 이루어야 하기 때문에 한국과 일본의 외교 정책은 제한을 받고 있고 따라서 한국과 일본의 국제정치는 자동적으로 한계를 갖게 된다. 왜냐하면 국제정치는 외교 정책의 전개 과정이기 때문이다. 그러나 미국은 동아시아의 패권 국가이기 때문에 미국은 그의 국가 이익에 따라 외교 정책을 결정할 수 있다. 그러므로 미국의 외교 정책 및 국제정치에는 한계가 없다.

한국과 일본이 미국과 전개하는 국제정치는 평등성에도 제한이 있을 것이다. 먼저 한국과 미국 간의 국제정치에서 살펴 본 바와 같이 한국은 그의 안전 보장을 미국에 크게 의존하고 있기 때문에 한국과 미국은 불평등한 상호 의존 관계를 형성하고 있다. 이러한 의존 관계는 영향력 또는 압력행사의 근거를 제공한다. 그러므로 미국은 한국에 대해 필요한 경우 압력 또는 영향력을 행사할 수 있고 한국은 미국의 이러한 힘의 행사로부터 자유로울 수 없다. 만일 한국 정부가 미국의 이러한 압력 및 영향력 행사에 저항한다면 한국은 미국으로부터 어떠한 형태이든 불이익을 감수해야하는 경우가 생겨날 수 있다. 한국 정부는 어느 누구도 미국의 외교 정책 노선 및 목표에 반(反)하

---

13) 박영준(옮김), 중국, 세계로 가다(서울: 아산정책연구원, 2014), pp. 132-133.

는 또는 부정적인 정책을 결정한 일은 없다. 1950년대 이승만 대통령은 미국이 갈망하는 휴전을 반대하고 한국 대통령의 권한 밖에 있는 반공 포로를 독단적으로 석방하는 담대한 결정을 하였다. 한국 대통령의 이러한 처사는 지극히 예외적인 일이다. 그러나 이승만 대통령은 반공 · 반일을 정책 기조로 삼고 있었다.

그러한 이승만 대통령이 1951년 예비 회담을 거쳐 1952년 2월부터 한 · 일 회담을 개최하였다. 이승만 대통령은 민족의 독립을 위해 투옥도 감수하며 독립 운동도 하고 반일을 정책 기조로 삼고 있던 이승만 대통령이 일본과 국교 정상화를 위한 회담을 하였다. 이승만 대통령이 한 · 일 회담을 시작한 배경에는 '미국의 강력한 권고'가 있었다고 한다.[14] 강한 반일 의식을 갖고 있던 이승만 대통령도 미국의 권고를 따라 내키지 않는 일본과의 회담을 시작하였다. 결국 한 · 일 회담은 성사되지 못했다. 이승만 대통령의 경우를 보더라도 '미국의 강력한 권고'는 압력에 가까웠을 것이다. 이와 같이 한국과 미국 간에 전개되는 국제 정치 과정에는 불평등 상호 의존 관계로부터 영향을 받지 않을 수 없다.

한국과 일본 간의 국제정치는 권력 정치의 차원이 아닌 다른 차원의 요소 때문에 양국의 국제정치에도 한계가 있다. 이 요소는 한 · 일 양국 국민이 상대국에 대해 갖고 있는 반감(反感)의 정서이다. 36년간 일본의 식민 통치를 경험한 한국 국민은 오늘날에도 일본에 대한 적개심을 가슴 속에 담고 있다. 한국 국민의 이러한 적개심은 오늘날까지도 반일본 정서로 작용하고 있다. 1965년 한일 외교 관계를 정상화할 때 정치인 및 다수 국민들이 크게 반대하여 계엄령을 선포할 정도로 한국 국민의 저항이 매우 컸다. 한일 수교 50여 년 이상이 지난 지금도 한국 국민의 일본에 대한 적개심, 반일 감정 등은 오늘날에도 그대로 작동하고 있다. 그렇기 때문에 한국과 일본 간에 국제정치는 아직도 한계를 갖고 있다. 오늘날에도 한국에서 어느 누구라도 친일본적 발언이나 정책을 추진하려 한다면 그 사람은 소위 '친일파'로 낙인찍혀 무서운 비난을 받고 이 사회에서 정상적인 사회 생활을 하기 어렵다. 이러한 국

---

14) 외교통상부, 韓國外交 50年 1948-1988, p. 47 참고.

민 정서가 한 · 일 간의 국제정치를 어렵게 한다.

한국과 일본 양국 간에 전개되는 국제정치에 대한 국민 정서와 달리 한-미-일 3국 간에 전개되는 국제정치에 대한 한국 국민들의 정서는 비교적 부드럽고 관대하다. 한-미-일 3국은 2017년 7월에도 정상 회담을 하였다. 이 3국의 정상 회담에 대해 한국 국민들이 크게 반대하거나 저항하는 일은 없었다. 그 뿐만 아니라 이 3개국은 지속적으로 실무자 간에 정책 협의를 갖고 정책 공조를 이루고 있다. 그러나 한국 국민들은 일본에 대해서만 부정적인 생각을 갖고 있기 때문에 한-일간에 전개되는 국제정치에 대해 반대하고 저항하고 있는 것이다. 한국과 일본 간에는 미국을 매개로 하여 협조적 구조를 갖고 있기 때문에 실질적으로 한국과 일본 양국 간에는 국제정치적으로 어려움은 있지만 양국 간에는 정책의 조율 및 조정으로 정책 공조를 이루며 협조적 국제정치를 전개하고 있다. 그러나 한국 정부가 일본과 정치적 문제에 대해 합의를 이루는 데에는 국민 정서를 고려하여 신중하게 접근하고 있다. 한국과 일본 간에는 정치적, 외교적, 경제 등 국가 차원의 갈등 요인은 크게 부각되고 있지 않다. 한국과 일본 간에는 민족주의 차원의 국민 정서가 한국과 일본 간 국제정치 전개에 다소 부정적 요인으로 작용하고 있다. 실제로 한 · 일 간 숙제로 남아있던 위안부 문제에 대한 합의에 대해서도 그 내용에 관계없이 일본과의 합의 그 자체를 반대하고 있다.

기본적으로 국제정치는 국가의 외교 정책으로부터 시작된다. 외교 정책이란 정부에 의해 설정된 외교 정책 목표를 성취하여 국가의 이익을 증진시키기 위한 의사 결정이다. 정부의 의사 결정인 외교 정책에는 설정된 외교 정책 목표를 성취시키기 위해 결정되는 외교 정책이 있고 다른 하나는 자국의 외교 정책 목표와는 무관하게 그리고 다른 국가의 외교 정책에 대응해서 결정되는 외교 정책이 있다. 전자의 외교 정책은 능동적 적극적 외교 정책이라고 하고 후자의 외교 정책은 수동적 · 소극적 외교 정책이라고 이름을 붙인다.[15]

먼저 동아시아국가 가운데 명확한 외교 정책 목표를 갖고 있는 국가는 미국뿐이다. 특히 제2차 세계 대전이 끝난 다음 미국은 반공산주의, 반소비에

---

15) 송영우, 외교 정책 그리고 외교(서울: 교우사, 2014), pp. 26-27.

티즘 그리고 봉쇄를 그의 외교 정책 목표로 설정하였다. 20세기 마지막 미국 대통령이었던 클린턴(Bill Clinton)은 "나는 미국의 외교 정책 목표를 성취시키기 위해 전통적인 미국의 외교 정책을 지속시킬 것이다"라고 언급하였다. 역사와 전통을 갖고 있는 국가는 자국의 안전과 번영을 위태롭게 하지 않고 한 순간에 바꿀 수 없는 우호관계, 적대관계 그리고 의무를 갖고 있기 때문에 미국과 같이 역사적인 외교 정책 목표를 갖고 있는 국가는 그것을 지속적으로 유지할 것이다. 미국처럼 역사와 전통이 있는 외교 정책 목표를 갖고 있는 국가의 지도자들은 새로운 환경과 요구에 대응하여야 하겠지만 외교 정책의 기본 방향은 변하지 않는다. 그러므로 미국이 갖고 있는 전통적 외교 정책은 근본적으로 재정립하기보다는 새로운 상황에 점진적으로 적응하는 태도를 갖게 될 것이다.[16)]

오늘날 소련이 해체가 되어 양극 체제는 붕괴되었지만 그러나 사회주의 체제를 유지하고 있는 러시아가 있고, 또 중국이 있고 불량국가로 불리는 북한 정권, 이란, 시리아 등이 건재하고 있어 제2차 대전 이후 미국이 갖고 있고 외교 정책 목표는 변하지 않고 오늘의 미국 외교 정책 목표로 자리 매김하고 있다. 그리하여 미국은 지금도 제2차 세계 대전이 끝난 직후 설정한 외교 정책 목표를 갖고 있다. 실제로 미국은 그의 외교 정책 목표를 성취시키기 위해 미국의 영토가 아닌 해외에 수많은 국가에 미군을 주둔시키고 11개의 핵추진 항공모함전단을 운영하고 있다. 그리고 미국은 냉전 시기와 다름없이 유럽에 북대서양조약기구(NATO)라는 군사 동맹 기구를 갖고 있다. 미국과 군사 동맹 관계를 갖고 있는 국가들은 미국이 그의 외교 정책 목표를 추진하는 외교 정책과 궤를 같이하는 행보를 걷게 될 것이다.

그리고 동아시아에서도 미국은 그의 외교 정책 목표를 갖고 있다. 앞에서도 지적한 바와 같이 동아시아 지역에서 미국 외교 정책의 목표는 서태평양의 안전을 도모하고 중국의 패권 추구를 저지하는 것이다. 그와 함께 북한 정권이 핵 무기를 개발한 이후에는 북한의 핵 개발을 포기시키는 것도 동아시아 지역의 미국 외교 정책 목표의 하나가 되었다.

---

16) Charles W. Kegley, JR., and Eugene R. Wittkopf, American Foreign Policy, pp. 7-11.

따라서 미국은 동아시아에서 전개하는 국제정치는 미국의 세계적인 외교 정책 목표와 동아시아 지역 외교 정책 목표를 위해 외교 정책을 수립하고 그의 동맹국인 한국 및 일본과 국제정치를 전개한다. 이렇게 국제정치가 전개될 때 그 국제정치는 미국 주도의 그리고 미국 위주로 전개될 것이다. 미국의 동맹 국가인 한국과 일본은 구체적인 외교 정책 목표를 갖고 있지 않기 때문에 미국의 외교 정책 목표 및 외교 정책에 준해서 미국과 국제정치를 전개하게 될 것이다.

미국의 오바마 대통령은 2012년 1월 국방부 브리핑룸에서 "미국은 세계적 지도국가의 지위를 유지한다(sustaining U.S. Global Leadership)"는 새로운 국방 전략을 발표하였다. 이 전략에서 오바마 대통령은 "우리는 아시아·태평양지역에서 미군의 역할을 강화할 것이며 미군은 새로운 국방 전략을 바탕으로 세계 최강의 군대로서의 지위를 유지할 것"이라고 강조하였다.[17] 오바마 대통령의 이러한 선언은 동아시아 지역에서의 외교 정책 목표를 성취시키기 위한 하나의 외교 정책이다. 실제로 미국은 이 지역에서 목표를 성취시키기 위한 정책으로 아시아·태평양 지역에 진해, 사세보, 요코스나, 오키나와, 괌 등 9곳에 해군 기지 및 공군 기지를 두고 있다 이처럼 미국은 그의 외교 정책 목표를 성취시키기 위한 정책들을 수립하고 추진하고 있다.

중국은 제2차 세계 대전 이후에 탄생한 신생 국가이고 1980년대 경제적으로 성장하고 있는 개발 도상 국가이다. 그리고 중국은 아직도 대외적으로 외교 정책 목표를 설정하고 그것을 성취시키기 위한 독자적인 외교 정책을 결정하고 추진하지 못하고 있다.[18] 중국은 지금까지 그렇게 할 수 있는 능력을 갖고 있지 못하고 있다. 국가가 외교 정책 목표를 설정하고 그것을 성취시키기 위한 외교 정책을 결정하고 그것을 추진하기 위해서는 막강한 국력을 가지고 있어야 한다. 중국은 아직 그러한 능력이 없다. 앞에서 살펴 본 것

---

17) 이장훈, "미국과 중국이 아태지역에서 벌이는 신냉전," 月刊朝鮮, 2013.9, pp. 229ff.

18) 중국은 21세기에 접어들어 아프리카에 지원, 투자 등으로 중국의 국가 이익창출에 많은 노력을 경주하고 있다. 중국의 아프리카 진출은 최초의 외교 정책 목표라고 말할 수 있다.

처럼[19] 중국이 표방하는 외교 정책 목표는 보통의 국가들이 일반적으로 갖고 있는 공통의 요소와 중국의 역사적 사실들을 한데 묶어 외교 정책 목표를 설정하였다. 중국이 표방하는 외교 정책 목표는 '외부 세력의 간섭 배제, 대만 수복, 평화공존 5원칙, 주권 및 독립 보존 등'이다. 이러한 것들은 매우 포괄적이어서 이것들의 실현을 위한 외교 정책의 수립은 실제로는 매우 어렵다. 외교 정책 목표가 구체적이어야 외교 정책도 구체적으로 결정하고 그 정책을 추진할 수 있는데, 중국의 경우는 그러하지 못하다. 국제정치의 주된 목표는 각 국가의 적극적인 외교 정책을 추진하여 그것을 실현시키는 일이다. 중국의 경우는 중국만의 국가 이익을 증진시키기 위한 외교 정책 목표를 갖고있지 않기 때문에 따라서 적극적 외교 정책도 없다. 국가가 적극적 외교 정책을 갖고 있지 않다면 국제정치의 적극적인 전개도 없을 것이다. 이러한 측면에서 중국은 동아시아 국제정치 주체인 미국과 그리고 한국 및 일본과도 국가 이익을 증대시키기 위한 국제정치는 전개되기 어려울 것이다. 중국은 세계적인 또 동아시아 지역에 대한 중국의 외교 정책 목표는 표명된 바가 없다. 따라서 이에 대한 중국의 적극적인 외교 정책도 없으므로 중국이 동아시아에서 미국과 국제정치를 전개하는 경우 중국도 미국 위주의 또 미국 중심의 국제정치를 전개하지 않을 수 없다.

동아시아에서 중국이 전개하는 국제정치를 평가해보면 그것은 비관적인 것으로 판단한다. 중국은 세계 여러 곳에 광범위한 입지를 확보해 나가고 있지만 그 곳에서의 영향력은 그렇게 크지 않다. 심지어 그 영향력은 분야별 또는 지역별로 많은 차이가 있다. 더욱이 국제적 위상은 여러 가지 약점들로(가장 치명적인 것은 국내문제를 포함해서) 인해 빛이 바래고 있으며 실질적인 역량은 겉으로 보이는 것처럼 그렇게 강하지 않다. 또한 중국은 특별한 우방국이나 연합국도 없다. 외로운 국가이다. 이와 함께 중국은 외교에 있어 우유 부단하고 위험을 회피하며 편협한 자국 이익의 추구로 일관하고 있다. 중국은 국제 사회에서 무엇인가를 반대한다는 입장은 자주 발표하지만 무엇인가를 지지한다는 입장을 밝히는 경우는 거의 없다. 국제적인 안보 문제나

---

19) 제2부의 다.

거버넌스 관련 이슈에서도 항상 한 쪽으로 비켜서서 소극적으로 대처한다. 대부분의 경우, 중국의 국제적 행위나 대외 정책은 중국의 경제 개발이라는 주제에 국한되어 주로 무역이나 투자에 관련된 문제에 치중하고 있다. 동시에 중국은 강대국으로서의 역량이 부족하다. 진정한 강대국으로서의 권력은 다른 국가나 특정한 사안에 대해서 영향력을 행사할 수 있는 능력이라고 정의한다. 어떤 상황에서 자신이 원하는 결과를 도출할 수 있어야 강대국이라고 말할 수 있다.[20] 위에서 지적한 내용들을 보면 중국은 적극적으로 국제정치를 전개할 의지도 약하고 능력도 없는 국가이다.

실제로 중국의 동맹국인 북한은 유엔 그리고 세계 많은 국가들이 북한의 핵 개발 및 미사일 개발을 반대하고 있다. 북한의 그러한 행위는 세계의 안전과 평화를 위협하고 동아시아 지역 국가들에 심대한 위험을 가져올 수 있다. 그렇기 때문에 많은 국가들이 북한에 대한 경제 제재에 참여하고 있다. 그런데 중국의 북한에 대한 제재는 매우 형식적으로 이루어지고 있다. 중국은 북한이 그의 동맹국이기 때문에 그렇게 소극적으로 제재를 가하고 있겠지만, 그러나 북한의 핵과 미사일은 전 세계를 그리고 동아시아를 불안하게 만들고 긴장을 고조시키고 있다. 중국과 북한과의 동맹 관계와 세계적 그리고 동아시아의 불안 · 긴장을 비교한다면 당연히 후자를 더 중요하게 생각하고 중국은 북한의 핵 문제를 해결하는데 적극적이어야 할 것이다. 그럼에도 불구하고 중국은 실제로 북한의 핵과 미사일 개발을 수수방관하여 왔다. 북한은 경제적으로 북한에 크게 의존하고 있다. 또 북한이 소비하는 원유의 거의 대부분을 중국이 제공하고 있다. 북한이 이처럼 중국에 철저하게 의존하여 철저한 불평등 상호 의존 관계를 갖고 있음에도 불구하고 중국은 북한의 핵 개발 및 미사일 개발을 쳐다만 보고 있었다. 이 역시 중국의 북한과 전개하는 국제정치의 명백한 한계이다.

20) 박영준(옮김), 중국, 세계로 가다, pp. 31ff.

찾아보기

ㅎ.